W0378008

Paul Jakobi

Liebeserklärungen an meinen Gott

Paul Jakobi (Hg.)

Liebeserklärungen an meinen Gott

Gedichte werden zu Gebeten

BONIFATIUS
Druck · Buch · Verlag
PADERBORN

Imprimatur. Paderbornae, d. 06. m. Augusti 1999
Nr. A 58-21.00.2/547. Vicarius Generalis i. V. Dr. Schmitz

Die Deutsche Bibliothek – CIP-Einheitsaufnahme

Liebeserklärungen an meinen Gott : Gedichte werden zu Gebeten / Paul Jakobi (Hg.) – Paderborn : Bonifatius, 1999
ISBN 3-89710-091-6

Umschlaggraphik:
Claudia Goldstein, Dortmund

ISBN 3-89710-091-6

© 1999 by Bonifatius GmbH Druck · Buch · Verlag Paderborn
Alle Rechte vorbehalten. Das Werk einschließlich seiner Teile ist urheberrechtlich geschützt. Jede Verwertung außerhalb der engen Grenzen des Urheberrechtsgesetzes ist ohne Zustimmung des Verlages unzulässig und strafbar. Das gilt insbesondere für Vervielfältigungen, Übersetzungen, Mikroverfilmungen und die Einspeicherung in elektronische Systeme.

Gesamtherstellung:
Bonifatius GmbH Druck · Buch · Verlag Paderborn

Zur Einführung

Gedichte sind von besonderer Dichte. Die kurzen, prägnanten Verse, die oft mit nur einem Wort oder einer Zeile ein Bild malen, sind wie Zauberformeln. Sie können Leser fesseln, sie gefangennehmen und in eine andere Welt entrücken. Gedichte beschreiben Erfahrungen und Gefühle, in denen Leser sich wiederfinden, ohne sie mit eigenen Worten ausdrücken zu können. Zum Umfang der Gedichte gilt in vielen Fällen: Je größer die dichterische Kraft, desto kürzer der Text. Aber nur dem können die Worte sich ganz erschließen, der sich ihnen vorbehaltlos öffnet.
Von besonderer Qualität sind Liebesgedichte. Sie sind mit dem Blut und der Sehnsucht des eigenen Herzens geschrieben. Wenn das Herz zum Herzen spricht, wird die Sprache tief, konzentriert und sinnenhaft, sucht nach treffenden Bildern und Vergleichen. Kein Dichter kann Liebesgedichte abstrakt schreiben. Weil Liebe immer konkret erfahren wird, widmet der Dichter seine Liebesverse immer einem geliebten Menschen. Nur dann ist ein Liebesgedicht tief und aussagestark, wenn es sich an einen Menschen aus Fleisch und Blut richtet, der innig und heiß geliebt wird. So ein Gedicht kann man nur für den geliebtesten Menschen schreiben, für den man leben und sterben möchte. Weil es auf dieser Erde nichts Größeres als die Liebe gibt, hat das Liebesgedicht unter allen lyrischen Texten den höchsten Rang.
Obwohl Liebesgedichte etwas ganz Persönliches sind – in Verse geschmolzene Liebe, die dann dem allergeliebtesten Menschen übereignet wurden –, gibt der Dichter sie frei. Andere Menschen dürfen sie lesen, auf sich beziehen, sie abschreiben und wieder einem Geliebten schenken. Der mit einer solchen Liebeserklärung beschenkte Geliebte ist nicht identisch mit dem Menschen, für den das Gedicht ursprünglich bestimmt war. Der Dichter duldet die Weitergabe seiner Texte an

ihm unbekannte Menschen. Vielleicht macht er insgeheim die Auflage, die Verse nur an die Menschen weiterzugeben, die vom Leser am meisten geliebt werden. Ein Liebesgedicht, das letzte Zuwendung ausspricht, kann man nicht mehreren Menschen schenken. Wer das tut, relativiert seine Liebeserklärung. Wem ich ein Liebesgedicht widme, dem sage ich: „Ich nehme mein Herz in beide Hände und schenke es dir." Mein Herz kann ich nur einmal verschenken.
Der Dichter schreibt uns weder vor, wem wir sein Gedicht schenken, noch, wem wir es nicht widmen dürfen. Vertrauensvoll legt er es uns in die Hand mit dem einen Wunsch: Gib es nur dem, dem du auch dein Herz schenken willst!
Kann der mit einem Gedicht Beschenkte auch Gott sein?
Der mittelalterliche Dichter und Theologe Friedrich von Spee, der sich leidenschaftlich gegen die Hexenprozesse gewandt und damit für die Frauen eingesetzt hat, hat viele geistliche Gedichte geschrieben, von deren Liebesaussage mancher Dichter in späterer Zeit gelernt hat. In einem seiner Gedichte – einem heute viel gesungenen Weihnachtslied – beschreibt er seine Liebe zu dem göttlichen Kind:

„Zu Betlehem geboren
ist uns ein Kindelein.
Das hab ich auserkoren,
sein eigen will ich sein.

In seine Lieb versenken
will ich mich ganz hinab;
mein Herz will ich ihm schenken
und alles, was ich hab.

O Kindelein, von Herzen
dich will ich lieben sehr
in Freuden und in Schmerzen,
je länger mehr und mehr."

Ist dieses Weihnachtslied nicht ein herrliches Liebesgedicht? Friedrich von Spee hat es nicht an einen Menschen, sondern an Gott gerichtet. Wird nicht auch hier die Auflage der Dichter erfüllt, das Gedicht nur jemandem zu widmen, dem sein Herz zu schenken man bereit ist? Ist es erlaubt, die Liebesgedichte der Dichter auch Gott zu schenken und sie damit zu Gebeten zu machen? Kein Dichter – auch nicht der ungläubige – hat diesen göttlichen Adressaten eigens ausgeschlossen; er hat nur zur Behutsamkeit gemahnt und vor einer Inflation von Liebeserklärungen gewarnt.

Nach einem Wort des heiligen Augustinus ist der Mensch die Sehnsucht Gottes; umgekehrt kann es nicht anders sein. Das Urbild drängt zum Abbild, und das Abbild drängt zum Urbild. Nur weil der Mensch aus der überfließenden Liebe Gottes geworden ist und weil sein Glaube ihm die Gewißheit gibt, unbedingt von Gott geliebt zu sein, konnte das größte Gebot Jesu heißen: „Du sollst den Herrn, deinen Gott, lieben mit ganzem Herzen und ganzer Seele, mit all deiner Kraft und all deinen Gedanken" (Lk 10,27).

Immer hat Gott um die Liebe des Menschen geworben. Schon im Alten Bund hat der Prophet Hosea Gott die Worte in den Mund gelegt: „Ich will die Menschen für die Liebe zu mir einfangen mit den Netzen, mit denen sie sich binden lassen: mit den Ketten der Liebe!" (Hos 11,4).

In diesem Buch wird versucht, Liebesgedichte zu Gebeten werden zu lassen. Gibt es Gebete, die dichter, blutvoller, sehnsüchtiger, herz-licher, liebe-voller, reifer wären als Liebesgedichte?

Es ist nicht meine Absicht, geliebten Menschen, die ich hochschätze, Liebe wegzunehmen; solche Menschen können zuweilen sogar Wege zu Gott für uns sein. Doch möchte ich anregen, Gott in der Hingabe des Betens jene Liebe zu schenken, die gerade ihm

zukommt, der Ursprung und Ziel des Menschen ist. Zur Liebe kann niemand gezwungen werden; sie wird immer in Freiheit gewährt. Auch diese hier vorgelegten Liebeserweise an Gott, die gleichzeitig Aktualisierungen des Glaubens sind, können nur aus dieser Freiheit erwachsen. Nur derjenige kann sie zum Gebet werden lassen, für den Gott der höchste und letzte Wert ist. Wenn wir zudem bedenken, daß alles menschliche Leben nur mit der Liebe gelingen kann, sollten wir dann unsere reinste, edelste und vollkommenste Liebe nicht demjenigen schenken, von dem der heilige Johannes gesagt hat: „Gott ist die Liebe" (1 Joh 4,16b)? Wie eine Verheißung fügt er dann noch hinzu: „ Wer in der Liebe bleibt, bleibt in Gott, und Gott bleibt in ihm" (1 Joh 4,16b).
Jede Seite ist nach dem gleichen Schema aufgebaut: Die Überschrift nimmt einen Satz – oft ist es die Kernaussage – des Gedichtes auf; sie möchte dem Leser ein Tor zum Verständnis des Textes öffnen. Gleichzeitig ist die vorangestellte Überschrift eine Anrede an Gott oder eine wichtige Aussage über ihn. Sie kann wie ein Leitstrahl durch das Gebet führen, auch wenn rechts und links andere Gedanken auf Nebenwege zu locken versuchen. Um das Gedicht in einen größeren Zusammenhang zu stellen und damit auch weitere Zugänge zu erschließen, werden in abgehobener Schrift einige sparsame Gedanken angeschlossen. Der Leser kann sie als Hinführung mitbedenken, mitbeten oder auch übergehen. Es kommt allein darauf an, daß der betrachtende Beter Gewinn aus dem Text erzielt. Die Möglichkeit, das Gedicht zunächst in einer Gruppe gemeinsam zu besprechen, kann ein wertvoller Schlüssel sein, der schließlich das Liebesgedicht zum Gebet reifen läßt.
Die Texte enthalten eine solche Fülle von Gedanken und Impulsen, daß sie nicht „verschlungen" werden sollten. Besser wäre es, sie auf viele Tage zu verteilen und sich Zeit zur Meditation zu nehmen. Aus Erfah-

rungen mit Frauengruppen unserer Gemeinde weiß ich, wie groß dann der Gewinn für das eigene Leben sein kann.
„Nimm und lies"– dieses Wort aus dem Mund eines Kindes hat den hl. Augustinus zum Christentum geführt; ich möchte hinzufügen: „Und bete!"

Minden, den 1. September 1999 *Paul Jakobi*

Kein Wort auf der Erde wird häufiger gebraucht als das Wort Liebe. Kein Wort wird mehr mißbraucht als das Wort Liebe. Oft wird es in das Gegenteil verkehrt: in Egoismus, Zwang, Abhängigkeit.
Für mich aber ist mit der Liebe Freiheit, Hochherzigkeit und Toleranz verbunden. Ich denke mir deine Liebe, o Gott, so:

Liebevolle Gedanken an dich*

In deinen Armen liegen
und wissen,
nicht bleiben zu können.

In deinen Augen versinken
und wissen,
wieder auftauchen zu müssen.

In deiner Nähe ertrinken
und wissen,
doch nicht daran zu sterben.

Sich dir öffnen können
und wissen,
nicht ausgeraubt zu werden.

Das mag wohl Liebe sein.

Kristiane Allert-Wybranietz

---

* „Liebevolle Gedanken an dich“ von Kristiane Allert-Wybranietz, entnommen aus dem Buch „Liebe Grüße – Verschenktexte“, erschienen im lucy körner verlag, 70701 Fellbach. Der Abdruck erfolgt mit freundlicher Genehmigung des Verlages.

Mit Gott losrennen

Manchmal überfällt uns der Gedanke, mit Gott den Weg weiterzugehen. Vielleicht ist dieser Gedanke aus einer Not, vielleicht aus einer Freude geboren. Wenn Gott mir so seine Hand reicht, dann will ich zupacken. Nichts Besseres könnte mir passieren; mit geschlossenen Augen möchte ich ihm folgen.

sich an den Händen
fassen
die augen zumachen
und losrennen
daran
daß euch dieser
Wunsch überfällt
erkennt ihr
die ankunft der liebe
dann
dürft ihr nicht zögern
faßt euch an den
Händen
macht die augen zu
rennt los

Alfred Andersch

Deine Stimme

Wie viele Stimmen rufen mich jeden Tag! Es sind Stimmen der Freude, der Not, der Liebe, der Angst. Die meisten wollen etwas von mir; sie schreien nach Hilfe oder kämpfen um Einfluß, sie geben mir Wegweisung oder locken mich in die Irre. Deine Stimme, o Gott, aber ist Leben und Glück.

Mit
Fingerspitzen rühre ich
deine Seele an
Klares Wasser
das mein Traumbild
spiegelt

Im rötlichen Himmel
entgleitet
der scharlachglühende Ball

Warten
auf den Sturm
deiner Stimme
die mich
im Glück
erwürgt

Rose Ausländer

Du bist der ferne Gott. Manchmal empfinde ich zwischen dir und mir einen unüberwindbaren Abgrund. Aber deine Phantasie ist so grenzenlos, daß jede Grenze sich auflöst. Du hast Wege gefunden, die uns zusammenführen.

Dennoch vereint

Einst waren wir
Eins

Heute sind wir
unendlich getrennt und
dennoch vereint

Das wissen sogar
die Rotkehlchen
und Bäume

Sie kennen
unsere Sternsprache
unser grünes Märchen.

Rose Ausländer

Ich möchte die Worte „wir, schön, zusammen“ mit dir teilen

„Leben ist einsam sein“, hat der Dichter gesagt. Und doch gibt es Worte, die Brücke zum anderen sind und Leben ermöglichen. Neben dem Ich steht das Wir, neben dem Verlorengegangenen steht das Schöne, neben der Einsamkeit das Zusammen. Wenn du, Gott, mir diese Wünsche doch erfüllen würdest!

Wunsch I

Wenn ich bedenke
wie viele Worte verlorengehn
wie wenige bleiben im Erdohr
an dem mein Hören teilhat

Wenn ich bedenke
es gibt diese wenigen
Worte es gibt
diese Luft für ihren
und meinen Atem

Wenn ich bedenke
es gibt die Worte
wir
schön
zusammen

Ich möchte sie mit dir
teilen

Rose Ausländer

Ich glaube an dich

Man kann nicht lieben, ohne zu glauben. Wer einem Geliebten sagt, „ich liebe dich“, der sagt gleichzeitig, „ich glaube an dich“. Wem könnten wir unseren Glauben überzeugender bekennen als dir, Gott? Ist dein Sohn Jesus nicht unser Lebensbruder?

Glauben

Ich glaube an die Wunder
dieser Welt und der unendlichen
unbekannten Welten

Ich glaube
an das Wunder der Träume
Träume im Schlaf
und im Wachen

Ich glaube an die Wunder
der Worte
die in der Welt wirken
und die Welten erschaffen

Ich glaube
an dich
Lebensbruder

Rose Ausländer

Auch wenn wir uns von dir, o Gott, entfernen – ohne dich können wir nicht leben. Wie eine Blume das Wasser braucht, um existieren zu können, so brauche ich dich. Weil du meine Lebensgrundlage bist, bete ich:

Liebe V

Wir werden uns wiederfinden
im See
du als Wasser
ich als Lotusblume

Du wirst mich tragen
ich werde dich trinken

Wir werden uns angehören
vor allen Augen

Sogar die Sterne
werden sich wundern:
hier haben sich Zwei
zurückverwandelt
in ihren Traum
der sie erwählte

Rose Ausländer

Liebe verdoppelt sich, wenn man sie teilt

Die Menschen meinen: Teilen bedeutet abgeben, halbieren, verlieren. Liebe aber lehrt uns etwas ganz anderes: Wer Liebe verschenkt, verbindet; wer Liebe teilt, umarmt; wer Liebe erfindet, zeugt neue Liebe. Nur in der Liebe können wir leben.

So ist es

Ein Schmerz
zieht einen anderen
nach sich

Eine Freude
verdoppelt die andere

Eine Liebe
umarmt das Wort
DU
erfindet das Wort
Liebe

Rose Ausländer

Das Schönste

„Gott ist die Liebe“ (1 Joh 4,8), hat der hl. Johannes gesagt. Es ist dein schönster Name, o Gott. Mit diesem Namen verzauberst du die Welt und die Menschen. Mit den Augen der Liebe sehen wir alles in einem anderen Licht. Darum mußt du verstehen, wenn ich bete:

Ich flüchte
in dein Zauberzelt
Liebe

im atmenden Wald
wo Grasspitzen
sich verneigen
weil
es nichts Schöneres gibt

Rose Ausländer

Den Weg finden

Vieles hält mich gefangen – mein Arbeiten und Suchen. Leicht kann ich in die Irre gehen. Ich weiß, jeder muß seinen Weg finden. Ich weiß aber auch, daß mein Weg erst mein Weg ist, wenn er mit deinem, o Gott, zusammenfällt. Hilf mir bei meiner Wegsuche!

Nachts schwimme ich
im Strom der Sterne
die mich träumen

An Feiertagen
lieg ich im Waldschatten
und sehne mich
nach dem Licht das erleuchtet

um meinen Weg zu finden
zu deinem Weg

Rose Ausländer

Versteckte Liebe

Liebe ist nie laut; Liebe versteckt sich gern. Auch du, Gott, bist nicht aufdringlich mit deiner Liebe. Wir müssen sie erlauschen. Dann werden wir entdecken, daß wir aus ihr hervorgegangen sind und nach dem Tode von ihr wieder aufgenommen werden.

Lauschen

Es heißt
zwischen den Zeilen
das Unsagbare
sagen

Sonne Sterne und Traum
erzählen
was vor deiner Geburt geschah
was nach deinem Tod sich ereignen wird

Es heißt
sie belauschen

Rose Ausländer

Du bist ein Segen für mich

Für viele Menschen bist du, o Gott, ein grausamer Tyrann, der Leid und Angst, Not und Tod über diese Welt schüttet. In ihren Augen trägst du die Schuld für alle Kriege, Verfolgungen und Morde. Zumindest nehmen die Menschen es dir übel, daß du nicht eingreifst.
Ich sehe dein Wirken in der Welt ganz anders:

In deinen Augen
kann ich schöner werden als ich bin.

In deinen Händen
kann ich stärker werden als ich bin.

In deinen Armen
kann ich freier werden als ich bin.

In deinem Wesen
kann ich stiller werden als ich bin.

In deinen Worten
kann ich reifer werden als ich bin,

ein Segen, ein Segen.

K. Barth u. P. Horst

In deiner Liebe, o Gott, kann ich mich entfalten. Nie denkst du an dich. Von dir gehalten darf ich ganz ich sein. Welcher Mensch könnte so selbstlos lieben?

Auch Gnade

Mich
stets in deiner Obhut wissen
geliebt und geborgen fühlen.

Spüren
daß der Seele Flügel wachsen
weil ich
von dir umsorgt
arglos
absichtslos
verantwortungslos
maskenlos
dir sehr nah
und doch
ganz ich selbst
sein darf.

RB

Wir brauchen Inseln, wenn wir überleben wollen: Inseln der Freude, des Glücks, der Begegnung, der Stille. In vielen Augenblicken des Tages bietest du dich, o Gott, als Insel an, die uns erwartet. Wenn doch unsere Augen diese Kostbarkeiten entdecken würden!

Eine Insel

Erwartet werden
auf einer Insel
ausruhen dürfen
sich anlehnen
geborgen sein
getragen werden
Quellen entdecken
Wurzeln bilden
suchen nach mir
mich finden bei dir

Zeitgeschenke
Kostbarkeiten
märchenhaft.

RB

„Der Mensch ist die Sehnsucht Gottes", hat Augustinus gesagt. Darum kann dein Denken, o Gott, niemals um dich kreisen; dann wärest du nicht Gott. Welch ein Glück bedeutet es mir, wenn du sagst:

Auch wenn du denkst
du bist allein
bist du nicht allein
weil ich an dich denke.

RB

Der Perlen größte

Ein ganzes Leben habe ich gesucht: nach der Liebe, nach dem Glück, nach der Grenzenlosigkeit. Aber immer habe ich Einbrüche erfahren: die Nacht, die Grenze, das Unvollkommene. Und doch habe ich das Vertrauen, daß du, Gott, in meiner tiefsten Erniedrigung das Kostbarste für mich bereithältst. Denn du sagst zu mir:

Du hast den Tag ertragen.
Ertrage nun die Nacht.
Es ist kein Stundenschlagen
dir tröstlich zugedacht.

Es ist kein rotbeglänztes
Erwachen dir bestellt.
Es ist kein Unbegrenztes
dir unbegrenzt erhellt.

Es wird die niegefundne
der Perlen größte sein.
Es wird der ganz Gebundne
der ganz Erlöste sein.

Werner Bergengruen

Ich nehme dich wahr

Auf vielen Wegen begegnest du mir, Gott: in Worten, Ereignissen, Menschen. Manchmal hast du dich in ihnen ganz versteckt. Aber ich darf dir sagen:

ich nehme dich wahr
dein lächeln
deine behutsamkeit
deine zärtlichkeit

dein da-sein
gibt mir
mut und zuversicht

hoffnung
breitet sich
in mir aus

ich nehme dich wahr
ich denke
es ist wahr
was du sagst
was du tust
wie du bist

Maria-Regina Bottermann-Broj

Heimat und Hafen

Für dich gibt es keinen Ersatz. Ich brauche dich, damit ich leben kann. Im Tagesgeschehen, in Betrieb und Hektik, denke ich oft nicht an dich; aber ich weiß, daß ich aus deiner Kraft wirke. Du gibst mir unbeschreibliche Sicherheit.

für stunden
bei dir
heimat und hafen
finden

dann
weiterschwimmen
auf dem meer
des alltags
der anforderungen
und erwartungen

aber wissen
zurückkehren zu dürfen
zu dir
neu atem holen
ruhe finden
das ist es
was dich
nicht austauschbar macht

Maria-Regina Bottermann-Broj

Sehnsucht nach Gott

Sehnsucht ist Ausdruck von Liebe. Niemand kann ihre Erfüllung erzwingen. Geduld ist uns aufgegeben. Aber was uns im Tiefsten bewegt, möchten wir aussprechen.

warten
darauf
daß
meine sehn-sucht
mich
dich endlich
sehen läßt

Maria-Regina Bottermann-Broj

Ich möchte deine Worte hören

Wir brauchen das Gespräch mit guten Menschen. Leider wird es oft unterlassen. Wichtiger noch ist das Gespräch mit dir, o Gott. Zwar hören wir oft deine Worte nicht, weil wir steinerne Herzen haben; aber wir glauben daran, daß du sie uns schenkst – ohne Unterbrechung, wie Wasser vom Felsen.

ich habe
das wasser gesehen
wie es den berg herabrauscht
sich seinen weg bahnend
über geröll und gestein

ich habe
an die worte gedacht
die du zu mir sprachst
die sich ihren weg
bahnen sollten
in mein herz

das wasser
wird weiterhin
seinen weg finden
deine worte
werden nicht mehr
zu hören sein

manchmal
wünschte ich
ich könnte tauschen
mit der natur

Maria-Regina Bottermann-Broj

Mein Durst nach dir ist unerträglich

Wenn du mich anschaust, Gott, schaust du in dein Antlitz; denn wir alle sind nach deinem Bild geschaffen. Ich spüre, wie ununterbrochen dein liebender Blick auf mir ruht. Deine Liebe weckt in mir eine unerfüllbare Sehnsucht, einen ewigen Durst.

während du sagst:
„ich kann mich nicht
satt sehen an dir“
spüre ich ihn wieder
diesen unerträglichen durst

Maria-Regina Bottermann-Broj

Ich wollte für dich eine Blume sein

Der Sinn meines Lebens ist das Lob Gottes. So hatte ich es mir gedacht. Du, Gott, solltest an mir Freude haben. Leider hatte ich vergessen, daß ich ein gebrochener Mensch bin, dem Neid anderer Menschen ausgeliefert.
Du kennst meinen guten Willen. Gib mir das Wasser deiner Gnade, damit ich wieder für dich blühe.

Dabei wollte ich doch nur dies ...

für dich eine Blume sein
immer schön zum anschauen
immer duftend immer frisch
immer voll leuchtender farben
heute stehe ich vor dir
mit welken blumenblättern
mein stengel ist abgeknickt
ich hoffte
du würdest auf mich achtgeben
sie aber haben dir verboten
mir wasser zu geben
ich werde verwelken
dabei wollte ich doch nur dies ...
für dich eine blume sein ...

Maria-Regina Bottermann-Broj

Ich will mit dem gehen, den ich liebe

Liebe fragt nicht nach dem Vorteil, sie gestattet keine Berechnung. Liebe hat sich entschieden; es gibt kein Zurück. Was könnte ich mehr lieben als dich, o Gott?
Darum bete ich:

Ich will mit dem gehen, den ich liebe.
Ich will nicht ausrechnen, was es kostet.
Ich will nicht nachdenken, ob es gut ist.
Ich will nicht wissen, ob er mich liebt.
Ich will mit ihm gehen, den ich liebe.

Bertolt Brecht

Gott braucht mich

Mein Leben ist nicht ohne Sinn. Wie oft habe ich erfahren dürfen, daß ich für andere dasein konnte. Meine Hilfe für andere hat mir Lebensmut, Zufriedenheit und Freude geschenkt. Ich bin unendlich dankbar für die Gewißheit, in dieser Welt nicht überflüssig zu sein.
Und jetzt kommst du, o Gott, und sagst mir, daß du mich brauchst, daß ich das Kostbarste bin, was du hast. Welch ein beglückendes Wort!

Morgens und abends zu lesen

Der, den ich liebe
Hat mir gesagt
Daß er mich braucht.
Darum
Gebe ich auf mich acht
Sehe auf meinen Weg und
Fürchte von jedem Regentropfen
Daß er mich erschlagen könnte.

Bertolt Brecht

„Herr, wende doch dein Antlitz nicht von mir“ (Ps 27,9), hat der alttestamentliche Beter gefleht. Wenn du dich abwendest, bin ich verloren. Du, Gott, bist zwar nicht taub oder stumm oder blind oder verwundet; aber du kannst mich anklagen, strafen, mir zürnen, weil ich deine Wege verlassen habe. Ich will es ertragen.
Nur eines erbitte ich: Laß mich nicht im Stich, denn ich brauche dich!

Sonett Nr. 19

Nur eines möcht ich nicht: daß du mich fliehst.
Ich will dich hören, selbst wenn du nur klagst.
Denn wenn du taub wärst, braucht ich, was du sagst,
Und wenn du stumm wärst, braucht ich, was du siehst.

Und wenn du blind wärst, möcht ich dich doch sehn.
Du bist mir beigestellt als meine Wacht:
Der lange Weg ist noch nicht halb verbracht.
Bedenk das Dunkel, in dem wir noch stehn!

So gilt kein „Laß mich, denn ich bin verwundet!“
So gilt kein „Irgendwo“ und nur ein „Hier“.
Der Dienst wird nicht gestrichen, nur gestundet.

Du weißt es: wer gebraucht wird, ist nicht frei.
Ich aber brauche dich, wie's immer sei.
Ich sage ich und könnt auch sagen wir.

Bertolt Brecht

Auch Umwege sind Wege

Es gibt nicht nur gerade Wege zwischen dir, o Gott, und mir. Oft gehen wir Wege, von denen wir meinen, sie würden uns von dir wegführen. Einer der sichersten Wege zu dir ist der Weg zu den Menschen. Auf diesem Weg kommst du zu uns.

Der Erwartete

Lange habe ich gewartet.
Als der Platz, den ich Ihm aussparen wollte,
leer blieb, hab ich ihn nach und nach
mit Menschen besetzt.

Und auf einmal – ganz schlicht –
war Er gekommen
und ist da!

Christine Busta

Du sollst den Herrn, deinen Gott, lieben

Das ist dein erstes und größtes Gebot. Wie gern möchte ich es erfüllen. Aber du hast in deinem zweiten Gebot, den Nächsten zu lieben wie sich selbst, einen Kontrolleur an meine Seite gestellt. Unerbittlich erinnert er mich daran, was ich tun muß, um dich über alles in der Welt zu lieben.

Mein Credo

Das einzige Haben,
das uns in dieser Welt
schuldlos gewährt ist,
ist das Liebhaben.

Aber wievielen
bin ich es schuldig geblieben?

Christine Busta

Ich liebe die Nacht, weil sie mir Stille schenkt. Nur in der Stille kannst du reden, o Gott. In ihr höre ich deine Worte der Liebe. Ich nehme sie auf in mein Herz, damit sie im Lärm des Tages schweigend zu mir reden.

Ein Morgenbrief

Heute Nacht hat es gut geregnet.

Ich ließ mein Fenster offen.
Das Dunkel war ganz erfüllt
von behutsamen Stillgeräuschen
der Liebe zwischen Himmel und Erde.

Ich habe sie eingeatmet.
Morgenstill glänzt sie dir immer noch
nach in meinem Gehör.

Christine Busta

Wer liebt, liefert sich aus. Zwischen Menschen ist das mit Risiko verbunden. Wird der Partner die Hingabe honorieren oder mißbrauchen, wird er mich bergen oder zerstören? Bei dir, o Gott, aber verwandelt sich das Wagnis der Liebe in die Gewißheit des Lebens. Du hast einen überzeugenden Beweis: In meinem Tod falle ich in deine Hand.

Einfach so

Sich in die Hingabe bergen,
ins große Wagnis der Liebe.
Sich keine Sicherheit errechnen,
nur eine Gewißheit haben:
den Tod.

Vielleicht
kann man so
das Leben erfüllen.

Christine Busta

Das Wort der Liebe erwacht aus dem Schweigen

Liebe muß man sagen. Aber das Wort kann leer sein, wenn es keine Wurzeln hat. Die Wurzel der Liebe ist das Schweigen. Du, o Gott, hast es uns gelehrt, als dein ewiges Wort aus deinem Schweigen heraustrat und sich in Jesus von Nazaret deine Liebe zu uns offenbarte.

Wenn es das Schweigen der Liebe

nicht gäbe,
wir blieben einander für immer
unsagbar.

Christine Busta

Die Menschen sind so mächtig; sie sind auch zu allem fähig. Darum habe ich Angst, sie könnten deine schöne Welt, o Gott, in die Luft sprengen. Trotzdem und niemals möchte ich mir meinen Glauben an deine Liebe, die mächtiger ist als alle Macht der Mächtigen, zerstören lassen.

Stoßgebet

Vergib,
ich wag es nicht,
Dich zu begreifen.

Ich habe oft Angst um
Deine Welt, Du könntest
untergehen mit ihr.
Sie ist so schön
und so schrecklich wie Du.

Und habe doch
die Verkündigung von der
alleserhaltenden Liebe
seit meinen Kindertagen
nicht aus dem Ohr verloren,

die einzige
der ich glaube,
der ich immer noch vertraue
auch wider mein eigenes Unheil,
die ich verteidigen will
auch

gegen Deinen Zorn.

Christine Busta

Lust, dich zu umarmen

Kein Reichtum der Welt, kein noch so schönes Naturereignis kann einen Menschen ersetzen, nach dem ich mich sehne. Die Hoffnung auf Rückkehr und Begegnung besiegt die Abwesenheit des Geliebten. Umarmung ist das Schönste auf Erden! Was wird in ihr alles gesagt, ohne daß ein einziges Wort gesprochen wird! Ich möchte dich, o Gott, umarmen, der du mich in jedem Sakrament in deine Arme schließt.

Du gehst und kommst,
unsteter Sperling,
und gehst wieder fort.

Was bringt's mir, daß der Mond schön ist,
wenn ich ohne dich bin?
Ich will ihn nicht sehen über dem See.
Er scheint für andere.
Die heimlichen Geräusche der Nacht,
wenn du nicht da bist.

Eine grausame Glaswand, unsichtbar, trennt uns.
Zwischen uns beiden ein unendlicher Abgrund
und die Lust, dich zu umarmen.
Und dich vielleicht zu umarmen.
Oder glauben, dich zu umarmen.

Ernesto Cardinal

Ich weiß, Herr, um das Böse in mir und um meine Schuld. Auch ich trage Erde in mir; darum meine ich, ich müßte graben. So zur Erde gewandt, kann ich dich nicht mehr sehen. Sich von dir abwenden heißt sterben. Wie danke ich dir, daß du auch dein Grab gegraben hast; dein Grab heißt Leben.

Es war Erde in ihnen

Es war Erde in ihnen, und
sie gruben.

Sie gruben und gruben, so ging
ihr Tag dahin, ihre Nacht. Und sie lobten nicht Gott,
der, so hörten sie, alles dies wollte,
der, so hörten sie, alles dies wußte.

Sie gruben und hörten nichts mehr;
sie wurden nicht weise, erfanden kein Lied,
erdachten sich keinerlei Sprache.
Sie gruben.

Es kam eine Stille, es kam auch ein Sturm,
es kamen die Meere alle.
Ich grabe, du gräbst, und es gräbt auch der Wurm,
und das Singende dort sagt: Sie graben.

O einer, o keiner, o niemand, o du:
Wohin gings, da's nirgendhin ging?
O du gräbst und ich grab, und ich grab mich dir zu,
und am Finger erwacht uns der Ring.

Paul Celan

Du bist mein Schatz

Du kannst mich auf ewig an dich binden. Seitdem ich dir, Gott, begegnet bin, komme ich mir vor wie der Mann auf dem Acker aus dem Evangelium, der alles verkaufte, um den Schatz zu gewinnen (Mt 13,44).
Auch er könnte gebetet haben:

Seit ich ihn gesehen

Seit ich ihn gesehen, glaub ich blind zu sein,
Wo ich hin nur blicke, seh ich ihn allein;
Wie im wachen Traume schwebt sein Bild mir vor,
Taucht aus tiefstem Dunkel heller nur empor.

Sonst ist licht- und farblos alles um mich her,
Nach der Schwestern Spiele nicht begehr ich mehr,
Möchte lieber weinen still im Kämmerlein;
Seit ich ihn gesehen, glaub ich blind zu sein.

Adalbert von Chamisso

Alle irdische Liebe ist ein Stück vom Himmel. Liebe ist etwas Göttliches, ohne Anfang und ohne Ende – unaufhaltsam. Sie ist so ewig wie Gott. Keine Macht der Welt kann deiner Liebe den Zutritt zu den Menschen verwehren. Alle sind von deiner Liebe umfangen – die Guten und die Bösen. Darum habe ich die Hoffnung, daß sie auch mein zweifelndes Herz besiegen wird.

Die Liebe

Die Liebe hemmet nichts; sie kennt nicht Tür noch
  Riegel
Und dringt durch alles sich;
Sie ist ohn Anbeginn, schlug ewig ihre Flügel
Und schlägt sie ewiglich.

Matthias Claudius

Wir alle sind unterwegs; wir alle sind den Unbilden der Welt ausgesetzt. Jeder, der nicht in dir, o Gott, verwurzelt ist, kann losgerissen werden und untergehen.
Schenke mir die Gnade, dich immer wieder zu entdecken und in der unlösbaren Verbindung zu dir ein Zuhause zu haben!

Ziehende Landschaft

Man muß weggehen können
und doch sein wie ein Baum:
als bliebe die Wurzel im Boden,
als zöge die Landschaft und wir ständen fest.
Man muß den Atem anhalten,
bis der Wind nachläßt
und die fremde Luft um uns zu kreisen beginnt,
bis das Spiel von Licht und Schatten,
von Grün und Blau,
die alten Muster zeigt
und wir zuhause sind,
wo es auch sei,
und niedersitzen können und uns anlehnen,
als sei es an das Grab
unserer Mutter.

Hilde Domin

Ich glaube an das goldene Seil

Meine Liebe zu dir, Gott, ist wie ein Schreiten über das Wasser. In jedem Augenblick können mich Unsicherheit, Zweifel oder Angst befallen. Ich denke dabei auch an den heiligen Petrus, der dir auf den Wellen entgegenging.
Wenn ich schwach werde und sinke und dich nur wie eine kleine Wolke am Himmel entdecke, glaube ich an das goldene Seil, das du mir zuwirfst. Es ist wie deine Hand, die du dem Petrus entgegenstreckst.

Notrufer

In mir ist immer
Abschied:
Wie ein Ertrinkender
dessen Kleider
von Meerwasser schwer sind
seine letzte Liebe
einer kleinen Wolke schenkt.

In mir ist immer
Glaube,
als sei das goldene Seil
wer es auch auswirft
dem Notrufer
heilig
geschuldet

Hilde Domin

Vom Du zum Ich

Du, o Gott, bist unbeschreiblich selbstlos. Wenn du zu mir kommst, denkst du nicht an dich, sondern an mich. Du gestattest mir, Ich zu werden. Ich weiß wohl: ich kann nur Ich werden, weil du da bist. Darum lade ich dich ein, bei mir einzutreten.

Neue Wege

Neue Wege möchte ich finden
schmerzhaft ungegangene
vom Du zum Ich.

Keine Handbreit an mir
die deinem Eintritt
widersteht.

Hilde Domin

Blinde sind ausgestoßen; sie können nichts leisten, sind nur Belastung. Im Grunde sind sie nicht existent. Du, Herr, hast die Blinden am Wege entdeckt und sie wieder sehend gemacht (Mt 20,34). Als deine Augen die Augen des Blinden trafen, kehrten sie ins Leben zurück.
Auch ich bin blind; aber ich darf leben, weil deine Augen mich wollen.

Es gibt dich

Dein Ort ist
wo Augen dich ansehn.
Wo sich die Augen treffen
entstehst du.

Von einem Ruf gehalten,
immer die gleiche Stimme,
es scheint nur eine zu geben
mit der alle rufen.

Du fielest,
aber du fällst nicht.
Augen fangen dich auf.

Es gibt dich
weil Augen dich wollen,
dich ansehn und sagen
daß es dich gibt

Hilde Domin

Du, o Gott, bist das Leben; alles Leben kommt von dir. Vom ersten Augenblick meines Daseins an bist du bei mir. Dein Leben blüht in mir – umfangen von Freude und Leid.

Im Tor schon

Im Tor schon
hobst du den Blick.
Wir sahen uns an.

Eine große Blüte stieg
leuchtend blaß
aus meinem Herzen.

Hilde Domin

Das Leben kann grausam sein. Wie oft stehen wir allein mit unserem Leid. Sollen wir aufgeben, verzweifeln? Die Dichterin rät, eine Kerze in die Hand zu nehmen – ein winziges Licht der Hoffnung, des Vertrauens, der Gewißheit, daß Gott uns nahe ist. Wer diese Initiative ergreift, wird das Wunder erfahren: Gott löst mit dem großen Sonnenlicht das kleine Kerzenlicht ab.
Wir danken dir, o Gott, für die verschwenderische Gnade, ohne die wir nicht leben können.

Die schwersten Wege

für R. H.

Die schwersten Wege
werden alleine gegangen,
die Enttäuschung, der Verlust,
das Opfer,
sind einsam.
Selbst der Tote der jedem Ruf antwortet
und sich keiner Bitte versagt
steht uns nicht bei
und sieht zu
ob wir es vermögen.
Die Hände der Lebenden die sich ausstrecken
ohne uns zu erreichen
sind wie die Äste der Bäume im Winter.
Alle Vögel schweigen.
Man hört nur den eigenen Schritt
und den Schritt den der Fuß
noch nicht gegangen ist aber gehen wird.
Stehenbleiben und sich Umdrehn
hilft nicht. Es muß
gegangen sein.

Nimm eine Kerze in die Hand
wie in den Katakomben,
das kleine Licht atmet kaum.
Und doch, wenn du lange gegangen bist,
bleibt das Wunder nicht aus,
weil das Wunder immer geschieht,
und weil wir ohne die Gnade
nicht leben können:
die Kerze wird hell vom freien Atem des Tags,
du bläst sie lächelnd aus
wenn du in die Sonne trittst
und unter den blühenden Gärten
die Stadt vor dir liegt,
und in deinem Hause
dir der Tisch weiß gedeckt ist.
Und die verlierbaren Lebenden
und die unverlierbaren Toten
dir das Brot brechen und den Wein reichen –
und du ihre Stimmen wieder hörst
ganz nahe
bei deinem Herzen.

Hilde Domin

Das ist die Konstante meines Lebens: Wenn ich mich in deinen Armen, o Gott, geborgen weiß, dann kann ich ruhig durch Länder und Kontinente reisen, Leid und Freude erfahren, unterschiedlichen Sitten und Gebräuchen begegnen. Auch wenn ich nicht weiß, wohin mich das Leben führt, werde ich nie das Gefühl haben, heimatlos zu sein. Ich vertraue dir. Du bist mein Mandelbaum, von dem ich komme; du bist die Macht, die mich schützt.

Wo steht unser Mandelbaum

Ich liege
in deinen Armen, Liebster,
wie der Mandelkern in der Mandel.
Sag mir: wo steht
unser Mandelbaum?

Ich liege in deinen Armen
wie in einem Schiff,
ohne Route noch Hafen,
aber mit Delphinen am Bug.

Unter unserem Rücken
ein Band von Betten,
unsere Betten in den vielen Ländern,
im Nirgendwo der Nacht,
wenn rings ein fremdes Zimmer versinkt.

Wohin wir kamen
– wohin wir kommen, Liebster,
alles ist anders,
alles ist gleich.

Überall wird das Heu
auf andere Weise geschichtet
zum Trocknen
unter der gleichen
Sonne.

Hilde Domin

Das Leben ist nicht nur Sonnenschein, es ist Leid, Not, Angst und Tod. Da kann sich mancher Verzweifelte von dir abwenden und dabei die Richtung verlieren. Ich möchte wie eine Biene sein, die immer – auch in den dunklen Tagen – zu dir, Gott, Verbindung hält. Nur so kann das Leben reich und schön und sinnvoll sein.

Im Regen geschrieben

Wer wie die Biene wäre,
die die Sonne
auch durch den Wolkenhimmel fühlt,
die den Weg zur Blüte findet
und nie die Richtung verliert,
dem lägen die Felder in ewigem Glanz,
wie kurz er auch lebte,
er würde selten
weinen.

Hilde Domin

Auch das Loslassen gehört zur Liebe. Schmerzhaft ist der Abschied von einem geliebten Menschen im Tod. Wir können ihn nicht retten – auch nicht mit der Macht unserer menschlichen Liebe. Wie trostvoll ist es, um deine Liebe, o Gott, zu wissen. Wo wir den Geliebten loslassen und freigeben, legen wir ihn in die Hände deiner Liebe. Die zärtliche Nacht des Todes wird zur zärtlichen Macht des Lebens.

Zärtliche Nacht

Es kommt die Nacht
da liebst du

nicht was schön –
was häßlich ist.

Nicht was steigt –
was schon fallen muß.

Nicht wo du helfen kannst –
wo du hilflos bist.

Es ist eine zärtliche Nacht,
die Nacht da du liebst,

was Liebe
nicht retten kann.

Hilde Domin

Dunkle Stunden können uns erfassen, in denen wir nicht mehr leben möchten. Es lohnt sich nicht! Wir können nichts mehr erwarten! Aber vielleicht sind wir früher einmal deinem Wort, o Gott, begegnet, das uns viel bedeutet hat; damals haben wir es als eine Umarmung empfunden. Daran möchten wir uns jetzt erinnern! Und an den Satz, den du den Jüngern gesagt hast: „Der Mensch lebt nicht nur vom Brot, sondern von jedem Wort, das aus Gottes Mund kommt“ (Mt 4,4).

Magere Kost

Ich lege mich hin,
ich esse nicht und ich schlafe nicht,
ich gebe meinen Blumen
kein Wasser.
Es lohnt nicht den Finger zu heben.
Ich erwarte nichts.

Deine Stimme die mich umarmt hat,
es ist viele Tage her,
ich habe jeden Tag
ein kleines Stück von ihr gegessen,
ich habe viele Tage
von ihr gelebt.
Bescheiden wie die Tiere der Armen
die am Wegrand
die schütteren Halme zupfen
und denen nichts gestreut wird.

So wenig, so viel
wie die Stimme,
die mich in den Arm nimmt,
mußt du mir lassen.
Ich atme nicht
ohne die Stimme.

Hilde Domin

Du, o Gott, bist nicht spur-los an mir vorübergegangen. Du hast mich mit deiner Zuwendung geprägt. Weil ich dir wichtig bin, hast du deine Spuren in mir hinterlassen. Nun begebe ich mich auf deine Wege und möchte selber eine Spur der Liebe hinterlassen.

Deine Spuren sind in mir:

die Worte,
die mich bestärkten;
die Blicke,
die mich verstanden;
die Hände,
die mich hielten;
der Humor,
der mich veränderte;
die Zärtlichkeit,
die mich heilte;
die Ehrlichkeit,
die mich erschreckte;
dein Ja,
das mich belebte;
deine Liebe,
die mich erfüllte.

Deine Spuren sind in mir.
Verstehst du,
daß ich dankbar bin?

Max Feigenwinter

Zweierlei Gefahren

Bewahre mich, Gott, vor zwei Gefahren: daß ich mich von dir abwende und mich an diese Welt verliere. Laß aber auch nicht zu, nur dich zu sehen und die Welt und die Menschen zu vergessen.

Kein Unterschlupf

Nicht sich verstecken
vor den Dingen
der Zeit
in die Liebe

Aber auch nicht
vor der Liebe
in die Dinge
der Zeit

Erich Fried

Es gibt die „dunkle Nacht“ zwischen dir, Gott, und mir. Die Mystiker sprachen von der „Trockenheit der Seele“. Ich weiß, daß alle Kreuze, die ich zu tragen habe, aus deiner Hand kommen. Sprichst du nicht immer zu uns Menschen „mitten aus dem Feuer“ (5 Mos 4,12) ? Aber ich vertraue darauf, daß es ein Feuer der Liebe ist. Darum bleibt mir keine Wahl.

Meine Wahl

Gesetzt ich verliere dich
und habe dann zu entscheiden
ob ich dich noch einmal sehe
und ich weiß:
Das nächste Mal
bringst du mir zehnmal mehr Unglück
und zehnmal weniger Glück

Was würde ich wählen?

Ich wäre sinnlos vor Glück
dich wiederzusehen

Erich Fried

Natürlich habe ich keine – oder kaum – Leibschmerzen, wenn ich dich, Gott, verliere. Und doch könnte ich diesen Verlust nicht ertragen. Es gibt viel Schlimmeres als Leibes-Schmerzen. Wenn ich dich, Gott, verliere, verliere ich mich selbst; denn du bist es, der mich trägt und mich am Leben hält.

Was weh tut

Wenn ich dich
verliere
was
tut mir dann weh?

Nicht der Kopf
nicht der Körper
nicht die Arme
und nicht die Beine

Sie sind müde
aber sie tun nicht weh
oder nicht ärger
als das eine Bein immer wehtut

Das Atmen tut nicht weh
Es ist etwas beengt
aber weniger
als von einer Erkältung

Der Rücken tut nicht weh
auch nicht der Magen
die Nieren tun nicht weh
und auch nicht das Herz

Warum
ertrage ich es
dann nicht
dich zu verlieren?

Erich Fried

Kein Leben ist einfach und problemlos. Oft ist es voller Zorn, voller Ungeduld, voller Ermüdung, manchmal sogar hoffnungslos. Dann komme ich zu dir, Gott, um bei dir Schutz zu suchen. Bei dir darf ich ganz klein und schwach sein. Es ist unerträglich, immer stark sein zu müssen. In deinen Armen wird dann der Schwache stark.

Zuflucht

Manchmal suche ich Zuflucht
bei dir
vor dir und vor mir

vor dem Zorn auf dich
vor der Ungeduld
vor der Ermüdung

vor meinem Leben
das Hoffnungen abstreift
wie der Tod

Ich suche Schutz
bei dir
vor der zu ruhigen Ruhe

Ich suche bei dir
meine Schwäche
Die soll mir zu Hilfe kommen

gegen die Kraft
die ich
nicht haben will

Erich Fried

„Furcht weiß nicht zu fliehen, wie Liebe zu verfolgen weiß", hat Francis Thompson in seinem Hauptwerk „Jagdhund des Himmels" gesagt. Was bliebe, Gott, von meinem Leben, wenn ich dich nicht mehr hätte? Hätte mein Leben dann noch einen Sinn? Du aber bist gut, und deine Liebe ist überfließend. Sie verfolgt die Menschen, und sie würde auch mich überwältigen. Weil es dich gibt, lohnt es sich zu leben.

Grenze der Verzweiflung

Ich habe dich so lieb
daß ich nicht mehr weiß
ob ich dich so lieb habe
oder ob ich mich fürchte

ob ich mich fürchte zu sehen
was ohne dich
von meinem Leben
noch am Leben bliebe

Wozu mich noch waschen
wozu noch gesund werden wollen
wozu noch neugierig sein
wozu noch schreiben

wozu noch helfen wollen
wozu aus den Strähnen von Lügen
und Greueln noch Wahrheit ausstrählen
ohne dich

Vielleicht doch weil es dich gibt
und weil es noch Menschen
wie du geben wird
und das auch ohne mich

Erich Fried

Es gibt Menschen, die denken an dich, Gott, und sind doch verzweifelt. Vielleicht hast du zu lange geschwiegen oder bist auf ihre Wünsche und Bitten nicht eingegangen; vielleicht haben sie ein falsches Bild von dir. Sollten sie in dir das Schicksal sehen, das sie ins Unglück geschickt hat?
Ich weiß, Gott, daß du nicht so bist, wie ich dich haben möchte. Darum hilf mir, dich anzunehmen, wie du bist. Auch wenn ich es nicht begreife –: immer willst du mein Glück.

An dich denken

An dich denken
und unglücklich sein?
Wieso?

Denken können
ist doch kein Unglück
und denken können
an dich:
an dich
wie du bist
an dich
wie du dich bewegst
an deine Stimme
an deine Augen
an dich
wie es dich gibt –
wo bleibt da
für wirkliches Unglück
(wie ich es kenne
und wie es mich kennt)
noch der Raum
oder die Enge?

Erich Fried

Du, Gott, schickst mir viele Briefe: in Menschen, Ereignissen, Schicksalen, Begegnungen, Gesprächen. All deine Briefe, mögen sie eine schöne oder traurige Botschaft enthalten, tragen deine Handschrift. Darum will ich sie nicht einfach beiseite legen, sondern sie bedenken und mich immer wieder fragen, was du mir mit ihnen sagen willst. Jeder deiner Briefe ist eine Kostbarkeit; sie alle sind Weisungen für meinen Lebensweg.

Wintergarten

Deinen Briefumschlag
mit den zwei gelben und roten Marken
habe ich eingepflanzt
in den Blumentopf

Ich will ihn
täglich begießen
dann wachsen mir
deine Briefe

Schöne
und traurige Briefe
und Briefe
die nach dir riechen

Ich hätte das
früher tun sollen
nicht erst
so spät im Jahr

Erich Fried

Warum sehne ich mich nach dir, Gott? Weil ich älter werde? Weil ich Angst habe vor dem Tode? Weil dir meine Sehnsucht etwas bedeutet? Oder – weil ich dich liebe?
Du kennst mich, Herr; du schaust in mein Inneres, und du weißt genau, warum ich dich liebe.

Eine Art Liebesgedicht

Wer sehnt sich nach dir
wenn ich mich nach dir sehne?

Wer streichelt dich
wenn meine Hand nach dir sucht?

Bin das ich oder sind das
die Reste meiner Jugend?

Bin das ich oder sind das
die Anfänge meines Alters?

Ist das mein Lebensmut oder
meine Angst vor dem Tod?

Und warum sollte
meine Sehnsucht dir etwas bedeuten?

Und was gibt dir meine Erfahrung
die mich nur traurig gemacht hat?

Und was geben dir meine Gedichte
in denen ich nur sage

wie schwer es geworden ist
zu geben oder zu sein?

Und doch scheint im Garten
im Wind vor dem Regen die Sonne

und es duftet das sterbende Gras
und der Liguster

und ich sehe dich an und
meine Hand tastet nach dir

Erich Fried

Heute wird mehr von der Zärtlichkeit Gottes gesprochen. Gott ist nicht nur der Große und Mächtige, der Herrscher und Gebieter, sondern der freundliche, liebende und zärtliche Gott. An vielen Stellen der Bibel wird dieses Gottesbild vorgestellt. Die Mystiker haben es aufgegriffen und Menschen beschrieben, die sich in gleicher Weise Gott nähern. Gott küssen heißt, mit ihm ganz eins werden, sich hingeben und anvertrauen.
Ich möchte bei dir sein, Gott, und deinen Atem aufnehmen und immer tiefer in dich und dein Geheimnis eindringen.

Wollen

Bei dir sein wollen
Mitten aus dem was man tut
weg sein wollen
bei dir verschwunden sein

Nichts als bei dir
näher als Hand an Hand
enger als Mund an Mund
bei dir sein wollen

In dir zärtlich zu dir sein
dich küssen von außen
und dich streicheln von innen
so und so und auch anders

Und dich einatmen wollen
immer nur einatmen wollen
tiefer tiefer
und ohne Ausatmen trinken

Aber zwischendurch Abstand suchen
um dich sehen zu können
aus ein zwei Handbreit Entfernung
und dann dich weiterküssen *Erich Fried*

Du bist gekommen

Lange warst du, Herr, auf dieser Erde angekündigt; lange wurdest du erwartet. Dann bist du gekommen. Du bist Mensch geworden, damit auch wir ganz Mensch werden können. Von diesem Tag an kann ich dir persönlich begegnen. Immer wieder kommst du, Herr, zu mir.
Dafür danke ich dir. Mit dem Dichter bekenne ich: Ich bin, weil du bist.

Aber wieder

Aber
du bist wiedergckommen
Du
bist wieder
gekommen

Du
du bist
du bist wieder
Ich bin wieder
weil du bist

Du bist gekommen
du
wieder
und immer wieder
wieder du

Du
du
du und ich
immer wieder
und wieder

Erich Fried

Ich habe mich durstig gesehen an dir

Du, Gott, bist ein Geheimnis. Mal offenbarst du dich, mal verbirgst du dich. Nie werden Hunger und Durst nach dir gestillt. Je mehr wir von dir erfahren, um so größer wird unser Verlangen, dich zu sehen. Unser unersättlicher Durst wird erst in der Ewigkeit gestillt werden. Bis dahin: „Erhalte in uns die Sehnsucht nach dem Ewigen“ (Claudel).

Das Ergebnis

Ich sah dich an
Um mich satt
Zu sehen
An dir
Solange du da warst

Ich habe mich
Hungrig gesehen
Ich habe mich
Durstig gesehen
An dir

Erich Fried

Viele Menschen machen sich lustig über Beziehungen zu Gott. Genügend Gründe stehen bereit, um sich zu rechtfertigen: „Es ist Unsinn", „es ist Unglück", „es ist nichts als Schmerz", „es ist aussichtslos", „es ist lächerlich", „es ist leichtsinnig", „es ist unmöglich".
Mögen die Menschen sich mit diesen Erklärungen zufriedengeben! Für mich aber gilt: Du, Gott, bist für mich eine unumstößliche Wirklichkeit. Ich glaube daran, daß du mich liebst. Weil ich davon überzeugt bin, darum möchte auch ich dich lieben.

Was es ist

Es ist Unsinn
sagt die Vernunft
Es ist was es ist
sagt die Liebe

Es ist Unglück
sagt die Berechnung
Es ist nichts als Schmerz
sagt die Angst
Es ist aussichtslos
sagt die Einsicht
Es ist was es ist
sagt die Liebe

Es ist lächerlich
sagt der Stolz
Es ist leichtsinnig
sagt die Vorsicht
Es ist unmöglich
sagt die Erfahrung
Es ist was es ist
sagt die Liebe

Erich Fried

Du, Herr, hast gesagt: „Ihr müßt Glauben an Gott haben. Amen, das sage ich euch: Wenn jemand zu diesem Berg sagt: Heb dich empor, und stürz dich ins Meer!, und wenn er in seinem Herzen nicht zweifelt, sondern glaubt, daß geschieht, was er sagt, dann wird es geschehen“ (Mk 11,22f.). Gib mir einen starken Glauben, damit ich im Alltag die Wunder nicht nur entdecke, sondern sie wirke, auch die Wunder der Liebe.

Vorübungen für ein Wunder

Vor dem leeren Baugrund
mit geschlossenen Augen warten
bis das alte Haus
wieder dasteht und offen ist

Die stillstehende Uhr
so lange ansehen
bis der Sekundenzeiger
sich wieder bewegt

An dich denken
bis die Liebe
zu dir
wieder glücklich sein darf

Das Wiedererwecken
von Toten
ist dann
ganz einfach

Erich Fried

Könnten wir dich, Gott, küssen? Dürfen wir dich küssen? Vielleicht ist Küssen mehr als Küssen. Vielleicht bedeutet Küssen: ganz bei dir sein. Darf ich das nicht? Soll ich das nicht? Hat uns der Apostel nicht gelehrt: „In ihm leben wir, bewegen wir uns und sind wir“ (Apg 17,28)? Ich möchte mit deinem Geist atmen und ganz in dir sein.

Seither

Seither bedeutet Küssen
eigentlich nur noch
dich küssen
also nur noch
geküßt haben
nicht mehr küssen
nicht wirklich mehr küssen dürfen
also vielleicht auch
nicht wirklich mehr
küssen können
Aber eigentlich hat Küssen
nicht nur Küssen bedeutet
sondern auch bei dir sein

Und eigentlich
bedeutet seither
auch sein
nichts als bei dir sein
und atmen
nichts als dich einatmen
oder in dich hineinatmen
also nichts als
bei dir gewesen sein
und bei dir geatmet haben
also eigentlich
nicht mehr atmen
und nicht mehr sein

Erich Fried

Welch ein Glück, dich, o Gott, zu besitzen! Lange habe ich dich gesucht, und endlich durfte ich dich finden. Angst erfüllt mich bei dem Gedanken, ich könnte dich verlieren. Verlaß mich nicht, damit ich leben kann!

Fast Glück

Kann jetzt auf einmal
fast alles
wieder
fast alles bedeuten
nicht nur Hartnäckigkeit
und Mut
sondern auch fast wieder
noch Hoffnung?

Und kann das wirklich
fast durch Zufall
und wirklich noch
oder fast noch
zur rechten Zeit
so gekommen sein?

Und wenn das so sein kann
muß dann nicht auch die Angst
die zum Glück
jetzt vor Glück
fast unsichtbar ist
wieder kommen
und muß sie nicht sogar
fast noch größer werden?

Die Angst
daß es wieder
verloren gehen könnte
und daß das dann
fast
nicht zu ertragen wäre

Erich Fried

Dich lieben, wie du bist

Manchmal bin ich über dich, Gott, traurig, weil du nicht so bist, wie ich es mir wünsche. Ich habe mir Bilder von dir gemacht, die zerbrochen sind. Oft meine ich, du müßtest dich meinen Vorstellungen, die ich von dir habe, anpassen. Aber ich weiß: ich darf nicht ein Wunschbild lieben. Gib mir die Gnade, dich so anzunehmen und zu lieben, wie du bist.

Dich

Dich nicht näher denken
und dich nicht weiter denken
dich denken wo du bist
weil du dort wirklich bist

Dich nicht älter denken
und dich nicht jünger denken
nicht größer und nicht kleiner
nicht hitziger und nicht kälter

Dich denken und mich nach dir sehnen
dich sehen wollen
und dich liebhaben
so wie du wirklich bist.

Erich Fried

Wie könnte ich leben, ohne an dich zu denken?

Da ich aufs engste mit dir, Gott, verbunden bin, begleitest du mich auf Schritt und Tritt. Wo ich gehe und stehe, denke ich an dich. Überall ist ja „der göttliche Bereich“ (Chardin).

Ein Versuch

Ich habe versucht
zu versuchen
während ich arbeiten muß
an meine Arbeit zu denken
und nicht an dich
Und ich bin glücklich
daß der Versuch
nicht geglückt ist

Erich Fried

Alles kommt von dir

Weil du, Gott, der Friede und die Zukunft und das Leben und die Liebe bist, muß ich bei all meinem Tun an dich denken. Nur bei dir kann ich Glück und Heil finden.

Reden

Zu den Menschen
vom Frieden sprechen
und dabei an dich denken
Von der Zukunft sprechen
und dabei an dich denken
Vom Recht auf Leben sprechen
und dabei an dich denken
Von der Angst um Mitmenschen
und dabei an dich denken –
ist das Heuchelei
oder ist das endlich die Wahrheit?

Erich Fried

Ohne Liebe können wir nicht leben. Frei sein von ihr ist das Ärgste, das uns zustoßen kann. Weil du die Liebe bist, kannst nur du unsere vielen Fragen nach der Liebe beantworten.

Fragen und Antworten

Wo sie wohnt?
Im Haus neben der Verzweiflung

Mit wem sie verwandt ist?
Mit dem Tod und der Angst

Wohin sie gehen wird
wenn sie geht?
Niemand weiß das

Von wo sie gekommen ist?
Von ganz nahe oder ganz weit

Wie lange sie bleiben wird?
Wenn du Glück hast
solange du lebst

Was sie von dir verlangt?
Nichts oder alles

Was soll das heißen?
Daß das ein und dasselbe ist

Was gibt sie dir
– oder auch mir – dafür?
Genau soviel wie sie nimmt
Sie behält nichts zurück

Hält sie dich
– oder mich – gefangen
oder gibt sie uns frei?
Es kann uns geschehen
daß sie uns die Freiheit schenkt

Frei sein von ihr
ist das gut oder schlecht?
Es ist das Ärgste
was uns zustoßen kann

Was ist sie eigentlich
und wie kann man sie definieren?
Es heißt daß Gott gesagt hat
daß er sie ist

Erich Fried

Du, o Gott, bist groß und heilig. Wie könnte ich kleiner und schuldiger Mensch es wagen, dir zu begegnen? Könnte ich dich mit meiner Liebe beschenken? Was hättest du dann? Über alle diese quälenden Fragen will ich mich hinwegsetzen, weil ich mich nach dir sehne und dich liebe.

Eindenkung

Ich denke nach
was ich dir zu geben habe
und warum es gut für dich ist
oder schlecht für dich
daß ich dich liebe
Ich denke nach
was ich dir alles sein kann
und ob ich ein Recht habe
mich zu sehnen nach dir

Ich denke nach
ob es Sinn hat
so nachzudenken
und wie ich wissen soll
was ich dir alles sein kann
Ich denke nach
warum ich ein Recht haben will
dir etwas zu geben zu haben
und mich nach dir zu sehnen

Ich sehne mich nach dir
weil ich mich nach dir sehne
Ich will dir etwas sein
weil du mir mehr bist als etwas
und weil ich nicht ohne dich sein will
Ich liebe dich
nicht weil es gut oder schlecht ist
und nicht weil es recht oder unrecht ist
sondern weil ich dich liebe *Erich Fried*

Ich denke oft an dich, o Gott. Morgens und abends spreche ich regelmäßig ein Gebet zu dir. Während des ganzen Tages schicke ich manchen Gedanken zu dir. Dabei erfahre ich, wie wichtig du für mich und mein Leben bist. Mein Herz ist voll von dir und deiner Liebe. Weil du in meinem Herzen wohnst, bist du auch in meiner Stimme.

Freiraum

Jedes Mal
wenn ich jetzt an dich denke
entsteht in meinem Kopf
ein freier Raum
eine Art Vorraum zu dir
in dem sonst nichts ist

Ich stelle fest
am Ende jedes Tages
daß viel mehr freier Raum
in meinem Kopf
übrig gewesen sein muß
als ich sonst glaubte

Erich Fried

Du, o Gott, hast mir das Leben gegeben. In der Schöpfungsgeschichte habe ich gelesen, daß du den ersten Menschen mit deinem Atem geschaffen hast. Von diesem Tage an ist der Hauch deiner Liebe in jedem Menschen. Gib mir die Gnade, immer wieder in meinem Leben deinen Atem zu spüren.

Aber solange ich atme

Auch was
auf der Hand liegt
muß ich
aus der Hand zu geben
bereit sein

und muß wissen
wenn ich liebe
daß es wirklich
die Liebe zu dir ist
und nicht nur
die Liebe zur Liebe zu dir
und daß ich nicht
eigentlich
etwas Uneigentliches will

Aber
solange ich atme
will ich
wenn ich den Atem
anhalte
deinen Atem
noch spüren
in mir

Erich Fried

Ich lebe von jedem deiner Worte

In deinem Sohn, Gott, hast du mir geschrieben; denn er ist ja dein Wort an die Welt. Von diesem Wort lebe ich – wie alle Menschen. Es kommt aus deinem liebenden Herzen und ist für mein Heil geschickt. Könnte ich doch dein rettendes Wort dankbar und liebend erwidern!

Widmung

Schreiben
um zu leben
wäre fast so arg
wie leben
um zu schreiben
aber etwas
noch schreiben
um es dann
dir zeigen zu können

könnte einem fast
doch noch
leben helfen

Erich Fried

Wie oft spreche ich mit dir, Gott, gedankenlos; mein Herz ist weit weg. Ich biete dir eine Schablone an, die leer ist. Weil es mir einfach nicht gelingt, herzlich mit dir zu reden, hülle ich mich in Schweigen oder wende mich gar ab von dir. Und doch steckt das Verlangen in mir, in einer anderen Sprache wieder mit dir zu reden.

Kalter Sommermorgen in London

Ich träume jetzt oft
vom Bücher-
und Manuskripteeinpacken
und daß ich fortziehen muß
und träume nicht wohin

Wenn ich mich festgelegt habe
muß ich mich lossterben

Was spricht
das bin wirklich ich
oder das *war* ich
und was ich spreche
oder gesprochen habe
war wahr

Ob es bei dir noch wahr *ist*
ob du meine Worte wahrnimmst
das hängt davon ab
wie du bist

Wovon ich spreche?
Davon
daß ich manchmal
aufhören will
zu dir noch sprechen zu können
weil ich will daß mein Mund
zu tief
in dir ist um zu dir zu sprechen
oder wenigstens nicht mehr
in einer der Sprachen
auf die die Menschen
so lauthals stolz sind
daß sie den Mund leernehmen
aus keinem erküßbaren Grund

Erich Fried

Du hast mir, Gott, deinen Namen preisgegeben; dein Name beschreibt dein Wesen: „Ich bin der, der für dich da ist“ (Ex 3,14), hast du gesagt. Dieser Name ist Ausdruck deiner tiefen Sehnsucht zu mir. Wie könnte ich ihn überhören? Ich sauge ihn, der „größer ist als alle Namen“ (Phil 2,9), in mich hinein und will ihn heiligen, wie Jesus es uns im Vaterunser gelehrt hat: „Geheiligt werde dein Name“ (Mt 6,9).

Inschrift

Sag
in was
schneide ich
deinen Namen?

In den Himmel?
Der ist zu hoch
In die Wolken?
Die sind zu flüchtig

In den Baum
der gefällt und verbrannt wird?
Ins Wasser
das alles fortschwemmt?

In die Erde
die man zertritt
und in der nur
die Toten liegen?

Sag
in was
schneide ich
deinen Namen?

In mich
und in mich
und immer tiefer
in mich

Erich Fried

Was ist Schönheit ohne Liebe?

Wie oft habe ich in meinem Leben den Fehler gemacht, die Schönheit über die Liebe zu stellen. Ich habe geglaubt, von der Schönheit der Menschen leben zu können. Inzwischen weiß ich: Schönheit ohne Liebe ist leer, vordergründig, oberflächlich.
In dir, Gott, habe ich erfahren, wie schön die Schönheit ist, wenn die Liebe in ihr lebt. Du bist für mich eine unwiderstehliche Attraktion!

Zwei weise Ratschläge

„Es ist ganz einfach
ohne Liebe weiterzuleben:
Du mußt dich nur mit Schönheit
umgeben die dich erfreut
und dich nie müde macht"

Also umgab ich mich
mit immer mehr Schönheit
Doch sie erfreute mich nicht
sondern ich fand sie
eintönig
und war traurig
So ging ich wieder zum Weisen
Der aber sagte:

„Es ist ganz einfach:
Immer aufs neue
kann Schönheit
nur den erfreuen
der auch die Liebe hat"

Erich Fried

Manchmal kommt mir, Gott, der Gedanke, mein Leben wäre leichter, wenn ich dir nicht begegnet wäre. Deine Liebe nimmt mich in die Pflicht; ich weiß nicht, ob ich ihr mit meiner Liebe genügen kann. Es gibt Tage, an denen ich dich nicht sehe, andere, an denen ich dich nicht verstehe. Dann meine ich, du hättest dich von mir abgewandt. Immer will ich der Versuchung widerstehen, mich von dir zu trennen; denn wenn ich dich verliere, verliere ich auch mich. Die Begegnung mit dir hat mein Leben geprägt.

Nur nicht

Das Leben
wäre
vielleicht einfacher
wenn ich dich
gar nicht getroffen hätte

Weniger Trauer
jedes Mal
wenn wir uns trennen müssen
weniger Angst
vor der nächsten
und übernächsten Trennung

Und auch nicht soviel
von dieser machtlosen Sehnsucht
wenn du nicht da bist
die nur das Unmögliche will
und das sofort
im nächsten Augenblick
und die dann
weil es nicht sein kann
betroffen ist
und schwer atmet

Das Leben
wäre vielleicht
einfacher
wenn ich dich
nicht getroffen hätte
Es wäre nur nicht
mein Leben

Erich Fried

Obwohl ich auf dich, Gott, hin geschaffen bin (Augustinus), läßt du mich so sein, wie ich bin. In deiner Liebe zu mir bist du unbeschreiblich hochherzig. Du zwingst mich nicht auf deine Linie; im Gegenteil: Dein Respekt vor meinem Ich ist grenzenlos. Könnte ich dir gegenüber doch auch so sein! Gib mir die Kraft, dich so anzunehmen, wie du bist!

Dich

Dich
dich sein lassen
ganz dich

Sehen
daß du nur du bist
wenn du alles bist
was du bist
das Zarte
und das Wilde
das was sich losreißen
und das was sich anschmiegen will

Wer nur die Hälfte liebt
der liebt dich nicht halb
sondern gar nicht
der will dich zurechtschneiden
amputieren
verstümmeln

Dich dich sein lassen
ob das schwer oder leicht ist?
Es kommt nicht darauf an mit wieviel
Vorbedacht und Verstand
sondern mit wieviel Liebe und mit wieviel
offener Sehnsucht nach allem –

nach allem
was *du* bist

Nach der Wärme
und nach der Kälte
nach der Güte
und nach dem Starrsinn
nach deinem Willen
und Unwillen

nach jeder deiner Gebärden
nach deiner Ungebärdigkeit
Unstetigkeit
Stetigkeit

Dann
ist dieses
dich dich sein lassen
vielleicht
gar nicht so schwer

Erich Fried

Unsere Welt wird kälter. Je mehr Menschen ihre Ellenbogen gebrauchen, je mehr sie sich rücksichtslos durchsetzen wollen, um so herzloser wird unsere Gesellschaft. Keiner kann so sein Glück finden, auch derjenige nicht, der Sieger bleibt. Die Wärme des Lebens ist nur durch Liebe zu gewinnen. Du, Gott, hast sie der Welt geschenkt. Wir wollen die Hoffnung nicht aufgeben, daß wir deine Liebe ergreifen und über sie sprechen. Vielleicht ahnen die Menschen dann, wie glücklich sie werden können.

Bevor ich sterbe

Noch einmal sprechen
von der Wärme des Lebens
damit doch einige wissen:
Es ist nicht warm
aber es könnte warm sein

Bevor ich sterbe
noch einmal sprechen
von Liebe
damit doch einige sagen:
Das gab es
das muß es geben

Noch einmal sprechen
vom Glück der Hoffnung auf Glück
damit doch einige fragen:
Was war das
wann kommt es wieder?

Erich Fried

Wen du, Gott, einmal angerührt hast, der ist mit dir verbunden. Weil du mich liebst, hast du mich in deine Nachfolge gerufen. Auch wenn ich mich von dir entferne, bleibe ich dir nahe. Zuweilen habe ich Angst, du könntest meiner müde werden; aber dann denke ich wieder: deine Liebe ist stärker.

Erleichterung

Wenn zwischen dir und mir
Länder und Monate liegen
und du mir fehlst
fehlst du mir nicht mehr ganz

weil ich mitleben lerne
was du mir vorlebst
weil ich denken und hoffen will
was du denkst und hoffst

Ich kann mich freuen mit dir
und kann mit dir trauern
und zu empfinden versuchen
was du empfindest

Eines Tages
wenn du meiner müde bist fällt es
vielleicht auch mir leicht
meiner müde zu sein

Erich Fried

Wie oft habe ich zu dir gerufen, Gott? In tausend Nöten war ich allein. Warum hast du nicht geantwortet? Warum hast du geschwiegen? Wolltest du mich prüfen? Wolltest du mich noch stärker an dich binden? Wolltest du mich lehren, im Schweigen zu hören? Öffne, Herr, meine Ohren, damit ich deine Stimme gerade in der Stille nicht überhöre.

Wartenacht

Ich glaube
zuletzt
werden
die nicht vorhandenen Vögel
so singen
daß ihre Stille
die Ohren
zerreißen wird

Dann werden
die Eulen
mich tragen
nach irgendeinem
Athen

Dann werden wir
an diese Vögel
und an ihr Lied
glauben lernen
wie wir an nichts mehr glaubten

Wann immer
ich jetzt
ohne dich
ihre Stille höre
schlägt sie mir
schon
ihren unerträglichen
Takt

Erich Fried

Im Gleichnis vom guten Vater hast du, Herr, das Schicksal eines Menschen beschrieben, der von dir weggeht. Du zwingst keinen; jeder kann sich von dir entfernen. Dein Respekt vor der menschlichen Freiheit ist grenzenlos. Der Sohn, der mit seinem Reichtum – und mit dem Namen seines Vaters – in die Fremde zog, endete bei den Schweinen – im Nichts. Wer sich von dir, Gott, entfernt, rennt in den Tod. Darum bitte ich dich: Halte mich!

Auf der Fahrt fort von dir

Rollend
rollend und
horchend
ins Grollen von Rädern
(hinaus
und hinein
ausatmend
oder
einatmend
aushorchend,
hineinhorchend)
deinen Namen

Ihn festhalten
hochhalten
anhalten
halten wollend
und noch nicht wissend
oder nicht wissen wollend
daß so entrollend
ich nichts mehr
sein soll
als Geröll

Erich Fried

Ich möchte ein Baum sein

Kein Baum kann ohne Wurzeln leben. Aus ihnen bezieht er Nahrung und Kraft. Wenn der Baum wurzel-los wird, muß er sterben. Ich möchte ein Baum sein, der göttliche Wurzeln hat. Aus dir, Gott, möchte ich leben, weil ich dich liebe.

Ich

Was andere Hunger nennen
das ernährt mich
Was andere Unglück nennen
das ist mein Glück

Ich bin keine Blume
kein Moos
Ich bin eine Flechte
Ich ätze mich tausend Jahre lang in einen Stein

Ich möchte ein Baum sein
Ich möchte ein Leben lang
deine Wurzeln berühren
und trinken bei Tag und bei Nacht

Ich möchte ein Mensch sein
und leben wie Menschen leben
und sterben wie Menschen sterben
Ich habe dich lieb

Erich Fried

Du, Gott, hast mich mir gegeben; dennoch gehöre ich dir. Mein ganzes Sehnen und Trachten geht zu dir. Dir möchte ich mich schenken. Nimm mich an.

Nun die Schatten dunkeln

Nun die Schatten dunkeln,
Stern an Stern erwacht:
Welch ein Hauch der Sehnsucht
Flutet durch die Nacht!

Durch das Meer der Träume
Steuert ohne Ruh,
Steuert meine Seele
Deiner Seele zu.

Die sich dir ergeben,
Nimm sie ganz dahin!
Ach, du weißt, daß nimmer
Ich mein eigen bin.

Emanuel Geibel

Das ist dein erstes Wort, Gott. Du hast es zu den Menschen gesprochen; darum können sie leben. Dieses älteste Wort ist weitergegeben worden von Generation zu Generation. Ich möchte es dir zurückgeben.

Das Wort

Ich liebe dich. Es ist das alte Wort –
Wer wars, ders sprach zum allerersten Mal,
Das Wort der Lust, das Quellwort süßer Qual?
Und wie geschahs, daß durch die Zeiten fort

Es weiterdrang? Wer, sag, wer trugs zu dir,
Beladen so von vieler Schicksalsfracht,
Flamme des Tages und Musik der Nacht
Und Übermacht – ach! über dir und mir?

Das alte Wort. Und doch, da ich dirs jetzt
Zusage, ists, als sei es nie zuvor
Berührt von Lippen, zitternd, heiß und schwer.

Wort, neugeschaffen, rein und unverletzt
Für diesen Mund nur und für dieses Ohr:
Hör mich, o du! Ich liebe dich so sehr.

Albrecht Goes

Wir könntest du mir entfliehen? Ich verfolge dich mit meinem Denken, Sehen, Hören. Der Reichtum der Natur bietet tausend Möglichkeiten an, dich zu finden. Obwohl ich immer bei dir bin, wünschte ich mir, dich mit Händen zu greifen. So bete ich:

Nähe des Geliebten

Ich denke dein, wenn mir der Sonne Schimmer
Vom Meere strahlt;
Ich denke dein, wenn sich des Mondes Flimmer
In Quellen malt.

Ich sehe dich, wenn auf dem fernen Wege
Der Staub sich hebt;
In tiefer Nacht, wenn auf dem schmalen Stege
Der Wandrer bebt.

Ich höre dich, wenn dort mit dumpfem Rauschen
Die Welle steigt.
Im stillen Haine geh` ich oft zu lauschen,
Wenn alles schweigt.

Ich bin bei dir; du seist auch noch so ferne,
Du bist mir nah!
Die Sonne sinkt; bald leuchten mir die Sterne.
O, wärst du da!

Johann Wolfgang von Goethe

Meine Liebe treibt mich zu dir, Gott. Aber der Weg zu dir ist nicht glatt, nicht schmerzfrei, nicht gefahrlos. Oft bläst mir der Wind ins Gesicht; ich möchte umkehren und resignieren. Doch weil du die Liebe bist und die Liebe mich treibt, drängt Liebe zu Liebe.

Rastlose Liebe

Dem Schnee, dem Regen,
Dem Wind entgegen,
Im Dampf der Klüfte,
Durch Nebeldüfte,
Immer zu! Immer zu!
Ohne Rast und Ruh!

Lieber durch Leiden
Möcht' ich mich schlagen,
Als so viel Freuden
Des Lebens ertragen.
Alle das Neigen
Von Herzen zu Herzen,
ach wie so eigen
Schaffet das Schmerzen!

Wie – soll ich fliehen?
Wälderwärts ziehen?
Alles vergebens!
Krone des Lebens,
Glück ohne Ruh,
Liebe, bist du!

Johann Wolfgang von Goethe

Immer haben dich, Gott, die Menschen mit der Sonne verglichen. Sie ist Zeichen des Lebens und Zeichen der Ewigkeit. Anders konnten dich die Menschen nicht beschreiben. Dennoch wissen wir, daß du die Sonne um ein Unendliches überragst. Du, Gott, bist nicht Zeichen, sondern Wirklichkeit: ewiges Leben. Wie dankbar dürfen wir sein, daß uns die Sonne des ewigen Lebens schon jetzt in diesem Leben scheint.

Gegenwart

Alles kündet Dich an!
Erscheinet die herrliche Sonne,
Folgst Du, so hoff' ich es, bald.

Trittst Du im Garten hervor,
So bist Du die Rose der Rosen,
Lilie der Lilien zugleich.

Wenn Du im Tanze Dich regst,
So regen sich alle Gestirne
Mit Dir und um Dich umher.

Nacht! und so wär' es denn Nacht!
Nun überscheinst Du des Mondes
Lieblichen, ladenden Glanz.

Ladend und lieblich bist Du,
Und Blumen, Mond und Gestirne
Huldigen, Sonne, nur Dir.

Sonne! so sei Du auch mir
Die Schöpferin herrlicher Tage;
Leben und Ewigkeit ist's.

Johann Wolfgang von Goethe

Mein Herz in der Fremde der Welt ist verwundet. Es sehnt sich nach deiner Liebe, damit es heil werden kann. Sende mir durch die schweren Wolken auf dieser Erde einen Strahl deiner Liebe!

Mein wundes Herz verlangt

Mein wundes Herz verlangt nach milder Ruh,
O hauche sie ihm ein!
Es fliegt dir weinend, bange schlagend zu,
O hülle du es ein!

Wie wenn ein Strahl durch schwere Wolken bricht,
So winkest du ihm zu:
O lächle fort mit deinem milden Licht!
Mein Pol, mein Stern bist du.

Klaus Groth

In deinem Licht schauen wir das Licht

Vor 3000 Jahren schon haben die Menschen so gebetet (Ps 36,10). Sie wußten, daß sie ohne dieses Licht nicht leben konnten. Von ihnen haben wir das Vertrauen zu deinem Licht übernommen. Auch wenn Dunkelheiten uns umgeben, auch wenn wir ganz einsam sind, leben wir von deinem Licht. Gerade dann!

dein licht

meistens brannte dein licht
noch eine weile
wenn es bei mir
dunkel und still wurde

dasselbe licht
wird jetzt anders heißen
und dich
soll ich vergessen

sicher wird dein licht
noch eine ganze weile brennen
wenn es bei mir
ganz dunkel und ganz still wurde

Klaus Haacker

Weil ich dein Partner sein darf, Gott, weil du „du“ zu mir gesagt hast, darf auch ich dich mit dem vertrauten „Du“ ansprechen. Obwohl viele Milliarden Menschen „du“ zu dir sagen, bist du doch nicht besetzt, sondern wie ein unbewohnter Stern für mich. Du bist für alle da und doch auch ganz für mich. „Wenn jemand mich liebt“, hat Jesus gesagt, „wird mein Vater ihn lieben, und wir werden zu ihm kommen und bei ihm wohnen“ (Joh 14,23).

Du

Du –

unbewohnbar
wie ein Stern

bewohnst mich

mit Abglanz.

Peter Hamm

Jeder Mensch hinterläßt Spuren: im Schnee, im Gedächtnis, im Herzen. Manchmal sind sie ganz deutlich, manchmal blaß oder sogar vergessen. Auch du, Gott, hast dieser Welt deine Spuren eingeprägt: in der Schöpfung, im menschlichen Antlitz, in der Liebe. Es gibt Schicksale, Begebenheiten und Ereignisse in unserem Leben, die uns blind machen für deine Spuren. Da wir ohne diese Spuren unser Ziel verfehlen können, bitte ich: „Zeige mir, Herr, deine Wege“ (Ps 25,4).

Schneelied

Mit dem Schnee
will ich trauern.
Schmelzen wird er
und deine Schritte
vergessen.
Hier
bist du gegangen.

Kehr zurück.
Laß dich bitten
mit dem erwachten
Fluß,
dem wieder
gefundenen Land.

Jetzt,
nach dem Frost,
tauen in meinen Briefen
die Sätze
und holen dich,
ohne Gedächtnis,
ein.

Kehr zurück.
Und sei
wie vor dem Schnee.

Peter Härtling

Nichts kann uns trennen von der Liebe Gottes! Obwohl Leid, Alter, Ängste, Feindschaften und Resignation Versuchungen sein können, die Liebe zu Gott aufzugeben oder sie für tot zu erklären, möchte dieser vertrauensvolle Vers der Versuchung widerstehen und in jeder Situation des Lebens beten: „Wir werden beisammen sein, Gott."

Sie sehen einander nicht wieder

Kocht im Saft die Beere,
Werden beisammen wir sein,
Strömen heller die Meere,
Werden beisammen wir sein,
Schwinden die tödlichen Jahre,
Werden beisammen wir sein,
Reisen im Dämmer die Stare,
Werden beisammen wir sein,
Schlägt die Stunde der Schatten,
Werden beisammen wir sein,
Die wir einander hatten,
Werden beisammen dann sein,
Überrasch ich auf deinem Munde
(Beisammen werden wir sein)
Rache- und Liebeskunde,
Werden beisammen wir sein,
War nicht, gar nichts vergebens,
Werden beisammen wir sein,
Auf der Böschung des Lebens
Werden beisammen wir sein.

Im Licht, bei Brot und Wein
Werden beisammen wir sein ...

Stephan Hermlin

Jeder Mensch geht tod-sicher seinem Ende entgegen. Wie schnell sind die Lebensjahre vergangen. Auch mich wird das schwere Schicksal des Todes treffen. Aber hinter dem Schicksal steht einer, der schickt. Obwohl ich vor dem „unendlichen Todesruf" zittere, habe ich das Vertrauen, daß in ihm sich ein „unendlicher Liebesruf" verbirgt.
Er wird meinen Tod in Leben wandeln.

Bei der Nachricht vom Tod eines Freundes

Schnell welkt das Vergängliche.
Schnell stieben die verdorrten Jahre davon.
Spöttisch blicken die scheinbar ewigen Sterne.

In uns innen der Geist allein
Mag unbewegt schauen das Spiel,
Ohne Spott, ohne Schmerz.
Ihm sind „vergänglich" und „ewig"
Gleich viel, gleich wenig ...

Aber das Herz
Wehrt sich, glüht auf in Liebe,
Und ergibt sich, welkende Blume,
Dem unendlichen Todesruf,
Dem unendlichen Liebesruf.

Hermann Hesse

Du, Herr, bist den Menschen menschlich begegnet. Du hast deine Hände auf ihr Haupt gelegt, den Blinden das Augenlicht gegeben und die Trauernden getröstet. Du hast die Menschen mit deiner Liebe umfangen.
Gib auch mir die Gnade, in allen Situationen des Lebens von deiner Liebe gehalten zu werden.

Ich möchte
über deine weißen haare streichen
ich möchte
meine hände über deine augen legen
ich möchte gern
an deine schulter lehnen
und ganz von dir umfangen sein

So wie die sonne überm meer
in grauen dunst einsinkt
so möchte ich in dich einsinken
in dir ertrinken
und wenn du leise fragtest:
tut dir etwas weh?
so möcht' ich weinen dürfen eh'
ich wie die sonn' im meer
in dieser seltsam und behutsam
großen liebe
untergeh'.

Käthi Hohl-Hauser

Deine Arme halten mich

Wie oft haben mich die Arme meines Vaters gehalten. Wenn ich als Kind nicht mehr laufen konnte, haben sie mich von einem Ort zum anderen getragen. Später habe ich in den Armen der Liebe Geborgenheit gefunden. Der Beter im Alten Testament gibt mir noch größere Sicherheit, wenn er sagt, was auch ich erfahren durfte: „Der Herr, dein Gott, hat dich auf dem ganzen Weg, den ihr gewandert seid, getragen, wie ein Vater seinen Sohn trägt“ (Dtn 1,31b). Auch der hl. Johannes, den Jesus liebte, lag im Abendmahlssaal an der Brust und in den Armen Jesu. So kann ich beten:

ich liege bei dir, deine Arme
halten mich, deine Arme
halten mehr als ich bin.
deine Arme halten, was ich bin
wenn ich bei dir liege und
deine Arme mich halten.

Ernst Jandl

Immer wieder muß ich hinaus auf das Meer: meinen Verpflichtungen nachkommen, mich den Herausforderungen stellen, Menschen begegnen, Versuchungen widerstehen, das Glück suchen, die Freuden genießen. Das weite Meer kann gefahrvoll und faszinierend, stürmisch und irreführend sein. Aber du, Gott, bist mein Leuchtturm, der mir Orientierung gibt. Dich will ich nicht aus dem Auge verlieren. Du zeigst mir den Weg zum Hafen und Ziel meines Lebens.

Für Einen

Die Andern sind das weite Meer,
Du aber bist der Hafen;
so glaube mir: kannst ruhig schlafen,
ich steure immer wieder her.
Denn all die Stürme, die mich trafen,
sie ließen meine Segel leer.
Die Andern sind das bunte Meer,
Du aber bist der Hafen.
Du bist der Leuchtturm, letztes Ziel,
kannst, Liebster, ruhig schlafen.
Die Andern, das ist Wellenspiel,
Du aber bist der Hafen.

Mascha Kaléko

Bist du tot, Gott? Oft spüre ich dich nicht. Ich fühle mich alleingelassen, vereinsamt, verwaist. Ohne dich ist der Tag grau, mein Leben lustlos, mein Herz traurig. Merkst du nicht, wie ich an dir hänge? Reicht es nicht, daß ich ohne dich nicht leben kann? Wie oft habe ich in deinen Briefen geblättert, wie oft deine heiligen Worte durchdacht! Wann wirst du dich mir wieder zeigen?

Weil du nicht da bist

Weil du nicht da bist, sitze ich und schreibe
All meine Einsamkeit auf dies Papier.
Ein Fliederzweig schlägt an die Fensterscheibe
Die Maiennacht ruft laut. Doch nicht nach mir.

Weil du nicht da bist, ist der Bäume Blühen,
Der Rosen Duft vergebliches Bemühen,
Der Nachtigallen Liebesmelodie
Nur in Musik gesetzte Ironie.

Weil du nicht da bist, flücht ich mich ins Dunkel.
Aus fremden Augen starrt die Stadt mich an
Mit grellem Licht und lärmendem Gefunkel,
Dem ich nicht folgen, nicht entgehen kann.

Hier unterm Dach sitz ich beim Lampenschimmer,
Den Herbst im Herzen, Winter im Gemüt.
November singt in mir sein graues Lied.
„Weil du nicht da bist" flüstert es im Zimmer.

„Weil du nicht da bist" rufen Wand und Schränke,
Verstaubte Noten über dem Klavier.
Und wenn ich endlich nicht mehr an dich denke,
Die Dinge um mich reden nur von dir.

Weil du nicht da bist, blättre ich in Briefen
Und weck vergilbte Träume, die schon schliefen.
Mein Lachen, Liebster, ist dir nachgereist.
Weil du nicht da bist, ist mein Herz verwaist.

Mascha Kaléko

Wie jeder Mensch bin auch ich auf der Suche nach Glück. Meine Erfahrung hat mich gelehrt, daß ich es wohl auf dieser Erde nicht finden kann. So zwingst du mich emporzusehen. Du, Gott, mußt mir mein Glück schicken; deine Zuwendung zu mir ist mein Schicksal. Brich immer wieder in meinen Tag ein, damit ich glücklich werde.

Kompliziertes Innenleben

Hinter jedem Abschied steht ein Warten,
Wenn Dein Schritt verhallt ist, sehn ich mich.
Wenn Du kommst, ist jeder Tag ein Garten,
aber wenn Du fort bist, lieb' ich Dich.

Manchmal seh ich auf zu Sternmillionen.
Ob das Glück stets hinter Wolken liegt?
Ach, ich möchte in den Nächten wohnen,
wo kein Morgen um die Ecke biegt.

Kommst Du, sehn ich mich nach tausend Dingen,
wächst der Abgrund zwischen Dir und mir,
spür ich altes Fernweh in mir klingen;
aber wenn Du fort bist, gilt es Dir.

Unser Schicksal lauert hinter Bergen.
(Schönes Jenseits, das wir nicht verstehn.)
Unsre Großen gleichen noch den Zwergen,
und nichts bleibt uns, als emporzusehn.

Gibt es Träume, die noch nicht zerrissen?
Gibt's ein Glück, das hielt, was es versprach???
Ach, wir Dummen werden's niemals wissen,
und die Klugen forschen nicht danach!

Mascha Kaléko

Nur *ein* Mensch war auf dieser Erde vollendet: Jesus von Nazaret. Aber nur deshalb war er ganz, weil du, Gott, in ihm warst. Vollendet ist der Mensch, wenn Gott in ihm ist. Gott und Mensch zusammen ist das Geheimnis des Menschen.
Ohne dich, Gott, kann ich nicht leben; ich wäre wie ein Vogel mit nur einem Flügel. Darum bin ich auf dich verwiesen.
Verlaß mich nicht!

Pihi

Vom Vogel Pihi hab ich einst gelesen,
Dem Wundertier im Lande der Chinesen.
Er hat nur einen Fittich: Stets in Paaren
Sieht man am Horizont der Pihi Scharen.
Zu zweien nur kann sich das Tier erheben;
Im Singular bleibt es am Boden kleben.
– Dem Pihi gleich, gekettet an das Nest,
Ist meine Seele, wenn du mich verläßt.

Mascha Kaléko

Von dir weggehen heißt sterben, Gott. „Mein Sohn war tot“ (Lk 15,24), hat der gute Vater nach der Rückkehr seines Sohnes im Evangelium gesagt. Mehrmals bin ich von dir, Gott, im Laufe meines Lebens weggegangen – als du meinen sehnlichsten Wunsch nicht erfüllt hast, als ich total verzweifelt war, als ich mit meiner Lebenskrise nicht fertig wurde, als du mir meinen liebsten Menschen genommen hast. Immer glaubte ich dann, von dir weggehen zu müssen, weil du für mich verantwortlich warst. Aber jedesmal habe ich meinen Tod gespürt. Jetzt möchte ich endgültig zu dir zurückkehren, um zu leben.

Das berühmte Gefühl

Als ich zum ersten Male starb,
– Ich weiß noch, wie es war.
Ich starb so ganz für mich und still,
Das war zu Hamburg, im April,
Und ich war achtzehn Jahr.

Und als ich starb zum zweiten Mal,
Das Sterben tat so weh.
Gar wenig hinterließ ich dir:
Mein klopfend Herz vor deiner Tür,
Die Fußspur rot im Schnee.

Doch als ich starb zum dritten Mal,
Da schmerzte es nicht sehr.
So altvertraut wie Bett und Brot
Und Kleid und Schuh war mir der Tod.
Nun sterbe ich nicht mehr.

Mascha Kaléko

„Greifen konnte ich seit meiner Geburt. Dann lernte ich das Teilen. Jetzt übe ich das Lassen“ (Kyrilla Spieker). Als Ich-Mensch bin ich auf die Welt gekommen. Ich weiß, daß ich ein Du-Mensch werden muß, wenn auf dieser Erde Friede sein soll.
Du, Herr, bist der vollkommene Du-Mensch. Rufe mich in deine Nachfolge, damit ich werde, wie du bist.

Gebet

Es wohnen drei in meinem Haus –
Das Ich, das Mich, das Mein.
Und will von draußen wer herein,
so stoßen Ich und Mich und Mein
Ihn grob zur Tür hinaus.

Stockfinster ist es in dem Haus,
Trüb flackert Kerzenschein.
– Herr: laß dein Sonnenlicht herein!
Dann geht dem Ich, dem Mich, dem Mein
Das fahle Flämmchen aus.

Mascha Kaléko

Ich weiß nicht, wann du, Gott, in mein Leben getreten bist – in der Taufe, am Weißen Sonntag, in einer Beichte, durch ein Schicksal, in einem Ereignis, in einem mir viel bedeutenden Menschen oder als ich an einem Abgrund meines Lebens stand. Ich weiß nur, daß mein Leben völlig verändert ist, seitdem ich dich gefunden habe. Alles vor der Begegnung mit dir war Schatten, Winter, Einsamkeit; jetzt bin ich umbrandet von Glück. Nur diese Bitte habe ich: Verlaß mich nicht!

Sonett in Dur

Ich frage mich in meinen stillen Stunden,
Was war das Leben, Liebster, eh du kamst
Und mir den Schatten von der Seele nahmst
Was suchte ich, bevor ich dich gefunden?

Wie war mein Gestern, such ich zu ergründen,
Und sieh, ich weiß es nur noch ungefähr.
So ganz umbrandet mich das Jetzt, dies Meer,
In das die besten meiner Träume münden.

Vergaß ich doch, wie süß die Vögel sangen,
Noch eh du warst, der Jahre buntes Kleid.
Mir blieb nur dies von Zeiten, die vergangen:
Die weißen Winter und die Einsamkeit.

Sie warten meiner, läßt du mich allein.
Und niemals wieder wird es Frühling sein.

Mascha Kaléko

Gib du mir deine Hand

Die Freunde haben uns verlassen; Menschen sind zu Wölfen geworden, die uns verfolgen und quälen. Nur ein Freund ist uns geblieben, der in Treue zu uns steht: das bist du, Gott.
Gib uns deine Hand! Wir wollen dich in Ewigkeit lieben.

Überfahrt

Wir haben keinen Freund auf dieser Welt.
Nur Gott. Den haben sie mit uns vertrieben.
Von all den Vielen ist nur er geblieben.
Sonst keiner, der in Treue zu uns hält.

Kein Herz, das dort am Ufer um uns weint,
Nur Wind und Meer, die leise uns beklagen.
Laß uns dies alles still zu zweien tragen,
Daß keine Träne freue unsern Feind.

Sei du im Dunkel nah. Mir wird so bang.
Ich habe Vaterland und Heim verlassen.
Es wartet so viel Weh auf fremden Gassen.
Gib du mir deine Hand. Der Weg ist lang.

Und wenn das Schiff auf fremder See zerschellt,
Wir sind einander mit dem Blut verschrieben.
Wir haben keinen Freund auf dieser Welt.
Uns bleibt das eine nur: uns sehr zu lieben.

Mascha Kaléko

Ohne deine Liebe auf dieser Erde ist alles verloren. Wie aber soll sie gegenwärtig werden? Du brauchst uns, Gott. Deine Liebe will in uns gegen Gleichgültigkeit, Kälte, Atombomben und Angst antreten. Einige wirst du sogar zu Heiligen machen, um deine Pläne durchzusetzen.
Gib uns die Gnade, jederzeit für deine Liebe, die du uns anvertraust, offen zu sein.

Gottes Verlangen

Verlangen wirst Du, daß wir, die Lieblosen dieser Erde,
Deine Liebe sind,
Die Häßlichen Deine Schönheit,
Die Ratlosen Deine Ruhe,
Die Wortlosen Deine Rede,
Die Schweren Dein Flug.

Jeder wird wissen, daß dieses von ihm erwartet wird,
Etwas wogegen Atombomben ein Kinderspiel sind.
Und aufbegehren wird er und sagen, wie kommen wir dazu.
Und sagen, wie häßlich ist es, erwachsen zu werden.
Und aufzubleiben in der Nacht, allein.
Aber jeder wird wissen: Dies ist Dein letztes Geheimnis.
Dein Fernsein Deine Nähe,
Dein Zuendesein Dein Anfang,
Deine Kälte Dein Feuer,
Deine Gleichgültigkeit Dein Zorn.

Und einige wirst Du bisweilen beweglich machen
schneller als Deine Maschinen und künstlichen Blitze,
Überflügeln werden sie ihre Angst.
Fahrende werden sie sein, Freudige.

Marie Luise Kaschnitz

Unser Leben ist ein Kommen und Gehen, ein Sichbegegnen und Abschiednehmen, ein letztes Winken und Sterben. Letztlich wendet sich jeder ab – der beste Freund und der geliebteste Mensch. Weil alle sterben müssen, können wir niemanden halten. Aber du, Gott, stehst bei mir, du stehst immer bei mir, du nimmst mir den Tod vom Halse. Dafür danke ich dir.

Ad infinitum

Alle die fortgehen
Durch die Glastür aufs Rollfeld
Durch die Bahnhofssperre
Die sich umdrehen winken
Deren Blicke zu Boden sinken
Deren Gestalten
Langsam undeutlich werden
Alle sind du.
Du stehst bei mir
Wendest dich ab gehst fort
Wirst kleiner und kleiner
Seit wann
Seit dein Tod mir am Hals hing
Mir die Kehle zudrückte
Stehst du immer wieder bei mir
Wendest dich ab gehst fort
Den Bahnsteig entlang
Rollfeldüber
Wirst kleiner und kleiner
Stehst da
Wendest dich ab
Gehst –

Marie Luise Kaschnitz

Unser Leben ist wie ein Spiel am Strand. Alle Spuren werden von den Wellen verwischt. Immer wieder beginnen wir neu. Wir könnten verzweifeln, wenn wir nicht wüßten, daß es ein Spiel vor deinen Augen ist, Gott. Du wirst in deiner Liebe zu uns nicht zulassen, daß die letzte Welle uns wegspült.

Am Strande

Heute sah ich wieder dich am Strand
Schaum der Wellen dir zu Füßen trieb
mit dem Finger grubst du in den Sand
Zeichen ein, von denen keines blieb.

Ganz versunken warst du in dein Spiel
mit der ewigen Vergänglichkeit
Welle kam und Stern und Kreis zerfiel
Welle ging und du warst neu bereit.

Lachend hast du dich zu mir gewandt
ahntest nicht den Schmerz, den ich erfuhr:
Denn die schönste Welle zog zum Strand
und sie löschte deiner Füße Spur.

Marie Luise Kaschnitz

Du, Gott, bist nicht fern; du lebst in den Leidenden, Hungernden, Dürstenden. Du gehst alle Irrwege mit. Du bist sterblich wie wir! Und doch – in deiner Liebe schenkst du uns die Gnade der Gewißheit: du überragst alles; deine Worte sind geisterfüllt, deine Hände größer als die Welt, die Lippen voller Süße wie bei den Liebenden. Du, der du mit den Menschen stirbst, bist voller Leben – unsterblich.

Der sterbliche Gott

Ihr mögt mich schelten sagt die Liebende
Aber mein Gott war sterblich
Hatte Hunger und Durst wie alle.
Bettete sein Haupt
Vergrub sich in meine Lenden
Wanderte irrte kam wieder
Der schreiende Heiland.
Ihr mögt mich schelten sagt die Liebende
Aber ich wußte was Gnade ist.
Seine Worte verloren ihr Salz nicht
Ein Leben lang
Seine Hände nicht ihre Kraft
Seine Lippen nicht ihre Süße.

Marie Luise Kaschnitz

Der Tag des Lebens hat uns müde gemacht. Immer haben wir uns wie in der Fremde gefühlt. Aber du, Gott, stehst wie ein Sternenhimmel über dieser Welt. In deinen Armen fühlen wir uns sicher.

Du bist wie eine stille Sternennacht

Du bist wie eine stille Sternennacht!
Ein süß Geheimnis ruht auf deinem Munde,
In deines dunklen Auges feuchtem Grunde,
Ich weiß es wohl und hab es wohl in acht.

Du bist wie eine stille Sternennacht!
Mein Aug ist müde von des Tages Lichtern,
Und ich durchwandle, wie ein Fremdling, schüchtern
Der wechselnden Gestalten fremde Pracht.

Du bist wie eine stille Sternennacht!
O wolle mich in deinen Armen halten!
Die Blüte dieses Herzens zu entfalten,
Die sich dem Tag verschließt, dein ist die Macht.

Franz Kugler

Unser Leben ist eine Fahrt zum anderen Ufer. Es gibt Zeiten, in denen die Wellen hochschlagen und das Boot kentern kann. Die einen sagen: Kommt, laßt uns rudern! Die anderen: Laßt uns beten! Du, Gott, der du Stürme und Sterne gibst, Kampf und Orientierung, verlangst beides: rudern und beten. Nur so werden wir dich, den Hafen unseres Lebens, erreichen.

Rudern zwei

Rudern zwei
ein boot,
der eine
kundig der sterne,
der andre
kundig der stürme,
wird der eine
führn durch die sterne,
wird der andre
führn durch die stürme,
und am ende ganz am ende
wird das meer in der erinnerung
blau sein

Reiner Kunze

Immer geht deine Hand mit

Unser Leben ist wie ein großer Spaziergang durch die Welt. Wir wären verloren wie ein Kind, das sich von der Hand des Vaters getrennt hat. Ich danke dir, Gott, daß ich immer und überall auf meinem Lebensweg deine starke Hand spüren darf.

Die großen Spaziergänge

Die großen spaziergänge, auf denen
wir nicht ins leere greifen

Immer geht die hand des andren mit

Reiner Kunze

Das Geheimnis der Umarmung

Jeder Mensch ist ein Individuum, auf sich gestellt, allein. Wer schützt uns, nachdem uns unsere Mutter aus ihrem Leib ausgeschlossen hat? Jeder grenzt sich gegen jeden ab. Wir brauchen aber das Du, wenn wir überleben wollen. Wir brauchen einen, den wir umarmen können. Die Umarmung ist immer total; indem sie einem gewährt wird, sind alle anderen ausgeschlossen.
Nur du, Gott, kannst jeden einzelnen und gleichzeitig alle umarmen. In deinen Armen fühle ich mich geborgen.

Wir sind ausgeschlossene
von geburt

Und jeder schließt jeden aus

Deshalb umarmen wir einander

Umarmen schließt alle aus
außer einem

Reiner Kunze

Was ich als Wunsch, als Leidenschaft und Sehnsucht in mir trage – nur mit dir, Gott, kann es Wirklichkeit werden. Du bist Mensch geworden, um mit uns vereint zu sein. Nun können wir das Herz des Himmels ganz erfassen und alle Ewigkeit überstrahlen.

Viva!

Mein Wünschen sprudelt in der Sehnsucht meines
Blutes
Wie wilder Wein, der zwischen Feuerblättern glüht.
Ich wollte, Du und ich, wir wären eine Kraft,
Wir wären eines Blutes
Und ein Erfüllen, eine Leidenschaft,
Ein heisses Weltenliebeslied!

Ich wollte, Du und ich, wir würden uns verzweigen,
Wenn sonnentoll der Sommertag nach Regen schreit

Und Wetterwolken bersten in der Luft!
Und alles Leben wäre unser Eigen;
Den Tod selbst rissen wir aus seiner Gruft
Und jubelten durch seine Schweigsamkeit!

Ich wollte, dass aus unserer Kluft sich Massen
Wie Felsen aufeinandertürmen und vermünden
In einen Gipfel, unerreichbar weit!
Dass wir das Herz des Himmels ganz erfassen
Und uns in jedem Hauche finden
Und überstrahlen alle Ewigkeit!

Ein Feiertag, an dem wir ineinanderrauschen,
Wir beide ineinanderstürzen werden,
Wie Quellen, die aus steiler Felshöh' sich ergiessen
In Wellen, die dem eignen Singen lauschen
Und plötzlich niederbrausen und zusammenfliessen
In unzertrennbar, wilden Wasserheerden!

Else Lasker-Schüler

Du, Gott, läßt uns nicht im Stich – in unserem Weinen, unseren Schatten, unseren Särgen. Deine Sehnsucht zu uns Menschen ist so groß, daß sie uns erreicht. Obwohl wir an ihr sterben müssen, wissen wir: sie holt uns ins Leben.

Weltende

Es ist ein Weinen in der Welt,
Als ob der liebe Gott gestorben wär,
Und der bleierne Schatten, der niederfällt,
Lastet grabesschwer.

Komm, wir wollen uns näher verbergen...
Das Leben liegt in aller Herzen
Wie in Särgen.

Du! wir wollen uns tief küssen –
Es pocht eine Sehnsucht an die Welt,
An der wir sterben müssen.

Else Lasker-Schüler

Auch mein Leben geht einmal zu Ende. Vielleicht wird schon an meinem Totenkleid genäht. Obwohl ich auf dieser Erde von Schuld nicht verschont geblieben bin, obwohl Fragen nicht beantwortet wurden, obwohl ich zaghaft gegangen bin und Unrecht ertragen mußte, gehe ich voller Hoffnung auf mein Ende zu. Ich habe keinen Zweifel: Ein Mensch der Liebe kann nur auferstehen. In diesem Glauben habe ich gelebt, in ihm möchte ich auch sterben.

Herbst

Ich pflücke mir am Weg das letzte Tausendschön ...
Es kam ein Engel mir mein Totenkleid zu nähen –
Denn ich muß andere Welten weiter tragen.

Das ewige Leben *dem*, der viel von Liebe weiß zu sagen.
Ein Mensch der *Liebe* kann nur auferstehen!
Haß schachtelt ein! wie hoch die Fackel auch mag schlagen.

Ich will dir viel viel Liebe sagen –
Wenn auch schon kühle Winde wehen,
In Wirbeln sich um Bäume drehen,
Um Herzen, die in ihren Wiegen lagen.

Mir ist auf Erden weh geschehen ...
Der Mond gibt Antwort dir auf deine Fragen.
Er sah verhängt mich auch an Tagen,
Die zaghaft ich beging auf Zehen.

Else Lasker-Schüler

Wo du erzählst, wird Himmel

Du, Herr, hast nicht nur vom Himmel erzählt; deine Werke sind der Himmel. Sie heilen, sie schenken Hoffnung und Leben. Immer möchte ich auf deine Worte hören, damit ich glücklich und heil werde.

Senna Hoy

Wenn du sprichst,
Wacht mein buntes Herz auf.

Alle Vögel üben sich
Auf deinen Lippen.

Immerblau streut deine Stimme
Über den Weg;

Wo du erzählst, wird Himmel.

Deine Worte sind aus Lied geformt,
Ich traure, wenn du schweigst.

Singen hängt überall an dir –
Wie du wohl träumen magst?

Else Lasker-Schüler

In deiner Nähe, Gott, ist Leben. Alte und Kranke spüren neue Kraft in ihren Adern, wenn sie dir begegnen. Täglich dürfen wir erfahren, wie wir unter dem Blick deiner Liebe neues Leben geschenkt bekommen.

An –

Was dich umgibt, belebest du;
Dein Auge gießt wie Saft der Reben
In tote Adern Geist und Leben
Und führt dem Herzen Feuer zu.

Dem Kranken läuft das Blut geschwinder;
Der alte Mann, die kleinen Kinder,
Warm von dem ungewohnten Glück,
Umhüpfen deinen frohen Blick.

O Phyllis, diesen Blick umgibt
All'alles, was man wünscht und liebt.
Ich möchte sonst kein Glück erwerben,
Als voll von diesem Blick zu sterben.

Drum flieg ich, Räuberin meiner Ruh,
Daß mir dein Aug den Tod soll geben,
Dir täglich voller Sehnsucht zu,
Und täglich – schenkt es mir das Leben.

Jakob Michael Reinhold Lenz

Menschen in meiner Umgebung bedeuten mir viel. Sie geben mir Geborgenheit, Licht und festen Halt. Darum bin ich ihnen dankbar. Aber du, Gott, bist da. Du bedeutest mir alles.

Es gibt dich

es gibt
menschen
denen verdanke
ich mehr
als die routine des alltags
(die ja auch birgt)

es gibt
menschen
denen verdanke
ich mehr
als der kegel der
lampe über meinem
schreibtisch scheint
(der bringt ja auch licht)

es gibt
menschen
denen verdanke
ich mehr
als die pflichten
des kommenden
tages
(sie halten doch auch fest)

es gibt
dich ich möchte

dir

danken

Michael Lipps

Liebe ist eine Gegenmacht – gegen das Nichts, gegen den Zufall, gegen die Niederlagen des Lebens, gegen den Tod. Weil ich daran glaube, daß du, Gott, hinter der Liebe stehst, darum sage ich Liebe.

Hier

gekrümmt
zwischen zwei Nichtsen,
sage ich Liebe.
Hier, auf dem
Zufallskreisel
sage ich Liebe.
Hier, von den hohlen
Himmeln bedrängt,
an Halmen
des Erdreichs mich haltend,
hier, aus dem
Seufzer geboren,
von Abhang
und Abhang gezeugt,
sage ich Liebe.

Ernst Meister

Ein unbeirrter Weg zu dir

In meinem Leben bin ich manchen Umweg gegangen, manchen Irrweg. Ich habe Sturm- und Drangzeiten durchlebt. Wenn ich am Ende meines Lebens zurückblicke, muß ich gestehen, daß ich unbeirrbar auf dich, Gott, zugegangen bin.

Lebensweg

Ich bin durchs Leben auf dich zugegangen,
so fest und klar, wie übers grüne Land
die Taube flog, die lange eingefangen
und doch den Weg zur süßen Heimat fand.

Und denke ich an Sturm und Streit und Streben,
an meiner Jugend Wandern dort und hier,
so ist mir oft: Es war mein ganzes Leben
ein stiller, unbeirrter Weg zu dir.

Börries von Münchhausen

Gute Worte sind Worte der Liebe. Sie bringen die Natur zum Blühen und vertreiben den Winter. Immer erreichen sie das menschliche Herz. Weil du, Gott, die Liebe bist, schickst du mir Worte der Liebe. Wie gern möchte ich sie dankbar und liebend erwidern.

Aufhaltsam
Eine Gegendichtung

Das eigene Wort,
wer gibt es zurück,
das freundliche,
eben gesagte
Wort?

Wo das Wort vorbeifliegt,
wachsen die Gräser,
werden die Blätter grün,
fällt kein Schnee.

Du schickst andere Worte
hinterdrein,
Worte mit den gleichen Federn,
Worte,
genauso schnell,
die bunten, weichen Worte.
Sie kommen immer an,
die hellen Worte,
sie hören nicht auf
anzukommen:
sie heißen Liebe.

Gute Worte
erreichen das Herz.

Am Ende ist die Liebe,
immer
am Ende
die Liebe.

Nadine Musfeld

Ohne dich, Gott, kann ich nicht leben. Voller Sehnsucht suche ich dich in Dingen und Menschen. Leider habe ich dich nicht gefunden. Weil ich dich brauche, weil ich dich liebe, bitte ich: Such du mich!

Suche mich

Suche mich
denn ich kann dich nicht finden
suche mich
du kennst meinen namen
doch ich finde nicht zu dir

ich halte ausschau nach dir
auf den straßen meines landes
gebunden in pläne in häute und sehnen
warte ich auf ein wort von dir auf ein zeichen
wo bist du

ich frage nach dir
in bahnhöfen und bibliotheken
halte röntgenbilder ins licht
und bleibe ohne auskunft

ich schweige zu dir
im schatten gotischer türme
habe menschen in die augen gesehn
und vernahm nichts

such du mich
meine Hände sind klamm
meine lider entzündet

Bernhard Nellessen

Hinter unserer Liebe zwischen Menschen steht deine Liebe. Sie hat uns zusammengeführt; sie hat uns begleitet, so daß wir alle Lasten gemeinsam tragen konnten. Wir haben das Vertrauen, daß wir einmal in deinen Armen, Gott, unser Leben vollenden dürfen.

An Julien

Daß ich mit namenloser Freude
Gefährte deines Lebens bin
Und mich mit tiefgerührtem Sinn
Am Wunder deiner Bildung weide –
Daß wir aufs innigste vermählt
Und ich der Deine, du die Meine,
Daß ich vor allen nur die Eine
Und diese Eine mich gewählt,
Dies danken wir dem süßen Wesen,
Das sich uns liebevoll erlesen.

O! Laß uns treulich ihn verehren,
So bleiben wir uns einverleibt.
Wenn ewig seine Lieb uns treibt,
So wird nichts unser Bündnis stören.
An seiner Seite können wir
Getrost des Lebens Lasten tragen
Und selig zu einander sagen:
Sein Himmelreich beginnt schon hier,
Wir werden, wenn wir hier verschwinden,
In seinem Arm uns wiederfinden.

Novalis

Wenn ich dich, Gott, habe, habe ich alles. Ich habe die Welt und die Menschen, Glück und Geborgenheit. Dann kann in meinem Leben nichts mehr schiefgehen. Du bist mein, und ich bin dein.

Wenn ich ihn nur habe

Wenn ich ihn nur habe,
Wenn er mein nur ist,
Wenn mein Herz bis hin zum Grabe
Seine Treue nie vergißt:
Weiß ich nichts von Leide,
Fühle nichts, als Andacht, Lieb' und Freude.

Wenn ich ihn nur habe
Laß' ich alles gern,
Folg' an meinem Wanderstabe
Treugesinnt nur meinem Herrn;
Lasse still die Andern
Breite, lichte, volle Straßen wandern.

Wenn ich ihn nur habe,
Schlaf ich fröhlich ein,
Ewig wird zu süßer Labe
Seines Herzens Flut mir sein.
Die mit sanftem Zwingen
Alles wird erweichen und durchdringen.

Wenn ich ihn nur habe,
Hab' ich auch die Welt;
Selig, wie ein Himmelsknabe,
Der der Jungfrau Schleier hält.
Hingesenkt im Schauen
Kann mir vor dem Irdischen nicht grauen.

Wo ich ihn nur habe,
Ist mein Vaterland;
Und es fällt mir jede Gabe
Wie ein Erbteil in die Hand;
Längst vermißte Brüder
Find' ich nun in seinen Jüngern wieder.

Novalis

Ich bin dein Geschöpf. Wie könnte ich über dir sein? Aber wenn du mich geschaffen hast, bin ich mit dir aufs engste verbunden. Ich will mit dir sein, Gott, bis in Ewigkeit.

Dir neigen

ich will nicht über dir sein
wie ein mächtiger Fels,
wie ein fallender Stein
wie ein Kenner,
der seinen Schatz bewacht,
wie ein Reicher,
der sein Gut überdacht,
ich will nicht über dir sein

ich will *für* dich sein
wie Atemluft
wie Wolke und Duft
wie Sonne und Erde
wie Brot und Wein
ich will *für* dich sein

ich will mich dir neigen
mit allen Zweigen
am Baum meines Lebens;
ins Wagnis des Schwebens,
willst du es mir zeigen,
will ich mit dir steigen

ich will dir mein Hoffen
und Glauben vererben,
meine Träume und Scherben,
mein Fehlen und Dulden;
ich will mich dir schulden
bis in mein Sterben

Christa Peikert-Flaspöhler

Verletzliches Leben

Wir tragen das Leben, das du uns gegeben hast, in „zerbrechlichen Gefäßen“ (2 Kor 4,7). In deiner grenzenlosen Liebe hast du, Gott, es uns anvertraut; wir sollen es bewahren und entfalten. Es soll auferstehen zu einem ewigen Leben.

An Ostern tauch ich
ein Ei ins Morgenrot
leg es in deine Hand
und wünsche dir Leben

Nimm das Verletzliche
in acht
schenk ihm geduldig Wärme
und laß den winzigen Eizahn
die Schale
in der du dein Herz verbirgst
durchbrechen

Christa Peikert-Flaspöhler

Glauben heißt: springen – im Vertrauen darauf, daß einer da ist, der auffängt. Dieser eine bist du, Gott. Ich danke dir, daß du da bist. Jetzt kann ich das Leben wagen und springen, auch wenn es ein Sprung ins Dunkle ist.

Es ist gut, daß es dich gibt

spring!
spring über die Hürden,
sagt eine Stimme zu mir,
obwohl ich schlecht
springen kann,
spring!
es bedeutet nichts,
daß du müde bist.
was soll ich tun?
ich möchte zu dir,
es ist gut, wenn du da bist

manchmal
oder auch öfter
verliert dich mein Auge
und mein Herz läßt dich los
auf Zeit,
weil ich mir selbst
zu nahe bin.
Worte stürzen hervor,
reißen die Sonne vom Himmel
und mauern mich ein.
was bleibt?

spring!
sagt die Stimme –
Minuten werden nicht
mit Minuten gemessen
und Stunden nicht mit Stunden,
Tag und Nacht bestimmt nicht
das ferne Gestirn;
spring!
die Hürden sind nie zu hoch.

ich sehe dich wieder!
es ist gut, daß du da bist.
du hast mich aufgefangen,
es ist gut,
daß es dich gibt.

Christa Peikert-Flaspöhler

Das Leben ist eine Fahrt von einem Ufer zum andern. Da gibt es Fragen, Stürme, Irrungen und Ängste. Wenn du, Gott, dabei bist, kann nichts passieren. Du wirst mich sicher an das Ziel geleiten.

Herbstfahrt

Goldener Strom der Tage
und wir mittendrin
im gleitenden Boot.
Daß ich so glücklich
mit dir bin
unter den Segeln
gelb und rot,
im Fahrtwind
der großen Frage.

Was noch die Biegung
des Flusses verschweigt,
braucht uns nicht ängsten
im Glanz dieser Stunden.
Werden die Nächte
am längsten,
haben wir heimgefunden,
da sich die Mündung zeigt.

Christa Peikert-Flaspöhler

Unser Leben besteht nicht nur aus Sonne und Glanz; auch dunkle Tage umgeben uns, und Schatten fallen auf unseren Weg. Wenn ich dann beten darf, ich möchte dir, Gott, nahe sein, will ich vertrauensvoll weitergehen. Und wenn du sogar zu mir sagst, du möchtest mir nah sein, werde ich mich geborgen und sicher fühlen.

Wenn die dunklen Tage kommen

Wenn die dunklen Tage kommen,
möchte ich dir nahe sein;
war ihr Leuchten nicht vorweggenommen,
als der Sonne und der Sterne Schein
unser Atmen überbrückten,
wir die Blüte sahen
und die pflückten?
Alle Wunder, die geschahen,
nahm ich tief ins Herz hinein.

Darf ich den bewahrten Glanz dir geben,
wenn die Schatten sich verdichten,
daß sich deine Augen heben,
auf den Stern der Hoffnung richten,
die Verheißung für das Leben –

Wenn die dunklen Tage kommen,
möchte ich dir nahe sein;
ist der äußre Glanz genommen,
bleibt die Liebe – sie allein
wird erwärmen und erhellen
auf der Suche nach den Quellen
unsrer Unvergänglichkeit.

Leise brauchst du nur zu rufen:
sieh, ich stehe an den Stufen
deines Herzens
schon bereit

Christa Peikert-Flaspöhler

Das Leben kann schwer sein. Zuweilen fühle ich mich einsam und verlassen. Ich komme mir vor wie ein Blatt, mit dem der Wind sein böses Spiel treibt. Aber ich glaube, daß du, Gott, hinter dem Wind stehst. Je mehr ich mich dir überlasse, um so mehr trägst du mich.

In deiner Hand

Manchmal lebe ich
wie ein Blatt
im Wind,
als hättest du mich
losgelassen
für immer.

Ich lasse mich
treiben
und glaube,
ein Vogel zu sein,
ich lasse mich
treiben
und liege im Staub,
bis ich dich höre
und aufschaue
zu dir.

Manchmal lebe ich
wie ein Blatt
im Wind,
ich lasse mich
treiben,
als hättest du mich
losgelassen
für immer.
Aber du hältst mich
in deiner Hand.

Christa Peikert-Flaspöhler

Hast du die Fesseln gelöst?

Wie grau kann unser Alltag sein. Zuweilen erscheint er uns wie ein Gefängnis. Wer kann uns befreien? Plötzlich fällt ein Licht in unseren Tag, ein Wort der Liebe. Die Welt ist verändert; sie strahlt in neuem Glanz. Das Leben ist schön.
Hast du, Gott, dieses Wort gesprochen?

Mitten an einem Tag

Im Gefängnis
der Hetze
der Trauer
der Leere
fallen auf einmal
die Gitter
schwinden die Mauern
strömt die Freude:
Ich lebe!

Meine neugeschaffenen Augen
vertrauen der Freiheit
meine Hände tragen Brot
meine Füße bewegen sich
ohne Furcht
und mein Herz
schwingt wie Antwort
die Frage:
Hast DU die Fesseln gelöst?

Christa Peikert-Flaspöhler

Ich weiß nicht, wie mein Ende aussehen wird. Oft denke ich mit Schrecken daran. Dann setzen sich wieder Glauben und Hoffnung durch, weil du ein Gott der Liebe bist. Vielleicht steht am Ende doch ein Fest des Lebens.

Wann meine Blätter fallen

Wann meine Blätter fallen,
ist nicht gewiß,
die Früchte reifen unerkannt
von allen,
vielleicht
geh ich zur Zeit der Nachtigallen,
vielleicht nimmt mich die Lerche
mit zur Sonne
an einem Morgen,
der dich singen läßt.
Vielleicht
zersägt ein Blitz
mein lebendes Geäst,
vielleicht
quält sich ein kümmerlicher Rest
bis in die winterliche Nacht –
vielleicht
– ich hoffe, bange, glaube –
erwartet dich und mich,
geleitet von der Taube,
ein ungeahntes Fest

Christa Peikert-Flaspöhler

Wie eine Liebende auf ihren Geliebten wartet, so wartest du, Gott, auf mich. Alles ist bereitet. Die Liebe zum Nächsten wird zu einer Brücke, über die ich zu dir, Gott, schreiten darf. Ich komme mit großen Erwartungen.

Komm heim!

Komm heim!
Die Flügel meiner Erwartung
habe ich weit gespannt.
Ich halte die Lampe
in den Händen,
Du findest den Weg.
Auf dem Tisch
duften Brot und Wein.
Du wirst sie kosten
und satt davon werden.

Gott hat mir
die Brücke des Regenbogens
versprochen,
weil meine Liebe zu Dir
in seinen Händen ruht.
Der Weg ist nicht weit.
Komm heim!

Christa Peikert-Flaspöhler

Mein ganzes Leben hindurch habe ich dir, Gott, Vertrauen geschenkt. Viele Menschen habe ich in gleicher Weise ermutigt. Sage mir, wenn es mit mir zu Ende geht. Gib mir die Kraft, nicht sinnlose Hoffnungen zu umklammern, sondern nur dir allein meine Hoffnung zu schenken.

Sag mir die Wahrheit

Wenn ich sterben muß,
sag mir
die Wahrheit.
Sag mir die Wahrheit auch,
wenn ich Angst davor habe.
Laß mich nicht
sinnlose Hoffnung
umklammern,
während ich reife
dem Tod.
Sag mir die Wahrheit
solange
mein Herz sie aufnehmen
und vor Gott tragen kann.
Gott,
Hoffnung auf Leben
für mich und für dich.
Weil du mich liebst,
sag mir
die Wahrheit.

Christa Peikert-Flaspöhler

Aufblühen in deiner Hand

Manchmal begegnen wir Menschen, denen wir uns ausliefern können. Wir spüren, daß sie uns nicht erdrücken wollen, sondern uns Raum zum Leben geben. Solche Begegnungen sind Hinweise auf dich, Gott.
Deine Hand will nicht erobern; du hast uns in deine Hand geschrieben (Jes 49,16), damit wir in ihr blühen können.

Heimsuchung

Da fällt in Nichtgekanntes
eine Ahnung
ein kleines Korn in brüderlichen Boden
und spürt:
du darfst ihm unbesorgt die Schale öffnen
darfst keimen lassen
was sich zart bewegt
um aufzublühn in SEINER Hand

Da rührt ein Hauch
zwei Saiten an
erweckt behutsam ein Zusammenschwingen
in Klang
der Flügel gibt und trägt
der nichts für sich erobern will

Ein Atemzug des Himmels
sucht dich heim
ein Tau von dort
den Kelch der Blume

Christa Peikert-Flaspöhler

Wie reich ist jeder Tag! Wenn ich nur meine Augen öffne, entdecke ich dich, Gott. Du begegnest mir, du schenkst mir Freiheit, Lächeln, Vergebung.
Ich danke dir für die Fülle aller Tage.

Staunen

Wirklich
ein neuer Tag
Du und ich
zurückgeboren ins Licht
Tausend Augen-Blicke
offen
Die Stimmen unterwegs
zueinander
die Hände
Atem von Mund zu Mund
Erwartungsvoll
die Stundenschalen
daß du kostest
daß du gibst

Wirklich
ein neuer Tag
zurückgeschenkt die Freiheit
den Riegel von der Tür
zu schieben
das festgehaltne Lächeln
auszusenden
Vergebung zu erbitten
die leere Hand zu füllen
Verwundung anzunehmen
und
Liebe zu vermuten

Danke
wirklich ein neuer Tag

Christa Peikert-Flaspöhler

Ich werde dich auf meinem Blute tragen

Nichts kann mich von dir, Gott, trennen. So stark bin ich mit dir verbunden, daß ich immer wieder nach Wegen suche, um dir zu begegnen. Mit dem Juden Jossel Rackower, der im brennenden Ghetto von Warschau seinem Tod entgegensah, möchte ich beten: „Du, mein zorniger Gott, hast alles getan, damit ich nicht an dich glaube, damit ich an dir verzweifle. Es wird dir nicht gelingen!"

Lösch mir die Augen aus: ich kann dich sehn,
wirf mir die Ohren zu: ich kann dich hören,
und ohne Füße kann ich zu dir gehn,
und ohne Mund noch kann ich dich beschwören.
Brich mir die Arme ab, ich fasse dich
mit meinem Herzen wie mit einer Hand,
halt mir das Herz zu, und mein Hirn wird schlagen,
und wirfst du in mein Hirn den Brand,
so werd ich dich auf meinem Blute tragen.

Rainer Maria Rilke

Du, Gott, bist meine Ruhe, mein Friede, meine Sehnsucht. Dir öffne ich mein Herz; dir schenke ich alles, was ich habe und bin.

Du bist die Ruh

Du bist die Ruh,
Der Friede mild,
Die Sehnsucht du,
Und was sie stillt.

Ich weihe dir
Voll Lust und Schmerz
Zur Wohnung hier
Mein Aug und Herz.

Kehr ein bei mir,
Und schließe du
Still hinter dir
Die Pforten zu!

Treib andern Schmerz
Aus dieser Brust!
Voll sei dies Herz
Von deiner Lust.

Dies Augenzelt
Von deinem Glanz
Allein erhellt,
O füll es ganz!

Friedrich Rückert

Weil ich dich lieben muß

Ohne dich, Gott, wäre ich nicht. Aus deiner Liebe bin ich geworden; von dieser Liebe bin ich erfüllt. Weil Liebe zu Liebe drängt, ist es mein Wesen, dich zu lieben.

Ich liebe dich

Ich liebe dich, weil ich dich lieben muß;
ich liebe dich, weil ich nicht anders kann;
ich liebe dich nach einem Himmelsschluß;
ich liebe dich durch einen Zauberbann.

Dich lieb' ich wie die Rose ihren Strauch,
dich lieb' ich wie die Sonne ihren Schein,
dich lieb' ich, weil du bist mein Lebenshauch,
dich lieb' ich, weil dich lieben ist mein Sein.

Friedrich Rückert

Einsam ist der Mensch. „Leben ist Einsamsein" (Hesse). Aber diese Einsamkeit wird von dir, Gott, durchbrochen. Darum forderst du mich auf, auf dich zu hören. Ich weiß: dein Wort führt zur Quelle des Lebens.

So einsam ist der Mensch

So einsam ist der Mensch
sucht gen Osten
wo die Melancholia im Dämmerunsgesicht erscheint

Rot ist der Osten vom Hähnekrähen

O höre mich –

In der Löwensucht
und im peitschenden Blitz des Äquators
zu vergehn

O höre mich –

Mit den Kindergesichtern der Cherubim zu
verwelken
am Abend

O höre mich –

Im blauen Norden der Windrose
wachend zur Nacht
schon eine Knospe Tod auf den Lidern

so weiter zur Quelle –

Nelly Sachs

Manchmal bist du, Herr, für mich unwirklich.
Manchmal bist du weit weg.
Dann vermisse ich dich.

Eilpostmarken

Jesus,
ich kann mir vorstellen,
daß wir uns lieben würden,
daß uns keine Entfernungen zu weit wären,
  zueinander zu kommen,
daß wir horrende Telefonrechnungen hätten,
daß wir Eilpostmarken kleben würden,
daß wir einander unsere Bankbücher
  überlassen würden,
daß wir auf keine Anlässe warten würden,
  einander zu beschenken,
daß wir einander anlachen würden,
  weil wir wieder einmal
  die Gedanken des andern
  richtig erraten hätten.

Warum sage ich „hätten" und „würden"?
Es ist doch so!

Und doch bist du manchmal unwirklich.
Unwirklich weit weg.
Unendlich viel reifer.
Ich bringe dich nicht hierher.
Da hilft nichts.

Vermißt du mich auch so?

Ulrich Schaffer

Ich bin auf dem Weg zu dir. Aber hab Geduld. Je mehr ich reife, je mehr ich Mensch bin, um so mehr kann ich dir schenken. Vielleicht ist die Not der Ferne besonders kostbar.

Ein neuer Weg zu dir

Hast du noch Energie, auf mich zu warten?
Ich lebe am Rand meiner Möglichkeiten.
Ich will mich nicht zerbrechen,
um zu dir zu kommen,
weil ich dir ein Gegenüber sein will
und nicht ein Gebrochener.

Wenn du warten kannst,
will ich dich
mit meiner größeren Freiheit beschenken.
Weil ich dich nicht mehr brauche,
werde ich dich ganz neu lieben können.
Weil ich von dir freiwachse,
kann ich mich bringen,
wenn ich komme.
Darum warte noch.

Halte aus,
daß wir getrennt sind.
Das Aushalten wird uns verbinden.

Vielleicht wird sogar der Moment kommen,
wo ich tief innen weiß,
daß keins deiner Geschenke so kostbar war
wie die Not, die du mir gemacht hast.

Dann werde ich bei dir sein
wie nie zuvor.

Ulrich Schaffer

Ich will dich sehen

Vielleicht halte ich mich fest; ich sollte mich loslassen, um dich, Gott, zu finden. Wenn ich dich finde, finde ich auch mich.

Von innen heraus

Ich versuche deine Tür zu öffnen.
Sie klemmt.
Aber ich will dich sehen.
Durch den Spalt höre ich deine Worte.
Sie sind fremd und hart,
verschlüsselt und unnachsprechbar.
Ich bin festgewachsen,
komme nicht von mir los.
Deine Augen haben Schleier.
Der Nebel kommt und geht.

Dann schließe ich meine Augen.
Ich greife in die Luft.
Ich lasse los, was ich von dir weiß.
Ich verlasse mich,
um zu dir zu gelangen,
und finde mich dann schon bei dir vor.
Ich war schon vor mir bei dir.
Durch das Verlassen habe ich mich gefunden.

Alles andere
kann ich lösen,
wenn ich in deinem Herzen bin.
Da werde ich sehend
für dich.

Ulrich Schaffer

Du, Gott, bist ein Geheimnis; ich werde es nie ergründen. Meine Freunde könnten nach dem Sinn meiner Liebe zu dir fragen. Aber ich will dich lieben, auch wenn ich dich nicht verstehe und die Klarheit deines Wesens mir verborgen bleibt. Ich bin gewiß: Du bist mein alles.

Ich will nicht die Klarheit

Ich will nicht die Klarheit,
die alles reduziert,
bis kein Platz mehr ist
für das Wunder.
Für das Unmögliche,
das sich Bahn bricht.
Für die Stärke der Gewaltlosigkeit.

Ich will nicht so weise werden,
daß ich nicht mehr
die Dummheit begehen könnte
zu lieben,
auch gegen die Hochrechner,
die mir sagen,
es bringe nichts.

Ulrich Schaffer

Kleine Pflanze Liebe

Alle Liebe zwischen den Menschen ist bedroht. Sie kann an Trockenheit oder fehlender Sonne, an Umrodung oder an Vergiftung sterben. Darum muß alle menschliche Liebe von deiner Liebe, Gott, umfangen sein.

Kleine Pflanze Liebe

was zwischen mensch und mensch
gewachsen ist
die kleine pflanze
liebe
– pfriemenkresse
wintergrün
zwergahorn
gekrümmte fichte –
daß es wachse
Vater
regen gib und sonnenlicht
pflock und schnur
vogelschreck und rattengift

Bruno Stephan Scherer

Einem Menschen, den wir lieben, schenken wir die Anrede „Du“. Sie ist Zeichen der Nähe, der Wertschätzung, des Vertrauens, der Liebe.
Du, Gott, hast uns erlaubt, zu dir „du“ zu sagen.
Welch ein Geschenk!

Gott zeichnen

Zeichnen Sie mir Gott
verlangte der Psychotherapeut

Sie rief:
Wie kann ich zeichnen
was ich nicht gesehen
nicht gefaßt, nicht begriffen habe

Er schwieg
Sein Gesicht blieb hart

Unwirsch zog sie einen Kreis
über Blatt und Tisch:
Sonne Erde Gestirn
oder welche Kugel

Nun geben sie ihm einen Namen
bezeichnen Sie Gott

ER ist zu groß
zu herrlich, murmelte sie
zu vollkommen-schön
Ich finde keine Worte

Denken Sie nach:
Wie lassen sich Vater und Mutter
Bruder und Schwester
Freund und Geliebter
mit einem Namen benennen

Sie verbarg ihr Gesicht
mit den Händen
und flüsterte:
DU

Bruno Stephan Scherer

Wer wird das letzte Bett uns richten?

Eine bange Frage unter Liebenden: Wer wird es sein, der traurig vom Grabe seines Geliebten nach Hause geht? Jeden, den ich ins Grab lege, lege ich in deine Hand, Gott, von meiner Liebe in deine Liebe.

Aufbetten

Immer wenn du abends aufbettest
stehe ich schweigsam am fußende des betts
und frage mich im geist wer einmal uns beiden
das letzte bett richten wird

jenes ganz aus erde wir haben ein anrecht darauf
erworben durchs leben und keine menschliche lüge
kann es uns nehmen das sag ich mir im stillen
und lehne mich still ans bettgestell

Jan Skacel

Ich bin so ganz dein eigen

„Gott und die Seele“, hat Kardinal Newman gesagt. Sie sind aufs engste verbunden. Darum bete ich:

Ich bin mir meiner Seele
In deiner nur bewußt,
Mein Herz kann nimmer ruhen,
Als nur an deiner Brust!
Mein Herz kann nimmer schlagen,
Als nur für dich allein.
Ich bin so ganz dein eigen,
So ganz auf immer dein.

Theodor Storm

Schließe mir die Augen beide

Weil ich mich in dir, Gott, geborgen weiß,
möchte ich am Abend beten:

Schließe mir die Augen beide
Mit den lieben Händen zu!
Geht doch alles, was ich leide,
Unter deiner Hand zur Ruh.

Und wie leise sich der Schmerz
Well' um Welle schlafen leget,
Wie der letzte Schlag sich reget,
Füllest du mein ganzes Herz.

Theodor Storm

Was ist Glück?

Auf diese Frage haben die Menschen von Anfang an nach Anworten gesucht. Wer glücklich werden wollte, fand nicht sein Glück; wer glücklich machen wollte, hatte die richtige Antwort gefunden.
Das ich auch der Kern deiner Botschaft, Gott.

Leben

Angemessen zu sein, dem Leben zu entsprechen,
Darauf kommt es an. Und nicht auf Biegen und
Brechen
Nach Glück zu gieren. Was ist Glück?
Glück ist Verführung zum Verweilen.
Man will die Welt in einem Stück
Und nicht mit andern teilen.
Man übertreibt die Selbstempfindung,
Wenn man nach Glück geht. Man vergißt
Die Unauflöslichkeit der Bindung
Von Licht und Dunkel. Und man mißt
Mit falschem Maß, sieht man nur sich.
Leben verlangt Selbstüberwindung:
Zuerst die andern, und dann *ich.*

Eva Strittmatter

Ich weiß, Gott, daß du mit deiner Liebe in mich hineinscheinst. Dadurch kann sich mein Leben entfalten.
Gib mir die Kraft, diese Liebe auch an andere weiterzugeben, indem ich ihnen mein Gesicht mit einem Lächeln öffne!

Lächeln

Mein Grundbedürfnis geht nach Liebe.
Ich wünschte sehr, daß man mich liebt
Und daß mein Lächeln leben bliebe,
Wenn es mich einmal nicht mehr gibt.

Das Höchste, was man hat, ist Bindung
Durch Liebe. Ich ertrage nicht
Die mir verweigerte Empfindung.
Ich öffne allen mein Gesicht

Mit einem Lächeln. Magisch scheinen
In mich die anderen hinein.
Und ich kann sie in mir vereinen,
Und sie vervielfachen mein Sein.

Eva Strittmatter

Manchmal liebe ich dich, Gott, heiß und innig, manchmal meine ich, es wäre alles Lüge. Gib mir deine Liebe; denn sie allein ist wahr und ewig!

Wenn es Liebe ist

Zuerst wollten sie es nicht glauben –
daher sagten sie sich
daß ihre Liebe zu groß sei
unfaßbar wie die Blätter
die zu hohen und die zu nahen –
später – daß es Lüge war
  daß es nur den Anschein hatte:
schließlich ist das ja mit allem so ...

Doch DU, der DU alle Vogelarten kennst
und die goldenen Buchen
weißt, daß Liebe wie die Ewigkeit ist:
ohne Vorher und Nachher

Jan Twardowski

„Ich habe keine Zeit" ist heute ständige Redensart. Bei der Liebe aber ist das ganz anders. Wenn Menschen sich lieben, finden sie Zeit. Wie könnte es dir gegenüber, Gott, anders sein?

Keine Zeit

Man weiß nicht genau, wie das vor sich geht
daß Zeit immer dann kommt, wenn gar keine da ist
und stets gerade so viel, wie im Moment nottut –
und das selbst im Schlaf, da Leib und Seele eins sind
Wer zuviel an Zeit hat, macht alles viel schlechter

Wenn du liebst, obschon du keine Zeit hast –
für ein Herz, das lebt, weil es ja sterben muß
findest du Zeit: eine glockenzarte Sekunde
auf daß sie Wache halte wie ein Ewiges Licht
weil jedes Leben etwas von dem großen Schatz verbirgt

Wenn du liebst, findest du immer wieder Zeit
auch wenn du über keinen freien Augenblick verfügst
um sich zu treffen, zu schreiben, zu beichten, die Wunden zu waschen
obwohl das Blut aus dem Unglück direkt auf Gott gespritzt ist
auf die langen halben Minuten Trauer im Telefon
auf gediegene Reue und auf die Erkenntnis
daß die Guten nicht so gut sind und die Bösen etwas besser
weil es im Leben nur Moral mit „Moral" gibt

Jan Twardowski

Du, Gott, bist mein Licht, mein Pulsschlag, mein Glück, mein alles.
Mit dir möchte ich auf ewig verbunden sein.

Nun ist kein Licht mehr in der Welt

Nun ist kein Licht mehr in der Welt,
als das aus deinem Herzen
in meines fällt;

Und ist kein Laut mehr in der Welt,
als mein berauschter Pulsschlag,
der deinem sich gesellt;

Nun ist kein Glück mehr in der Welt
als dies: Daß meine Seele
dich ganz umschlossen hält.

Josef Weinheber

Dein Name, Gott, bedeutet mir viel, weil ich dich liebe.
Mein Leben ist wie ein Ritt über den Bodensee. Wird das Eis tragen? Wenn ich bete, „geheiligt werde dein Name", dann will ich damit meinen Wunsch ausdrücken, von deiner Liebe getragen zu werden.

Winterpsalm

Dein Name
ist gefallen
Dein Name
fällt

Und ist kein
anderer Name
auf den sich mein
weggeschnittener
Atem reimt

Und er heißt
Wunderbar Rat
Stecken und Stab
Begehbarer Weg
Eis
über meinem Bodensee

Geheiligt werde
dein zugefrorener Name

Eva Zeller

Ich denke an dich

Wie oft sagen Liebende zueinander: „Ich denke an dich."
Sagen wir das auch zu dir, Gott? Es gibt so viele Dinge, die uns in Anspruch nehmen; darum denken wir oft nicht an dich. Wie tröstlich ist es für mich zu wissen, daß du an mich denkst.

Alltäglich denke ich
viele Stunden lang
nicht an dich

Doch manchmal spüre ich
nur sekundenlang
du siehst mich

Dann wieder denke ich
viele Stunden lang
nicht an dich

Lothar Zenetti

Inhalt

Alfred Andersch, Mit Gott losrennen (sich an den Händen fassen).
Aus: Alfred Andersch: Empört euch, der Himmel ist blau.
© 1977 by Diogenes Verlag AG, Zürich

Rose Ausländer, „Mit/Fingerspitzen rühre ich/…" und „Dennoch vereint".
Aus: dies., Und preise die kühlende Liebe der Luft. Gedichte 1983-1987.
© S. Fischer Verlag GmbH, Frankfurt am Main 1988

Rose Ausländer, „Wunsch I".
Aus: dies., Wieder ein Tag aus Glut und Wind. Gedichte 1980-1982.
© S. Fischer Verlag GmbH, Frankfurt am Main 1986

Rose Ausländer, „Glauben", „Das Schönste" (Ich flüchte/in dein Zauberzelt/…),
„Den Weg finden" (Nachts schwimme ich) und „Lauschen".
Aus: dies., Ich höre das Herz des Oleanders. Gedichte 1977-1979.
© S. Fischer Verlag GmbH, Frankfurt am Main 1984

Rose Ausländer, „So ist es".
Aus: dies., Im Aschenregen die Spur deines Namens. Gedichte und Prosa 1976.
© S. Fischer Verlag GmbH, Frankfurt am Main 1984

Rose Ausländer, „Liebe V" (in Orig.-Ausg.: Liebe III)
Aus: Einverständnis, Pfaffenweiler Presse, Mittlere Str. 23, 79292 Pfaffenweiler, 1980

K. Barth und P. Horst, „Du bist ein Segen für mich". Quelle unbekannt.

RB, „Auch Gnade", „Eine Insel", „Auch wenn du denkst". Quelle unbekannt.

Maria-Regina Bottermann-Broj, „ich nehme dich wahr", „für stunden bei dir", „warten darauf", „ich habe das Wasser gesehen", „während du sagst", „Dabei wollte ich doch nur dies …".
Aus: Maria-Regina Bottermann-Broj, Ich trage meine Wurzeln in dir. © Verlag Butzon & Bercker, Kevelaer 1992.

Bertolt Brecht, „Ich will mit dem gehen, den ich liebe", „Morgens und abends zu lesen", „Sonett Nr. 19".
Aus: Gesammelte Werke. © Suhrkamp Verlag, Frankfurt am Main 1967

Christine Busta, „Der Erwartete", „Mein Credo", „Ein Morgenbrief", „Einfach so", „Wenn es das Schweigen der Liebe", „Stoßgebet".
Aus: Christine Busta, Atem des Wortes. © Otto Müller Verlag, Salzburg 1995

Ernesto Cardenal, „Du gehst und kommst". Quelle unbekannt

Paul Celan, „Es war Erde in ihnen".
Aus: ders., Die Niemandsrose. © S. Fischer Verlag GmbH, Frankfurt am Main 1963

Matthias Claudius, „die Liebe"
Aus: Christine Hellmann/Anselm Spring, Es ist die Liebe. © Verlag Herder, Freiburg, 2. Auflage 1992

Hilde Domin, „Zärtliche Nacht", „Magere Kost", „Im Regen geschrieben", „Die schwersten Wege", „Wo steht unser Mandelbaum", „Ziehende Landschaft", „Notrufer", „Neue Welt", „es gibt dich".
Aus: dies., Gesammelte Gedichte. © S. Fischer Verlag GmbH, Frankfurt am Main 1987

Max Feigenwinter, „Deine Spuren sind in mir".
Aus: ders., Dieser Tag ist dir geschenkt. Bausteine für das Leben. © 1993 Verlag am Eschbach, Eschbach/Markgräfler Land

Erich Fried, „Eine Art Liebesgedicht", „Was es ist", „Reden", „Fragen und Antworten", „Freiraum", „Nur nicht", „Dich".
Aus: Es ist, was es ist. © Verlag Klaus Wagenbach, Berlin 1983, NA 1994, 1996

Erich Fried, „Kein Unterschlupf", „Wollen", „Seither", „Fast Glück", „Ein Versuch".
Aus: Um Klarheit. © Verlag Klaus Wagenbach, Berlin 1985, NA 1996

Erich Fried, „Meine Wahl", „Was weh tut", „Zuflucht", „Verzweiflung", „An dich denken", „Wintergarten", „Aber wieder", „Vorübungen für ein Wunder", „Dich", „Erleichterung", „Wartenacht", „Auf der Fahrt fort von dir", „Ich".
Aus: Liebesgedichte. © Verlag Klaus Wagenbach, Berlin 1979, NA 1995

Erich Fried, „Eindenkung“, „Aber solange ich atme“.
Aus. Beunruhigungen. © Verlag Klaus Wagenbach, Berlin 1984, NA 1997

Erich Fried, „Kalter Sommermorgen in London“, „Inschrift“, „Widmung“, „Bevor ich sterbe“.
Aus: Lebensschatten. © Verlag Klaus Wagenbach, Berlin 1981, NA 1996

Erich Fried, „Zwei weise Ratschläge“.
Aus: Das Nahe suchen. © Verlag Klaus Wagenbach, Berlin 1982, NA 1997

Erich Fried, „Das Ergebnis“.
Aus: Gesammelte Werke. © Verlag Klaus Wagenbach, Berlin 1993, NA 1998

Emanuel Geibel, „Nun die Schatten dunkeln“. Quelle unbekannt

Albrecht Goes, „Das Wort“.
Aus: ders., Lichtschatten du. Gedichte aus fünfzig Jahren. © S. Fischer Verlag GmbH, Frankfurt am Main 1987

Klaus Groth, „Mein wundes Herz verlangt“. Quelle unbekannt

Klaus Haacker, „dein licht“.
Aus: Klaus Haacker, Grüße an Orpheus. Gedichte. © 1986 by Radius-Verlag, Olgastr. 114, 80180 Stuttgart

Peter Hamm, „Du“
Aus: Peter Hamm, Die verschwindende Welt. © 1985 Carl Hanser Verlag, München-Wien

Peter Härtling, „Schneelied“.
Aus: Peter Härtling. Gedichte. Werke, Bd. 8, © 1999 by Verlag Kiepenheuer & Witsch

Stephan Hermlin, „Wir werden beisammen sein“.
Aus: Gedichte und Prosa. © Verlag Klaus Wagenbach, Berlin 1965

Hermann Hesse, „Bei der Nachricht vom Tod eines Freundes“.
Aus: Gedichte. © Suhrkamp Verlag, Frankfurt am Main 1970

Käthi Hohl-Hauser, „Ich möchte untergehen in deiner Liebe“.
Aus: Hohl, Sie tragen, deine Flügel tragen. © Berchtold Haller Verlag, Bern.

Ernst Jandl, „ich liege bei dir".
Aus: ders. Poetische Werke in 10 Bänden, Hg. von Klaus Siblewski. © 1997 Luchterhand Literaturverlag GmbH, München.

Mascha Kaléko, „Für einen", „Kompliziertes Innenleben".
Aus: Mascha Kaléko, Das lyrische Stenogrammheft. © 1956 by Rohwohlt Verlag GmbH, Hamburg

Mascha Kaléko, „Weil du nicht da bist", „Pihi", „Das berühmte Gefühl", „Gebet", „Überfahrt".
Aus: Verse für Zeitgenossen. © Gisela Zoch-Westphal.

Mascha Kaléko, „Sonett in Dur".
Aus. Mascha Kaléko, In meinen Träumen läutet es Sturm. © 1977 Deutscher Taschenbuch Verlag, München

Marie Luise Kaschnitz, „Gottes Verlangen", „Der sterbliche Gott".
Quelle unbekannt.

Marie Luise Kaschnitz, „Ad infinitum".
Aus: Kein Zauberspruch. © Insel Verlag, Frankfurt am Main 1985

Franz Kugler, „Du bist wie eine stille Sternennacht". Quelle unbekannt

Reiner Kunze, „Rudern zwei".
Aus: ders., Gespräch mit der Amsel. © S. Fischer Verlag GmbH, Frankfurt am Main 1984

Reiner Kunze, „Die großen Spaziergänge".
Aus: ders., auf eigene hoffnung. Gedichte. © S. Fischer Verlag GmbH, Frankfurt am Main 1981

Reiner Kunze, „Wir sind ausgeschlossene".
Aus: ders., eines jeden einziges leben. gedichte. © S. Fischer Verlag GmbH, Frankfurt am Main 1986

Else Lasker-Schüler, „Viva", „Weltende", „Herbst", „Senna Hoy".
Aus: Gedichte 1902-1943. © Suhrkamp Verlag, Frankfurt am Main 1996

Michael Lipps, „Es gibt dich".
Aus: Zwischen den Zeilen II, Rastatt 1984

Ernst Meister, „Hier, gekrümmt".
© Rimbaud Verlag, Aachen

Börries von Münchhausen, „Lebensweg".
© Deutsche Verlags-Anstalt, Stuttgart.

Nadine Musfeld, „Aufhaltsam. Eine Gegendichtung“. Quelle unbekannt.
(Gegendichtung zu Hilde Domin „Unaufhaltsam“)

Bernhard Nellessen, „Suche mich“.
Aus: An den Wassern von Rhein und Ruhr. © Franz Schneekluth-Verlag, München 1981

Christa Peikert-Flaspöhler, „Herbstfahrt“, „In deiner Hand“, „Mitten an einem Tag“, „Wann meine Blätter fallen“, „Komm heim!“, „Sag mir die Wahrheit“, „Heimsuchung“, „Staunen“.
Aus: Christa Peikert-Flaspöhler, Füße hast du und Flügel. © Lahn-Verlag, Limburg. 2. Auflage 1986

Christa Peikert-Flaspöhler, „Dir neigen“, „Es ist gut, daß es dich gibt“, „An Ostern tauch ich“.
Aus: Friede, nimm meine Hand. © Lahn-Verlag, Limburg 1984

Christa Peikert-Flaspöhler, „Wenn die dunklen Tage kommen“.
© Christa Peikert-Flaspöhler, Osnabrück

Michael Quoist, „Mein Kind, es ist nicht leicht zu lieben“.
Aus: Michael Quoist, Herr, da bin ich. Gebete. 62. Auflage 1997. © Verlag Styria Graz Wien Köln

Friedrich Rückert, „Ich liebe dich“.
Aus: Christine Hellmann/Anselm Spring, Es ist die Liebe. © Verlag Herder, Freiburg, 2. Auflage 1992.

Nelly Sachs, „So einsam ist der Mensch“.
Aus: Fahrt ins Staublose. © Suhrkamp Verlag Frankfurt am Main 1961.

Ulrich Schaffer, „Eilpostmarken“, „Ein neuer Weg zu dir“, „Von innen heraus“.
Aus: Ulrich Schaffer, Neues umarmen. © Kreuz Verlag, Stuttgart 1984

Ulrich Schaffer, „Ich will nicht die Klarheit“.
Aus: Ulrich Schaffer, Berührbar bleiben. © Kreuz Verlag, Stuttgart 1992

Bruno Stephan Scherer, „Kleine Pflanze Liebe“.
Aus: Alle Schönheit der Erde. © Evangelischer Verlag Herbert Reich, Hardebeck.

Bruno Stephan Scherer, „Gott zeichnen“.
Aus: Neugeborener Weltball meiner Gedanken. © Cantina-Verlag, Goldau/Schweiz 1981.

Jan Skácel, „Aufbetten“.
Aus: ders., Wundklee. © S. Fischer-Verlag GmbH, Frankfurt am Main, 1982

Theodor Storm, „Ich bin mir meiner Seele“.
Aus: Christine Hellmann/Anselm Spring, Es ist die Liebe. © Verlag Herder, Freiburg, 2. Auflage 1992.

Eva Strittmatter, „Leben“, „Lächeln“.
Aus: Eva Strittmatter, Mondschnee liegt auf den Wiesen. © Aufbau-Verlag Berlin und Weimar 1975

Jan Twardowski, „Wenn es Liebe ist“, „Keine Zeit“.
Aus: Jan Twardowski, Geheimnis des Lächelns. © St. Benno-Verlag, Leipzig 1981

Josef Weinheber, „Nun ist kein Licht mehr“.
Aus: Sämtliche Werke, Band I/1. © Otto Müller Verlag, Salzburg 1980

Eva Zeller, „Winterpsalm“.
Aus: Auf dem Wasser gehen. © Deutsche Verlags-Anstalt, Stuttgart 1979

Lothar Zenetti, „Ich denke an dich“.
Aus: Lothar Zenetti, Texte der Zuversicht. © Lothar Zenetti, Frankfurt.

Mit Jesus durch das Jahr

Heinz Schürmann
<u>Ein Jahr der Jesusbegegnung</u>
Die Evangelien der liturgischen Leseordnung für Werktage ins Gebet genommen
Ein Werkbuch für Geistliche Schriftlesung und Inneres Gebet
400 Seiten. Kartoniert
ISBN 3-87088-979-9

Das charakteristische Jesus-Bild unserer Tage scheint der „Innere Jesus" zu werden, der sich in den Seelen, in Gemeinden und Gemeinschaften immer stärker bemerkbar macht. Nicht „die Kirche erwacht in den Seelen" wie in den zwanziger Jahren (Romano Guardini), der im Schifflein Petri schlafende Herr ist in der Kirche erwacht, und er „erwacht in den Seelen" – ein Vorgang von vielleicht epochaler Bedeutung.
Als ein täglicher Begleiter durchs Jahr will das vorliegende Werkbuch eine Hilfe sein, Jesus neu zu begegnen und die Gemeinschaft mit ihm zu vertiefen. Es bietet die Tagesevangelien der liturgischen Leseordnung und jeweils dazu fünf Gebetssätze. Diese Impulse zur Geistlichen Schriftlesung stammen aus der Feder des international bekannten Exegeten Heinz Schürmann.

Im Buchhandel erhältlich

BONIFATIUS
Druck · Buch · Verlag

W0377849

L'Historienne et Drakula

Elizabeth Kostova

L'Historienne et Drakula

roman

traduit de l'anglais (États-Unis)
par Évelyne Jouve

tome 2

XO EDITIONS

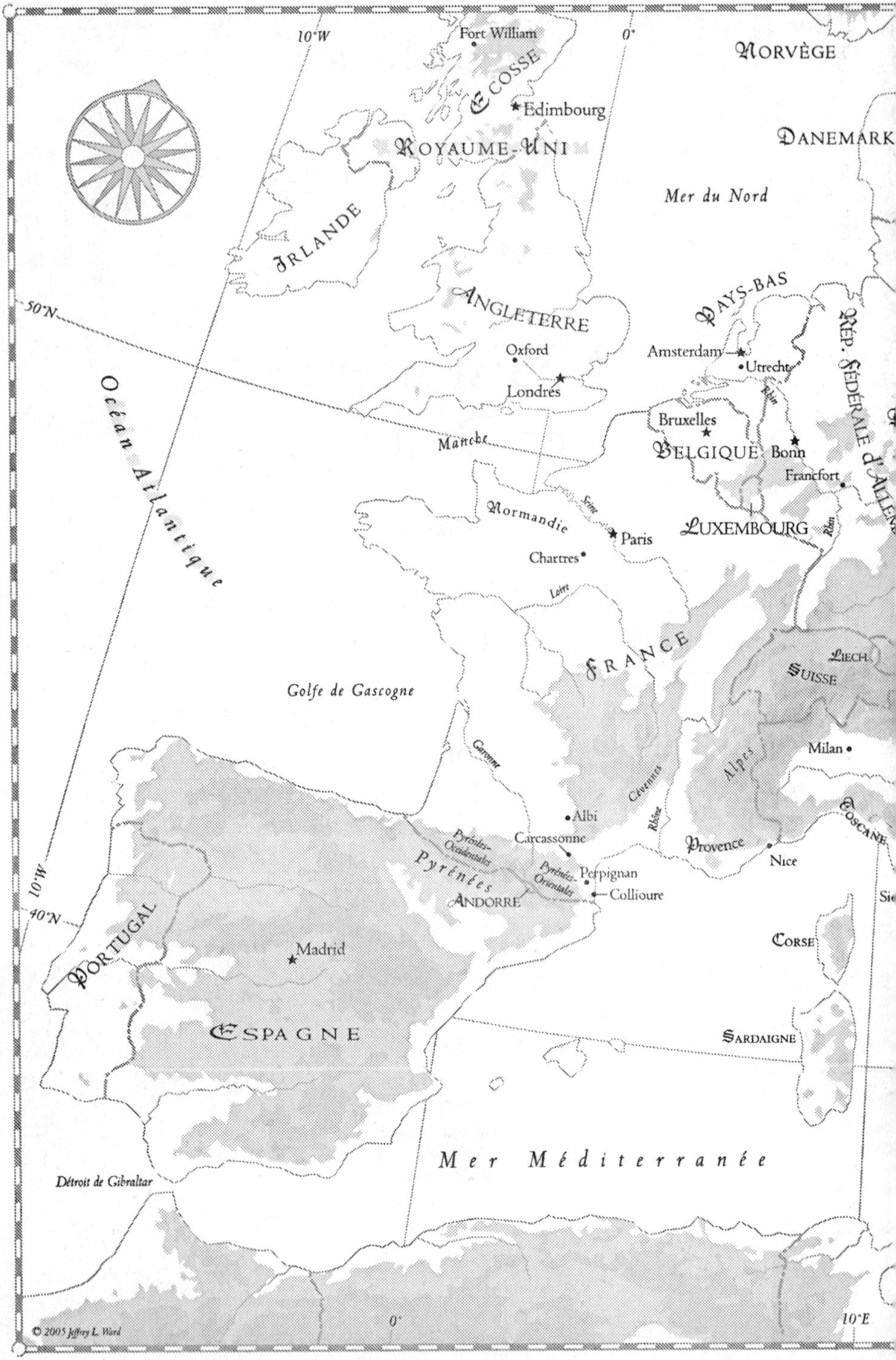
10°W
0°
Fort William
Écosse
Edimbourg
Norvège
Danemark
Royaume-Uni
Mer du Nord
Irlande
Angleterre
Pays-Bas
50°N
Rép. Fédérale d'Allem
Oxford
Amsterdam
Utrecht
Londres
Rhin
Océan Atlantique
Bruxelles
Manche
Belgique
Bonn
Francfort
Seine
Normandie
Paris
Luxembourg
Chartres
Loire
France
Liech.
Suisse
Golfe de Gascogne
Garonne
Milan
Alpes
Cévennes
Albi
Rhône
Toscane
Carcassonne
Pyrénées-Occidentales
Provence
Nice
Pyrénées
Pyrénées-Orientales
Perpignan
Andorre
Collioure
10°W
40°N
Portugal
Corse
Madrid
Espagne
Sardaigne
Mer Méditerranée
Détroit de Gibraltar
0°
10°E
© 2005 Jeffrey L. Ward

L'Europe pendant la Guerre froide
0 kilomètres 200 300
20°E
30°E
Moscou
Suède
Mer Baltique
Pologne
Elbe
Berlin
ÉPUBLIQUE
MOCRATIQUE
LLEMANDE
50°N
Union des Républiques
Socialistes Soviétiques
Tchécoslovaquie
Nuremberg
Chaîne des Carpates
Danube
Munich
Vienne
Hongrie
Alpes
Autriche
Monts Bakony
Budapest
Danube
Transylvanie
Lac Bled
Sighişoara
Alpes Juliennes
Slovénie
Ljubljana
Zagreb
Roumanie
Ploieşti
Lac Snagov
Tîrgovişte
Venise
Pô
Bosnie
Herzégovine
Belgrade
Valachie
Argeş
Bucarest
Croatie
Mer Noire
Danube
Florence
Sarajevo
Serbie
Bulgarie
Split
Yougoslavie
Montepulciano
Sofia
Chaîne des Balkans
Assise
Ombrie
Monténégro
Plovdiv
Haskovo
Dubrovnik
Rila
Massif du Rila
Bachkovo
Edirne
Bosphore
Mer Adriatique
Albanie
Macédoine
Čepelarska
Rhodope Mts.
Istanbul
(Constantinople)
Rome
Mer de Marmara
40°N
Italie
Naples
Grèce
Turquie
Tyrrhénienne
Mer Égée
Athènes
Sicile
Mer Méditerranée
Crète
Cnossos
20°E
30°E

DÉJÀ PARU
CHEZ LE MÊME ÉDITEUR
L'Historienne et Drakula, tome 1, 2006.

Édition originale : *The Historian*
© Little, Brown and Company, New York, 2005.

Pour la traduction française :
© XO Éditions, Paris, 2006.
ISBN : 2-84563-283-5

41.

« Quand le professeur Géza József surgit à notre table avec cette question, je ne sus vraiment pas quoi répondre. Il fallait que j'aie une conversation avec Hugh James, mais pas ici, dans cette cohue, et encore moins en présence de celui contre qui Helen m'avait mis en garde – pour une raison inconnue. Finalement, je proposai une vague explication :

— Nous évoquions notre passion pour les livres anciens. Tous les historiens ont ce point en commun, je suppose.

Helen nous avait rejoints à son tour et m'observait avec ce qui me parut être un mélange d'inquiétude et d'approbation. Je me levai pour lui avancer une chaise. Malgré mes efforts pour dissimuler mon agitation intérieure devant Géza József, elle dut la percevoir, car son regard passa d'Hugh à moi. Géza, lui, nous dévisageait tous les trois en souriant, mais il me sembla aussi qu'une lueur de suspicion avait traversé ses magnifiques prunelles sombres. J'essayai de ne pas tourner les yeux dans sa direction.

La scène aurait pu se prolonger à l'infini si le professeur Sándor n'était subitement apparu.

— Excellent ! claironna-t-il. Je vois que vous avez fait honneur à notre buffet. Si vous avez terminé et si vous le voulez bien, je vais me faire un plaisir de vous escorter jusqu'à votre chaire de conférencier.

Je réprimai un gémissement – l'espace de quelques minutes, j'avais oublié le cauchemar qui m'attendait – mais je me levai avec docilité.

Géza s'inclina respectueusement devant le professeur Sándor – un peu trop respectueusement ? me demandai-je –, me laissant quelques secondes précieuses pour communiquer avec Helen. Je lançai un coup d'œil appuyé vers Hugh James qui s'était lui aussi levé poliment lorsqu'elle nous avait rejoints. Elle fronça les sourcils d'un air surpris puis, à mon grand soulagement, le professeur Sándor tapota l'épaule de Géza et l'entraîna avec lui. Il me sembla déceler un certain mécontentement dans la raideur des larges épaules du jeune Hongrois, mais peut-être étais-je influencé par la paranoïa d'Helen à son égard. Quoi qu'il en soit, cela nous procura un instant de liberté.

— Hugh a trouvé un livre, chuchotai-je, trahissant sans la moindre hésitation la confidence de l'Anglais.

Helen me regarda sans comprendre.

— Hugh ?

Je désignai notre compagnon d'un mouvement du menton. Helen le dévisagea, bouche bée, et il la regarda en retour.

— Elle aussi… ? murmura-t-il.

— Non, soufflai-je. Mlle Helen Rossi m'aide dans mes recherches. Elle est anthropologue.

Hugh sursauta au nom de Rossi et lui serra la main avec une brusque chaleur. Mais le professeur Sándor avait rebroussé chemin et nous attendait : nous n'eûmes pas d'autre choix que de le suivre.

La salle de conférences commençait déjà à se remplir et je m'installai au bureau qui m'était destiné, sortant mes notes de ma sacoche d'une main pas vraiment assurée. Le professeur Sándor et son assistant en chemise bleue tripotaient de nouveau le micro et il me vint à l'esprit qu'avec un peu de chance une panne technique empêcherait l'assistance de m'entendre, auquel cas je n'avais aucune raison de m'inquiéter. Tout rentra bientôt dans l'ordre, hélas, et le gentil professeur put me présenter, agitant avec enthousiasme sa crinière blanche au-dessus d'une feuille de notes.

Il souligna encore une fois mes références remarquables, évoqua ma prestigieuse université aux États-Unis, et se félicita du plaisir rare que leur procurait ma participation à ce colloque, le tout en anglais, probablement à mon intention. Je pris soudain conscience que je n'avais pas d'interprète pour traduire mes propos en allemand, et cette idée me redonna un peu confiance tandis que je levais les yeux vers mon tribunal.

— Chers collègues historiens, bonjour ! commençai-je.

Conscient d'être pompeux, je posai mes notes devant moi.

— Merci de m'accorder l'honneur de prendre la parole aujourd'hui devant vous. Si vous le permettez, je voudrais vous parler de l'invasion des Ottomans en Transylvanie et en Valachie, deux principautés que vous connaissez bien puisqu'elles font partie de l'actuelle Roumanie.

Un océan de visages me regardait fixement et je me demandai si je n'avais pas décelé une soudaine tension dans la pièce. La Transylvanie, pour les historiens hongrois, comme pour un grand nombre de leurs compatriotes, d'ailleurs, était un sujet sensible.

— Comme vous le savez, l'Empire ottoman régna sur de nombreux territoires d'Europe de l'Est pendant plus de cinq cents ans. La prise de Constantinople, en 1453, leur offrit une base solide pour étendre leur pouvoir. L'empire envahit avec succès une douzaine de pays, mais il y eut quelques territoires qu'il ne réussit jamais à soumettre complètement, dans les zones montagneuses et forestières d'Europe de l'Est. Là, une topographie et des habitants hostiles leur barrèrent farouchement l'accès. L'une de ces poches de résistance fut la Transylvanie.

Je continuai sur cette lancée, m'appuyant en partie sur mes notes, en partie sur ma mémoire, parcouru de temps à autre par un frisson d'angoisse. Je ne maîtrisais pas le sujet, loin de là, même si les leçons d'Helen étaient ancrées dans ma mémoire. Après cette introduction, je traçai un rapide panorama des routes du commerce ottoman dans la région, et j'en vins à évoquer les figures historiques, princes et nobles, qui avaient tenté de repousser les Ottomans.

Je mentionnai Vlad Drakula aussi naturellement que possible : Helen et moi avions estimé que ne pas le citer paraîtrait suspect, tout historien digne de ce nom connaissant les pertes considérables qu'il avait occasionnées aux armées ottomanes. Prononcer son nom devant une foule d'étrangers avait dû suffire à me rendre nerveux car, au moment où j'évoquais les vingt mille soldats turcs qu'il avait fait empaler, ma main fit une envolée incontrôlée et je renversai mon verre d'eau.

— Oh, je suis désolé ! m'exclamai-je en adressant un regard consterné à une étendue de visages bienveillants.

Bienveillants – sauf deux d'entre eux : Helen qui paraissait pâle et tendue, et Géza József qui était penché en avant sur son siège, le visage fermé, comme si mon geste maladroit l'intéressait au plus haut point.

Le professeur Sándor et son assistant volèrent à mon secours avec leurs mouchoirs, et je fus très vite en mesure de continuer, ce que je fis avec toute la dignité dont j'étais capable. Je soulignai que, même si les Turcs avaient fini par défaire Vlad Drakula et un grand nombre de ses camarades (il me semblait que je devais glisser ce mot dans mon discours), des soulèvements similaires avaient persisté durant des générations, se renforçant jusqu'à finir par renverser l'empire. D'une certaine manière, c'était le caractère local de ces actes de résistance, conjugué à l'aptitude des rebelles à se replier sur leur terrain après chaque attaque, qui avait fini par miner l'énorme machine ottomane.

J'avais eu dans l'idée de conclure avec davantage d'éloquence, mais l'assistance parut satisfaite et des applaudissements nourris crépitèrent. À ma grande surprise, j'étais arrivé au bout. Il ne s'était rien passé d'horrible. Helen se laissa aller en arrière sur sa chaise, visiblement soulagée, et le professeur Sándor se précipita pour me serrer la main avec enthousiasme. En regardant autour de moi, j'aperçus Eva au fond de la salle, qui applaudissait tout en m'adressant largement son merveilleux sourire. Quelque chose manquait dans la pièce, cependant, et au bout d'un instant, je me rendis compte que Géza s'était volatilisé. Je ne me souvenais pas de l'avoir vu sortir, mais peut-être avait-il jugé la fin de ma conférence trop plate.

Tout le monde se leva et se mit à parler dans un méli-mélo de langues étrangères. Trois ou quatre historiens hongrois vinrent me serrer la main et me féliciter. Le professeur Sándor était aux anges.

— Excellent ! s'écria-t-il. Je suis enchanté de voir que vous connaissez aussi bien l'histoire de notre Transylvanie en Amérique.

Je me demandai ce qu'il aurait pensé s'il avait su que ma conférence m'avait été dictée par l'une de ses collègues, alors que nous étions assis à la table d'un restaurant d'Istanbul.

Eva s'approcha et me tendit la main. Je ne savais pas trop si je devais la porter à mes lèvres ou la serrer, et j'optai finalement pour la deuxième solution. Elle paraissait plus grande dame que jamais au milieu de cette assemblée de messieurs en costume étriqué. Elle portait une robe vert sombre, de lourdes boucles d'oreilles en or, et ses cheveux frisés sous son petit chapeau vert étaient passés du magenta au noir profond en l'espace d'une nuit.

Helen s'approcha pour échanger quelques mots avec elle et je notai combien elles se montraient cérémonieuses l'une envers l'autre en public ; difficile de croire qu'hier elles s'étaient jetées dans les bras l'une de l'autre.

Helen me traduisit les félicitations d'Eva :

— Remarquable travail, jeune homme. Je lis sur tous les visages que vous avez réussi à n'offenser personne, ce qui signifie probablement que vous n'avez pas dit grand-chose. Mais vous vous êtes tenu droit derrière votre pupitre et vous avez regardé votre public dans les yeux – cela vous mènera loin.

Tante Eva tempéra ces remarques de son magnifique sourire.

— Je dois rentrer chez moi, mais je vous verrai demain soir. Nous pourrions dîner à votre hôtel.

J'ignorais que nous devions passer de nouveau la soirée ensemble, mais la nouvelle me fit plaisir.

— Je suis désolée de ne pas pouvoir vous inviter chez moi, comme je l'aurais voulu, mais mon appartement est en travaux, comme presque tout Budapest. Il m'est impossible de recevoir dans une salle à manger à ce point en désordre.

Son sourire perturbait ma concentration, mais je réussis néanmoins à glaner deux informations dans son discours : primo, dans une ville où il n'y avait (du moins je le supposais) que des appartements minuscules, elle disposait d'une salle à manger et, secundo, désordre ou pas, elle était trop prudente pour inviter à dîner un Américain.

— Je voudrais m'entretenir avec ma nièce. Helen peut venir chez moi ce soir, si vous acceptez de la libérer.

Helen traduisit la proposition de sa tante avec une exactitude empreinte de culpabilité.

— Bien sûr, acquiesçai-je en souriant à Tante Eva. Vous devez avoir beaucoup de choses à vous dire après une aussi longue séparation. Et j'ai moi-même des projets pour le dîner.

Mes yeux cherchaient déjà la veste en tweed d'Hugh James dans la foule.

— Voilà qui est parfait.

Tante Eva me tendit de nouveau la main. Cette fois je la portai à mes lèvres comme un vrai Hongrois – mon premier baisemain ! – puis elle prit congé.

La pause terminée, les débats reprirent, d'abord par un exposé en français sur la condition paysanne en France au début de l'ère moderne, puis par des discours en anglais et en hongrois. Je les écoutai du fond de la salle, assis à côté d'Helen, savourant ma tranquillité retrouvée. Lorsque le spécialiste russe des États baltes quitta son pupitre, Helen m'informa à voix basse que nous étions restés suffisamment longtemps pour ne froisser personne et que nous pouvions nous éclipser.

— La bibliothèque ferme dans une heure... Filons.

— Un instant, soufflai-je. Je dois d'abord voir quelqu'un.

Je n'eus aucun mal à retrouver Hugh James : à l'évidence, il me cherchait lui aussi. Nous convînmes de nous retrouver à dix-neuf heures dans le hall de l'hôtel. Helen prendrait le bus pour se rendre chez sa tante, et je lus sur son visage qu'elle passerait la soirée à se demander ce qu'Hugh James allait nous apprendre.

La bibliothèque universitaire présentait une façade ocre sans le moindre défaut, et je m'émerveillai de nouveau de la rapidité avec laquelle la nation hongroise se reconstruisait après la catastrophe de la guerre. Même le plus tyrannique des gouvernements ne pouvait être absolument mauvais s'il était capable de restaurer tant de beauté en un laps de temps si court. Cet effort de reconstruction était sans doute le fruit de la volonté conjuguée du nationalisme hongrois et de la ferveur communiste, supposai-je en me remémorant les propos évasifs de Tante Eva.

— À quoi pensez-vous ? me demanda Helen.

Elle avait enfilé ses gants et passé la bandoulière de son sac sur son épaule.

— À votre tante.

— Si ma tante produit un tel effet sur vous, ma mère ne sera peut-être pas votre style, décréta-t-elle avec un rire provocant. Mais nous verrons cela demain. Pour l'instant, il y a ici une chose à laquelle j'aimerais jeter un coup d'œil.

— Qu'est-ce que c'est ? Arrêtez de faire des mystères.

Elle m'ignora et nous franchîmes les lourdes portes en bois sculpté de la bibliothèque.

— Époque Renaissance ? chuchotai-je à Helen, mais elle secoua la tête.

— Copie du dix-neuvième siècle. La bibliothèque ne se trouvait même pas à Pest avant le dix-huitième siècle, je crois – elle était à Buda, tout comme l'université d'origine. Un des bibliothécaires m'a dit un jour qu'un grand nombre d'ouvrages parmi les plus anciens de leur fonds avaient été donnés à la bibliothèque au seizième siècle par des familles fuyant les envahisseurs ottomans. Comme quoi, il y a tout de même quelques petites choses dont nous sommes redevables aux Turcs. Sans ces donateurs providentiels, qui sait où ces livres auraient fini ?

C'était bon de pénétrer de nouveau dans une bibliothèque, de retrouver cette odeur caractéristique – comme rentrer à la maison. Celle-ci était un pur trésor néo-classique, tout en beau bois sombre sculpté, en balcons, en galeries et en fresques. Mais ce qui attira mon regard, ce furent les centaines de milliers d'ouvrages qui tapissaient les murs, du sol au plafond, leurs reliures rouges, brunes ou dorées parfaitement alignées, leurs couvertures marbrées et les vertèbres bosselées de leurs dos. Je me demandai où on avait pu les cacher pendant la guerre pour les mettre à l'abri, et combien de temps il avait fallu après pour les ranger sur ces étagères reconstruites.

Installés derrière les longues tables, quelques étudiants lisaient, tandis qu'un jeune homme au teint pâle triait des piles entières, derrière un bureau massif. Helen s'arrêta pour lui parler et il hocha gravement la tête avant de nous conduire vers une salle de lecture que j'avais déjà aperçue de l'autre côté d'une porte ouverte. Là, il alla nous chercher un grand classeur, le posa sur une table et nous laissa seuls.

Helen s'assit et retira ses gants.

— Oui, je crois que c'est ce dont je me souviens, dit-elle doucement. J'ai consulté cet ouvrage avant de quitter Budapest, il y a un an, mais je ne pensais pas alors qu'il présentait un intérêt particulier.

Elle l'ouvrit à la page de titre. Il était écrit dans une langue qui m'était étrangère. Les mots me semblaient familiers, et cependant je ne pouvais pas en déchiffrer un seul.

— Qu'est-ce que c'est ?

Je posai un doigt sur ce qui m'apparut être le titre. La page était faite d'un papier épais de qualité, imprimé à l'encre brune.

— Du roumain, répondit Helen.

— Vous pouvez le lire ?

— Certainement.

Elle posa la main sur la page, près de la mienne. Nos mains étaient presque de la même taille, même si ses doigts à elle étaient plus fins et ses ongles en amande, coupés court.

— Vous avez étudié le latin ? me demanda-t-elle.

— Oui.

Puis je compris ce qu'elle voulait dire et je commençai à déchiffrer le titre :

— Ballades des Carpates, 1790.

— Bien, approuva-t-elle. Très bien.

— Je croyais que vous ne parliez pas le roumain, remarquai-je.

— Je le parle très mal, c'est vrai, mais j'arrive à le déchiffrer – un peu. J'ai fait sept ans de latin au lycée, ça aide, et ma mère m'a appris les rudiments de sa langue natale. Contre la volonté de ma tante, bien sûr. Ma tante est très têtue. Elle ne parle jamais de la Transylvanie, mais je sais qu'au fond de son cœur elle ne l'a pas oubliée.

— Et qu'est-ce que c'est que ce livre ?

Elle tourna délicatement la première page et je vis une longue colonne de texte, incompréhensible au prime abord ; ce n'était pas seulement dû à l'aspect inhabituel des mots, mais aussi aux ornements qui paraient un grand nombre des lettres : des croix, des boucles, des circonflexes, et toutes sortes de symboles alambiqués. Pour moi, ça ressemblait davantage à un traité occulte de sorcellerie qu'à une ballade.

— Je suis tombée sur cet ouvrage en effectuant d'ultimes recherches, juste avant mon départ pour l'Angleterre. Il n'y a pas tellement de textes qui traitent de Drakula dans cette bibliothèque, en fait. J'ai trouvé quelques documents sur les vampires en général, parce que Mátyás Corvin, notre roi bibliophile, éprouvait de la curiosité pour le sujet.

— C'est que m'a dit Hugh, murmurai-je.

— Comment ?

— Je vous expliquerai plus tard. Continuez.

— Eh bien, je ne voulais rien laisser passer entre les mailles du filet, alors j'ai lu quantité de documents sur l'histoire de la Valachie et de la Transylvanie. Cela m'a pris plusieurs mois. Je me suis même forcée à lire ce qui était écrit en roumain. Bien sûr, un grand nombre de textes et de récits consacrés à la Transylvanie sont rédigés en hongrois : après des siècles de domination hongroise, c'est logique. Mais il existe aussi quelques sources purement roumaines. L'ouvrage que voici est un recueil de chansons du folklore de Transylvanie et de Valachie, compilées par un auteur anonyme. Certains de ces textes sortent du simple cadre des chansons folkloriques – ce sont de véritables poèmes épiques.

J'étais un peu déçu. Je m'étais attendu à un document historique rare, avec des informations sur Drakula.

— L'un d'eux parle-t-il de Lui ?

— Hélas non. Mais j'ai gardé un passage en mémoire, et il m'est revenu à l'esprit quand vous m'avez parlé de ce texte que Selim Aksoy voulait nous montrer dans la salle des archives, à Istanbul – vous savez, au sujet de ces moines venus des Carpates qui entraient dans la cité d'Istanbul dans un chariot tiré par des mules. Je regrette maintenant de ne pas avoir demandé à Turgut de nous le traduire par écrit.

Elle feuilleta l'ouvrage avec précaution. Le début de certains textes était illustré par des gravures sur bois rappelant des broderies d'inspiration populaire, mais aussi des arbres, des maisons et des animaux, grossièrement représentés. Les caractères d'imprimerie étaient nets, mais le livre lui-même avait un aspect brouillon, artisanal. Helen fit courir son doigt sur les premières lignes des poèmes, ses lèvres remuant lentement, et secoua la tête.

— Certains de ces textes sont si tristes, soupira-t-elle. Vous savez, nous les Roumains sommes profondément différents des Hongrois.

— Comment cela ?

— Eh bien, il y a un proverbe hongrois qui dit : « Le Magyar se réjouit tristement. » Et c'est vrai – la Hongrie regorge de chansons tristes et ses villages sont imprégnés de violence, d'alcool, de suicides. Mais les Roumains sont encore plus tristes, infiniment plus. Ce n'est pas la vie qui nous rend ainsi, c'est dans notre nature, je crois.

Elle inclina la tête sur l'ouvrage ancien, ses longs cils sombres tranchant sur sa joue pâle.

— Écoutez – ça reflète l'esprit de ces chansons.

Elle traduisit le texte de façon hésitante (la version que je reproduis ici n'est pas exactement la même et provient d'un petit ouvrage de traductions du dix-neuvième siècle qui se trouve aujourd'hui dans ma bibliothèque) :

« L'enfant couchée dans la tombe
Était la douceur même et la grâce.
Aujourd'hui, sa petite sœur a son sourire.
Elle dit à sa mère : "Oh, maman chérie,
Ma grande sœur couchée dans sa tombe
M'a dit qu'il ne fallait pas avoir peur.
La vie qu'elle n'a pas pu vivre, elle me l'a donnée
Pour que tu cesses d'être si triste."
Mais la mère garda la tête ployée,
Et continua à pleurer celle qui était dans la tombe. »

— Seigneur, soufflai-je en frissonnant. On comprend qu'une culture capable de créer une chanson pareille ait pu croire aux vampires – et même leur donner naissance.

— En effet, acquiesça pensivement Helen, qui s'était remise à feuilleter le livre.

Elle s'arrêta soudain.

— Attendez... Je crois que j'ai trouvé !

Elle pointa son doigt sur une strophe assez courte, au-dessus de laquelle une gravure représentait des édifices et des animaux emmêlés dans une forêt épineuse.

Je restai en suspens pendant une bonne minute, tandis qu'Helen déchiffrait le texte en silence. Finalement elle releva la tête. Dans son visage exalté, ses yeux brillaient.

— C'est bien ça ! Je vais essayer de vous le traduire le plus fidèlement possible.

Je reproduis ici pour toi, ma chère fille, la traduction exacte de ce texte que j'ai conservée dans mes papiers pendant vingt ans :

« Ils chevauchèrent jusqu'aux portes de la grande cité.
Ils chevauchèrent jusqu'aux portes de la grande cité depuis la terre de la mort.
"Nous sommes des hommes de Dieu, des hommes des Carpates.

Nous sommes des moines et de saints hommes, mais
nous n'apportons que de funestes nouvelles.
Nous apportons la nouvelle d'une épidémie dans la
grande cité.
Servant notre Maître, nous venons ici en pleurant sa mort."
Ils chevauchèrent jusqu'aux portes de la cité et la cité
pleura avec eux
Quand ils y entrèrent. »

Je ne pus m'empêcher de frissonner à l'écoute de ce texte angoissant, mais je devais formuler une objection.

— C'est très troublant, mais trop général. Il est fait mention des Carpates, d'accord, mais c'est certainement le cas dans des dizaines, voire des centaines de textes anciens. Et « la grande cité » peut désigner à peu près n'importe quoi. La Cité de Dieu, par exemple, le royaume céleste...

Helen secoua la tête.

— Je ne crois pas. Pour les habitants des Balkans et de l'Europe centrale – les chrétiens comme les musulmans – la grande cité a toujours désigné Constantinople, à l'exception bien sûr de ceux qui ont effectué le pèlerinage jusqu'à Jérusalem ou La Mecque au cours des siècles. Et puis il y a cette allusion à une épidémie et à ces moines des Carpates – pour moi, je n'en démords pas, ce texte et celui que nous a montré Selim Aksoy sont liés. Le « Maître » dont ils parlent ne pourrait-il être Vlad Tepeş en personne ?

— C'est possible, admis-je sans grande conviction. Dommage que nous n'ayons pas davantage d'éléments pour étayer cette hypothèse... À quand remonte ce texte, d'après vous ?

— Oh, il est toujours très difficile de dater des poèmes lyriques qui appartiennent au folklore.

Helen réfléchit un instant.

— Ce livre a été imprimé en 1790, mais aucun nom d'éditeur ni aucun lieu n'est mentionné. Des textes entrés dans la tradition populaire peuvent survivre deux, trois, voire quatre cents ans. Celui-ci peut donc remonter à la fin du quinzième siècle, ou même être plus ancien, ce qui anéantirait ma théorie.

— La gravure sur bois est curieuse, remarquai-je en me penchant pour la regarder de plus près.

— Le livre en est truffé, murmura Helen. Je me souviens que cela m'avait frappée la première fois que je l'ai feuilleté. Celle-ci semble n'avoir aucun rapport avec le poème – on s'attendrait plutôt à un moine en prière ou une cité entourée de murailles, ou quelque chose de ce genre. Or nous avons cette forêt étrange…

— C'est vrai, acquiesçai-je lentement. Je me demande…

Nous nous penchâmes sur la petite illustration, nos têtes se touchant presque au-dessus de la page.

— Dommage que nous n'ayons pas de loupe, dis-je. J'ai l'impression que cette forêt – ou ce fourré – dissimule autre chose. On aperçoit un édifice qui ressemble à une église, avec une croix au sommet d'un dôme, et juste à côté, une sorte de…

— … de petit animal, oui.

Elle plissa les yeux, puis poussa un cri étouffé.

— Oh, mon Dieu ! C'est un dragon.

Je hochai la tête, et nous nous penchâmes encore plus près de la gravure, respirant à peine. La minuscule silhouette était horriblement familière – les ailes déployées, la queue formant un anneau… Je n'avais nul besoin de sortir le livre de ma sacoche pour vérifier que c'était le même dragon.

— Qu'est-ce que cela signifie ?

La vue du monstre, même miniature, m'emplissait de malaise.

— Attendez.

Helen scrutait la gravure, le visage presque collé à la page.

— Flûte. C'est tellement petit que c'est à peine si j'arrive à le voir, mais il me semble qu'il y a un mot écrit au milieu des arbres, une lettre à la fois. C'est microscopique, mais je suis sûre que ce sont des lettres.

— Drakulya ? demandai-je aussi calmement que possible.

— Non. Mais ça pourrait être un nom, cependant – Ivi... Ivireanu. J'ignore ce que c'est. Je n'ai jamais vu ce mot, mais le « u » est une terminaison roumaine. Qu'est-ce que ça peut bien vouloir dire ?

Je soupirai.

— Je n'en ai pas la moindre idée. Mais je pense que votre instinct ne s'est pas trompé – cette page est bien reliée à Drakula – sinon le dragon ne serait pas là. Pas ce dragon, en tout cas.

Nous nous regardâmes avec impuissance. La salle de lecture si accueillante une demi-heure plus tôt me paraissait lugubre maintenant, comme un mausolée du savoir oublié...

— Les bibliothécaires ne savent rien au sujet de ce livre, dit Helen. Je les ai questionnés – c'est un ouvrage d'une telle rareté.

— Encore un mystère que nous ne pouvons pas élucider. Emportons au moins une traduction écrite, pour mémoire.

Je notai le texte qu'elle me dictait sur une feuille de bloc puis effectuai un croquis rapide de la mystérieuse gravure sur bois. Helen regardait sa montre.

— Il faut que je rentre à l'hôtel, dit-elle.

— Moi aussi. Sinon, je vais manquer Hugh James.

Nous rassemblâmes nos affaires et replaçâmes le livre sur son étagère avec tout le respect dû à une relique.

Peut-être était-ce le tourbillon d'émotions dans lequel le poème et son illustration m'avaient plongé, ou peut-être étais-je plus fatigué que je ne l'avais supposé. Mais quand j'entrai dans ma chambre d'hôtel, il me fallut un certain temps pour comprendre ce que mes yeux étaient en train de me montrer, et un laps de temps plus long encore pour penser qu'Helen était probablement confrontée au même spectacle, deux étages au-dessus. Craignant soudain pour sa sécurité, je me précipitai dans l'escalier sans même examiner l'étendue du ravage.

Ma chambre avait été fouillée de fond en comble, jusque dans ses moindres recoins : tiroirs, penderie, lit, valise, tout avait été retourné, déversé sur le sol, abîmé, voire déchiré, par des mains qui n'étaient pas simplement pressées, mais malveillantes. »

42.

« — Mais vous ne pouvez pas demander à la police de vous aider ? Ce n'est pas ce qui manque, ici, à ce que j'ai pu voir.

Hugh James rompit un morceau de pain en deux et l'engloutit d'une bouchée.

— C'est terrible que ce soit arrivé dans un hôtel étranger.

— Nous avons averti la police, le rassurai-je. Enfin, je crois : c'est le réceptionniste qui s'en est chargé. Il nous a informés que personne ne pouvait venir avant ce soir, tard, ou demain matin, tôt, et que nous devions ne toucher à rien. En attendant, la direction nous a installés dans une autre chambre.

— Comment ça ? Vous voulez dire que la chambre de Mlle Rossi a également été cambriolée ?

Les yeux globuleux d'Hugh s'écarquillèrent.

— Dites, d'autres personnes dans l'hôtel ont-elles eu le même problème ?

— J'en doute, répondis-je d'un ton lugubre.

Nous étions à la terrasse d'un restaurant, à Buda, pas très loin de la colline du château. De notre table, nous avions vue sur le Danube et le Parlement, sur la rive de Pest. Il faisait encore jour et le ciel crépusculaire projetait sur l'eau des reflets bleus et roses. C'était Hugh qui avait repéré cet endroit – l'un de ses préférés, me dit-il. Des passants de tous âges se promenaient devant nous dans la rue, bon nombre d'entre eux s'accoudant au parapet pour contempler le Danube, comme si eux aussi ne parvenaient pas à se lasser de ce spectacle enchanteur.

Hugh avait commandé plusieurs spécialités pour que je puisse me faire une idée de la cuisine nationale, et nous venions d'attaquer notre dîner avec l'incontournable pain à la croûte dorée pour accompagner la salade de chou et une bouteille de tokay – un vin originaire du nord-est de la Hongrie, m'expliqua-t-il. Nous avions déjà fait le tour des sujets inoffensifs – nos universités réciproques, ma conférence (il s'esclaffa quand je lui racontai l'étendue de la méprise du professeur Sándor sur mon travail), les recherches d'Hugh sur l'histoire des Balkans et son livre à paraître sur les villes ottomanes en Europe.

— Vous a-t-on volé quelque chose ?

Hugh remplit mon verre.

— Rien, répondis-je d'un ton morose. Naturellement, je n'avais pas laissé d'argent, ni aucun objet... de valeur... et nos passeports sont conservés à l'accueil, à moins que ce ne soit par la police, je ne sais pas très bien.

— Que pouvaient-ils chercher, alors ?

Hugh leva brièvement son verre dans ma direction puis avala une gorgée de vin.

— C'est une très longue histoire, soupirai-je. Mais elle rejoint certaines petites choses dont nous devons discuter.

— Parfait. Je vous écoute.

— Bon, moi d'abord... mais vous après !

— Bien sûr.

J'avalai une grande gorgée de tokay pour m'encourager et je commençai par le commencement. Hugh m'écouta en silence, sans m'interrompre une seule fois, excepté quand j'évoquai la décision de Rossi de poursuivre ses investigations à Istanbul. Il sursauta.

— Par Jupiter ! J'avais justement l'intention de m'y rendre, moi aussi ! Enfin, d'y retourner. J'y suis déjà allé deux fois, mais jamais pour Drakula.

— Je vais vous épargner bien des recherches.

Ce fut moi qui remplis son verre, cette fois. Je lui racontai les mésaventures de Rossi à Istanbul, puis sa disparition. À cette nouvelle, les yeux d'Hugh devinrent énormes, mais il ne souffla mot. Pour finir, je retraçai ma rencontre avec Helen, sans rien dissimuler de ses liens avec Rossi, de nos voyages et de l'état de nos recherches à cette date, y compris notre rencontre providentielle avec Turgut.

— Vous voyez, conclus-je, il n'est pas vraiment étonnant que nos chambres aient été mises sens dessus dessous.

— En effet.

Il sembla méditer un moment. Nous avions fait un sort à plusieurs plats de viande en sauce et de pickles pendant que je parlais, et il reposa sa fourchette avec une certaine mélancolie, comme s'il regrettait que le festin touche à sa fin.

— Je suis atterré d'apprendre la disparition du professeur Rossi – et épouvanté. C'est vraiment très... curieux, le mot est faible. Avant votre récit, je n'aurais jamais cru qu'il pouvait y avoir du danger à effectuer des recherches sur Drakula. Encore que j'aie toujours éprouvé une sorte de répulsion pour mon livre au dragon, et ce depuis le premier jour. On ne peut pas fonder un jugement sur une simple impression, je le sais, mais n'empêche !

— Je vois que je n'ai pas entamé votre confiance en moi autant que j'aurais pu le craindre.

— Ces livres... réfléchit-il tout haut. Cela en fait quatre – le mien, le vôtre, celui du professeur Rossi et celui de cet autre professeur, à Istanbul. Quatre exemplaires identiques, et apparus chaque fois comme par enchantement... c'est incroyable.

— Avez-vous rencontré Turgut Bora ? demandai-je. Vous m'avez dit que vous vous étiez rendu plusieurs fois à Istanbul.

Il secoua la tête.

— Non. Je n'ai même jamais entendu parler de lui. Mais c'est un littéraire, je n'avais donc guère de chance de le rencontrer dans le département d'histoire ou lors d'une conférence. J'aimerais beaucoup que vous m'aidiez à entrer en contact avec lui un jour ou l'autre, si c'est possible. Je ne me suis jamais rendu dans cette salle des archives que vous avez mentionnée, mais j'en avais entendu parler et j'envisageais d'y faire un petit tour, et même un grand. Vous m'avez épargné cette démarche. Je n'aurais pas imaginé que ma gravure, ce dragon qui figure au milieu de mon livre, était en réalité une carte ! C'est assez génial, non ?

— Mmm. Et c'est aussi sans doute une question de vie ou de mort pour Rossi. Mais à vous, maintenant. Comment êtes-vous entré en possession du Livre ?

Son expression devint grave.

— Eh bien, tout comme pour vous, ou pour les deux autres dont vous m'avez parlé, je ne suis pas vraiment « entré en possession » de ce livre, au contraire ! C'est lui qui m'a trouvé, en quelque sorte, encore que je sois bien incapable de dire d'où il venait ni qui me l'a envoyé. Mais sans doute faut-il que j'évoque les circonstances dans lesquelles cela m'est arrivé.

Il garda le silence quelques instants, et j'eus le sentiment qu'il s'agissait d'un sujet douloureux pour lui.

— Voyez-vous, j'ai obtenu mes diplômes d'histoire à Oxford il y a neuf ans, et je suis parti enseigner à l'université de Londres. Mes parents vivent dans le comté de Cumbria, une région de lacs dans le nord-ouest de l'Angleterre, et ils ne roulent pas sur l'or. Ils ont dû se saigner aux quatre veines pour financer mes études. Tout ça pour vous dire que je me suis toujours senti un peu en marge, vous savez, en particulier dans l'école privée huppée où mon oncle avait fait des pieds et des mains pour que je sois accepté. Je suppose que je travaillais plus dur que la plupart des autres élèves, cherchant toujours l'excellence. Je devais bien ça à mes parents... et à l'histoire qui a toujours été ma grande passion, depuis le premier jour.

Hugh tapota ses lèvres avec sa serviette et secoua la tête, comme s'il se remémorait les frasques de sa jeunesse.

— Dès ma deuxième année à la fac, je me suis rendu compte que je ne me débrouillais pas si mal, et ça m'a poussé à cravacher davantage. Et puis il y a eu la guerre et tout s'est arrêté net. J'étudiais à Oxford depuis presque trois ans. C'est là que j'ai entendu parler de Rossi pour la première fois, d'ailleurs, bien que je ne l'aie jamais rencontré. Il avait dû quitter l'Angleterre pour les États-Unis plusieurs années avant mon entrée à l'université.

Il se frotta le menton de sa main large et calleuse.

— J'adorais étudier, mais, comme j'adorais tout autant mon pays, je me suis aussitôt engagé dans la marine. C'est ainsi que j'ai appareillé pour l'Italie... pour être ramené chez moi un an plus tard avec de multiples blessures aux bras et aux jambes.

Il toucha la manche de sa chemise, juste au-dessus du poignet, comme s'il s'attendait à sentir de nouveau le contact poisseux du sang.

— Une fois rétabli, je voulus repartir aussitôt combattre, mais l'un de mes yeux avait souffert dans l'explosion de mon bâtiment et les services de santé de l'armée me réformèrent. Je retournai donc à Oxford où je repris mes études en essayant d'ignorer les sirènes des bombardements. J'obtins mon dernier diplôme juste après la fin de la guerre, mais j'anticipe. Les dernières semaines que je passai là-bas furent parmi les plus heureuses de toute ma vie, je crois, en dépit des privations dont nous souffrions tous : le monde était enfin libéré de la menace qui pesait sur lui, j'allais en finir avec mes études, et une jeune fille de mon village, dont j'étais amoureux depuis l'enfance, avait accepté de m'épouser. Je travaillais comme un fou pour préparer mes examens, je mangeais un jour sur deux (je n'avais pas d'argent, et de toute façon il n'y avait rien à manger), je passais mes nuits à réviser, bref, j'étais au bord de l'épuisement.

Hugh s'empara de la bouteille de tokay, constata qu'elle était vide, et la reposa sur la table avec un soupir.

— Heureusement, c'était la dernière ligne droite et je pourrais bientôt rentrer chez moi. Elsie et moi avions fixé la date du mariage à la fin juin. La veille de mon dernier oral, je restai à travailler sur mes notes toute la nuit. Je savais que c'était inutile et que j'avais passé en revue tout ce dont j'avais besoin, mais c'était plus fort que moi. Je m'étais installé dans la bibliothèque de l'université, dans un coin tranquille, derrière des rayonnages, où je ne risquais pas d'être déconcentré par la vue des autres maniaques qui, comme moi, relisaient leurs notes encore et encore.

« Il y a des ouvrages vraiment magnifiques dans ces petites bibliothèques et je me laissai distraire pendant une minute ou deux par un recueil de sonnets de Dryden, sur une étagère, à portée de ma main. Je le remis finalement en place en songeant que je ferais mieux de sortir fumer une cigarette puis de me remettre au travail. C'était une nuit de printemps très agréable et je restai dehors un moment à fumer tout en pensant à Elsie, au cottage qu'elle aménageait pour nous, et à mon meilleur ami – qui aurait été mon témoin à notre mariage s'il n'était pas tombé au champ d'honneur à Ploesti, en Roumanie – puis je regagnai la bibliothèque. À mon grand étonnement, les sonnets de Dryden que je croyais avoir rangés étaient revenus sur la table, à ma place. Je songeai que je commençais à donner des signes évidents de surmenage, et retournai remettre l'ouvrage sur son étagère. Je constatai alors avec stupéfaction qu'il n'y avait pas la moindre place où le glisser. Il se trouvait à droite de *L'Enfer* de Dante quand je l'avais pris, j'en étais certain, mais un autre livre occupait maintenant cet emplacement. Un livre avec une reliure très ancienne sur laquelle était gravée une petite créature. Je le tirai à moi et il tomba ouvert dans mes mains juste à la double page qui... enfin, vous savez.

Son visage était pâle, à présent, et il palpa les poches de sa chemise et de son pantalon jusqu'à ce qu'il trouve un paquet de cigarettes.

— Vous fumez ? Non ?

Il en alluma une et aspira une grande goulée de fumée.

— Je fus immédiatement fasciné par l'aspect de ce livre, son ancienneté évidente, l'expression menaçante du dragon – tout ce qui vous a frappé vous aussi. Comme il n'y avait pas de bibliothécaire à cette heure-là (il était trois heures du matin !), je me rendis dans la salle des catalogues, mais mes recherches ne m'apprirent rien d'autre que le nom de Vlad Tepeş et son ascendance. Puisqu'il n'y avait pas de tampon de la bibliothèque sur l'ouvrage, je l'emportai chez moi.

« Je dormis mal et il me fut impossible de me concentrer sur mon examen, le lendemain matin ; je ne pensais qu'à me rendre dans d'autres bibliothèques, peut-être même à Londres, pour tenter de découvrir des informations. Mais je n'avais pas le temps de me livrer à des recherches et lorsque je rentrai dans mon village, peu avant la date du mariage, j'emportai le petit livre avec moi et je continuai à l'examiner à mes moments perdus. Un après-midi, Elsie me surprit en train de le manipuler et, quand je lui racontai dans quelles circonstances je l'avais trouvé, elle fut très contrariée. Ça ne lui plaisait pas du tout. Notre mariage était prévu cinq jours plus tard, mais je ne pouvais pas m'empêcher de penser constamment au livre et de lui en parler, tant et si bien qu'Elsie finit par me dire d'arrêter.

« Puis, un matin (c'était deux jours avant notre mariage), il me vint une idée. Non loin du village de mes parents, il y avait une grande demeure, un manoir du dix-septième siècle où s'arrêtaient des cars de touristes. Comme tous les enfants, je m'y étais rendu quand j'étais à l'école, et j'avais trouvé la visite d'un ennui mortel, mais je me souvenais que le propriétaire des lieux avait été un grand collectionneur de livres et qu'il possédait dans sa bibliothèque des ouvrages des quatre coins du globe. Puisqu'il était peu probable que je puisse aller à Londres avant au moins un an, je me dis que je pourrais faire un saut jusqu'au manoir et jeter un coup d'œil aux rayonnages. Qui sait si je n'y trouverais pas un ouvrage sur la Transylvanie ? J'annonçai à mes parents que je sortais me promener et ils supposèrent que j'allais voir Elsie.

« C'était un matin pluvieux, brumeux et froid. La gouvernante m'informa que le manoir n'était pas ouvert au public aujourd'hui, mais, au vu de ma déception, elle me laissa gentiment entrer et examiner les ouvrages de la bibliothèque. Elle avait entendu parler dans le village de mon prochain mariage, elle connaissait du reste ma grand-mère, et me prépara une tasse de thé. Le temps d'ôter mon imperméable et de m'apercevoir que le propriétaire des lieux avait voyagé d'un bout à l'autre de la vieille Europe, et que le fruit de ses tribulations remplissait une bonne vingtaine de rayonnages de sa bibliothèque, j'avais oublié tout ce qui m'entourait.

« Je parcourus tous ces trésors jusqu'à ce que je tombe sur une histoire de la Hongrie et de la Transylvanie, où il était fait mention de Vlad Tepeş à une page, puis à une autre, et, finalement, avec une joie mêlée d'étonnement, je trouvai un récit – tenez-vous bien ! – un récit de l'inhumation de l'Empaleur au lac Snagov, devant l'autel d'une église qu'il y avait fait restaurer. En réalité, ce récit était une légende rapportée par un aventurier anglais qui avait abondamment parcouru la région. Il se désignait lui-même sous le nom de « Un Voyageur » sur la page de titre, et il était contemporain du collectionneur de livres. Ce qui signifie qu'il vécut cent trente ans environ après la mort de Vlad.

« "Un Voyageur", donc, avait visité le monastère de Snagov en 1605. Il s'était longuement entretenu avec les moines qui vivaient sur place ; ces derniers lui avaient révélé que, à en croire une légende, un livre très précieux, un trésor du monastère, avait été placé sur l'autel pendant les funérailles de Vlad, et que tous les moines présents à la cérémonie y avaient apposé leur signature – ceux qui ne savaient pas écrire dessinant un dragon en mémoire de l'Ordre du même nom. Il n'était fait aucune mention, malheureusement, de ce qu'il était advenu du livre après. Mais je trouvai ce récit très remarquable. Le Voyageur racontait ensuite qu'il avait demandé à voir la tombe, et que les moines lui avaient montré une dalle dans le sol, devant l'autel. Le portrait de Vlad Drakula y était peint, et il y avait une inscription en latin dessus – peut-être peinte, elle aussi, puisque le Voyageur ne dit pas qu'elle était gravée. Le Voyageur fut frappé par l'absence de toute croix sur la pierre tombale. L'épitaphe, que je recopiai soigneusement (poussé par un instinct que je ne saurais expliquer), était rédigée en latin.

Hugh baissa la voix, regarda derrière lui, et écrasa son mégot de cigarette dans le cendrier, sur la table.

— Après l'avoir retranscrite et avoir bataillé quelques instants pour dégager sa signification, je lus ma traduction à voix haute : « En ce lieu, il est captif en enfer. Lecteur... » – vous connaissez la suite. Il pleuvait toujours à verse, dehors, et une fenêtre sans doute mal fermée s'ouvrit brutalement et se referma aussitôt, projetant sur moi une bouffée d'air humide. Je devais être nerveux car je heurtai ma tasse, éclaboussant le livre d'une goutte de thé. Je l'épongeai aussitôt en maudissant ma maladresse et ce faisant je vis à ma montre qu'il était déjà treize heures. Il me fallait rentrer déjeuner. J'avais vu tout ce qu'il y avait à voir d'intéressant, je rangeai donc les livres à leur place, je remerciai la gouvernante et je partis.

« Je m'attendais à trouver mes parents à table, Elsie assise avec eux, peut-être, mais je tombai en plein drame. Des amis et des voisins étaient là, ma mère pleurait. Mon père semblait bouleversé.

Hugh alluma une autre cigarette et l'allumette trembla dans l'obscurité grandissante.

— Il posa la main sur mon épaule et m'apprit qu'Elsie avait eu un accident de voiture alors qu'elle revenait de faire ses courses dans la ville voisine. Il pleuvait très fort, et ils supposaient qu'elle avait fait une embardée pour éviter un animal qui traversait la route. Elle n'était pas morte, Dieu merci, mais grièvement blessée. Ses parents étaient partis pour l'hôpital et les miens étaient restés pour m'attendre et m'apprendre la nouvelle.

« On me prêta une voiture et je fis le trajet à une telle vitesse que je faillis avoir un accident moi aussi. Elsie était... elle gisait dans son lit, la tête bandée et les yeux grands ouverts. C'est dans cet état que je l'ai retrouvée. Aujourd'hui, elle vit dans une sorte d'institution, où on s'occupe très bien d'elle, mais elle ne parle pas, elle ne comprend pas ce qu'on lui dit et elle est incapable de s'alimenter seule. Le plus effroyable, c'est que...

Sa voix se mit à trembler.

— J'ai toujours cru qu'il s'agissait d'un accident, un tragique mais banal accident, mais... après ce que vous m'avez raconté – ce qui est arrivé à l'ami de Rossi, Hedges, et à votre chat... – je ne sais plus que penser.

Il tira rageusement sur sa cigarette.

J'exhalai un profond soupir.

— Je suis navré. Je ne sais que vous dire. C'est affreux.

— Merci.

Hugh sembla faire un effort sur lui-même pour se ressaisir.

— Bien des années ont passé, vous savez, et le temps est un grand guérisseur. C'est juste que...

Je ne connaissais pas alors l'horreur que recouvrait cette phrase inachevée : le sentiment de perte irréparable, l'absence de l'être aimé qu'aucun mot ne peut guérir. Tandis que nous étions assis face à face, le passé flottant entre nous, un serveur nous apporta une lanterne en verre équipée d'une bougie et la posa sur notre table. La salle du restaurant se remplissait et des éclats de rire me parvenaient.

— Je suis stupéfait de ce que vous venez de me révéler sur Snagov, repris-je au bout d'un moment. Je n'ai jamais lu quoi que ce soit de semblable au sujet de la tombe – je parle de l'inscription, du portrait sur la dalle et aussi de l'absence de croix. La similitude entre cette épitaphe et les mots que Rossi a trouvés sur les cartes d'Istanbul est un élément très important, je crois – c'est la preuve qu'à l'origine, tout au moins, Snagov abritait bel et bien la tombe de Drakula.

Je me massai les tempes.

— Mais alors pourquoi, pourquoi la carte – celle figurée par le dragon dans nos livres et celle de la salle des archives – ne correspond-elle pas à la topographie de Snagov : le lac, l'île ?

— Ça, je voudrais bien le savoir.

— Avez-vous poursuivi vos recherches sur Drakula après... l'accident ?

— Pas avant plusieurs années.

Hugh écrasa sa cigarette.

— Je n'en avais pas le courage. Mais il y a deux ans environ, je me suis surpris à y repenser et, quand j'ai commencé à me documenter pour le livre que j'écris actuellement sur la Hongrie, j'ai gardé un œil attentif toutes les fois qu'il était question de Lui.

La nuit était tombée à présent, et les eaux noires du Danube reflétaient les lumières du pont et des édifices de Pest. Un serveur vint nous proposer des expressos et nous acceptâmes aussitôt.

Hugh but une gorgée puis reposa sa tasse.

— Vous voulez voir mon livre ? suggéra-t-il.

Je ne compris pas tout de suite.

— Celui pour lequel vous effectuez des recherches ?

— Non. Mon livre au dragon.

Je le regardai fixement.

— Vous l'avez sur vous ?

— Oh, je ne m'en sépare jamais, répondit-il gravement. Enfin, presque jamais. En fait, je l'ai laissé dans ma chambre d'hôtel pendant les conférences aujourd'hui, parce que je pensais qu'il y serait plus en sûreté pendant ma propre intervention. Quand je pense qu'on aurait pu me le voler…

Il s'interrompit.

— Le vôtre n'était pas dans votre chambre, n'est-ce pas ?

— Non.

Je ne pus m'empêcher de sourire.

— Je ne m'en sépare jamais.

Il poussa nos deux tasses sur le côté et ouvrit sa mallette. Il y prit une boîte en bois verni, et en sortit un paquet enveloppé d'un linge, qu'il posa sur la table. À l'intérieur, il y avait un livre un peu plus petit que le mien, mais dont la couverture était du même vélin usé. Les pages étaient plus brunes et cassantes que celles de mon livre, mais le dragon au centre, imprimé dans ses couleurs dramatiques noir et rouge, était identique, emplissant la double page et nous foudroyant des yeux.

Sans prononcer un mot, j'ouvris ma sacoche, en retirai mon propre livre et le posai à côté de celui d'Hugh, ouvert sur sa gravure centrale. Elles étaient identiques, constatai-je en me penchant pour les examiner de près.

— Regardez : il y a la même tache d'encre, ici, commenta Hugh à voix basse. Elles ont été imprimées à l'aide du même bloc.

Il avait raison.

— À propos de gravure… J'ai oublié de vous dire que Mlle Rossi et moi sommes passés à la bibliothèque de l'université cet après-midi, avant de rentrer à l'hôtel. Elle voulait vérifier quelque chose dans un ouvrage qu'elle avait consulté il y a un certain temps.

Je lui décrivis le recueil de chansons folkloriques et cet étrange poème lyrique où il était question d'un groupe de moines entrant dans une grande cité.

— Helen estime que ce texte pourrait avoir un rapport avec ce manuscrit d'Istanbul dont je vous ai parlé. Les événements auxquels il fait allusion sont très vagues, mais il y avait une gravure intéressante en haut de la page : une sorte de forêt miniature avec une petite église et un dragon au milieu des arbres. On y distinguait également des lettres composant un mot…

— Drakulya ? crut deviner Hugh, tout comme moi.

— Non. Ivireanu.

— Comment ?

Il manqua s'étrangler dans son café.

J'ouvris mon calepin et lui montrai la graphie.

Ses yeux s'écarquillèrent plus encore.

— C'est incroyable ! s'écria-t-il.

— Quoi ?

— Figurez-vous que, pas plus tard qu'hier, je suis tombé sur ce nom à la bibliothèque !

— Dans la même bibliothèque ? Où ? Dans le même livre ?

J'étais tellement impatient que je faisais les demandes et les réponses.

— À la bibliothèque de l'université, oui, mais pas dans cet ouvrage. J'ai passé la semaine à me documenter pour mon futur livre et, comme je vous l'ai dit tout à l'heure, j'ai toujours notre ami commun présent à l'esprit : je reste très attentif à tout ce qui est en rapport avec son monde. Drakula et Hunyadi étaient des ennemis jurés, et Drakula et Mathias Corvin aussi, de sorte qu'on croise régulièrement...

— Drakula ici ou là dans les livres d'histoire, d'accord, mais...

— Je vous ai dit que j'avais trouvé un manuscrit commandé par Corvin, le fameux document qui évoque « le Fantôme dans l'amphore », vous vous souvenez ?

— Oui, oui, je ne risque pas de l'oublier, acquiesçai-je avec impatience. C'est dans ce texte que vous avez rencontré le nom d'Ivireanu ?

— En fait, non. Le manuscrit Corvin est très intéressant, mais pour d'autres raisons. Le manuscrit dit... attendez, j'ai pris des notes. L'original est en latin.

Il sortit son bloc-notes et me lut quelques lignes.

— « Au cours de l'Annus Domini 1463, l'humble serviteur du roi offre à son souverain le présent document afin de l'alerter sur la malédiction du vampire – puisse-t-il périr en enfer ! Ces informations sont destinées aux archives royales de Sa Majesté. Puissent-elles l'aider à guérir notre ville de ce fléau en mettant un terme à la présence des vampires, et en tenant l'épidémie éloignée de nos maisons. » Et ainsi de suite. Puis le bon scribe, quel que soit son nom, dresse la liste de ses sources, puisées dans différents ouvrages de référence... y compris des histoires de fantôme dans l'amphore. La date qui figure sur le manuscrit – 1463 – correspond à l'année qui suivit l'arrestation de Drakula et son premier emprisonnement près de Buda. Ce que vous m'avez raconté à propos de ces documents, à Istanbul, qui font allusion à l'inquiétude de ce sultan turc, me donne à penser que Drakula jetait le trouble partout où il allait. Il est fait mention dans les deux cas d'une mystérieuse épidémie, et tous les deux s'inquiètent de la présence de cas de vampirisme.

Il marqua une pause, le visage pensif.

— En fait, cette connexion avec une épidémie n'a rien de surprenant, si on y réfléchit bien. J'ai lu dans un document italien de la British Library que Drakula utilisa contre les Turcs des armes bactériologiques avant la lettre. En fait, il fut probablement l'un des premiers Européens à recourir à de pareils procédés. Quand l'un de ses hommes contractait une maladie infectieuse, il l'envoyait dans les camps turcs, habillé comme un Ottoman.

Dans la lumière de la lanterne, les yeux d'Hugh ressemblaient à deux fentes, maintenant, et son visage reflétait une intense concentration. Il me vint brusquement à l'esprit que nous avions trouvé en lui un allié d'une intelligence remarquable.

— Hugh, vous m'ouvrez des horizons passionnants. Mais qu'en est-il d'« Ivireanu » ?

— Désolé, je me suis égaré en route.

Hugh sourit.

— J'ai vu ce nom à la bibliothèque, ici même. C'était dans un Nouveau Testament du dix-septième siècle, écrit en roumain. Je le feuilletais parce que la couverture trahissait, à ce qu'il me semblait, une influence inhabituelle du style ottoman. Le mot Ivireanu figurait sur la page de titre, en bas. Je m'en souviens parce que la typographie très élégante a attiré mon attention. J'ai supposé qu'il s'agissait d'un nom de lieu, ou quelque chose de ce genre.

Je poussai un soupir de frustration.

— Et c'est tout ? Vous ne l'avez jamais vu ailleurs ?

— J'ai bien peur que non.

Hugh tourna la tête vers le restaurant pour demander l'addition.

— Mais si je tombe de nouveau dessus, soyez certain que je vous avertirai aussitôt !

— Ça n'a peut-être rien à voir avec Drakula, après tout, murmurai-je pour me réconforter. J'aurais voulu avoir le temps d'effectuer des recherches dans cette bibliothèque, malheureusement, nous devons regagner Istanbul lundi – je ne suis pas autorisé à rester plus longtemps que la durée du séminaire. Mais si vous trouvez quoi que ce soit d'intéressant…

— Bien sûr. J'ai encore six jours à passer ici. En admettant que je découvre quelque chose, dois-je vous écrire à votre université ?

Sa question me donna un coup au cœur ; je n'avais pas pensé à mon foyer depuis terriblement longtemps, et je n'avais aucune idée de quand je pourrais aller chercher mon courrier dans mon casier à mon adresse universitaire.

— Non, non, répondis-je. Pas pour l'instant, tout au moins. Si vous trouviez une information qui pourrait nous aider, de grâce, contactez le professeur Turgut Bora à Istanbul et surtout personne d'autre, je vais vous donner ses coordonnées. Expliquez-lui dans quelles circonstances nous nous sommes rencontrés. Si je l'ai au téléphone, je l'avertirai que vous risquez d'entrer en contact avec lui.

Je sortis la carte de visite de Turgut de mon portefeuille et notai le numéro de téléphone pour Hugh.

— Parfait.

Il la glissa dans la poche de sa chemise.

— Et voici ma carte. J'espère que nous aurons l'occasion de nous revoir.

Nous restâmes silencieux quelques instants, les yeux baissés sur les assiettes et les tasses vides qui frissonnaient dans la flamme vacillante de la bougie.

— Écoutez, murmura-t-il enfin, si ce que vous (et Rossi) dites est vrai, et si réellement un comte Drakula ou un Vlad l'Empaleur, je ne sais pas comment il vaut mieux l'appeler, sévit parmi les vivants, j'aimerais beaucoup vous aider à…

— L'éradiquer ? terminai-je calmement. C'est entendu. Je saurai m'en souvenir.

Nous n'avions plus rien à nous dire, du moins pour ce soir, même si j'espérais que nous discuterions de nouveau ensemble un jour. Nous prîmes un taxi pour rentrer à Pest, et il insista pour me raccompagner à pied jusqu'à mon hôtel. Nous échangions une poignée de main cordiale devant le bureau de la réception quand l'employé auquel j'avais eu affaire plus tôt jaillit de sa loge.

— *Herr Professor !* s'écria-t-il en m'agrippant le bras.

— Que se passe-t-il ?

C'était un homme de haute taille, qui portait une veste de travail bleue et arborait une moustache que n'aurait pas reniée un guerrier hun. Il m'entraîna à l'écart afin de me parler à voix basse. Je fis signe à Hugh de ne pas s'éloigner. Il n'y avait personne dans les parages et je n'avais pas spécialement envie de me retrouver tout seul pour gérer une nouvelle crise.

— *Herr Professor,* je sais qui est entré dans votre *zimmer* cet après-midi !

— Hein ? Qui ? demandai-je.

— Mmm, mmm…

L'homme se mit à marmonner des sons incompréhensibles, à jeter des regards autour de lui, et à fouiller les poches de sa veste d'un geste qui aurait sans doute été explicite si j'avais compris ce que son manège pouvait bien signifier. Je commençais à me demander si je n'avais pas affaire à une sorte d'attardé mental.

— Il veut une récompense, m'expliqua tout bas Hugh.

— Oh, pour l'amour du ciel ! rétorquai-je avec exaspération.

Mais les yeux de l'homme étaient devenus vitreux et ne se remirent à briller que lorsque je lui montrai deux gros billets hongrois. Il s'en empara discrètement et les enfouit dans sa poche à la vitesse de l'éclair.

— *Herr* Américain, chuchota-t-il, je sais que ce n'était pas seulement *ein* homme cet après-midi. Mais deux. Un homme d'abord, très important, est arrivé en premier. Et puis l'autre après. Je l'ai vu quand j'ai monté un bagage dans une autre *zimmer*. Et après je les ai vus tous les deux. Ils parlaient ensemble.

— Et personne n'est intervenu ? demandai-je rageusement. Qui étaient-ils ? Des Hongrois ?

L'homme se remit à jeter des regards autour de lui et je réfrénai une soudaine envie de l'attraper par le col pour le secouer comme un prunier. Cette atmosphère de censure commençait à me taper sur les nerfs. Ma colère devait se lire sur mon visage parce que Hugh posa une main apaisante sur mon bras.

— Homme important : hongrois. L'autre, pas hongrois.

— Comment le savez-vous ?

Il baissa la voix.

— Un des hommes hongrois, mais ils parlent angliche ensemble.

Ce fut tout ce qu'il accepta de dire, en dépit de mes questions de plus en plus menaçantes. Apparemment, le nombre de forints que je lui avais remis ne me donnait pas droit à davantage. Je n'aurais probablement pas pu lui tirer un mot de plus, si quelque chose n'avait semblé attirer tout à coup son attention. Il fixait un point derrière moi et au bout d'une seconde je me retournai pour suivre la direction de son regard.

Là, derrière la fenêtre de l'hôtel, juste à côté de l'entrée, se dessinait un visage aux yeux affamés que je ne connaissais que trop bien, un visage qui aurait dû se trouver dans une tombe et non à l'air libre.

Le réceptionniste se mit à bafouiller en s'agrippant à mon bras.

— C'est lui ! L'homme avec visage affreux… L'Angliche !

Je me dégageai d'une secousse et me ruai vers la porte avec un cri de rage pendant qu'Hugh en faisait autant, raflant au passage un parapluie dans le râtelier à côté de la réception. Malgré ma précipitation, je tenais toujours fermement la poignée de ma sacoche et elle me ralentissait dans ma poursuite. Nous dévalâmes toute la rue, tournâmes à gauche, à droite, remontâmes – en pure perte. Il nous fut impossible de le retrouver.

Je finis par abandonner et m'appuyai à la façade d'une maison pour reprendre mon souffle tandis qu'Hugh en faisait autant.

— Qui était-ce ? haleta-t-il.

— Le bibliothécaire, répondis-je dès que je fus capable de parler. Celui qui nous a suivis à Istanbul. Je suis sûr que c'était lui.

— Bonté divine.

Hugh essuya son front ruisselant avec sa manche.

— Qu'est-ce qu'il fait ici ?

— Il essaie de voler le reste de mes notes. Vous allez peut-être avoir du mal à le croire, mais c'est un vampire, et Helen et moi l'avons conduit sans le vouloir dans cette ville magnifique.

La pensée de la malédiction que je semais sur mon passage me fit presque monter les larmes aux yeux.

— Du calme, dit Hugh d'une voix apaisante. Ils ont déjà eu des vampires ici dans le passé, nous sommes bien placés pour le savoir.

Mais il jetait des regards autour de lui, serrant farouchement le manche du parapluie.

— Il va falloir vous montrer très prudent, déclara-t-il d'un ton neutre. Mlle Rossi est-elle rentrée à l'hôtel ?

— Helen !

Je n'avais pas pensé à elle sur le coup et Hugh parut réprimer un sourire en entendant mon exclamation horrifiée.

— Je rentre m'assurer que tout va bien. J'en profiterai pour appeler le professeur Bora. Faites bien attention à vous, Hugh. Il vous a vu en ma compagnie et ce n'est bon signe pour personne, ces derniers temps.

— Ne vous inquiétez pas pour moi.

Hugh contempla le parapluie.

— Combien avez-vous donné au réceptionniste ?

Malgré la situation, je ne pus m'empêcher de rire.

— Oui, pour ce prix, vous pouvez le garder.

Nous nous serrâmes amicalement la main et nous nous séparâmes. Une fois rentré à l'hôtel, je ne vis aucune trace du réceptionniste. Mais peut-être avait-il tout simplement terminé sa journée car un jeune employé occupait sa place derrière le bureau. La clé d'Helen était toujours accrochée au tableau, elle était donc encore avec sa tante.

Le jeune homme m'autorisa à utiliser le téléphone et je composai le numéro de Turgut. La ligne pouvait être sur écoute, je le savais, mais je n'avais pas le choix. Au bout d'un moment, je perçus un déclic et la voix de Turgut, lointaine mais joviale, me répondit en turc.

— Professeur Bora ! criai-je. Turgut, c'est Paul, je vous appelle de Budapest !

— Paul, mon ami !

Je songeai que je n'avais jamais rien entendu de plus réconfortant que cette voix lointaine et rocailleuse.

— Paul, il y a un problème sur la ligne... Dites-moi à quel numéro je peux vous rappeler si jamais nous sommes coupés.

Je demandai au réceptionniste, puis lui hurlai la réponse. Il hurla en retour.

— Où en êtes-vous de vos recherches ? Vous l'avez retrouvé ?

— Non ! criai-je. Nous en savons un peu plus, mais il est arrivé quelque chose.

— Juste ciel !

Malgré la mauvaise qualité de la communication, je perçus son affolement.

— Avez-vous été blessés ? Mlle Rossi ?

— Non, non, tout va bien, mais le bibliothécaire nous a suivis.

Il me sembla l'entendre pousser un juron, mais je n'aurais pas pu l'affirmer, à cause des parasites.

— Que devons-nous faire, à votre avis ?

— Aucune idée.

La voix de Turgut me parvenait un peu plus distinctement, tout à coup.

— Vous avez avec vous la trousse que je vous ai donnée, au moins ?

— Oui, mais je n'ai pas pu m'approcher assez près de ce démon pour m'en servir. Je crois qu'il a fouillé ma chambre pendant que nous assistions au colloque, et apparemment il a un complice sur place.

La police était peut-être en train de m'écouter, mais tant pis. Je ne voyais pas comment ils auraient pu exploiter mes propos, de toute façon.

— Soyez très prudents, tous les deux !

Turgut semblait plus que soucieux.

— Je n'ai pas de conseil à vous donner, hélas, mais j'aurai peut-être très bientôt des informations intéressantes, peut-être même avant que vous rentriez à Istanbul. Je suis heureux que vous ayez appelé ce soir. Selim Aksoy a trouvé un document dans les archives de Mehmed, dont nous ignorions tout jusqu'à ce jour. Il a été écrit en 1477 par un moine de l'Église orientale orthodoxe, mais nous devons le faire traduire…

Sa voix s'éloigna de nouveau, noyée sous les grésillements. Je dus crier.

— Quelle date avez-vous dit ? 1477 ? En quelle langue est-il ?

— Je ne vous entends plus, brailla Turgut, à des milliards de kilomètres. Je vous appellerai demain soir.

Un Babel de voix – j'aurais été incapable de dire s'il s'agissait de turc ou de hongrois – fit irruption dans notre discussion et avala ses derniers mots. Il y eut des cliquetis, puis la communication fut coupée.

Je raccrochai lentement, en me demandant si je devais rappeler, mais le réceptionniste rangeait déjà le téléphone avec une expression sévère et notait le prix de ma communication sur une feuille de papier. Je payai d'un air morose et m'attardai quelques instants dans le hall, peu pressé de monter dans ma nouvelle chambre où on m'avait autorisé à emporter en tout et pour tout ma trousse de toilette et une chemise propre. Mon moral dégringola d'un coup – la journée avait été très rude et très longue, et l'horloge indiquait presque vingt-trois heures.

Il aurait poursuivi sa chute vertigineuse si un taxi ne s'était garé au même instant devant l'entrée. Helen en descendit, paya le chauffeur, puis franchit la grande porte. Elle n'avait pas encore noté ma présence et son visage avait cette expression à la fois grave et mélancolique que j'avais déjà remarquée auparavant.

Elle portait un châle rouge et noir que je ne lui avais encore jamais vu, peut-être un cadeau de sa tante. Il atténuait la rigueur de son tailleur et la ligne sévère de ses épaules, et conférait une sorte de rayonnement à son teint pâle, une luminosité presque, dans l'éclairage cru de l'entrée. Elle ressemblait à une princesse et je profitais sans la moindre honte de ce qu'elle ne me voyait pas pour la dévorer des yeux. Ce n'était pas uniquement sa beauté ou son port de tête royal qui m'hypnotisait. Avec un frisson, je me remémorais le portrait que Turgut cachait derrière un rideau dans le bureau – l'expression fière, le long nez droit, les yeux sombres et pénétrants sous les paupières lourdes…

C'était sûrement un contrecoup de la fatigue, songeai-je. Puis Helen me vit, sourit, et l'image s'effaça. »

43.

Si je n'avais pas réveillé Barley, ou s'il avait voyagé seul, il aurait probablement traversé la frontière sans même s'en rendre compte, avant d'être secoué par les douaniers espagnols. Il sauta sur le quai de la gare à Perpignan dans un état second, épuisé par un voyage interminable, entrecoupé par une correspondance chaotique tout aussi interminable sur un quai de gare toulousain suffocant et bondé. Finalement, quand je demandai au chef de gare où se trouvait le car pour « Les Bains », il regarda sa montre et secoua la tête d'un air désolé : pas de chance, le dernier car était parti cinq minutes plus tôt. Il y avait un hôtel juste en haut de la rue où mon… « mon frère », précisai-je très vite, où mon frère et moi pourrions trouver une chambre. Là-dessus, il nous examina de la tête aux pieds – mes cheveux noirs et mes dix-sept ans, la blondeur et la silhouette dégingandée de Barley – mais il claqua la langue sans autre commentaire et s'éloigna.

« Le lendemain matin, le temps était plus radieux que jamais, et lorsque je rejoignis Helen dans la salle à manger de l'hôtel pour le petit déjeuner, mes sombres pensées de la veille n'étaient plus qu'un lointain souvenir. Le soleil traversait les vitres poussiéreuses, illuminant les nappes blanches et les tasses à café en porcelaine épaisse.

Helen prenait des notes dans un petit calepin, assise à une table pour deux.

— Bonjour, lança-t-elle d'un ton affable comme je m'asseyais en face d'elle et me servais du café. Alors, vous êtes d'attaque pour rencontrer ma mère ?

— Je ne pense qu'à ça depuis notre arrivée, avouai-je. Comment allons-nous nous rendre chez elle ?

— Son village est au nord, sur la ligne du car. Il n'y a qu'un départ le dimanche matin, il ne faut donc pas le rater. Nous en avons pour une heure de route environ, à travers des banlieues lugubres et ennuyeuses à mourir.

Je doutais fort que quoi que ce soit dans cette expédition puisse m'ennuyer, mais je ne fis aucun commentaire. Sur ce sujet, du moins.

— Vous êtes sûre de vouloir que je vous accompagne ? Vous avez certainement envie de discuter seule à seule avec votre mère. Elle aussi serait sans doute plus à l'aise qu'en présence d'un étranger – américain, de surcroît. Imaginez que ma présence l'empêche de parler ?

— Au contraire. Elle sera beaucoup plus en confiance si vous êtes là, affirma Helen. Elle est très réservée avec moi, vous savez. Vous la charmerez.

— C'est bien la première fois qu'on me dit que je suis charmant.

Je puisai trois tranches de pain dans la panière et une petite plaquette de beurre.

— Rassurez-vous, vous ne l'êtes pas.

Helen m'adressa son sourire le plus sarcastique, mais il me sembla entrevoir une étincelle d'affection dans ses yeux.

— Disons que ma mère est très naïve.

Même si elle n'ajouta pas : Rossi a bien réussi à la séduire, pourquoi pas vous ? je jugeai préférable de ne pas poursuivre sur le sujet.

— Vous lui avez annoncé notre visite, au moins ?

Je me demandai si elle avait l'intention de parler à sa mère de l'agression dont elle avait été victime. Le petit foulard bleu était noué serré autour de son cou et je m'obligeai à ne pas le regarder.

— Tante Eva lui a envoyé un message hier soir pour la prévenir, répondit calmement Helen – et elle me passa la confiture.

Comme Helen me l'avait annoncé, le car traversa d'interminables banlieues, d'abord de vieux quartiers à la périphérie, très abîmés par la guerre, puis une succession d'immeubles plus récents, blancs, tout en hauteur. La matérialisation du « progrès communiste », si souvent vilipendé dans la presse occidentale, songeai-je. Autrement dit le parcage de millions d'individus à travers toute l'Europe de l'Est dans d'abominables blocs d'appartements. Le car s'arrêta devant un groupe de ces blocs et je me surpris à me demander s'ils étaient si abominables ; au pied de chacun d'eux se dessinaient de modestes jardins potagers remplis de légumes et d'herbes aromatiques, de fleurs vivement colorées où voletaient des papillons. Sur un banc, non loin de la station, deux hommes âgés en chemise blanche et veste sombre disputaient une partie sur un échiquier ou un damier (j'étais trop loin pour voir). Plusieurs femmes montèrent dans le car, vêtues de chemisiers brodés de couleurs vives – un habit du dimanche, peut-être. L'une d'elles tenait une cage contenant une poule vivante. Le chauffeur lui fit signe d'avancer et elle s'installa à l'arrière du car avec son tricot.

Une fois la banlieue derrière nous, le car progressa poussivement sur une route de campagne et j'aperçus des champs fertiles et de larges routes poussiéreuses. De temps à autre, nous dépassions une charrette tirée par un cheval – un attelage fabriqué comme un panier, avec des branches – et conduite par un fermier vêtu d'un chapeau mou et d'une veste noire. Nous croisions parfois une automobile qui, aux États-Unis, aurait figuré dans un musée. Le décor champêtre était merveilleusement vert et frais, et des saules inclinaient leurs longues feuilles jaunes sur les petits ruisseaux qui cascadaient çà et là. Nous traversions de temps en temps un village ; parfois, j'apercevais les bulbes d'une église orthodoxe parmi d'autres clochers.

Helen se penchait vers moi pour contempler le paysage, elle aussi.

— En continuant sur cette route, nous arriverions à Esztergom, la première capitale des rois de Hongrie. Cela mériterait sans doute une visite, si nous avions le temps.

— La prochaine fois, déclarai-je tout en sachant qu'il s'agissait d'un pieux mensonge. Pourquoi votre mère vit-elle ici ?

— Oh, elle est venue ici quand j'étais encore au lycée, pour se rapprocher des montagnes. Je n'ai pas voulu la suivre et je suis restée à Budapest avec Eva. Maman n'a jamais aimé la ville et elle disait que les monts Börzsöny, au nord d'ici, lui rappelaient sa Transylvanie natale. Elle s'y rend avec son club de randonnée tous les dimanches, sauf s'il neige trop fort.

Ces détails ajoutaient une nouvelle pièce au portrait en mosaïque de la mère d'Helen que je construisais mentalement.

— Pourquoi n'est-elle pas partie vivre dans les montagnes, si elle les aime tant que ça ?

— Il n'y a pas de travail là-bas – c'est principalement un parc national. Et puis, ma tante le lui aurait interdit et elle peut se montrer intraitable. Elle estime que ma mère s'est déjà assez isolée comme ça.

— Où travaille-t-elle ?

Le car venait de s'arrêter dans un village. Je regardai par la vitre du car. La seule personne à attendre était une vieille femme vêtue de noir, un fichu noir sur la tête et un bouquet de fleurs roses et rouges dans une main. Elle ne monta pas dans le car quand il s'arrêta, pas plus qu'elle ne se porta au-devant de l'une des personnes qui en descendirent. Comme nous repartions, elle continua à nous regarder et leva son bouquet.

— Elle s'occupe du « centre culturel » du village, un grand mot pour pas grand-chose. Bref, elle remplit des formulaires, tape un peu de courrier et prépare du café pour les maires des patelins environnants quand ils passent par là. Je lui ai dit cent fois que c'était un travail dégradant pour une femme de son intelligence, mais elle s'en moque. Ma mère a décidé de faire carrière dans l'humilité...

Il y avait une note d'amertume dans sa voix et je me demandai s'il se pouvait que cette humilité consentie, volontaire même, ait porté préjudice non seulement à la « carrière » de la mère mais aux chances de sa fille. Heureusement, elles avaient bénéficié toutes les deux de la générosité de Tante Eva.

Helen avait son sourire glaçant des mauvais jours.

— Vous verrez par vous-même.

Un panneau me signala que nous venions d'entrer dans le village où vivait sa mère et, après avoir roulé une minute, notre car se gara sur une place bordée de sycomores poussiéreux, où se dressait une église masquée par un échafaudage. Une femme entre deux âges, vêtue de noir, attendait, seule, sous l'abri du car. Je lançai un regard interrogateur à Helen, mais elle secoua la tête et, de fait, la femme embrassa un soldat qui descendit devant nous.

Comme si elle savait que personne ne nous attendrait, Helen me guida dans les petites rues, le long de maisons paisibles, avec des jardinières fleuries devant les fenêtres aux volets clos pour ne pas laisser entrer la chaleur. Un vieil homme assis sur une chaise en bois, sur un pas de porte, toucha son chapeau à notre passage. Au bout de la rue, un cheval gris attaché à un poteau se désaltérait dans un seau. Deux femmes en tablier et en pantoufles discutaient devant un café qui semblait fermé. Des cloches sonnaient dans le lointain et des oiseaux chantaient dans les tilleuls.

La rue donnait dans un champ envahi de mauvaises herbes et Helen frappa à la porte de la dernière maison – une petite bâtisse en stuc jaune, avec un toit en tuiles rouges, dont la façade paraissait fraîchement repeinte. Le toit en saillie formait un porche naturel, et la porte d'entrée en bois sombre était équipée d'une grosse poignée rouillée. Contrairement à ses voisines, la maison n'avait ni jardin potager ni allée, et l'ombre projetée par l'avancée du toit m'empêcha de voir le visage de la femme qui ouvrait la porte. Elle serra Helen dans ses bras et l'embrassa posément, presque cérémonieusement, sur la joue puis se tourna pour me serrer la main.

Je ne sais pas au juste à quoi je m'étais attendu ; l'histoire de la trahison de Rossi et de la naissance d'Helen m'avait peut-être poussé à imaginer une femme à la beauté fanée et aux yeux creusés par le chagrin et l'amertume. La personne qui se tenait devant moi avait la même allure décidée qu'Helen, même si elle était moins grande et moins fine que sa fille, une expression chaleureuse, des joues rondes et des yeux brun foncé. Ses cheveux noirs et raides étaient tirés en arrière et noués en queue de cheval. Contrairement à Tante Eva, elle ne portait ni maquillage ni bijoux, et sa tenue – robe rayée en coton et tablier à fleurs – était identique à celle des villageoises que j'avais vues dans la rue. Elle devait se livrer à une tâche ménagère, car ses manches étaient roulées jusqu'aux coudes. Elle me serra la main d'un geste amical, sans prononcer un mot mais en me regardant bien en face. Pendant un court instant, j'aperçus dans ses prunelles sombres et dans les minuscules rides qui étoilaient ses paupières la jeune fille timide qu'elle avait dû être vingt ans plus tôt.

Elle nous fit entrer et nous invita d'un geste à nous asseoir autour de la table où elle avait installé trois tasses ébréchées et une assiette de crêpes. L'arôme du café fraîchement passé flottait autour de nous. Elle avait épluché des légumes, également, et une odeur piquante d'oignons crus et de pommes de terre restait dans l'air.

C'était l'unique pièce de la maison, je m'en rendis compte soudain, tout en essayant de ne pas regarder trop ostensiblement autour de moi. Elle servait à la fois de cuisine, de chambre et de salon. Elle était d'une propreté impeccable, et le lit d'une place poussé dans un angle et recouvert d'un dessus-de-lit blanc et de plusieurs coussins brodés de couleurs vives n'avait pas un pli. Sur la table voisine étaient posés un livre, une lampe à pétrole et une paire de lunettes. Au pied du lit trônait un coffre en bois sur lequel était peint un décor floral. Le coin cuisine, où nous nous trouvions, se résumait à une cuisinière, une table et quatre chaises. Il n'y avait ni électricité ni salle de bains (je n'appris que plus tard, dans le courant de notre visite, l'existence des toilettes extérieures, au fond du jardin, derrière la maison). Sur l'un des murs était accroché un calendrier avec une photo d'ouvriers travaillant dans une usine, et sur un autre une tapisserie rouge et blanc. Il y avait un bouquet de fleurs dans un bocal et des rideaux blancs aux fenêtres. Un petit poêle à bois voisinait avec la table de la cuisine, avec une provision de bûches empilées à côté.

La mère d'Helen me sourit, quoique avec une certaine timidité, et je vis tout à coup sa ressemblance avec Tante Eva, et peut-être aussi le reflet de ce qui pouvait avoir séduit Rossi. Elle avait un sourire d'une chaleur et d'une luminosité exceptionnelles, presque radieuses. Il s'effaça lentement tandis qu'elle s'asseyait pour continuer à éplucher ses légumes. Elle leva de nouveau les yeux vers moi, et dit quelque chose à sa fille en hongrois.

— Maman veut que je vous serve votre café.

Helen se dirigea vers la cuisinière et s'activa quelques instants, remplissant une tasse, ajoutant un sucre prélevé dans une petite soucoupe avant de me l'apporter. Sa mère posa son économe afin de pousser vers moi l'assiette de crêpes. J'en pris poliment une et la remerciai en articulant maladroitement les deux seuls mots de hongrois que je connaissais. Son lent sourire illumina de nouveau son visage et son regard glissa de moi à sa fille, à qui elle dit quelque chose que je ne compris toujours pas. Helen rougit et reporta son attention sur la cuisinière.

— Qu'est-ce qu'il y a ? demandai-je.

— Rien. Ma mère a des idées passéistes, c'est tout.

Elle vint s'asseoir derrière la table, posant le café devant sa mère et en versant un peu pour elle-même dans une tasse.

— Maintenant, Paul, si vous voulez bien m'excuser, je vais prendre de ses nouvelles et lui demander ce qui s'est passé au village ces derniers mois.

Pendant qu'elles discutaient, je laissai mon regard parcourir la pièce. Cette femme ne vivait pas seulement dans le plus total dénuement – ses voisins n'étaient peut-être pas mieux lotis – mais également dans une grande solitude. Il n'y avait que deux ou trois livres en vue, pas le moindre animal familier, pas même une plante verte. On aurait dit la cellule d'une religieuse.

En l'observant du coin de l'œil, je vis à quel point elle était jeune, bien plus que ma propre mère. Des fils gris striaient ses cheveux noirs et son visage montrait quelques rides, mais elle dégageait une sorte de rayonnement intérieur, un charme sans aucun rapport avec la mode ou l'âge. Elle aurait pu trouver un mari sans difficulté, songeai-je, et cependant elle avait choisi de vivre dans cet isolement monacal… Elle me souriait de nouveau, et je lui souris en retour. Son visage était si chaleureux que je dus résister à l'envie de tendre la main pour saisir la sienne.

— Maman voudrait tout savoir sur vous, me dit Helen.

Et par son truchement, je répondis de manière aussi exhaustive que possible à chacune des questions que sa mère posait en hongrois, sans me quitter des yeux, comme si elle pouvait me transmettre sa pensée par le seul pouvoir de son regard. De quelle région d'Amérique étais-je originaire ? Pourquoi étais-je venu en Hongrie ? Qui étaient mes parents ? Étaient-ils anxieux de me savoir au loin ? Comment avais-je rencontré Helen ? Ici elle inséra plusieurs questions que sa fille parut peu encline à traduire, l'une d'elles accompagnée d'une caresse toute maternelle sur la joue d'Helen, qui sembla indignée. Je m'abstins de lui demander des explications et nous poursuivîmes en parlant de mes études, mes projets, mes plats préférés…

Lorsque la mère d'Helen s'estima satisfaite, elle se leva pour jeter les légumes et des morceaux de viande dans un grand plat, elle saupoudra le tout d'une poudre rouge qu'elle prit dans un pot, puis glissa le plat dans le four. Elle s'essuya les mains sur son tablier, revint s'asseoir et nous dévisagea sans un mot, comme si nous avions toute la vie devant nous. Finalement, Helen s'éclaircit la gorge et je compris qu'elle allait évoquer la raison de notre visite.

Sa mère l'observa tranquillement, sans le moindre changement d'expression, jusqu'à ce qu'Helen ébauche un geste dans ma direction en prononçant le mot « Rossi ». Elle cilla alors, une fois, presque comme si quelqu'un avait menacé de la frapper, et elle me lança un regard incisif. Puis elle hocha la tête avec lenteur et posa une question à Helen.

— Elle voudrait savoir depuis combien de temps vous connaissez Bartholomew Rossi.

— Trois ans, répondis-je.

— Maintenant, dit Helen après avoir traduit ma réponse, je vais lui parler de sa disparition.

Doucement mais avec une certaine réticence, comme si elle s'exprimait contre sa volonté, Helen raconta toute l'histoire à sa mère, esquissant de temps à autre un geste dans ma direction et dessinant parfois une forme dans l'air avec sa main. Finalement, elle prononça le nom de « Drakula » et je vis sa mère agripper le bord de la table, blême.

Helen et moi nous levâmes d'un bond et elle courut remplir un verre d'eau qu'elle apporta à sa mère. Celle-ci eut un mot dur et amer.

Helen se tourna vers moi, toute pâle.

— Elle dit qu'elle a toujours su que ça arriverait un jour.

Je restai près d'elles, me sentant inutile, mais après avoir bu quelques gorgées d'eau la mère d'Helen se ressaisit. À ma grande surprise, elle prit ma main dans la sienne comme j'en avais eu l'envie quelques instants plus tôt, et me fit rasseoir sur ma chaise.

— Ma mère veut savoir si vous croyez sincèrement que le professeur Rossi a été enlevé par Drakula.

Je pris une grande respiration.

— Oui.

— Et elle veut savoir si vous aimez sincèrement Rossi.

La voix d'Helen était un peu dédaigneuse, mais son visage, lui, était très sérieux. Si j'avais pu lui prendre la main avec ma main libre, je l'aurais fait.

— Je donnerais sans hésiter ma vie pour lui, répondis-je.

Elle traduisit ma réponse à sa mère, qui broya aussitôt mes doigts dans une étreinte de fer ; en baissant les yeux sur cette main si fine et en même temps si forte, je vis qu'elle était vieillie et abîmée par les tâches ménagères.

Au bout de quelques instants, elle lâcha ma main et se dirigea vers le coffre, au pied de son lit. Elle l'ouvrit lentement, déplaça plusieurs objets à l'intérieur et prit ce que j'identifiai comme un paquet de lettres. Les yeux d'Helen s'écarquillèrent et elle posa une question en hongrois d'une voix âpre. Sa mère ne dit rien, regagna la table en silence et posa le paquet devant moi.

Les lettres étaient pliées dans des enveloppes, sans timbre, jaunies par le temps et réunies à l'aide d'un ruban rouge élimé. En me les remettant, la mère d'Helen referma mes doigts sur le ruban avec ses deux mains, comme pour me demander de les chérir. Il ne me fallut qu'un bref regard pour reconnaître l'écriture de Rossi et déchiffrer le nom de leur destinataire.

Je connaissais déjà ce nom, il était gravé dans ma mémoire, et l'adresse n'était autre que : *Trinity College, Oxford University, Angleterre.* »

44.

« J'étais très ému de tenir entre mes doigts des lettres de Rossi, mais, avant même d'imaginer ce qu'elles pouvaient contenir, j'avais un devoir à accomplir.

— Helen, dis-je en me tournant vers elle, je sais que vous avez parfois eu l'impression que je ne croyais pas l'histoire de votre naissance. J'en ai douté, à certains moments, je l'avoue. S'il vous plaît, pardonnez-moi.

— Je suis aussi étonnée que vous, répondit Helen à voix basse. Ma mère ne m'a jamais dit qu'elle possédait des lettres de Rossi. Mais elles ne lui sont pas adressées, n'est-ce pas ? Du moins, pas celle qui figure sur le dessus.

— Non, acquiesçai-je. Mais je connais le destinataire. C'était un grand historien de la littérature – un spécialiste du dix-huitième siècle. J'ai lu l'un de ses ouvrages à l'université, et Rossi l'a évoqué sous un nom d'emprunt dans l'une des lettres qu'il m'a confiées.

Helen parut stupéfaite.

— Vous voulez parlez de Hedges ? Qu'est-ce que ça a à voir avec Rossi et ma mère ?

— Tout, peut-être. Il s'agit effectivement de « Hedges » – pour l'appeler par le pseudonyme que Rossi lui a donné. Il est très possible que votre père lui ait écrit de Roumanie, encore que ça n'explique pas comment votre maman est en possession de ces lettres…

La mère d'Helen était assise entre nous, les mains jointes, et nous observait l'un et l'autre avec une expression d'une grande patience, mais il me sembla déceler une certaine exaltation dans son regard. Au même moment, elle articula quelque chose, qu'Helen me traduisit aussitôt.

— Maman dit qu'elle va tout vous raconter.

Elle-même n'en revenait pas, et je retins mon souffle.

Ce fut un travail laborieux, la mère d'Helen s'exprimant lentement, Helen me traduisant au fur et à mesure en s'arrêtant de temps à autre pour me témoigner sa propre surprise. Visiblement, elle ne connaissait que les grandes lignes de l'histoire, et ce récit détaillé était pour elle à la fois une révélation et un choc.

Lorsque je regagnai ma chambre d'hôtel, ce soir-là, j'entrepris de coucher ce long récit sur le papier, aussi fidèlement que possible, tant qu'il était encore vivace dans ma mémoire. L'opération me prit presque toute la nuit. La journée avait été très chargée en événements et j'aurais dû être fatigué, mais je me rappelle m'être attelé à cette tâche ingrate avec une sorte d'euphorie.

« Quand j'étais enfant, je vivais dans le petit village de P – en Valachie, tout près du fleuve Argeş. J'avais de nombreux frères et sœurs, ils vivent encore là-bas pour la plupart, d'ailleurs. Mon père ne cessait de répéter que nous descendions d'une noble et vieille famille, mais mes ancêtres avaient dû connaître de graves revers de fortune car je grandis sans chaussures et sans vêtements chauds. La région aussi était très pauvre, les seules qui y vivaient bien étaient des familles hongroises, installées dans de grandes demeures sur la plus belle rive du fleuve. Mon père se montrait très sévère et nous redoutions tous son fouet. Ma mère était souvent malade. Je travaillais dans les champs, à la sortie du village, depuis que j'étais toute petite. Parfois, le prêtre nous apportait de quoi manger ou nous habiller, mais la plupart du temps nous devions nous débrouiller avec ce que nous avions.

Un jour, alors que j'allais avoir dix-huit ans, une vieille femme nous rendit visite depuis son village situé plus haut dans les montagnes, au-dessus du fleuve. C'était une *vracă,* une guérisseuse, qui avait le don de voir l'avenir. Elle expliqua à mon père qu'elle avait entendu parler de notre famille et qu'elle voulait lui donner un objet magique qui lui revenait de droit. Mon père était un homme colérique, qui n'avait pas de temps à perdre avec une vieille femme superstitieuse, même s'il frottait toutes les ouvertures de notre maison – la cheminée, la porte, le trou de la serrure et les fenêtres – avec de l'ail pour éloigner les vampires. Il chassa brutalement la vieille femme, disant qu'il n'avait pas d'argent à lui donner pour ce qu'elle colportait. Plus tard, alors que je me rendais au village pour puiser de l'eau, je la trouvai assise près du puits et je lui donnai à boire ainsi qu'un morceau de pain, c'était tout ce que j'avais. Elle me bénit, me dit que j'étais plus gentille que mon père et qu'elle allait récompenser ma générosité. Elle sortit une pièce de monnaie d'un petit sac qu'elle portait à la taille et la glissa dans ma main en me faisant promettre de la cacher et de la garder dans un endroit sûr parce qu'elle appartenait à notre famille. Elle ajouta qu'elle venait d'un vieux château qui surplombait l'Argeş.

Je savais que j'aurais dû montrer la pièce à mon père, mais je savais aussi qu'il serait furieux que j'aie parlé avec la vieille sorcière, alors je glissai mon trésor sous le matelas que je partageais avec mes sœurs et je n'en soufflai mot à personne. Parfois, après m'être assurée que personne ne risquait de me voir, je sortais ma pièce de sa cachette et je la serrais dans ma main en me demandant pourquoi la vieille femme avait tenu à m'en faire cadeau. Sur un côté, il y avait un animal bizarre avec une queue en anneaux et, sur l'autre, un oiseau et une petite croix.

Deux années passèrent. Je travaillais toujours aux champs tout en aidant ma mère à la maison. Mon père était désespéré d'avoir plusieurs filles. Il disait qu'il n'arriverait jamais à nous marier parce qu'il n'avait pas de quoi nous constituer une dot, et que nous ne serions qu'un poids pour lui. Mais ma mère répondait que tout le monde au village disait que nous étions si belles qu'avec ou sans dot nous trouverions un mari. Je faisais en sorte de porter toujours des vêtements propres et de brosser soigneusement mes longs cheveux avant de les natter afin qu'un jour, peut-être, un homme demande ma main. Je n'aimais aucun des jeunes gens qui m'invitaient à danser, mais je savais que je devrais bientôt épouser l'un d'eux afin de ne plus être une charge pour mes parents. Ma sœur Eva était partie depuis longtemps à Budapest avec la famille hongroise pour qui elle travaillait et, de temps à autre, elle nous faisait parvenir un peu d'argent. Un jour, elle m'envoya même une paire de chaussures de ville en cuir dont j'étais très fière.

Telle était ma situation quand je rencontrai le professeur Rossi. Il était rare qu'un étranger s'arrête par ici, mais un beau jour la nouvelle se répandit qu'un homme de Bucarest était entré dans la taverne, accompagné d'un autre homme, d'un autre pays. Ils posaient des questions sur les villages situés le long du fleuve et sur le château en ruine, dans les montagnes, à une bonne journée de marche de notre village. Le voisin qui passa chez nous pour nous avertir ajouta quelques mots tout bas à mon père, qui était assis sur le banc devant notre porte. En l'entendant, il se signa et cracha sur le sol.

— Ridicule et dangereux, grommela-t-il. Personne ne devrait poser de pareilles questions... C'est comme d'inviter le diable !

Mais j'étais dévorée de curiosité et je prétextai d'aller chercher de l'eau au puits pour essayer d'en apprendre davantage. Comme j'arrivais sur la place du village, je vis les deux étrangers assis à une table devant la taverne. Ils parlaient avec un vieil homme qui passait ses journées là-bas. L'un des étrangers avait de larges épaules et la peau sombre, comme les gitans, sauf qu'il était habillé comme quelqu'un de la ville. L'autre portait une veste marron comme je n'en avais encore jamais vu, un pantalon large enfoncé dans des chaussures de marche, et il était coiffé d'un grand chapeau brun. Je me tenais à l'autre bout de la place, près du puits, et de là où j'étais, il m'était impossible de distinguer son visage. Deux de mes amies qui voulaient aller les regarder de plus près me chuchotèrent de venir avec elles. Je les suivis avec réticence, sachant que mon père me battrait comme plâtre s'il l'apprenait.

Alors que nous passions lentement devant la taverne, l'étranger leva les yeux et je fus surprise de voir qu'il était jeune et beau, avec une barbe dorée et des yeux d'un bleu brillant, comme les habitants des villages allemands de notre pays. Il fumait la pipe et discutait tranquillement avec son compagnon. Un sac en toile usé avec des sangles pour passer les bras était posé sur le sol à côté de lui, et il écrivait quelque chose dans un petit livre en carton. Il avait une expression qui me plut aussitôt – lointaine, pleine de douceur et de vivacité, tout cela à la fois. Il toucha poliment le bord de son chapeau en nous voyant défiler et détourna presque aussitôt le regard. L'homme laid à la peau brune toucha lui aussi son chapeau, nous regarda fixement, puis ils se remirent à discuter avec le vieil Ivan, notant ce qu'il racontait dans le petit livre. L'homme brun semblait parler à Ivan en roumain, et ensuite il se tournait vers l'autre étranger et lui disait quelque chose dans une langue dont je ne comprenais pas un mot. Je m'éloignai très vite, pour que le bel étranger ne s'imagine pas que j'étais encore plus effrontée que mes amies.

Le lendemain matin, on raconta au village que les deux étrangers avaient payé quelqu'un dans la taverne pour qu'il les conduise dans sa charrette jusqu'au château de

Poenari, dont les ruines se dressent très haut dans les montagnes, au-dessus de l'Argeş. Ils comptaient passer la nuit sur place. J'entendis mon père dire à l'un de ses amis qu'ils cherchaient le château du prince Vlad – il se souvenait que l'homme au visage de gitan était déjà venu ici, et qu'il voulait déjà s'y rendre.

— Les fous n'apprennent jamais, jeta mon père avec colère.

Je n'avais jamais entendu ce nom de prince Vlad auparavant. Les gens du village appelaient généralement le château Poenari ou Arefu. Mon père déclara que, pour avoir accepté de conduire les étrangers là-bas, il fallait que cet homme ait perdu la raison. L'appât du gain, sans doute. Il jura que tout l'or du monde n'aurait pas réussi à le convaincre de passer la nuit là-bas parce que les ruines étaient hantées par des esprits diaboliques. Il décréta que l'étranger devait chercher un trésor, ce qui était de la folie, ajouta-t-il, parce que le trésor du prince qui avait vécu en ce lieu maléfique était profondément enterré et qu'une terrible malédiction pesait sur lui... Mon père révéla alors que si quelqu'un le trouvait, et que la malédiction fût levée, une partie lui revenait de droit. Puis il s'aperçut que ma sœur et moi écoutions et il serra les lèvres.

Ses derniers mots me rappelèrent la petite pièce donnée par la vieille femme. Je songeai avec remords que je possédais quelque chose que j'aurais dû restituer à mon père. Mais une rébellion monta en moi et je décidai de donner ma pièce au bel étranger, puisqu'il était assez courageux pour chercher le trésor du château hanté. Dès que j'en eus l'occasion, je retirai la pièce de sa cachette et la glissai dans la doublure d'un foulard que je nouai à mon tablier.

L'étranger ne réapparut pas pendant trois jours, je commençais à désespérer de le revoir jamais quand je l'aperçus un soir, assis à la terrasse de la taverne. Ses vêtements étaient sales et froissés, et il paraissait fatigué.

Mes amies me dirent que le gitan de la ville était parti le matin même et qu'il était seul. Personne ne savait pourquoi il voulait rester au village. Il avait enlevé son chapeau, et j'apercevais ses cheveux châtain clair emmêlés. D'autres hommes parlaient avec lui en buvant un verre. Je n'osai pas m'approcher ni m'adresser à lui en public, et je m'arrêtai pour discuter avec une voisine pendant un moment. Tandis que nous bavardions, l'étranger se leva et entra dans la taverne.

J'étais terriblement déçue, je me disais qu'il me serait impossible de lui donner ma pièce. Mais la chance était avec moi ce soir-là, et juste comme je quittais le champ de mon père où j'avais continué à travailler pendant que mes frères et mes sœurs étaient partis effectuer d'autres tâches, je vis l'étranger qui se promenait, seul, à l'orée du bois. Il n'y avait personne alentour, mais, maintenant que j'avais l'occasion de lui parler, j'étais effrayée. Pour me donner du courage, je touchai le nœud de mon fichu où était glissée la pièce. Je m'avançai à sa rencontre, puis m'arrêtai au milieu du chemin.

L'attente me parut interminable. Il marchait tête basse, les yeux sur le sol, de sorte qu'il ne m'avait pas vue et ne remarqua ma présence que lorsque nous fûmes presque face à face. Son regard se leva tout à coup et il tressaillit, visiblement très surpris. Il ôta son chapeau et fit un pas sur le côté pour me céder le passage, mais je restai immobile et, rassemblant tout mon courage, je lui dis bonjour. Il s'inclina à demi et me sourit, puis nous nous dévisageâmes mutuellement pendant un moment. Il n'y avait rien sur ses traits ou dans son attitude qui puisse m'effrayer, mais j'étais presque paralysée par la timidité.

Avant de perdre tous mes moyens, je dénouai le fichu et mis la pièce au jour. Je la lui tendis, sans un mot, et il la fit tourner entre ses doigts, l'examinant avec soin. Soudain, une expression stupéfaite se peignit sur son visage et il me regarda de nouveau, avec une attention aiguë, comme s'il pouvait lire à travers mon cœur. Il avait les yeux les plus bleus, les plus brillants qu'on puisse imaginer. Je tremblais de la tête aux pieds.

— *De unde ?* articula-t-il. D'où vient-elle ?

Il fit un geste pour expliciter sa question. Je fus surprise de voir qu'il semblait connaître quelques mots de notre langue. Il frappa le sol du pied, et je compris. L'avais-je trouvée enterrée ? Je secouai la tête.

— *De unde ?*

J'essayai de lui mimer une vieille femme, un fichu sur la tête, courbée sur sa canne – me tendant la pièce. Il hocha la tête, fronça les sourcils. Puis il mima à son tour la vieille femme et pointa un doigt sur le chemin, en direction de mon village.

— De là ?

Non. Je secouai de nouveau la tête et lui montrai le fleuve, en amont, près duquel se trouvaient le château et le village de la femme. Puis je le montrai, lui, et imitai l'action de marcher – là haut ! Son visage s'éclaira de nouveau et il contempla de nouveau la pièce. Quand il voulut me la rendre, je refusai de la reprendre, lui expliquant d'un signe qu'elle était pour lui, jusqu'à ce que mes joues deviennent toutes rouges. Il sourit, pour la première fois, s'inclina, et il me sembla que le ciel s'ouvrait devant moi.

— *Multumesc*, dit-il. Merci.

Je voulus partir aussitôt, avant que mon père remarque mon absence à table, mais l'étranger m'arrêta d'un geste vif. Il pointa un doigt sur sa poitrine.

— *Ma numesc* Bartolomeo Rossi.

Il répéta son nom puis il l'écrivit sur le sol, à nos pieds, et je m'amusai à le dire après lui. Puis il pointa un doigt vers moi.

— *Voi ?* Comment vous appelez-vous ?

Je le lui dis et il répéta mon prénom en souriant.

— *Familia ?*

Il semblait chercher ses mots.

— Mon nom de famille est Getzi, répondis-je.

La stupeur se peignit sur son visage. Il pointa l'index en direction du fleuve, puis vers moi, et répéta quelque chose encore et encore, suivi par le mot "Drakulya", ce qui pour moi signifiait "du dragon". Je ne parvenais pas à comprendre ce qu'il voulait dire. Finalement, il secoua la tête avec un soupir. Il pointa son doigt sur nous deux, sur l'endroit où nous nous tenions, et sur le soleil qui se couchait à l'horizon.

— Demain ?

Je compris qu'il me demandait de venir le rejoindre ici à la même heure le lendemain soir. Je savais que mon père serait furieux s'il l'apprenait. Je montrai le sol sous nos pieds puis posai mon doigt sur mes lèvres. Je ne savais comment lui faire comprendre de ne parler de ceci à personne au village. Il eut l'air tout d'abord surpris, puis il posa à son tour son doigt sur ses lèvres et me sourit.

Son sourire était si doux et ses yeux bleus si brillants que les dernières craintes qu'il m'inspirait se dissipèrent. Il voulut de nouveau me rendre la pièce, mais, comme je continuais à refuser de la reprendre, il s'inclina devant moi, remit son chapeau et reprit la direction d'où il était venu. Comprenant qu'il voulait me laisser regagner le village seule, je me mis en route en me contraignant à ne pas me retourner.

Toute la soirée, pendant le dîner, puis comme je lavais et essuyais la vaisselle avec ma mère, je ne cessai de penser à l'étranger. Je revoyais ses vêtements, son attitude respectueuse, son expression à la fois lointaine et alerte, ses beaux yeux bleus si brillants. Il continua à occuper mes pensées toute la journée du lendemain tandis que je filais et tissais avec mes sœurs, préparais le repas, puisais de l'eau et travaillais dans les champs. Ma mère me gronda à plusieurs reprises parce que je ne prêtais pas attention à ce que je faisais. Le soir venu, je fis en sorte de rester en arrière sous prétexte de finir de faucher ma parcelle, et je fus soulagée lorsque mes frères et mon père prirent la direction de la maison sans m'attendre.

À la seconde où ils ne risquaient plus de me voir, je m'élançai vers le bois. L'étranger était déjà là, assis au pied d'un arbre, à l'endroit exact où nous nous étions rencontrés la veille. Il se leva d'un bond en m'apercevant et m'offrit de m'asseoir sur une souche, au bord du chemin. Mais j'avais peur que quelqu'un du village puisse nous voir et je l'entraînai dans l'ombre du bois, mon cœur battant à tout rompre. Les oiseaux chantaient (c'était le début de l'été), les arbres étaient verdoyants et il faisait bon.

Après nous être assis sur deux rochers, l'étranger sortit de sa poche la pièce que je lui avais donnée et la posa sur le sol. Puis il retira deux livres de son sac à dos et se mit à les feuilleter. Je compris plus tard qu'il s'agissait de dictionnaires anglais-roumain et roumain-anglais – sa langue. Très lentement, tout en consultant ses livres, il me demanda si j'avais vu une autre pièce identique à celle que je lui avais donnée. Je répondis que non. Il m'expliqua que la créature sur la pièce était un dragon, et voulut savoir si j'avais déjà vu ce dragon ailleurs, gravé sur une pierre, sur un mur ou dans un livre. Je lui dis que j'en avais un sur l'épaule.

Tout d'abord, il ne comprit pas ma réponse. J'étais très fière de savoir écrire notre alphabet et d'être capable de lire un peu – il y avait eu une école au village quand j'étais enfant, et un prêtre était venu nous donner des cours. Le dictionnaire de l'étranger était très compliqué pour moi, mais ensemble nous trouvâmes le mot "épaule". Il parut surpris et demanda de nouveau : *"Drakul ?"* tout en me montrant l'animal gravé sur la pièce. Je touchai mon épaule et hochai la tête. Il garda les yeux sur le sol, avec une expression gênée, et soudain je me sentis brave pour deux. Je déboutonnai ma veste, délaçai le haut de mon corsage, dénudai mon épaule et la lui montrai.

À ma connaissance, j'avais toujours eu ce petit dragon vert sombre tatoué sur ma peau à cet endroit. Selon ma mère, on appliquait cette marque sur un enfant à chaque génération dans la famille de mon père et il m'avait choisie, moi, pour la recevoir. Il racontait que son grand-père lui avait dit que c'était nécessaire pour tenir les mauvais esprits éloignés de notre famille. On ne m'en avait parlé qu'une fois ou deux dans mon enfance, mon père évitant le sujet. Je ne savais même pas qui, de sa génération, portait la marque : lui ou l'un de ses frères ou de ses sœurs. Mon dragon était très différent de celui de la pièce, de sorte que je n'avais pas fait le rapprochement entre les deux jusqu'à ce que l'étranger me demande si je possédais un autre objet sur lequel figurait ce dessin.

Il examina avec soin le dragon tatoué sur mon épaule en le comparant avec celui de la pièce, mais sans me toucher, et parut soulagé quand je laçai de nouveau mon corsage et reboutonnai ma veste. Il consulta ses dictionnaires et m'interrogea : qui avait tatoué ce dragon sur mon épaule ? Quand je répondis que c'était mon père, avec l'aide d'une vieille femme du village, une guérisseuse, il me demanda s'il pouvait lui en parler. Je secouai la tête avec une telle véhémence qu'il rougit violemment. Puis il me révéla, avec beaucoup de difficulté, que ma famille descendait d'un prince diabolique qui avait édifié le château au-dessus du fleuve. Mon ancêtre avait été surnommé "le Fils du Dragon", et il avait tué beaucoup de gens. Il ajouta à voix basse que le prince était devenu un *pricolic,* un vampire. Je me signai précipitamment et appelai sur moi la protection de la Vierge Marie. Il me demanda si je connaissais cette histoire et je répondis que non. Il voulut aussi savoir mon âge, si j'avais des frères et des sœurs, et si d'autres personnes dans le village portaient le même nom de famille que nous.

Finalement, je pointai un doigt vers le soleil, presque passé derrière la ligne d'horizon, pour lui signifier que je devais rentrer chez moi, et il se leva aussitôt, le visage grave. Puis il me tendit la main pour m'aider à en faire autant. Quand je la saisis, il me sembla que mon cœur allait exploser. Bouleversée, je me détournai pour partir quand, tout à coup, je songeai en moi-même qu'il s'intéressait beaucoup trop aux esprits maléfiques et qu'il risquait de se mettre en grand danger. Peut-être devrais-je lui apporter quelque chose qui pourrait le protéger... Je lui montrai le sol et le soleil.

— Venez demain, lui dis-je.

Il hésita pendant quelques secondes, puis hocha la tête en souriant. Il remit son chapeau, toucha le bord, et disparut dans les bois.

Le lendemain matin, quand je me rendis au puits, il était assis devant la taverne avec le vieux Ivan, et écrivait dans son petit livre. Je crus sentir son regard se poser brièvement sur moi, mais il ne montra d'aucune façon que nous nous connaissions. J'en fus soulagée parce que ça voulait dire qu'il avait gardé notre secret.

Dans l'après-midi, profitant de ce que j'étais seule un court instant à la maison, je fis quelque chose de très mal : j'ouvris le coffre en bois de mes parents et j'en sortis une petite dague en argent que j'avais vue là à plusieurs reprises. Ma mère avait dit un jour que c'était pour tuer des vampires si jamais ils venaient s'attaquer aux gens ou aux bêtes. Je pris aussi une poignée de fleurs d'ail dans le jardin de ma mère. Je cachai mon butin dans mon fichu avant de partir aux champs.

Cette fois, mes frères travaillèrent longtemps à mes côtés et il me fut impossible de les éloigner. Lorsque finalement ils se décidèrent à rentrer, je racontai que j'allais cueillir des plantes dans le bois et que je n'en avais pas pour longtemps. J'étais très nerveuse quand je rejoignis l'étranger sur notre lieu de rendez-vous habituel. Il fumait sa pipe, assis sur un rocher, mais, en me voyant, il la posa aussitôt et se leva d'un bond. Je m'assis près de lui et lui montrai ce que je lui avais apporté. Il eut l'air surpris en voyant la dague et extrêmement intéressé quand je lui expliquai qu'il pourrait s'en servir pour tuer des pricolici. Il refusa tout d'abord de la prendre, mais je fis preuve d'une telle insistance qu'il cessa de sourire et la rangea pensivement dans son sac à dos. Puis je lui donnai les fleurs d'ail en lui faisant comprendre qu'il devait en garder quelques-unes dans la poche de sa veste.

Je lui demandai ensuite combien de temps il comptait rester au village et il me montra cinq doigts – encore cinq jours. Il m'expliqua à grand renfort de dictionnaire qu'il allait se rendre dans plusieurs villages des alentours, à partir d'ici, afin d'obtenir des informations sur le château. Je lui demandai ensuite où il irait quand il quitterait le village à la fin des cinq jours. Il me répondit qu'il se rendrait dans un pays appelé Grèce, dont j'avais déjà entendu parler, et qu'après il rentrerait dans son propre village, dans son pays. Il dessina son pays sur le sol de la forêt : une grande île appelée Angleterre qui se trouvait très loin d'ici. Il me montra où était son université – je ne comprenais pas ce qu'il voulait dire par là – et il écrivit son nom dans la poussière. Je me souviens encore du dessin que formèrent sur le sol ces six lettres : OXFORD. Par la suite, il m'arriva de les écrire sur le sol à mon tour, pour les contempler. C'était le mot le plus étrange que j'aie jamais vu.

Je pris conscience qu'il allait bientôt partir, que je ne le reverrais jamais, et mes yeux se remplirent de larmes. Je n'avais pas eu l'intention de pleurer – je ne pleurais jamais à cause des garçons insipides du village (ils n'en valaient pas la peine) – mais mes larmes ne m'obéissaient pas et elles ruisselaient le long de mes joues. Il parut consterné, il sortit un mouchoir blanc de la poche de sa veste et me le tendit. Quel était le problème ? Je secouai la tête.

Il se leva lentement et, comme il me tendait la main pour m'aider, je perdis l'équilibre et m'affaissai contre lui. Ses bras se refermèrent autour de ma taille, mes yeux se noyèrent dans les siens et nous nous embrassâmes. Puis je m'enfuis en courant. Une fois sur le sentier, je me retournai. Il était immobile, le regard rivé sur moi. Je courus sans m'arrêter jusqu'au village et je restai éveillée toute la nuit, serrant dans ma main le mouchoir qu'il m'avait donné.

Le lendemain soir, il m'attendait au même endroit, comme s'il n'avait pas bougé depuis la veille. Je m'élançai vers lui, il ouvrit les bras et il m'attrapa au vol. Quand nous dûmes cesser de nous embrasser pour reprendre notre souffle, il jeta sa veste sur le sol et nous nous allongeâmes côte à côte. Pendant l'heure qui suivit, je découvris l'amour. Tout près, ses yeux était aussi bleus que le ciel. Il éparpilla des fleurs dans mes cheveux et embrassa chacun de mes doigts. J'étais étonnée par certaines choses qu'il faisait, par certaines autres que je faisais, je savais que tout cela n'était pas bien, que nous commettions un péché, mais j'avais l'impression de flotter dans un bonheur céleste.

Après cela, il y eut encore trois soirs avant son départ. Nous nous rencontrions tous les jours un peu plus tôt. Je donnais à mon père et à ma mère n'importe quel prétexte et je ramenais toujours à la maison des plantes des bois comme si j'étais allée là-bas pour les cueillir. À chacune de nos rencontres, Bartolomeo me disait qu'il m'aimait et me suppliait de partir avec lui quand il quitterait le village. Moi, je ne demandais que ça, mais j'étais effrayée par ce monde inconnu d'où il venait, et je ne parvenais pas à imaginer comment je pourrais échapper à mon père et mes frères. Tous les soirs, je lui demandais pourquoi il ne pouvait pas rester avec moi au village et il secouait la tête en disant qu'il devait retrouver sa maison et son travail.

La nuit qui précéda son départ, je me mis à pleurer dès l'instant où nous nous touchâmes. Il me serra dans ses bras et embrassa mes cheveux. Je n'avais jamais rencontré un homme aussi gentil et doux. Quand je cessai de pleurer, il ôta une bague en argent avec un sceau dessus qu'il portait à l'auriculaire de sa main gauche. Je n'en suis pas certaine, mais je pense aujourd'hui qu'il s'agissait des armes de son université. Et il la passa à mon annulaire. Puis il me demanda de l'épouser. Il devait avoir étudié sa demande dans son dictionnaire, parce que je le compris très bien.

Au début, cette idée me parut tellement impossible que je me remis à pleurer – j'étais très jeune – puis j'acceptai. Il me fit comprendre qu'il reviendrait me chercher dans quatre semaines. Il devait d'abord se rendre en Grèce pour assister à quelque chose – je ne réussis pas à comprendre quoi. Puis il reviendrait me chercher et donnerait à mon père une somme d'argent afin qu'il accepte notre union. J'essayai de lui expliquer que je n'avais pas de dot, mais il ne voulait pas en entendre parler. Il me montra en souriant la dague en argent et la pièce que je lui avais données, puis il prit mon visage dans ses mains et m'embrassa.

J'aurais dû rayonner de bonheur, mais j'avais le sentiment que des mauvais esprits rôdaient autour de nous et j'avais peur qu'un malheur arrive, qui l'empêcherait de revenir. Chaque minute que nous passâmes ensemble ce soir-là fut infiniment précieuse, parce que je craignais que chacune d'elles fût la dernière. Lui, en revanche, était si confiant, si sûr que nous nous retrouverions bientôt... Je fus incapable de le quitter jusqu'à ce qu'il fasse presque noir dans les bois, mais j'avais peur de la colère de mon père et, finalement, j'embrassai Bartolomeo une dernière fois, je m'assurai que les fleurs d'ail étaient bien dans sa poche, et je m'en allai. Je me retournai encore et encore. Chaque fois que je regardais, je voyais sa silhouette immobile dans les bois, son chapeau dans les mains. Il avait l'air si seul.

Je pleurai pendant tout le trajet, puis je retirai la petite bague qu'il avait glissée à mon doigt, je la pressai sur mes lèvres et la nouai à l'intérieur de mon fichu. Quand j'arrivai chez moi, mon père était en rage. Il voulut savoir où j'étais allée après la tombée de la nuit sans sa permission. Je lui dis que mon amie Maria avait égaré une chèvre et que je l'avais aidée à la chercher. J'allai me coucher le cœur lourd, passant d'un pic d'espoir à un abîme de tristesse.

Le lendemain matin, j'entendis dire que Bartolomeo était parti pour Târgoviste à bord d'une charrette conduite par un fermier. Ce fut une journée très longue et très mélancolique pour moi et, le soir venu, je me rendis dans les bois à l'endroit où nous avions l'habitude de nous retrouver. Je m'assis sur notre rocher, puis je me laissai glisser sur le sol, là où nous nous étendions tous les soirs, et j'éclatai en sanglots. C'est alors que ma main heurta quelque chose au milieu des fougères, et à ma grande surprise, je constatai qu'il s'agissait d'un paquet de lettres dans des enveloppes. Elles étaient adressées à quelqu'un, même si j'étais incapable de déchiffrer ce qui était écrit, et au dos de chacune d'entre elles, sur le rabat, le beau nom de mon Bartolomeo était inscrit comme dans un livre. J'en ouvris une et j'embrassai son écriture. Je me demandai l'espace d'un instant s'il se pouvait qu'elles aient été écrites à une autre femme, mais je chassai cette pensée à l'instant où elle se forma dans mon esprit. Je compris qu'elles avaient dû tomber de son sac à dos quand il l'avait ouvert pour me montrer la dague et la pièce que je lui avais données.

J'aurais pu les expédier à Oxford, sur l'île d'Angleterre, mais je ne voyais pas comment les envoyer sans attirer l'attention. Et avec quoi aurais-je payé la poste ? Cela coûterait certainement très cher d'envoyer un paquet dans cette île lointaine, et je n'avais jamais possédé le moindre argent, à part la petite pièce que j'avais donnée à

Bartolomeo. Je décidai donc de garder les lettres et de les lui rendre quand il reviendrait me chercher.

Les quatre semaines passèrent très, très lentement. Je faisais des encoches sur le tronc d'un arbre, près de notre lieu de rendez-vous secret, afin de tenir le compte des jours écoulés. Je travaillais toujours aux champs, maintenant sous l'œil soupçonneux de mon père, j'aidais ma mère, je filais et je tissais pour que nous ayons de quoi nous habiller cet hiver, j'allais à la messe le dimanche et chaque jour que Dieu faisait je guettais la moindre information sur Bartolomeo. Au début, les anciens du village parlaient un peu de lui, et secouaient la tête en évoquant son intérêt malsain pour les vampires.

— Rien de bon à venir de tout ça, disait l'un – et les autres acquiesçaient.

J'éprouvais un mélange terrible de bonheur et de souffrance en les écoutant. J'étais heureuse d'entendre quelqu'un parler de lui puisque je ne pouvais me confier à personne, mais j'étais aussi parcourue de frissons de terreur à la pensée qu'il pourrait attirer sur lui l'attention des pricolici.

Je me demandais à longueur de journée ce qui se passerait à son retour. Viendrait-il directement frapper à la porte de mon père pour lui demander ma main ? J'imaginais la surprise de ma famille. Ils se rassembleraient tous sur le seuil pour assister à mon départ tandis que Bartolomeo leur remettrait les présents qu'il aurait apportés, et les embrasserait pour leur dire au revoir. Puis nous monterions dans l'attelage qui nous attendrait, peut-être même une automobile, et nous traverserions le village devant tout le monde. Après, je découvrirais des paysages que je ne parvenais même pas à imaginer, de l'autre côté des montagnes, par-delà la grande ville où vivait ma sœur Eva. J'espérais que nous nous arrêterions en chemin pour la voir, parce que Eva avait toujours été ma préférée.

Bartolomeo l'aimerait, lui aussi, parce qu'elle était forte et courageuse, une voyageuse intrépide comme lui.

Les semaines se succédèrent. Je mangeais peu, je dormais mal, et lorsque j'eus tracé vingt-sept entailles sur mon arbre, je me mis à guetter un signe de son retour.

Chaque fois qu'une charrette entrait au village, le bruit de ses roues faisait bondir mon cœur. J'allais puiser de l'eau trois fois par jour pour essayer de glaner des nouvelles. Vingt-huit jours s'étaient écoulés, puis vingt-neuf, trente... Je me répétais qu'il n'avait probablement pas promis de revenir au bout de quatre semaines jour pour jour, et que je devais attendre une semaine de plus. Au bout de la cinquième semaine, je me sentis malade et j'eus la certitude que le prince des pricolici l'avait tué. Il me traversa même l'esprit que mon bien-aimé pourrait revenir vers moi sous la forme d'un vampire. Je me précipitai à l'église au beau milieu de la journée et je priai devant l'icône de la Sainte Vierge pour me libérer de cette pensée horrible.

Durant la sixième et la septième semaine, je commençai à perdre tout espoir. Au début de la huitième semaine, je compris soudain à de nombreux signes dont j'avais entendu parler que j'attendais un enfant. Je pleurai alors en silence toutes les nuits dans le lit que je partageais avec mes sœurs et j'avais l'impression que le monde entier, y compris Dieu et la Sainte Vierge, m'avait oubliée. J'ignorais ce qui était arrivé à Bartolomeo, mais ce devait être quelque chose de terrible parce que je savais qu'il m'avait sincèrement aimée. Je cueillis en secret des herbes et des racines censées empêcher la venue au monde d'un enfant, mais cela ne fut d'aucune utilité. Mon bébé était déjà fort à l'intérieur de moi, plus fort que je l'étais moi-même, et je me mis malgré moi à aimer cette force. Lorsque je posais ma main sur mon ventre, je sentais l'amour de Bartolomeo et je me disais qu'il ne pouvait pas m'avoir oubliée.

Au troisième mois après son départ, je sus que je devais quitter le village avant de jeter la honte sur ma famille et d'attirer sur moi la fureur de mon père. Je songeai un moment à la vieille femme qui m'avait donné la pièce. Peut-être accepterait-elle de m'héberger si je faisais la cuisine et le ménage pour elle. Elle était venue de l'un des villages situés au-dessus de l'Argeş, non loin du château du pricolic, mais j'ignorais lequel, et même si elle était toujours en vie. Il y avait des ours et des loups dans les montagnes, ainsi que de nombreux esprits maléfiques, et je n'osais pas m'aventurer seule dans la forêt.

Finalement, je décidai d'écrire à ma sœur Eva, et je subtilisai une feuille de papier et une enveloppe dans la maison du prêtre, où je travaillais parfois à la cuisine. Je lui expliquais ma situation et je la suppliais de venir me chercher. Il s'écoula encore cinq semaines avant que sa réponse me parvienne. Grâce au ciel, le fermier qui apporta la lettre avec des provisions me la remit à moi, et non à mon père, et je la lus en cachette, dans les bois. Mon ventre commençait à s'arrondir, mais sous mon tablier ça ne se voyait pas encore, heureusement.

Il y avait un peu d'argent dans la lettre, des billets roumains, plus que je n'en avais jamais vu. Le mot d'Eva était bref et précis : elle me disait de me rendre à pied jusqu'au village suivant, à environ cinq kilomètres, et de monter à bord d'un camion pour me rendre à Târgoviste. Une fois là-bas, il me faudrait trouver un moyen de transport pour me rendre à Bucarest, où je pourrais prendre le train jusqu'à la frontière hongroise. Son mari viendrait me chercher au poste-frontière de T, le 20 septembre – je me rappelle encore la date. Surtout, je devais bien planifier mon voyage pour arriver là-bas le jour J. Dans l'enveloppe, Eva avait glissé un laissez-passer en règle du gouvernement de Hongrie, qui me permettrait d'entrer dans le pays. Elle m'envoyait tout son amour, me recommandait de me montrer très prudente et me souhaitait le meilleur voyage possible. Arrivée à la fin de sa lettre, j'embrassai sa signature en bénissant ma sœur de toute mon âme.

J'empaquetai mes maigres biens dans un petit sac, y compris mes chaussures de ville pour le voyage en train, les lettres que Bartolomeo avait perdues, et sa bague en argent. Le matin de mon départ, je serrai dans mes bras ma mère, qui devenait de plus en plus vieille et malade. Je voulais qu'elle sache, plus tard, que je lui avais dit adieu d'une certaine façon. Je pense qu'elle fut surprise, mais elle ne me posa aucune question.

Au lieu de me rendre dans les champs, ce matin-là, je traversai les bois, évitant soigneusement la route. Je m'arrêtai une dernière fois sur le lieu où Bartolomeo et moi nous étions aimés en secret. Les quatre semaines d'encoches sur l'arbre s'effaçaient déjà. Je glissai la bague à mon doigt et nouai un fichu sur ma tête, comme une femme mariée. L'approche de l'hiver était perceptible aux feuilles jaunissantes et à la fraîcheur de l'air. Je me recueillis quelques instants puis je me mis en route pour le village voisin.

Je ne me rappelle plus les détails de ce voyage, si ce n'est que j'étais très fatiguée, et que parfois aussi j'avais très faim. Une nuit, je dormis dans la maison d'une vieille femme qui me donna un bol de soupe et me dit que mon mari ne devrait pas me laisser voyager seule ainsi. Une autre fois, je dus dormir dans une grange. Finalement, je trouvai une charrette qui m'emmena jusqu'à Târgoviste et une autre jusqu'à Bucarest. Quand je pouvais, j'achetais un peu de pain, mais j'ignorais combien me coûterait le billet de train, et je devais donc faire très attention.

Bucarest était une très belle ville, mais elle m'effraya parce qu'il y avait tellement de monde dans les rues, rien que des gens avec de beaux habits, et des hommes qui me regardaient effrontément quand je passais. Je dus dormir dans la gare. Le train était effrayant, lui aussi, un énorme monstre noir. Une fois assise à l'intérieur, près d'une fenêtre, je sentis mon angoisse s'alléger un peu. Nous traversâmes des endroits magnifiques – des montagnes, des fleuves et des champs, très différents de nos forêts de Transylvanie.

À la gare frontière, j'appris que nous étions le 19 septembre, veille du rendez-vous, et je dormis sur un banc jusqu'à ce que l'un des gardes me fasse entrer dans sa loge pour me servir du café chaud. Il me demanda où était mon mari et je lui répondis que j'allais le rejoindre en Hongrie. Le lendemain matin, un homme en costume noir, coiffé d'un chapeau, vint me chercher. Il avait un visage très gentil et il m'embrassa sur les deux joues en m'appelant "petite sœur". J'adorai mon beau-frère de cette minute jusqu'au jour de sa mort, et je continue à le chérir aujourd'hui dans mon cœur. Il fut plus un frère pour moi que mes propres frères. Il se chargea de tout, et m'offrit un dîner chaud dans le train, qu'on nous servit sur une table pour deux couverte d'une nappe blanche brodée. À la gare de Budapest, Eva nous attendait. Elle portait un tailleur et un magnifique chapeau, et je trouvai qu'elle ressemblait à une reine. Elle m'étreignit et m'embrassa encore et encore en pleurant autant que moi.

Mon bébé vit le jour dans le meilleur hôpital de Budapest. Je voulais l'appeler Eva, mais Eva préférait choisir le prénom elle-même et elle l'appela Elena. C'était un bébé adorable, avec de grands yeux noirs, et le plus joli des sourires. Tout le monde disait qu'ils n'avaient jamais vu un bébé sourire aussi tôt – à cinq jours. J'avais espéré qu'elle aurait les yeux bleus de Bartolomeo, mais elle avait tout pris du côté de ma famille.

J'attendis que la naissance ait eu lieu pour lui écrire, parce que je voulais pouvoir lui parler du bébé et non lui annoncer simplement que j'étais enceinte. Quand Elena eut un mois, je demandai à mon beau-frère de m'aider à trouver l'adresse de l'université de Bartolomeo, à Oxford, et je traçai moi-même les mots sur l'enveloppe. Mon beau-frère écrivit le texte pour moi en allemand et je le signai de ma main. Dans la lettre, j'expliquai à Bartolomeo que je l'avais attendu pendant trois mois, et que j'avais dû quitter mon village parce que je portais son enfant. Je lui racontais mon voyage et le refuge que m'avaient offert ma sœur et son mari, à Budapest. Je lui parlais de notre petite Elena, combien elle était adorable, et rieuse. Je lui disais que je l'aimais toujours, et que j'étais terrifiée à l'idée que quelque chose de terrible l'ait empêché de revenir comme convenu. Je lui demandais quand j'allais le revoir, et s'il pouvait venir nous chercher, Elena et moi, à Budapest. Je finissais en lui disant que, quoi qu'il ait pu se passer, je l'aimerais jusqu'à la fin de mes jours.

Puis j'attendis de nouveau, cette fois très, très longtemps. Elena faisait déjà ses premiers pas quand je reçus enfin la réponse de Bartolomeo. Il était vivant ! La lettre avait été postée en Amérique et non en Angleterre, et elle était rédigée en allemand. Mon beau-frère me la traduisit d'une voix très douce, mais je vis qu'il était trop honnête pour changer quoi que ce soit à son contenu. Bartolomeo disait que ma lettre avait transité par son ancienne adresse, à Oxford. Il m'informait poliment qu'il n'avait jamais entendu parler de moi, que mon nom lui était parfaitement inconnu et pour cause : il n'avait jamais mis les pieds en Roumanie, de sorte que le bébé auquel je faisais allusion pouvait difficilement être le sien… Il ne s'expliquait pas ma méprise – une confusion avec un homonyme sans doute… – mais il se déclarait désolé d'apprendre une histoire aussi triste et me souhaitait bonne chance pour l'avenir.

C'était une lettre courte et polie, pas le moins du monde cassante, et rien à l'intérieur ne laissait entendre qu'il savait qui j'étais. Je pleurai longtemps.

J'étais jeune alors, et je ne comprenais pas qu'on puisse changer ainsi, que les sentiments qu'on éprouvait pour quelqu'un puissent disparaître du jour au lendemain. Après quelques années passées en Hongrie, je découvris peu à peu qu'on pouvait être quelqu'un dans son pays, et quelqu'un de très différent ailleurs. C'était sans doute ce qui était arrivé à Bartolomeo. En fin de compte, j'aurais préféré qu'il ne me réponde pas, surtout pour me dire qu'il ne me connaissait pas. Pourquoi mentir ainsi ? Pour fuir ses responsabilités ? Durant les trop rares moments que nous avions passés ensemble, j'avais pourtant eu le sentiment qu'il était un homme honorable, sincère et droit. Je souffrais de devoir penser du mal de lui.

J'élevai Elena avec l'aide de mes proches, et elle devint une jeune femme belle et brillante. Elle avait hérité de l'intelligence de Bartolomeo, pour moi c'était évident. Je lui parlai de son père – je ne lui ai jamais menti. Peut-être aurais-je dû lui en dire davantage, mais elle était trop jeune pour comprendre que l'amour rend aveugle et crédule. Je fus très fière quand elle entra à l'université. Elle me dit qu'elle avait appris que son père était une sommité en Amérique. J'espérais qu'elle le rencontrerait un jour… mais j'ignorais qu'il enseignait dans l'université où elle s'était inscrite. »

Ce fut sur ces derniers mots, lâchés à l'attention d'Helen d'un ton presque accusateur, qu'elle termina son histoire.

Helen murmura quelque chose qui pouvait être une excuse ou une justification, puis secoua la tête. Elle paraissait aussi stupéfaite que je l'étais. Elle était restée très neutre pendant tout le récit de sa mère, effectuant sa traduction presque dans une seule et même respiration. Elle avait réagi uniquement lorsque sa mère avait évoqué le dragon tatoué sur son épaule. Helen m'expliqua plus tard que sa mère ne s'était jamais dévêtue devant elle et qu'elle ne l'avait jamais emmenée à la piscine, contrairement à Eva.

Nous gardâmes tous les trois le silence pendant un long moment, puis Helen se tourna vers moi et me montra le paquet de lettres d'un geste chargé d'incompréhension. Je compris ce qui la troublait. Je m'étais posé la même question.

— Pourquoi n'en a-t-elle pas envoyé une ou deux à Rossi pour lui prouver qu'elle l'avait bien rencontré ?

Helen la regarda – avec une profonde hésitation dans les yeux, à ce qu'il me sembla – et se décida à lui poser la question. La réponse de sa mère, quand elle me la traduisit, me noua la gorge, et une souffrance me transperça la poitrine, en partie pour ce qu'elle avait enduré, et en partie aussi pour la trahison de celui que je considérais comme mon ami le plus cher et le plus digne de confiance.

— J'y ai pensé, mais sa lettre m'avait fait comprendre qu'il ne m'aimait plus et qu'il voulait tirer un trait sur notre histoire. Je me suis dit que ces vieilles lettres ne feraient pas renaître ses sentiments pour moi, que cela ne ferait qu'ajouter à mon chagrin. Et je ne voulais pas me séparer des quelques morceaux de lui que je pouvais garder.

Elle avança la main, comme pour toucher les mots qu'il avait tracés, puis se ravisa.

— Je regrette de ne pas lui avoir rendu ce qui lui appartenait. Mais il avait emporté tellement de moi avec lui – peut-être n'était-ce pas mal de garder ces lettres ?

Son regard passa d'Helen à moi. Ce n'était pas du défi que j'y lisais, songeai-je, mais le reflet d'une vieille, très vieille dévotion. Je détournai les yeux.

Si sa mère était résignée, Helen, elle, ne l'était pas.

— J'aimerais bien savoir pourquoi elle ne me les a pas fait lire, à moi !

Son ton était chargé de défi, et elle lança la question à sa mère la seconde suivante. Cette dernière secoua la tête.

— Elle dit…

Le visage d'Helen se durcit.

— Elle dit qu'elle savait que je haïssais mon père et que, quitte à s'en séparer, elle voulait les donner à quelqu'un qui l'aimait sincèrement, tout comme…

Tout comme elle n'avait jamais cessé de l'aimer : Helen n'acheva pas, mais j'avais compris. L'émotion que je ressentais semblait décupler ma perception de cet amour enterré vivant depuis des années dans cette petite maison presque vide.

Mon émotion ne concernait pas uniquement Rossi. Je pris la main d'Helen dans l'une des miennes, celle de sa mère dans l'autre, et je les serrai très fort. En cet instant, le monde dans lequel j'avais vécu, étudié, avancé et même, occasionnellement, tenté d'aimer, le monde que je connaissais me semblait à des années-lumière. J'étais incapable de parler, mais, si ma gorge s'était desserrée, j'aurais sans doute trouvé un moyen de dire à ces deux femmes, unies par les sentiments très différents, mais d'une égale intensité, que leur inspirait Rossi, que je sentais sa présence flotter parmi nous.

Au bout d'un moment, Helen retira sa main, mais sa mère continua à serrer la mienne, et elle me posa une question de sa voix douce.

— Elle voudrait savoir comment elle peut vous aider à retrouver Rossi, traduisit Helen.

— Dites-lui qu'elle m'a déjà aidé, mais que je lirai ces lettres avec la plus grande attention afin de déceler la moindre information susceptible de nous guider jusqu'à lui. Dites-lui aussi que nous la préviendrons quand nous l'aurons retrouvé.

La mère d'Helen inclina humblement la tête à ces mots, puis elle se leva pour jeter un coup d'œil à son ragoût, dans le four. Une délicieuse odeur s'en échappa et Helen elle-même sourit, comme pour célébrer ce retour à la normalité. La paix du moment me donna du courage.

— S'il vous plaît, demandez-lui si elle sait quelque chose sur les vampires qui pourrait nous aider dans notre quête.

À l'instant où Helen traduisit ma question, je vis que j'avais brisé notre fragile quiétude. Sa mère détourna les yeux, se signa, puis parut rassembler ses forces pour répondre. Helen écouta avec attention et hocha la tête.

— Vous ne devez jamais oublier que le pricolic peut changer de forme. Il a le pouvoir de prendre de multiples apparences.

J'aurais voulu savoir ce qu'elle voulait dire par là, mais elle s'était déjà détournée pour servir le déjeuner d'une main mal assurée. L'odeur de viande et de pain cuit se répandit dans la pièce et nous mangeâmes avec appétit, dans le plus grand silence. De temps à autre, la mère d'Helen me donnait un peu plus de pain, me tapotant le bras, ou remplissait mon verre de thé. La nourriture était simple, mais délicieuse et abondante, et le soleil qui entrait par les fenêtres illuminait nos assiettes.

Le repas terminé, Helen sortit fumer une cigarette et sa mère me fit signe de la suivre dans la cour, derrière la maison. Quelques poulets grattaient le sol, à côté d'un clapier contenant deux lapins. La mère d'Helen sortit l'un des lapins et nous restâmes côte à côte à gratter sa tête douce pendant qu'il cillait et se débattait un peu. Je pouvais entendre Helen s'activer à l'intérieur, maintenant, et faire la vaisselle. Le soleil était chaud et les champs verdoyants, au-delà de la maison, bourdonnaient et ondulaient avec un optimisme inépuisable.

Puis vint le moment de partir, et je glissai les lettres de Rossi dans ma sacoche. La mère d'Helen nous escorta jusqu'à la porte, s'arrêtant sur le seuil. Apparemment, elle n'avait pas l'intention de nous accompagner jusqu'à l'arrêt du car. Elle prit mes mains dans les siennes et les serra chaleureusement, en me regardant dans les yeux.

— Elle souhaite que la chance vous accompagne partout où vous allez, traduisit Helen, et que vous trouviez ce que vous cherchez.

Je plongeai mon regard au fond des yeux sombres de cette femme et je la remerciai du fond du cœur. Elle embrassa Helen, enserrant tristement son visage entre ses mains, puis elle nous laissa partir.

Au bout de la rue, je me retournai. Elle était immobile sur le seuil, une main posée sur le chambranle comme pour se soutenir. Je lâchai ma sacoche sur le sol, et je revins brusquement sur mes pas. Puis, en mémoire de Rossi, je la pris dans mes bras et embrassai sa joue douce et lisse. Elle s'agrippa à moi et enfouit son visage dans mon épaule. Soudain, elle recula et disparut dans la maison. Je crus qu'elle voulait être seule avec ses émotions et je me détournai pour partir, mais une seconde plus tard elle était de retour. À mon grand étonnement, elle saisit ma main, l'ouvrit, et la referma sur quelque chose de petit et de dur.

Quand j'ouvris les doigts, je vis une bague en argent avec des armoiries. Je compris aussitôt qu'il s'agissait de la chevalière de Rossi, qu'elle lui rendait par mon intermédiaire. Ses yeux noirs scintillaient dans son visage comme illuminé par un rayonnement intérieur. Je m'inclinai et l'embrassai de nouveau, mais cette fois sur les lèvres. Avant de me détourner pour rejoindre Helen, je vis une unique larme glisser le long de sa joue. J'ai lu quelque part qu'il n'y a rien de plus triste que la vue d'une larme unique sur un visage. Peut-être est-ce vrai, en effet, puisque son visage en cet instant était simplement le reflet du mien.

À la minute même où nous fûmes assis dans le car, je sortis les lettres de Rossi de ma sacoche et dépliai la première. En la reproduisant ici, je respecterai la volonté de Rossi de protéger la mémoire de son ami et de garder son identité secrète. C'était une impression bizarre de voir de nouveau l'écriture de Rossi – une version plus jeune, moins serrée – sur les pages jaunies.

— Vous comptez les lire ici, tout de suite ?

Penchée presque contre mon épaule, Helen semblait stupéfaite.

— Vous vous sentez capable d'attendre, vous ?

— Non, admit-elle. »

45.

20 juin 1930

« Mon cher ami,

Je n'ai personne au monde à qui parler en cet instant et me voici donc réduit à converser avec une feuille de papier, un stylo dans la main, regrettant plus que vous ne sauriez l'imaginer votre présence à mes côtés, et l'enthousiasme mêlé de recueillement que vous n'auriez pas manqué d'éprouver devant le spectacle que je contemple en ce moment. Je suis moi-même en proie à un sentiment d'incrédulité – et vous le seriez tout autant que moi si vous voyiez où je me trouve : à bord d'un train. Cela ne constitue pas réellement un indice, me direz-vous, sauf que le train en question file à toute vapeur vers Bucarest. Bonté divine ! vous entends-je vous exclamer à travers son halètement. C'est néanmoins la vérité. Je n'avais absolument pas planifié ce voyage. Il y a quelques jours encore, je me trouvais à Istanbul où j'effectuais des recherches d'ordre privé, et j'ai découvert là-bas quelque chose qui m'a donné envie de venir ici. Non, ce n'est pas le terme exact. En fait, il serait plus juste de dire que je suis terrifié d'être ici, mais que je m'y sens poussé. Vous avez un esprit si cartésien – tout ceci ne va pas vous parler du tout, mais je vous assure que j'aimerais posséder votre cerveau tout au long de mon expédition ; je vais avoir besoin de chaque parcelle du mien et plus encore pour trouver ce que je cherche.

Nous ralentissons à l'approche d'une ville. Je vais peut-être avoir une chance d'acheter un petit déjeuner. Je vous abandonne momentanément et reprendrai ma lettre un peu plus tard.

Après-midi – Bucarest

Je suis allongé pour ce qui serait une sieste si mon esprit surexcité me laissait une minute de répit. Il fait une chaleur étouffante – je pensais trouver un pays de montagnes baignant dans la fraîcheur, mais jusqu'ici je n'en ai pas vu une seule. Bucarest est une sorte de Paris de l'Est miniature, majestueux, étriqué et un peu fané tout à la fois. La ville devait avoir un certain éclat au dix-huitième et au dix-neuvième siècle. Il m'a fallu une éternité pour trouver un taxi, puis un hôtel, mais ma chambre est très confortable et je peux me reposer, me rafraîchir et réfléchir tout à loisir à la suite des opérations. Je suis partagé sur la nécessité de vous révéler dans ma lettre la raison de ma présence ici, mais, si je ne le fais pas, vous n'allez rien comprendre à mes divagations futures et me prendre pour un fou, je n'ai donc pas le choix. Pour résumer la chose brutalement : je suis sur la piste de Drakula, au propre comme au figuré.

Pas le comte Drakula de la tradition romantique, non, le vrai Drakula – Drakulya – alias Vlad III, un épouvantable tyran qui vécut en Transylvanie et en Valachie au quinzième siècle et qui consacra le plus clair de son énergie à bouter les envahisseurs de l'Empire ottoman hors de ses terres. J'ai passé presque une semaine entière à Istanbul pour travailler dans une salle des archives qui abrite des documents rares et du plus haut intérêt le concernant. Dans ces papiers rassemblés par les Turcs, j'ai découvert plusieurs cartes fascinantes qui, j'en suis convaincu, indiquent l'emplacement de sa tombe. Je vous expliquerai plus en détail à mon retour ce qui m'a propulsé dans cette aventure, mais d'ici là je ne peux que requérir votre indulgence. Le « vieux sage » que vous êtes mettra ma décision de me lancer dans cette quête et cette enquête, pour ne pas dire cette traque, sur le compte de la jeunesse.

Quoi qu'il en soit, mon séjour à Istanbul s'est mal terminé et j'ai été quelque peu effrayé, même si, avec le recul, tout ceci me paraîtra sans doute ridicule. Mais je ne lâche pas aussi facilement une enquête une fois qu'elle est commencée, vous le savez, et je n'ai pu m'empêcher de venir ici avec des copies de ces fameuses cartes, afin de chercher davantage d'informations sur la tombe de Drakulya. Je dois tout de même vous expliquer qu'il est censé avoir été enterré sur une île monastère au milieu du lac Snagov, en Roumanie occidentale – une région appelée Valachie. Or les mystérieux plans que j'ai trouvés à Istanbul et qui indiquent l'emplacement de sa tombe ne montrent aucune île, aucun lac, ni même rien qui – à ma connaissance – ressemble de près ou de loin à la Roumanie occidentale...

J'ai toujours été convaincu qu'il fallait commencer par vérifier ce qui semble évident, cette évidence étant parfois la clé du problème. J'ai donc résolu (à ce stade je suis sûr que vous secouez la tête devant ce que vous appellerez mon stupide entêtement) de faire le voyage jusqu'au lac Snagov avec les cartes et de vérifier par moi-même que la tombe... ne s'y trouve pas. Comment ? je ne le sais pas encore. Qui sait ? mes cartes sont peut-être une sorte de « canular médiéval », et je vais alors trouver une multitude de preuves attestant que le tyran repose et a toujours reposé là-bas. Quoi qu'il en soit, je n'imagine pas poursuivre mes recherches tant que je n'aurai pas éliminé cette hypothèse de façon indiscutable.

Je dois impérativement être de retour en Grèce le 5 juillet, je n'ai donc que très peu de temps devant moi. Je veux seulement vérifier si mes cartes correspondent à quelque chose sur le site « officiel » de la tombe. Pourquoi ai-je tant besoin de le savoir, je serais bien incapable de vous le dire, même à vous, mon cher ami – j'aimerais le savoir moi-même !

J'ai l'intention de conclure mon voyage en visitant tout ce que je peux de la Valachie et de la Transylvanie. Que vous vient-il à l'esprit quand vous pensez à la Transylvanie... à supposer que ça vous arrive ? D'accord, comme je m'en doutais, le sage que vous êtes n'y pense pas. Eh bien, ce qui vient à mon esprit, ce sont des montagnes d'une beauté sauvage, de vieux châteaux noirs, des loups-garous et des sorcières – une région d'une magique obscurité. Comment vais-je arriver à me persuader que je suis toujours en Europe en entrant dans un tel royaume enchanté ? Je vous ferai savoir une fois sur place si c'est l'Europe des Lumières ou le royaume des Ténèbres. Mais d'abord : Snagov. Je m'y rendrai demain.

Votre ami dévoué,

Bartholomew Rossi.

22 juin
lac Snagov

Mon cher ami,

Je n'ai pas encore vu un seul endroit où poster ma première lettre – j'entends par là la poster avec la certitude qu'elle arrivera un jour entre vos mains – mais je continue néanmoins mon récit avec optimisme, car les événements se sont précipités. J'ai passé toute la journée d'hier à Bucarest, à chercher des cartes routières fiables de la Valachie et de la Transylvanie et à essayer de rencontrer dans le cadre de l'université des personnes qui pourraient s'intéresser d'une façon ou d'une autre à Vlad Tepeş. Mais nul ici ne semble vouloir aborder le sujet, et je les soupçonne de faire le signe de croix en cachette – faute de pouvoir le faire ouvertement – chaque fois que je prononce le nom de Drakula. Après ce qui m'est arrivé à Istanbul, ces réactions me rendent un peu nerveux, je le confesse, mais je ne m'avoue pas battu.

Quoi qu'il en soit, j'ai finalement rencontré hier un jeune professeur d'archéologie de l'université qui s'est montré assez coopératif pour m'informer que l'un de ses collègues, un certain M. Georgescu, s'était fait une spécialité de l'histoire de Snagov et qu'il effectuait justement des recherches sur le site cet été. Comme vous pouvez vous en douter, cette nouvelle m'a transporté d'enthousiasme et je me suis mis aussitôt en quête d'un taxi qui accepterait de me conduire là-bas aujourd'hui même avec armes et bagages (en fait d'armes, je parle de mes cartes !) ; c'est à quelques heures de route seulement de Bucarest, m'a dit mon chauffeur, et nous partons à treize heures. En attendant le grand départ, il ne me reste plus qu'à aller déjeuner quelque part – les petits restaurants ici sont très agréables, avec une pincée de raffinement oriental dans leur cuisine – pour prendre des forces !

Tard, le soir

Mon cher ami,

Je ne peux m'empêcher de poursuivre cette correspondance à sens unique – puissiez-vous en prendre connaissance un jour – car cette journée a été tellement remarquable que j'éprouve le besoin d'en parler à quelqu'un. Je quittai donc Bucarest à bord d'un petit taxi tout ce qu'il y a de correct conduit par un chauffeur tout ce qu'il y a de correct aussi, avec lequel je pouvais échanger à peine deux mots (« Snagov » comptant déjà pour un). Après un rapide conciliabule au-dessus de mes cartes routières et plusieurs petites tapes rassurantes sur l'épaule (la mienne), nous nous mîmes en route. Le trajet nous prit la plus grande partie de l'après-midi. Nous teuf-teufâmes sur des routes en grande partie pavées mais horriblement poussiéreuses, et à travers un paysage charmant, essentiellement champêtre, boisé par-ci par-là, pour atteindre finalement le lac Snagov.

Mon premier contact avec le lieu fut la main du chauffeur qui s'agitait fébrilement en direction de la fenêtre. Je regardai aussitôt par la vitre, mais ne vis que de la forêt. Je ne sais pas au juste ce que j'attendais ; j'étais tellement absorbé par ma curiosité d'historien que je ne m'étais pas arrêté à attendre quoi que ce soit, je suppose. Je fus brusquement arraché à mon obsession par ma première vision du lac. C'est un endroit absolument délicieux, mon ami, bucolique et paradisiaque. Le contraire de ce que j'avais imaginé ! Représentez-vous une étendue d'eau étincelante, dont vous captez les reflets à travers une forêt touffue. Çà et là, des villas blotties au milieu des arbres laissent entrevoir une cheminée élégante, ou l'angle d'un mur. Un bon nombre d'entre elles semblent dater du début du siècle dernier, ou même avant.

À un endroit où la forêt s'éclaircit (nous nous étions garés près d'un petit restaurant avec trois bateaux amarrés par-derrière), on aperçoit l'île où est édifié le monastère, de l'autre côté du lac, et on découvre un panorama qui n'a pas dû changer beaucoup au cours des siècles. L'île n'est qu'à un court trajet en bateau du rivage et elle a l'air tout aussi boisée que les berges du lac. Au-dessus des arbres se dressent les splendides coupoles byzantines du monastère, et le son des cloches (j'appris plus tard qu'un moine les frappe à l'aide d'un maillet en bois) traverse toute l'étendue du lac. Ce tintement de cloches volant sur l'eau me remua le cœur ; j'avais exactement l'impression de recevoir un de ces messages du passé qui réclament d'être déchiffrés, même si on ne peut jamais être sûr de ce qu'ils disent. Immobiles dans la lumière de la fin d'après-midi réfléchie par l'eau, mon chauffeur et moi aurions pu être des espions d'un autre temps à la solde de l'Empire ottoman, observant ce bastion d'une foi étrangère.

J'aurais pu rester des heures à contempler les lieux, mais ma détermination à trouver l'archéologue avant la tombée de la nuit me poussa à entrer dans le restaurant. Je recourus à un peu de langage des signes et à mon meilleur latin de cuisine pour louer un bateau afin de me rendre sur l'île. Oui, oui, il y avait bien un homme de Bucarest qui effectuait des fouilles là-bas, réussit à me faire comprendre le restaurateur – et vingt minutes plus tard nous accostions sur l'île. Le monastère était encore plus magnifique de près, et assez intimidant, avec ses vieux murs et ses hautes coupoles, chacune couronnée d'une croix à sept branches. Le nautonier nous précéda dans l'escalier abrupt qui y conduisait, et j'aurais franchi dans la foulée les grandes portes en bois si l'homme ne nous avait pas fait signe de passer par-derrière.

Tandis que je contournais ces vieux murs splendides, je pris soudain conscience que, pour la première fois, je mettais réellement mes pieds dans les pas de Drakula. Jusqu'ici, j'avais suivi sa trace à travers un labyrinthe de documents, mais à présent je marchais sur le sol même que ses pieds – ou plutôt ses bottes en cuir, munies d'éperons acérés, telles que je les imaginais – avaient probablement foulé... Si j'avais été homme à me signer, je l'aurais fait en cet instant ; et pour dire toute la vérité, j'avais très envie de taper sur la large épaule du nautonier pour lui demander de nous ramener en sécurité sur la rive. Mais je n'en fis rien, vous l'avez compris, et j'espère ne pas regretter un jour d'avoir obligé ma main à rester tranquille...

Derrière l'église, au milieu d'une grande ruine, travaillait un homme massif, d'âge moyen, équipé d'une pelle. Il avait les cheveux noirs et bouclés, et portait une chemise blanche flottante, dont il avait roulé les manches jusqu'aux coudes. À ses côtés, deux jeunes gens déblayaient délicatement la terre avec leurs mains. De temps à autre, il posait sa pelle et en faisait autant. Ils étaient regroupés autour d'un périmètre très réduit, comme s'ils avaient trouvé quelque chose d'intéressant à cet endroit, et ce fut seulement lorsque notre nautonier les salua d'une voix forte qu'ils levèrent les yeux vers nous.

L'homme à la chemise blanche s'avança en nous fixant de ses yeux noirs pénétrants, et mes accompagnateurs procédèrent aux présentations. Je tendis la main et j'essayai quelques mots en roumain : « *Ma numesc* Bartolomeo Rossi. *Nu va superati.* » Je tenais cette formule magique, très utile pour rassurer un étranger auquel on veut demander un renseignement, du concierge de mon hôtel à Bucarest. La fin veut dire, littéralement : « Ne vous fâchez pas. » Je ne sais si ce fut ma façon d'utiliser la formule, ou mon accent ridicule, mais l'archéologue éclata de rire tout en me serrant la main.

C'était un colosse au teint bronzé, avec un réseau de rides autour des yeux et de la bouche. Son sourire dévoilait une dentition des plus étonnantes, où deux dents de devant manquaient et où la quasi-totalité de celles qui restaient étaient en or. Les battoirs qui lui servaient de mains étaient d'une force prodigieuse, sèches et calleuses comme celles d'un fermier.

— Bartolomeo R*r*ossi, articula-t-il d'une voix riche, toujours en riant. *Ma numesc* Velior Georgescu. Comment allez-vous ? En quoi puis-je vous aider ?

— Vous parlez anglais ? demandai-je bêtement.

— Un peu, acquiesça M. Georgescu. Il y a bien longtemps que je n'ai pas eu l'occasion de p*rr*atiquer, mais je sens que ça ne demande qu'à *rr*evenir.

Il s'exprimait avec beaucoup d'aisance et de fluidité, mis à part un roulement généreux dans les « r ».

— Je vous prie de m'excuser, dis-je très vite. J'ai appris que vous vous intéressiez à Vlad III et j'aimerais beaucoup en discuter avec vous. Je suis historien et je viens de l'université d'Oxford.

Il hocha la tête.

— Je suis ravi de votre intérêt. Êtes-vous venu jusqu'ici pour voir sa tombe ?

— Eh bien… j'avais espéré…

— Ah, vous aviez espé*rr*é, répéta M. Georgescu en me tapotant l'épaule d'un geste qui n'était pas inamical. Mais j'ai bien peur de devoir ref*rr*oidir vos espoirs, jeune homme.

Mon cœur sauta un battement. Était-il possible que cet homme soit convaincu, lui aussi, que Vlad n'était pas enterré ici ? Je décidai néanmoins de me montrer patient et d'écouter avec attention ce qu'il avait à me dire avant de poser d'autres questions. Il me lança un regard interrogateur, puis me sourit de nouveau.

— Venez, je vais vous fai*rr*e visiter.

Il laissa de brèves instructions à ses assistants – apparemment une invitation à cesser le travail car ils s'essuyèrent les mains et s'assirent sous un arbre. Appuyant sa pelle contre un mur à moitié sorti de terre, il me fit signe de le suivre. À mon tour, je fis savoir au nautonier et à mon chauffeur que je n'avais plus besoin d'eux. Je glissai une pièce en argent dans la main du premier, qui toucha le bord de son chapeau et disparut, tandis que le second s'asseyait contre la ruine et sortait une flasque de sa poche.

— T*rr*ès bien. Nous allons commencer par faire le tour.

M. Georgescu montra les alentours d'un geste de sa large main.

— Vous connaissez l'histoi*rr*e de cette île ? Un peu ? Il y eut d'abord une église ici, dès le quatrième siècle, et le monastère fut édifié un peu plus tard, mais au cours du même siècle. La p*rr*emière église était en bois, la seconde en pierre, mais elle sombra dans le lac en 1453. Étonnant, non ? Drakula accéda au pouvoir en Valachie pour la deuxième fois en 1462 et il avait ses p*rr*opres idées. Je crois qu'il aimait ce monastère parce qu'il cherchait constamment des endroits qu'il pouvait fortifier cont*rr*e les Turcs et qu'une île est facile à p*rr*otéger. Celle-ci est un lieu de choix, vous ne pensez pas ?

J'en convins, tout en essayant de ne pas le dévisager fixement. Sa prononciation de l'anglais était tellement fascinante que j'avais du mal à me concentrer sur ce qu'il disait, mais sa dernière remarque m'avait frappé. Il suffisait d'un regard pour imaginer une simple poignée de moines défendant cette place forte contre des envahisseurs. Velior Georgescu regardait autour de nous tout en hochant la tête, lui aussi.

— Donc, reprit-il, Vlad transforma le monastère en forteresse. Il fit édifier des *rr*emparts tout autour, ainsi qu'une prison et une salle de to*rr*ture. Un souterrain pour s'échapper, également, et un pont pour rallier la côte. C'était un garçon prudent, ce Vlad. Le pont a disparu depuis longtemps, bien sû*rr*, et je mets au jour le *rr*este de son œuvre. Nous avons déjà exhumé plusieurs squelettes du bâtiment que nous fouillons actuellement : c'était la p*rr*ison…

Il eut un large sourire et ses dents en or étincelèrent au soleil.

— Mais ça…

Je montrai du doigt le bel édifice avec ses coupoles et les arbres sombres dont le feuillage frissonnait contre les murs.

— … ce n'est pas l'église de Vlad ?

— J'ai bien peur que non, répondit Georgescu. Le monastère fut en pa*rr*tie incendié par les Turcs en 1462, quand le frère de Vlad, Radu, une marionnette des Ottomans, était sur le t*rr*ône de Valachie. Et juste ap*rr*ès l'enterrement de Vlad ici, une terrible tempête projeta l'église dans le lac.

Vlad était-il vraiment enterré ici ? Je mourais d'envie de lui poser « la » question, mais je gardai les lèvres serrées.

— Les paysans ont dû penser que c'était le châtiment de Dieu pou*rr* ses péchés. L'église fut rebâtie en 1517 – cela prit t*rr*ois ans, vous en voyez aujourd'hui le résultat. Les murs d'enceinte du monastère sont une *rr*estauration, qui remonte à une t*rr*entaine d'années seulement.

Nous avions marché jusqu'à l'angle de l'église et il tapota la maçonnerie patinée comme s'il flattait la croupe de son cheval favori. À ce moment précis, quelqu'un apparut soudain à l'angle de l'édifice et se dirigea vers nous – un homme voûté, avec une barbe blanche, coiffé d'un bonnet noir dont les longs rabats descendaient jusqu'à ses épaules. Il marchait appuyé sur une canne et sa robe noire était serrée à la taille par une cordelette d'où pendait un anneau de clés. Une croix ancienne en or, comme celles que j'avais vues sur les coupoles de l'église, pendait à son cou au bout d'une chaîne.

Je m'attendais si peu à cette apparition que je faillis en trébucher ; impossible de décrire l'effet que cela produisit sur moi, c'était exactement comme si Georgescu avait réussi à invoquer un fantôme. Mais mon nouvel ami s'avança en souriant à la rencontre du moine, se penchant sur sa main noueuse où étincelait une bague en or qu'il embrassa respectueusement. Le vieil homme semblait avoir lui aussi de l'affection pour l'archéologue car, l'espace d'un instant, il posa ses doigts maigres sur sa tête en lui souriant – un sourire pâle et desséché qui dévoila encore moins de dents que celui de Georgescu.

Je perçus mon nom dans les mots qu'ils échangèrent, et je m'inclinai vers le moine aussi élégamment que possible, sans toutefois parvenir à me résoudre à embrasser son anneau.

— Voici l'abbé, m'expliqua Georgescu. Il est le de*rm*ier abbé de ce monastère et sa communauté se résume à t*rr*ois moines, désormais. Il est venu ici quand il était jeune et il connaît mieux cette île que je n'y parviend*rr*ai jamais. Il vous souhaite la bienvenue et vous donne sa bénédiction. Si vous avez des questions à lui poser, il me charge de vous dire qu'il essaiera d'y répond*rr*e de son mieux.

Je m'inclinai de nouveau, et le saint homme poursuivit lentement son chemin. Quelques minutes plus tard, je le vis assis paisiblement sur le bord du mur en ruine, derrière nous, tel un corbeau se reposant dans la lumière de l'après-midi.

— Lui et les trois derniers moines vivent-ils ici toute l'année ? demandai-je à Georgescu.

— Oui, oui. Même durant les hivers les plus *rr*igoureux, ils sont toujours là.

Mon guide improvisé hocha la tête.

— Vous les entendrez bientôt chanter la messe si vous ne partez pas t*rr*op tôt.

Je lui assurai que je ne manquerais une telle expérience pour rien au monde.

— À présent je vais vous montrer l'intérieur de l'église.

Après avoir contourné l'édifice jusqu'à l'entrée principale, nous franchîmes les énormes portes en bois sculpté, et je pénétrai dans un monde inconnu, totalement différent de nos chapelles anglicanes.

Il faisait froid à l'intérieur et, avant que je distingue quoi que ce soit dans la pénombre, je perçus une odeur de fumée épicée dans l'air et une humidité qui semblait sourdre des pierres, comme si elles transpiraient… Quand mes yeux s'habituèrent à l'obscurité, ce fut seulement pour entrevoir la lueur assourdie du bronze et des flammes des bougies. La lumière du jour filtrait faiblement au travers des épais vitraux foncés. Il n'y avait ni prie-Dieu, ni chaises, hormis quelques grands sièges en bois construits le long d'un des murs. Près de l'entrée, sur un présentoir, brûlaient des cierges qui coulaient abondamment, répandant une odeur de cire fondue ; certains étaient piqués dans une couronne en cuivre, en haut ; d'autres enfoncés dans un pot de sable, autour du socle.

— Les moines les allument tous les jours et, de temps à aut*rr*e, des visiteurs le font aussi, expliqua Georgescu. Les cierges du haut sont pou*rr* les vivants, et ceux d'en bas sont pou*rr* le repos de l'âme des morts.

Au centre de l'église, il pointa un doigt vers la voûte, au-dessus de nos têtes, et j'aperçus un visage flou qui semblait flotter dans l'espace, au sommet du dôme.

— Êtes-vous familiarisé avec nos églises byzantines ? me demanda Georgescu. Le Christ figure toujours au cent*rr*e, regardant vers le bas. Ce candélab*rr*e...

Il me montra la large couronne qui remplissait presque tout l'espace de l'église. Les cierges qui y étaient plantés avaient fondu.

— Cela aussi, c'est typique.

Nous nous avançâmes vers l'autel. J'eus soudain l'impression d'être un intrus, mais il n'y avait aucune trace des moines et Georgescu marchait devant moi avec l'assurance d'un propriétaire. Des tissus brodés recouvraient l'autel, et à son pied s'amoncelaient des couvertures en laine tissée et des tapis ornés de motifs traditionnels que j'aurais crus turcs si je n'avais pas su à quoi m'en tenir. Plusieurs objets richement décorés ornaient l'autel, dont un crucifix en émail et une icône dans un cadre en or représentant une Vierge à l'Enfant. Derrière, le long du mur, s'alignait une rangée de saints au regard affligé et d'anges plus affligés encore. Ils encadraient une double porte en or martelé habillée de rideaux en velours pourpre, qui ouvrait sur un lieu invisible et mystérieux.

Tout cela, je ne le décelais qu'avec difficulté, à travers l'obscurité, mais la beauté triste de la scène me troublait. Je me tournai vers Georgescu.

— Vlad venait-il se recueillir ici ? Dans l'église d'avant celle-ci, je veux dire.

— Oh, ce*rr*tainement.

L'archéologue s'esclaffa.

— C'était un assassin t*rr*ès pieux ! Il a fait construire de nombreuses églises et bien d'autres monastères… afin que le plus de monde possible prie pou*rr* son salut. L'île était un endroit qu'il affectionnait particulièrement et il était t*rr*ès proche de cette communauté monastique. J'igno*rr*e ce qu'ils pensaient ici de sa barbarie, mais ils étaient enchantés de son soutien à leu*rr* monastère. Sans compter qu'il les protégeait des Turcs. Mais les t*rr*ésors que vous voyez viennent d'aut*rr*es églises – au siècle dernier, les paysans volèrent tout ce qui avait de la valeur quand l'église fut fe*rr*mée. Regardez donc ici : c'est ce que je voulais vous montrer.

Il s'accroupit et releva les couvertures au pied de l'autel. Dessous, je découvris une longue dalle rectangulaire, lisse, dépourvue de tout ornement, mais sans aucun doute une pierre tombale.

Mon cœur se mit à battre la chamade.

— La tombe de Vlad ?

— À en croire la légende, oui. Avec plusieurs collègues, j'ai p*rr*océdé à des fouilles il y a quelques années, et la tombe était vide, ou p*rr*esque : elle ne contenait que quelques ossements d'animal.

Je retins mon souffle.

— « Il » n'était pas là ?

— Aucun doute là-dessus.

Les dents de Georgescu scintillèrent dans la pénombre comme le cuivre et l'or qui nous entouraient.

— Les textes relatent qu'il fut enseveli ici, devant l'autel, et que la nouvelle église fut bâtie sur les fondations mêmes de l'ancienne, de so*rr*te que sa tombe ne fut pas détruite. Vous imaginez notre déception de ne pas le trouver.

De la déception ? Personnellement, je trouvais l'idée de ce trou vide, sous nos pieds, plus terrifiante que décevante...

— Par acquit de conscience, mes collègues et moi décidâmes d'élargir nos recherches, et figurez-vous qu'à cet end*rr*oit...

Sans se rendre compte qu'il jouait avec mes nerfs, il me conduisit tranquillement le long de la nef, près de l'entrée, et écarta un autre tapis.

— À cet end*rr*oit précis, nous avons découvert une aut*rr*e pierre tombale, identique à la première.

Je l'examinai. Elle avait les mêmes dimensions, en effet, et la même forme que l'autre ; elle était tout aussi dénuée d'ornement.

— Nous avons donc fouillé ici, expliqua Georgescu en tapotant la dalle.

— Et vous avez trouvé... ?

— Ma foi, un t*rr*ès joli squelette.

Il me rapporta cette information avec une satisfaction évidente.

— Couché dans un cercueil où subsistaient encore des lambeaux du linceul – ce qui est stupéfiant, au bout de cinq siècles. Le linceul était de couleur pou*rr*pre, avec des broderies d'or, et le squelette était en t*rr*ès bon état. Magnifiquement vêtu, lui aussi, de brocart pourpre avec des manches rouge sombre. Le plus extraordinaire, c'est ce que nous découvrîmes, cousu à l'intérieur d'une manche : une petite bague. Il s'agit d'un bijou t*rr*ès banal, mais un de mes collègues est persuadé qu'il faisait partie d'un ornement plus g*rr*and sur lequel apparaissait le symbole de l'Ordre du D*rr*agon.

Mon cœur manqua un battement ou deux à ce stade de son récit, je l'avoue.

— Le symbole ?

— Oui. Un d*rr*agon avec de longues griffes et une queue en anneaux. Ceux qui étaient investis dans l'Ordre gardaient cette image sur eux constamment, en général sous la forme d'une broche ou d'un fermoir pour la g*rr*ande cape que portaient les initiés. Notre ami Vlad fut sans aucun doute investi dans cet Ordre, p*rr*obablement par son père, quand il atteignit l'âge adulte.

Georgescu me sourit.

— Mais j'ai le sentiment que vous savez déjà tout cela, professeur.

J'aurais dû me sentir délivré d'un poids, mais, en vérité, j'étais écartelé entre soulagement et regret.

— Ainsi donc, la légende s'est simplement trompée sur l'emplacement exact de sa tombe.

— Oh, je ne crois pas, non.

Il remit le tapis en place sur la dalle.

— Mes collègues ne seraient pas tous d'accord, mais pour moi tout indique qu'il ne s'agit pas de la tombe de Vlad.

Je le dévisageai avec stupeur.

— Mais… que faites-vous de la pourpre royale et de la bague ?

Georgescu secoua la tête.

— Le mort était sans doute membre de l'Ordre, lui aussi – un noble de haut *rr*ang – et peut-être était-il vêtu des plus beaux atours de Drakula pour l'occasion. Peut-être même a-t-il été… invité à mou*rr*ir, pour qu'il y ait bien un corps dans la tombe – Dieu sait quand cela s'est passé.

— Avez-vous remis le squelette en place ? demandai-je d'une voix blanche.

Il fallait que je sache ; la dalle était si proche de nous, juste sous nos pieds.

— Oh non, nous l'avons confié au muséum d'histoire de Bucarest, mais vous ne pourrez pas le voi*rr* : ils l'ont mis dans la réserve et il a disparu il y a deux ans, avec ses beaux atou*rr*s. Une catastrophe.

Georgescu n'avait pas l'air consterné, comme si le squelette avait été intéressant, certes, mais sans trop d'importance, puisqu'il n'était pas le bon.

— Je ne comprends pas, dis-je en le regardant fixement. Avec toutes ces preuves, pourquoi pensez-vous que ce n'est pas Vlad Drakula ?

— Élémentai*rr*e, rétorqua Georgescu avec bonhomie, en tapotant le tapis. Ce mort avait sa tête. Or celle de Drakula a été tranchée et apportée en trophée à Istanbul par les Turcs. Tous les récits sont formels sur ce point. Voilà pourquoi je cherche une autre tombe dans l'ancienne p*rr*ison. Je pense que le corps a été retiré de son lieu de sépulture devant l'autel pou*rr* dérouter les pilleurs de tombes, ou peut-être pou*rr* le protéger de futures invasions turques. Il se cache quelque part sur l'île, ce vieux bougre !

J'étais étourdi par le flot de questions que je voulais lui poser, mais il se redressa et s'étira.

— Et si nous allions dîner ? J'ai tellement faim que je pourrais avaler un cheval. Si vous voulez, nous pouvons d'abord assister au début de l'office. Où avez-vous prévu de descendre pou*rr* la nuit ?

Je dus lui avouer que je n'avais rien prévu du tout et que je devais également trouver un lit pour mon chauffeur.

— Et il y a une foule de choses dont je voudrais pouvoir parler avec vous, ajoutai-je.

— Et moi de même, acquiesça-t-il. Nous pourrions discuter pendant not*rr*e dîner.

Il s'avéra que l'archéologue avait un petit bateau amarré en bas de l'église. Toujours serviable, il proposa de nous ramener sur la rive où il s'arrangerait avec le propriétaire du restaurant pour qu'il nous trouve des chambres. Le problème réglé, Georgescu rangea ses outils et donna quartier libre à ses assistants, puis nous regagnâmes l'église juste à temps pour voir l'abbé et ses trois moines, vêtus eux aussi de robes noires, s'avancer lentement jusqu'à l'autel. Deux d'entre eux étaient âgés, mais le troisième avait une barbe brune et se tenait très droit. L'abbé conduisait la marche en tenant dans une main une croix et dans l'autre un globe. Ses épaules voûtées étaient couvertes d'un manteau pourpre et or qui captait la faible lumière des cierges.

Une fois devant l'autel, ils se prosternèrent de tout leur long sur les dalles – juste au-dessus de la tombe vide, notai-je avec un frisson. Pendant un instant, j'eus l'impression horrible qu'ils s'inclinaient moins devant Dieu que devant la tombe originelle de l'Empaleur.

Soudain, une sonorité lugubre s'éleva ; elle semblait sourdre de l'église elle-même, suinter des pierres et descendre du dôme comme des vapeurs de brouillard. Les moines chantaient. L'abbé franchit les petites portes derrière l'autel – j'essayai de ne pas tendre le cou pour apercevoir le sanctuaire privé – et en rapporta un grand livre avec une couverture émaillée. Sa main traça une bénédiction dans l'espace, juste au-dessus du livre, puis il le posa sur l'autel. L'un des moines lui tendit un encensoir muni d'une longue chaîne ; il le balança au-dessus du livre, l'inondant d'une fumée aromatique.

Tout autour de nous s'élevaient les chants sacrés avec leurs bourdonnements graves et leurs mélodies plus aiguës. J'en eus la chair de poule car je réalisai que j'étais plus proche en cet instant du cœur de l'Empire byzantin que je ne l'avais jamais été à Istanbul. Ces chants anciens et le rite qui les accompagnait avaient probablement peu changé depuis qu'ils avaient été institués pour l'empereur à Constantinople.

— L'office est t*r*rès long, me chuchota Georgescu. Ils ne nous en voudront pas si nous nous éclipsons.

Il sortit un cierge de sa poche, l'alluma à une flamme du présentoir près de l'entrée, et l'enfonça dans le sable, juste en dessous.

Le restaurant, de l'autre côté du lac, était minuscule et ne payait pas de mine, mais nous dînâmes avec appétit de salades et de ragoûts servis par une timide jeune fille du village. Il y avait un poulet entier et une bouteille de vin rouge enivrant que Georgescu servit généreusement. Mon chauffeur s'était apparemment fait des amis à la cuisine, de sorte que nous nous retrouvâmes seuls dans la petite salle avec sa vue sur le lac et l'île.

Une fois notre faim apaisée, je demandai à l'archéologue d'où lui venait cette maîtrise admirable de l'anglais. Il éclata de rire, la bouche pleine.

— Je le dois à mes parents écossais. Dieu ait leu*rr* âme. Mon père était archéologue, un médiéviste, ma mère tsigane. J'ai grandi dans une ferme, à Fort William, et j'ai t*rr*availlé avec mon père jusqu'à sa mort. Après son décès, ma mère a voulu *rr*entrer dans son pays d'origine. Elle avait toujours vécu en Écosse, mais la famille de mon père n'avait pas été t*rr*ès tendre avec elle, alors elle m'a emmené ici, avec elle. J'avais quinze ans, et je ne suis jamais reparti. En a*rr*ivant, j'ai p*rr*is son nom de famille afin de me fondre dans le décor.

Ce récit me laissa sans voix pendant quelques instants et il sourit.

— C'est une histoire ét*rr*ange, n'est-ce pas ? Et la vôtre ?

Je lui parlai, brièvement, de ma vie et de mes études, et du livre mystérieux qui m'était tombé entre les mains. Il m'écouta, ses sourcils formant une ligne continue, et lorsque je m'arrêtai, il hocha lentement la tête.

— Une histoire t*rr*ès bizarre, aucun doute là-dessus.

Je sortis le livre de mon sac et le lui tendis. Il l'examina avec soin, contemplant pendant de longues minutes la gravure centrale.

— Effectivement, dit-il d'une voix pensive. Cela ressemble beaucoup aux nombreuses images associées à cet Ordre. J'ai déjà vu un d*rr*agon similaire sur des bijoux – la bague du mort, par exemple. Mais je n'avais jamais vu un livre comme celui-ci... Aucune idée de l'end*rr*oit d'où il vient ?

— Non, admis-je. J'espère le faire examiner par un spécialiste un jour, peut-être à Londres.

— C'est un ouvrage remarquable.

Georgescu me le rendit respectueusement.

— Et maintenant que vous avez vu Snagov, où avez-vous l'intention de vous rend*rr*e ? À nouveau à Istanbul ?

— Non.

Je frissonnai, mais ne voulus pas lui en expliquer la raison.

— J'ai l'intention de rentrer en Grèce où je dois assister à une fouille, en fait, dans deux semaines. Mais je pensais pouvoir jeter un coup d'œil à Târgoviste, puisque c'était la principale capitale de Vlad. Vous y êtes allé ?

— Oui, bien sû*rr*.

Georgescu essuya son assiette avec un morceau de pain d'un geste vorace.

— C'est un end*rr*oit que doit visiter toute personne qui s'intéresse à Drakula. Mais la chose vraiment importante, c'est son château.

— Son château ? Il y a vraiment un château ? Je veux dire, il existe toujours ?

— Eh bien, ce n'est plus qu'une ruine, mais t*rr*ès impressionnante. Une forteresse en ruine qui se dresse à quelques kilomètres de Târgoviste, en amont du fleuve Argeş. On peut s'y rend*rr*e très facilement par la route, en effectuant la dernière partie de l'ascension à pied. Drakula avait une prédilection pou*rr* les lieux faciles à protéger contre les Turcs, et celui-ci est un modèle du gen*rr*e. Vous voulez que je vous dise… ?

Il fouillait ses poches. Il en sortit une petite pipe en argile et commença à la remplir avec du tabac très parfumé. Je lui passai une bougie.

— Merci, mon garçon. Vous voulez que je vous dise ? Je vais veni*rr* avec vous. Je ne pourrai rester que deux jou*rr*s, mais je vous aiderai à rallier la forteresse. C'est beaucoup plus facile quand on a un guide. Et puis, j'aimerais la revoir.

Je le remerciai chaleureusement ; l'idée de m'aventurer au cœur de la Roumanie sans interprète m'avait inquiété, je l'avoue. Nous convînmes de nous mettre en route dès le lendemain, si mon chauffeur acceptait de nous conduire jusqu'à Târgoviste.

Georgescu connaît un village près de l'Argeş où nous pourrons séjourner pour quelques shillings ; ce n'est pas le plus proche du château fort, mais il n'a pas envie de retourner dans le village dont on l'a presque chassé un jour. Nous nous sommes séparés sur un « bonne nuit » chaleureux et maintenant, mon ami, je dois souffler ma bougie et dormir avant de me lancer dans cette nouvelle aventure – dont je ne manquerai pas de vous tenir informé.

Bien affectueusement,

Bartholomew. »

46.

« Mon cher ami,

Mon chauffeur a finalement été en mesure de nous emmener jusqu'à Târgoviste aujourd'hui, après quoi il est rentré à Bucarest, auprès de sa famille, et nous nous sommes installés pour la nuit dans une vieille auberge. Georgescu est un merveilleux compagnon de voyage ; tout au long du trajet il m'a raconté l'histoire de la région que nous traversions. Ses connaissances sont très étendues et son intérêt porte aussi bien sur la botanique que sur l'architecture, de sorte que j'ai appris une foule de choses.

Târgoviste est une très belle ville qui a conservé une allure médiévale (et qui possède au moins une bonne auberge où un voyageur peut se laver le visage avec de l'eau propre !). Nous sommes à présent au cœur de la Valachie, un pays vallonné enclavé entre montagnes et plaines. Vlad Drakula la dirigea à plusieurs reprises entre 1450 et 1460 ; Târgoviste était sa capitale, et cet après-midi nous nous sommes promenés au milieu des ruines substantielles de son palais, Georgescu m'indiquant l'agencement des différentes salles et leur fonction probable.

De toutes les choses étonnantes que nous avons vues aujourd'hui, la plus remarquable est sans conteste la tour de guet de Drakula, ou plutôt la superbe restauration qui en a été faite au dix-neuvième siècle. En bon archéologue, Georgescu a immédiatement mis un bémol, m'expliquant que les créneaux n'étaient pas conformes aux originaux ; mais que pouvait-on attendre de bon des historiens, me demanda-t-il aigrement (oubliant que je faisais partie de cette engeance), dès lors que ces messieurs se permettaient de faire appel à leur imagination ? Mais que cette tour de guet fût conforme ou non à l'originale, ce qu'il m'en raconta me donna le frisson : figurez-vous que Vlad Drakula l'utilisait non seulement pour surveiller les alentours afin de parer à toute invasion turque, mais aussi pour admirer les séances d'empalements qu'il organisait dans la cour, juste en dessous.

Drakula n'est pas né ici, mais en Transylvanie, dans une ville appelée Sighişoara. Je n'aurai malheureusement pas le temps de la visiter, mais Georgescu a eu la chance de s'y rendre à plusieurs reprises et il paraît que la maison dans laquelle vécut le père de Drakula, la maison natale de Vlad, existe toujours.

Nous dînâmes dans un pub, près du centre de la ville. De notre place, nous pouvions voir les murs extérieurs du palais en ruine, et comme nous mangions notre ragoût à grand renfort de pain croustillant, Georgescu m'annonça que Târgoviste était le point de départ parfait pour se rendre jusqu'à la forteresse de Drakula, dans la montagne.

— Lorsqu'il accéda au trône de Valachie pour la deuxième fois, en 1462, m'expliqua-t-il, il décida de fai*rr*e édifier un château au-dessus de l'Argeş où il pourrait se retrancher pour échapper à des invasions venues de la plaine. Les montagnes entre Târgoviste et la Transylvanie – sans pa*rr*ler du relief de la Transylvanie elle-même – ont toujours été un refuge pour les Valaques.

Il coupa un morceau de pain et s'en servit pour saucer son ragoût, tout sourire.

— Drakula savait qu'il existait déjà deux forteresses en ruine remontant au onzième siècle, au-dessus du fleuve. Il décida donc de reconstrui*rr*e l'une d'elles, l'ancien Château Argeş. Il lui fallait une main-d'œuvre bon marché, alors il convia tous ses boyards – les seigneurs, vous savez ? – à une fête destinée à célèb*rr*er Pâques. Ils répondirent tous à l'invitation et se présentèrent ici même, à Târgoviste, dans leurs plus beaux atours. Drakula leu*rr* servit à manger et à boire sans compter, à la suite de quoi il tua tous ceux qu'il ne jugeait pas aptes au travail et il obligea les autres – y compris les femmes et les enfants – à faire à pied cinquante kilomètres jusque dans les montagnes pour *rr*econstruire le Château Argeş.

Georgescu cherchait quelque chose du regard sur la table, apparemment un autre morceau de pain.

— La réalité est un peu plus complexe – l'histoire roumaine l'est toujours. Loin de moi l'idée de che*rr*cher des circonstances atténuantes à Drakula, mais il faut savoir que son frère aîné, Mircea, avait été assassiné ici même, à Târgoviste, quelques années auparavant, par leurs ennemis politiques. Quand Drakula p*rr*it le pouvoir, il fit exhumer le cercueil et découvrit alors que le malheureux avait été enterré vivant… Ce fut alors qu'il lança son invitation à célébrer Pâques – de cette façon, il faisait coup double : il vengeait son frère et il obtenait une main-d'œuvre gratuite pour bâtir son château dans les montagnes. Il fit édifier un four à briques près de la forteresse d'o*rr*igine, et tous ceux qui avaient survécu au voyage et au début des travaux forcés furent contraints de redoubler d'efforts, nuit et jour. Les anciens chants de la région disent que les beaux habits des boyards tombèrent en lambeaux, puis en poussière, avant qu'ils aient te*rr*miné leur tâche.

Georgescu essuya son bol et conclut :

— J'ai souvent eu l'occasion de noter que Drakula avait un esprit aussi p*rr*atique que cruel.

Donc, dès demain, mon cher ami, nous suivrons les traces de ces malheureux boyards, mais en charrette, et non pas à pied et la corde au cou, comme eux.

J'ai moins que jamais la possibilité de poster ceci, je vais donc ranger ma lettre dans mon sac, en attendant une occasion.

Bien à vous,

Bartholomew.

Mon cher ami,

À ma vive satisfaction, nous avons réussi à nous rendre dans un village situé sur les rives de l'Argeş. Il nous a fallu une journée entière pour y accéder, et traverser des montagnes incroyablement abruptes, bringuebalés dans la charrette d'un fermier que j'ai grassement payé pour sa peine. Résultat : je suis rompu, mais émerveillé. Ce village est un enchantement, un lieu qui semble sorti tout droit d'un conte de Grimm. C'est un autre monde, d'un autre temps. Je voudrais que vous puissiez le voir ne serait-ce qu'une heure afin de mesurer la distance qui le sépare du monde qui est le nôtre en Europe de l'Ouest. Les maisons sont pauvres et réduites à l'essentiel pour certaines, mais elles présentent toutes un aspect accueillant, avec un toit qui descend très bas et une grande cheminée, sur laquelle les cigognes qui passent l'été ici font leur nid.

Je m'y suis promené cet après-midi avec Georgescu, et j'ai découvert que la petite place au centre du village faisait office de lieu de réunion, une sorte d'agora rustique. Il y a un puits pour les habitants et un grand abreuvoir pour les bêtes, qu'on y conduit deux fois par jour. Sous un arbre délabré se trouve la seule et unique taverne, un endroit bruyant où pour me faire sinon adopter, du moins bien voir, j'ai dû payer une tournée après l'autre d'une atroce gnôle locale – pensez à moi quand vous serez attablé au Golden Wolf devant votre pinte de bière !

La plupart des gens se rappellent Georgescu et sa dernière visite au village, il y a six ans, et ils l'ont accueilli avec de grandes claques dans le dos quand nous sommes entrés dans la taverne cet après-midi, même si certains semblaient l'éviter. D'après lui, il faut compter une journée pour monter jusqu'à la forteresse et une autre pour le retour – l'ennui, c'est que personne ne semble décidé à nous y conduire. Les villageois évoquent la présence de loups, d'ours et, bien sûr, de vampires – des pricolici, comme on dit dans leur langue. Je commence à baragouiner quelques mots de roumain et mes connaissances en français, en italien et en latin me rendent le plus grand service pour essayer de comprendre ce qui se murmure.

Ce soir, alors que nous interrogions des « Anciens » à la terrasse de la taverne, le village entier (ou presque) est venu nous dévisager, Georgescu et moi, surtout moi – sans beaucoup de discrétion : des femmes, des fermiers, des légions de gamins pieds nus, et des jeunes filles (de vraies beautés aux yeux noirs, mon cher). À un moment, il y avait autour de nous tellement de villageois impatients de tirer de l'eau, avides de balayer le pas de leur porte ou pris du brusque désir de venir échanger quelques mots avec le patron de la taverne, que je n'ai pas pu m'empêcher d'éclater de rire, ce qui a achevé d'attirer tous les regards sur moi.

La suite demain – je ne saurais résister au plaisir de bavarder un moment avec vous, qui plus est dans ma... dans notre langue !

Bien à vous, avec toute mon affection,

Rossi.

Mon cher ami,

C'est fait : nous avons fait l'aller-retour jusqu'à la forteresse de Vlad. Je sais maintenant pourquoi je tenais tant à la voir : elle donne vie, si j'ose dire, au personnage effrayant que je poursuis jusque dans sa tombe – ou du moins que je traquerai bientôt dans sa dernière demeure, où qu'elle se trouve, si j'arrive à utiliser mes cartes. Je vais essayer de vous raconter notre expédition telle que je voudrais que vous vous la représentiez, et telle que j'aimerais me la rappeler toujours.

Nous avons voyagé dans la charrette d'un jeune fermier – le petit-fils de l'un des anciens du village avec qui nous avions discuté à la terrasse de la taverne. Apparemment, son grand-père lui avait ordonné de nous conduire là-bas, et il n'appréciait guère la mission. Lorsque nous montâmes dans sa charrette, aux premières lueurs de l'aube, il montra du doigt les montagnes à plusieurs reprises, secouant la tête et répétant :

— Poenari ? Poenari ?

Finalement, devant notre résolution, il parut se résigner et fit avancer ses chevaux, deux énormes machines marron arrachées aux champs pour la journée.

Leur maître était lui-même un personnage impressionnant, immense, avec des épaules de géant sous sa chemise et sa veste en laine. Avec son chapeau, il nous dépassait de deux bonnes têtes, ce qui rendait ses craintes vaguement comiques à mes yeux, même si je n'avais aucune envie de rire des superstitions de ces paysans après ce que j'avais vu, de mes yeux vu, à Istanbul (et que, comme promis, je vous raconterai de vive voix à mon retour). Georgescu essaya bien d'engager la conversation avec lui pendant que nous traversions la forêt profonde, mais il continua à serrer les rênes dans une angoisse silencieuse (à ce qu'il me sembla), celle d'un condamné qui marche à son supplice.

De temps à autre, notre cocher glissait sa main sous sa chemise comme s'il y portait une amulette protectrice – enfin, je le suppose à cause du lacet en cuir autour de son cou car je n'osais pas lui poser la question qui me brûlait les lèvres. Je ressentais de la pitié pour cet homme et ce que nous lui faisions endurer, contre tous les interdits de sa culture, et je décidai en moi-même de le récompenser au mieux de mes maigres moyens à la fin du voyage.

Nous avions l'intention d'interroger les paysans des alentours que nous pourrions être amenés à rencontrer, et de passer la nuit au milieu des ruines afin d'avoir le temps de tout examiner. Le grand-père de notre cocher nous avait donc fourni des couvertures et des plaids, et sa grand-mère une provision de pain, de fromages ainsi que des pommes, le tout enveloppé dans un ballot à l'arrière de la charrette.

Comme nous pénétrions dans la forêt, je ressentis un frisson d'excitation qui n'avait rien de scientifique. Je me remémorais le jeune et fougueux Jonathan Harker du roman de Bram Stoker s'aventurant en diligence au cœur des forêts de Transylvanie – ou dans ce qui en tenait lieu dans le récit – et je regrettais presque que nous ne soyons pas partis de nuit, afin de pouvoir apercevoir de mystérieux feux dans les bois et entendre les loups hurler. Quel dommage que Georgescu n'ait jamais lu le roman, songeai-je en décidant in petto de lui en envoyer un exemplaire d'Angleterre. Puis je me remémorai ma rencontre à Istanbul et mon bel enthousiasme retomba instantanément.

La route était si mauvaise, défoncée, criblée d'ornières, que nous progressions lentement dans la forêt, d'autant que la pente était subitement devenue très abrupte. Ces forêts touffues et sombres, même au plus fort de la journée, ont la fraîcheur sépulcrale de l'intérieur d'une église. Quand on les traverse, on est complètement cerné par des arbres et par un bruissement de feuillage ; rien n'est visible depuis la voie carrossable (en fait, tout juste un sentier) sur des kilomètres, à part des troncs d'arbres à l'infini et des broussailles, une barrière impénétrable d'épicéas et d'arbres à feuilles caduques dont certains montent si haut qu'ils masquent le ciel. C'est comme passer entre les vivants piliers d'une immense cathédrale, mais lugubre et hantée, où l'on aperçoit la Vierge Noire et des saints martyrisés dans chaque niche. Il me sembla entrevoir une bonne douzaine d'espèces d'arbres différentes, dont des châtaigniers, des chênes et une variété que je n'avais jamais rencontrée auparavant.

Au moment où la pente s'élevait, nous traversâmes une nef de troncs argentés, une hêtraie comme on en rencontre encore (quoique rarement) dans les propriétés des manoirs anglais les plus boisés. Celle-ci aurait pu faire une salle de mariage pour Robin des bois en personne, avec des troncs éléphantesques supportant un toit fait d'un million de petites feuilles vertes, tandis que le feuillage de l'année précédente formait un tapis fauve sous nos roues.

Notre cocher semblait parfaitement indifférent à la splendeur de ce décor naturel – mais peut-être, à force de vivre dans un cadre aussi spectaculaire, ne prête-t-on plus guère attention à tant de beauté. Toujours est-il qu'il restait assis sur son siège, le dos rond, muré dans le même silence désapprobateur. Georgescu, lui, était occupé à relire des notes qu'il avait prises sur le lieu de ses fouilles, à Snagov, de sorte que je n'avais personne avec qui partager mon émerveillement.

Après avoir voyagé presque la moitié de la journée, nous entrâmes dans un champ, vert et jaune dans la lumière du soleil. Nous étions très haut au-dessus du village, et sur notre gauche s'ouvrait un à-pic recouvert d'arbres, si abrupt que dévier de notre route nous aurait aussitôt précipités en bas. Tout au fond du précipice, la forêt plongeait dans une gorge et j'aperçus pour la première fois le fleuve Argeş, tel un serpent d'argent à nos pieds. Le versant opposé, tout aussi boisé, semblait un mur vertical, impossible à franchir. C'était un lieu destiné aux aigles, non aux hommes, et je songeai avec admiration aux combats qui s'étaient déroulés ici entre Ottomans et chrétiens. Qu'une armée – quelles que soient sa foi et son audace – ait tenté d'envahir cette nature hostile était pure folie. On comprenait aisément pourquoi Vlad Drakula avait choisi d'installer ici son repaire ; avec ou sans forteresse, le lieu était imprenable.

Notre guide sauta à bas de sa charrette, déballa notre déjeuner, et nous nous installâmes sous les chênes et les aulnes pour manger. Ensuite, toujours sans mot dire, il s'étendit sous un arbre et rabattit son chapeau sur son visage, tandis que Georgescu en faisait autant sous un autre arbre. Tous deux dormirent une bonne heure pendant que je me promenais dans le pré. Hormis le gémissement du vent dans ces forêts sans fin, il y régnait un calme merveilleux, comme surnaturel. Le ciel immense, d'un bleu lumineux, s'étirait au-dessus de tout.

Parvenu à l'extrémité du champ, j'aperçus en contrebas un pré tout pareil à celui-ci où un berger vêtu de blanc et coiffé d'un large chapeau marron surveillait son troupeau – des moutons –, appuyé sur sa houlette. Les bêtes se déplaçaient nonchalamment autour de lui, comme des nuages, et je me fis la réflexion que la même scène devait déjà exister au même endroit à l'époque de Trajan, au premier siècle de notre ère. Un sentiment d'apaisement me pénétra. La nature macabre de notre expédition s'effaçait de mon esprit, et je songeai que j'aurais pu rester ici, dans cette prairie douce et parfumée, pendant des milliers d'années, tout comme ce berger tout droit sorti des *Bucoliques* de Virgile.

Au cours de l'après-midi, notre charrette cahota sur des pentes de plus en plus raides, et finalement nous atteignîmes un village qui, m'expliqua Georgescu, était le plus proche de la forteresse ; nous nous installâmes à la taverne locale avec un verre d'un alcool très fort qu'ils appellent *pălincă*. Notre jeune cocher nous fit alors comprendre qu'il n'irait pas plus loin. Libre à nous de continuer à pied jusqu'au château, mais lui resterait ici avec ses chevaux ; rien ne pourrait le décider à monter là-haut, et encore moins à passer la nuit avec nous dans les ruines. Comme nous insistions, il porta la main au mystérieux objet noué à son cou et grogna : « *Pentru nimica în lime* » – une expression sans doute haute en couleur dont Georgescu me traduisit sobrement par : « Pas question ».

L'homme se montra tellement buté que Georgescu préféra en rire et décréta que la forteresse n'était pas si loin et que, de toute façon, on ne pouvait effectuer la dernière partie du trajet qu'à pied. J'étais un peu étonné par son idée de dormir sur place au lieu de redescendre au village et, pour être honnête, je n'étais pas très enthousiaste moi-même à l'idée de passer la nuit là-bas, mais je n'en dis rien.

Finalement, nous laissâmes notre cocher à son breuvage et les chevaux à leur abreuvoir, et nous nous mîmes en route, équipés de nos sacs à dos. Comme nous nous engagions dans la rue principale, je me remémorai l'histoire des boyards de Târgoviste, contraints de marcher jusqu'aux ruines de la forteresse, je songeai à ce que j'avais vu – ou cru voir – à Istanbul… et je ressentis un brusque sentiment de malaise.

La route se réduisit peu à peu à un chemin à peine carrossable, puis à un étroit sentier traversant la forêt. Les derniers mètres étaient les plus difficiles, mais nous les franchîmes gaillardement. Nous nous retrouvâmes soudain au sommet d'une crête exposée au vent, une échine rocheuse qui saillait au-dessus de la forêt. Tout au bout, sur une vertèbre plus haute que les autres, s'agrippaient deux tours en ruine et un fouillis de murs en partie écroulés : tout ce qu'il restait du château de Drakula.

La vue était vertigineuse. Tout en bas, on distinguait à peine le scintillement de l'Argeş au fond de la gorge, et les villages éparpillés ici et là le long de ses rives, à un jet de pierre les uns des autres. Au loin, vers le sud, se dessinait un paysage vallonné (Georgescu m'apprit qu'il s'agissait des plaines de Valachie), tandis qu'au nord se dressaient de très hautes montagnes, dont certains sommets étaient enneigés. Nous nous étions hissés jusqu'à un nid d'aigle.

Georgescu s'engagea le premier au milieu des éboulis et nous parvînmes enfin au milieu des ruines. La forteresse avait été de dimensions modestes, je m'en rendis compte immédiatement, et il y avait bien longtemps qu'elle était livrée aux éléments ; une multitude de fleurs sauvages, des lichens, de la mousse, des champignons et des arbres rabougris, battus par les vents, avaient pris possession des lieux. Les deux tours qui tenaient encore debout se dressaient comme des silhouettes squelettiques contre le ciel. Georgescu m'expliqua qu'à l'origine il y avait cinq tours, à partir desquelles les soldats de Drakula guettaient une éventuelle invasion des Turcs.

La cour dans laquelle nous nous tenions possédait jadis un puits assez profond pour assurer le ravitaillement en eau pendant un long siège et aussi – à en croire la légende – un passage secret qui débouchait dans une grotte, bien plus bas, près de l'Argeş. C'était par là que Drakula avait échappé aux Turcs en 1462 après avoir utilisé la forteresse de façon intermittente pendant environ cinq ans. Apparemment, il n'y était jamais retourné. Georgescu pensait avoir identifié la chapelle du château à l'une des extrémités de la cour, où nous scrutâmes une voûte en ruine. Des oiseaux entraient et sortaient des murs de la tour, des serpents et des petits animaux nous fuyaient, et j'avais le sentiment que la nature prendrait bientôt possession du reste de cette citadelle.

Quand notre archéologue eut terminé sa démonstration, le soleil frôlait déjà la cime des collines, à l'ouest, et l'ombre des rochers, des arbres et des tours s'était agrandie autour de nous.

— Nous pourrions rentrer au village, dit pensivement Georgescu, mais il nous faudra refaire la *rr*oute à pied si nous voulons revenir jeter un coup d'œil demain matin. Moi, je serais plutôt tenté de bivouaquer ici, pas vous ?

J'étais tout à fait contre, mais Georgescu avait l'air si pragmatique, si scientifique, avec son large sourire et son carnet de croquis à la main, que je n'osais toujours rien dire. Il se mit à ramasser du bois mort, je l'aidai et, bientôt, un feu crépita sur les dalles de l'ancienne cour, débarrassées de leur tapis de mousse pour l'occasion. Georgescu semblait à son aise et sifflotait tout en s'activant, repoussant dans le feu les brindilles incandescentes qui s'en échappaient, fabriquant un petit support pour la casserole qu'il sortit de son sac à dos. En deux temps trois mouvements, il avait improvisé un dîner et coupé du pain, souriant aux flammes, et je me rappelai qu'il était, par ses origines, autant gitan qu'écossais.

Le soleil se coucha avant que notre repas soit prêt et, lorsqu'il se cacha derrière les montagnes, les ruines furent englouties par l'obscurité, les tours se découpant de façon austère contre un coucher de soleil parfait. Des oiseaux – chouettes ? chauves-souris ? – entraient et sortaient des meurtrières d'où, jadis, des salves de flèches avaient été décochées en direction des soldats turcs. Je déployai ma couverture aussi près que possible du feu. Georgescu nous servit notre dîner et, pendant que nous mangions, il évoqua de nouveau l'histoire de ce lieu.

— L'un des récits les plus tristes qui entourent la légende de Drakula concerne cet end*r*roit. Vous avez entendu parler de la première épouse de Drakula ?

Je secouai la tête.

— Les paysans d'ici racontent une histoi*r*re qui, selon moi, est certainement vraie. Vous savez qu'à l'automne 1462 Drakula fut chassé de cette forteresse par les Turcs. Les chansons des villages alentour *r*racontent que la nuit où l'armée turque atteignit le versant opposé, là-bas…

Il me montra le velours sombre de la forêt.

— Ils installèrent leur campement dans la vieille forteresse de Poenari et tentèrent de détrruire le château de Drakula en tirant au canon depuis l'autre rive du fleuve. Comme ils n'y parvenaient pas, leur commandant décida de lancer une grrande offensive le lendemain matin…

Georgescu s'interrompit pour tisonner le feu, faisant jaillir une gerbe d'étincelles rougeoyantes ; la lumière des flammes dansa sur son visage basané, et ses cheveux noirs bouclés ressemblèrent à des cornes.

— Pendant la nuit, un esclave du camp turc qui était un parent de Drakula tira secrètement une flèche dans l'ouverturre de la tour où il savait que Drakula avait ses appartements privés. Attaché à l'empennage, un message l'avertissait de quitter le château avant que sa famille et lui soient capturés. L'esclave put apercevoir la silhouette de l'épouse de Drakula qui lisait le message à la lueur d'une torrche. Les chansons folkloriques rapportent qu'elle déclara préférer finir dans le ventre des poissons de l'Argeş que de devenir l'esclave des Turcs. Il est vrai qu'ils n'étaient pas des plus tendrres avec leurs prisonniers et prisonnières, si vous voyez ce que je veux dire.

Georgescu me sourit d'un air espiègle au-dessus de son dîner.

— Sur cette bonne parole, la Princesse se précipita dans l'escalier de la tour – prrobablement celle-ci – et, une fois en haut, elle se jeta dans le vide. Drakula, lui, s'échappa par le passage souterrain.

Il hocha tranquillement la tête.

— Cette partie de l'Argeş est toujours appelée Riul Doamnei, ce qui signifie « le fleuve de la Princesse ».

Comme vous pouvez l'imaginer, je frissonnai. Je m'étais penché sur le précipice cet après-midi. Le fleuve, en contrebas, était terriblement loin.

— Drakula avait-il eu des enfants de cette femme ?

— Oh oui.

Georgescu racla le fond de la casserole pour me resservir.

— Leur fils s'appelait Mihnea le Mauvais, et il régna sur la Valachie au début du seizième siècle. Encore un cha*rr*mant personnage. Sa lignée a produit toute une série de Mihnea et de Mircea, plus mauvais les uns que les aut*rr*es. Quant à Drakula, il se remaria avec une Hongroise, de la propre famille de Mathias Corvin, le roi de Hongrie. Et ils donnèrent le jou*rr* à beaucoup de petits Drakula.

— Subsiste-t-il des descendants en Valachie ou en Transylvanie ?

— Je ne crois pas. Je les aurais ret*rr*ouvés si c'était le cas.

Il rompit un morceau de pain et me le tendit.

— Cette deuxième descendance possédait des terres au pays des Szekler et ils s'étaient tous unis avec des Hongrois. Les derniers d'ent*rr*e eux épousèrent des membres de la noble famille Getzi et ils finirent par disparaître, eux aussi.

Je notai toutes ces informations dans mon carnet, entre deux bouchées, même s'il était peu probable qu'elles me conduisent jusqu'à une certaine Tombe maudite. Cette pensée m'amena à une dernière question, que j'aurais préféré ne pas poser compte tenu de l'obscurité profonde qui grandissait autour de nous.

— Serait-il possible que Drakula ait été enterré ici même ou que son corps ait été amené ici depuis Snagov, par mesure de précaution ?

Georgescu s'esclaffa.

— L'espoir fait vivre, hé ? Non, le vieux filou gît quelque part à Snagov, faites-moi confiance. Bien sû*rr*, cette chapelle que vous voyez ici possédait une crypte – on aperçoit encore les deux marches qui menaient à une salle souterraine, aujourd'hui effondrée. J'ai p*rr*océdé à des fouilles, la première fois que je suis venu ici.

Il me décocha un large sourire.

— À cause de ça, les villageois ont rrefusé de m'adresser la parole pendant des semaines. Mais la crypte était vide. Pas même le plus petit ossement.

À ces mots, il se mit à bâiller à s'en décrocher la mâchoire. Nous rangeâmes nos provisions tout près du feu, nous nous emmitouflâmes dans nos couvertures et nous restâmes immobiles. La nuit était froide et je me félicitai de porter mes vêtements les plus chauds. Je levai les yeux pour contempler les étoiles – elles semblaient merveilleusement proches de ce précipice noir comme la gueule de l'Enfer – et j'écoutai Georgescu ronfler.

Finalement je dus m'endormir, moi aussi, parce qu'il n'y avait plus que des braises dans le feu lorsque je me réveillai. Une écharpe de nuages enveloppait le sommet de la montagne. Je frissonnai, et j'étais sur le point de me lever pour remettre du bois dans le feu quand un bruissement me glaça les sangs. Nous n'étions plus seuls dans les ruines, et ce qui partageait avec nous ce périmètre obscur était tout proche. Je songeai un instant à réveiller Georgescu en me demandant s'il gardait une arme dans son sac. Le silence était retombé, un silence de mort, mais après quelques secondes l'attente fut trop dure pour moi et je me levai. Je saisis une branche dans notre pile de bois et enfonçai son extrémité dans les braises. Lorsqu'elle prit feu, j'eus une torche, que je levai prudemment.

Soudain, dans les profondeurs de la chapelle envahies par la végétation, la lumière de ma torche capta la lueur rouge d'un regard. Je mentirais, mon ami, en prétendant que mes cheveux ne se dressèrent pas sur ma tête.

Les yeux se rapprochèrent légèrement et j'aurais été incapable de dire à quelle hauteur ils se situaient par rapport au sol. Ils me fixèrent pendant un long moment et je sentis, de manière irrationnelle, qu'ils savaient qui j'étais et qu'ils m'évaluaient. Puis les broussailles craquèrent et la forme d'un énorme animal sortit à moitié de l'ombre. Il tourna la tête d'un côté et de l'autre, et disparut d'un bond dans l'obscurité. C'était un loup d'une taille stupéfiante, monstrueuse ; juste avant qu'il s'évanouisse dans la nuit, j'avais eu le temps d'apercevoir sa fourrure hérissée et sa tête massive aux crocs démesurés.

Je me recouchai au bout d'un long moment, ne voulant pas réveiller Georgescu maintenant que le danger semblait passé, mais j'étais incapable de dormir. Je revoyais encore et encore ces yeux fixés sur moi, intenses, pénétrants, brillant d'intelligence.

Je dus somnoler un moment, puis un son lointain, qui semblait flotter jusqu'à nous depuis l'ombre épaisse de la forêt, envahit peu à peu le champ de ma conscience. Trop mal à l'aise pour rester allongé sous mes couvertures, je finis par me lever de nouveau et traversai la cour envahie par l'herbe pour regarder par-dessus le mur. En dehors de l'à-pic vertigineux qui donnait sur l'Argeş, il y avait à ma gauche une zone où la forêt descendait en pente plus douce. De là s'élevait une sorte de murmure distant et je vis une lueur qui aurait pu être celle d'un feu de camp. Je me demandai si des gitans campaient dans ces bois ; je me promis de poser dès le lendemain la question à Georgescu, mais, comme si cette pensée l'avait invoqué, il surgit tout à coup à mes côtés, enveloppé d'ombre, d'un pas alourdi par le sommeil.

— Qu'est-ce qu'il y a ?

Il scruta les alentours au-dessus du mur.

Je lui montrai la forêt du doigt.

— Est-il possible que ce soit un camp gitan ?

Il rit.

— Non. Pas aussi loin de toute civilisation.

Il bâilla, mais dans la lumière de notre feu mourant ses yeux brillaient, vifs et alertes.

— C'est ét*rr*ange, quand même. Allons jeter un coup d'œil.

Cette idée ne me plaisait guère, mais quelques minutes plus tard nous avions enfilé nos bottes et nous descendions le sentier en direction du bruit bizarre. Plus nous nous rapprochions, plus il devenait évident qu'il n'était pas produit par des loups mais par des voix humaines. J'essayai de ne pas marcher sur une branche. À un moment, je vis Georgescu plonger la main dans sa veste – il avait une arme, songeai-je avec soulagement. Bientôt, la lueur de flammes se dessina à travers les arbres. Il me fit signe de ne pas faire de bruit, et de m'accroupir près de lui dans les fourrés.

Nous nous trouvions à la lisière d'une clairière où était réunie une véritable assemblée. Assis autour d'un grand feu, des hommes chantaient à l'unisson. L'un d'eux, apparemment leur chef, se tenait debout près du feu et, chaque fois que leur chant montait en crescendo, les autres levaient un bras pour le saluer, leur autre main sur l'épaule de leur voisin. Les visages, orangés dans la lumière du feu, étaient figés et graves, et leurs yeux étincelaient. Ils portaient tous une sorte d'uniforme : veste sombre, chemise verte et cravate noire.

— Qui sont ces gens ? soufflai-je à Georgescu. Qu'est-ce qu'ils disent ?

— « Tout pour la patrie ! » me siffla-t-il à l'oreille. Ne bougez pas d'un millimèt*rr*e ou nous sommes morts. Je suis à peu près sû*rr* qu'il s'agit de la Légion de l'Archange Michel.

— Qui ?

J'essayai de ne remuer que mes lèvres. Il était difficile d'imaginer quelque chose de moins angélique que ces visages de pierre et ces bras tendus. Georgescu me fit signe de le suivre et nous nous fondîmes de nouveau dans les bois. Avant de partir, néanmoins, je remarquai un mouvement de l'autre côté de la clairière, et à ma stupéfaction grandissante j'aperçus un homme de haute taille, aux larges épaules, vêtu d'une grande cape. Ses cheveux noirs et son visage d'une pâleur de cire furent éclairés une seconde par le feu. Il se tenait à l'extérieur du cercle des hommes en uniforme, et semblait d'humeur joyeuse. En fait, il donnait même l'impression de rire. Au bout d'une seconde, je ne le vis plus et je songeai qu'il devait s'être glissé au milieu des arbres, puis Georgescu m'entraîna.

Une fois en sécurité au milieu des ruines du château – bizarrement, je m'y sentais à présent en sécurité, par contraste –, Georgescu s'assit près du feu et alluma sa pipe, comme pour se détendre.

— Bonté divine, soupira-t-il. Nous aurions pu y rester.

— Qui sont-ils ?

Il jeta son allumette dans le feu.

— Des c*rr*iminels. On les appelle aussi la Garde de Fer. Ils parcourent les villages de cette région, embrigadent des jeunes et les convertissent à la haine. Ils exècrent les Juifs, en particulier, et veulent les éradiquer de la su*rr*face de la terre.

Il tira farouchement sur sa pipe.

— Nous autres gitans, nous savons que, quand on tue des Juifs, il ne faut pas longtemps pour que des gitans connaissent le même sort. Et un tas d'aut*rr*es gens aussi.

Je lui décrivis l'étrange personnage que j'avais vu à l'extérieur du cercle.

— Oh, rien d'étonnant à cela, marmonna Georgescu. Ils atti*rr*ent toutes sortes d'admirateurs biza*rr*es. Sous peu, vous verrez que tous les bergers dans les montagnes décideront de rejoindre leurs rangs.

Il nous fallut un certain temps pour nous installer de nouveau pour dormir, mais Georgescu m'assura que la Légion n'irait sûrement pas inspecter la montagne une fois leurs rituels commencés. Je ne dormis que d'un œil et fus soulagé de constater que l'aube se levait tôt sur ce nid d'aigle.

Tout était paisible à présent, la brume n'était pas encore dissipée et pas un souffle de vent n'agitait le feuillage des arbres autour de nous. Dès qu'il fit assez clair, je me levai et m'approchai avec prudence des ruines de la chapelle afin d'examiner les traces laissées par le loup. Elles étaient bien visibles sur le sol, larges et profondes. Mais curieusement il n'y avait qu'une seule série d'empreintes : elles apparaissaient à l'ancien emplacement de la crypte et s'éloignaient de la chapelle sans que rien permette de dire par où le loup était arrivé – à moins que l'épaisseur des broussailles ne m'empêche de retrouver ses traces. Je réfléchis à ce problème longtemps après que nous eûmes fini de prendre notre petit déjeuner, je fis encore quelques croquis du site, et nous redescendîmes de la montagne pour regagner le village.

Il me faut de nouveau interrompre ma lettre, mais mes plus chaleureuses pensées vont à vous, depuis cette terre lointaine…

Rossi. »

47.

Mon cher ami,

Je peine à imaginer votre réaction lorsque vous recevrez cette curieuse correspondance à sens unique, mais j'éprouve néanmoins le besoin de continuer, ne serait-ce que pour conserver une trace écrite de cette aventure...

Hier après-midi, nous avons regagné le village sur l'Argeş à partir duquel nous avions entamé notre excursion jusqu'à la forteresse. Georgescu est reparti pour Snagov, après m'avoir gratifié d'une accolade chaleureuse, d'une grande claque sur l'épaule, et formulé le souhait que nos chemins se croisent de nouveau. Il s'est montré un guide remarquable et sa présence me manquera, sans nul doute. Jusqu'à la dernière minute, je me suis senti coupable de ne pas lui avoir raconté ce dont j'avais été témoin à Istanbul et, cependant, je n'ai pu me résoudre à rompre le silence. Il ne m'aurait pas cru, de toute façon, alors à quoi bon l'exposer à un danger potentiel en tentant de le convaincre de ma bonne foi ? J'imaginais sans peine son éclat de rire homérique, son hochement de tête de scientifique cartésien et sa franche rigolade face à ce qu'il aurait considéré comme l'expression d'une imagination débordante.

Il insista pour que je l'accompagne au moins jusqu'à Târgoviste, mais j'avais résolu de rester quelques jours de plus dans cette région afin de visiter quelques églises et monastères, et d'apprendre, peut-être, deux ou trois petites choses sur le nid d'aigle de Vlad. Ce fut du moins la raison officielle que je donnais à Georgescu (comme à moi-même) et il m'indiqua plusieurs sites que Drakula avait certainement visités de son vivant. En réalité, je crois que j'avais une autre raison de rester : le sentiment que je n'aurais peut-être plus jamais l'occasion de revenir dans un lieu tel que celui-là – aussi isolé, aussi éloigné du cadre habituel de mes recherches, et en même temps d'une beauté saisissante. Ma décision de passer mes trois derniers jours ici plutôt qu'en Grèce étant prise, j'ai installé mes quartiers dans la taverne, essayant de progresser dans mon laborieux apprentissage du roumain, tentant sans grand succès d'interroger les anciens du village sur les légendes attachées à la région.

Aujourd'hui, je suis allé marcher dans les bois qui entourent le village, et je suis arrivé devant un oratoire en vieilles pierres coiffé d'un toit de chaume. Je me suis dit que les parties d'origine devaient avoir existé bien avant les galops des troupes de Drakula le long de ces routes. À l'intérieur, les fleurs étaient fanées depuis peu et une bougie avait formé une petite flaque de cire sous le crucifix. Comme je regagnais le village, je tombai sur un spectacle tout aussi étonnant : une jeune villageoise se tenait immobile au milieu du chemin, dans sa robe paysanne. On l'aurait crue sortie d'un livre d'histoire.

Comme elle ne manifestait aucune intention de bouger, je m'arrêtai pour engager la conversation et, à ma grande stupeur, elle me tendit une pièce de monnaie. De toute évidence, il s'agissait d'une pièce très ancienne – médiévale – et (tenez-vous bien, mon cher !) sur l'une des faces apparaissait un dragon. Bien que je n'en aie aucune preuve, j'eus aussitôt la conviction que cette monnaie avait été frappée pour l'Ordre du Dragon. La jeune fille ne parlait que le roumain, naturellement, mais je réussis quand même à comprendre que la pièce lui avait été donnée par une vieille femme venue d'un village situé en amont du fleuve, dans les montagnes escarpées, près du château de Vlad.

Elle m'apprit également que son nom de famille était Getzi, mais ne semblait pas avoir la moindre idée de ce que cela impliquait. Vous imaginez mon trouble : une descendante de Vlad Drakula ! Cette pensée était tout à la fois stupéfiante et effrayante (bien que rien dans ses manières gracieuses et l'exquise pureté de son visage ne rappelle la monstruosité de son lointain ancêtre). Comme je voulais lui rendre la pièce, elle sembla insister pour que je la garde, ce que j'ai fait, même si je compte bien la convaincre de la reprendre. Nous sommes convenus de nous retrouver demain au même endroit, et je vais devoir vous quitter pour faire un croquis de la pièce et étudier mon dictionnaire dans l'espoir d'en apprendre davantage sur la famille et les origines de ma providentielle informatrice.

Mon cher ami,

Hier soir, j'ai avancé un peu dans ma discussion avec la jeune fille dont je vous ai parlé. Elle s'appelle bel et bien Getzi – elle me l'a épelé : c'est la même orthographe que celle que Georgescu m'a donnée quand j'ai pris des notes. J'ai été étonné par sa vivacité d'esprit et, tandis que nous essayions de converser, j'ai découvert qu'en plus de sa faculté de compréhension elle savait lire et écrire et qu'elle était même capable de m'aider à chercher dans mon dictionnaire. C'était un plaisir de voir son beau visage expressif s'éclairer et ses yeux noirs briller chaque fois qu'elle comprenait un nouveau mot. Elle n'a jamais étudié une autre langue que la sienne, bien sûr, mais je suis convaincu qu'elle apprendrait avec beaucoup de facilité si elle en avait l'occasion.

Je trouve remarquable d'avoir rencontré une intelligence aussi fine dans un lieu aussi isolé et simple ; peut-être faut-il voir là une preuve supplémentaire des origines nobles et élevées de ma jeune amie. Sa famille paternelle est arrivée au village depuis si longtemps que personne ne s'en souvient, mais, à ce que j'ai cru comprendre, certains de ses membres étaient Hongrois. Son père est apparemment convaincu d'être l'héritier du prince du Château d'Argeş et qu'un trésor est enterré là-bas – une croyance que semblent partager tous les paysans du coin. Non sans difficulté, je suis arrivé à comprendre qu'une lumière surnaturelle illuminerait l'endroit où est enfoui le trésor à certaines dates du calendrier, mais que tout le monde au village a bien trop peur pour se risquer à aller vérifier sur place.

Les capacités intellectuelles de cette étonnante jeune fille ne cessent de me rappeler la belle Tess d'Urberville, cette paysanne qui s'élève si largement au-dessus de sa condition sous la plume de Thomas Hardy. (Je sais que vous n'aimez guère vous aventurer en dehors des Lumières de votre cher treizième siècle, mon ami, mais j'ai relu ce roman l'année dernière et je ne saurais trop vous recommander de sortir pour une fois de vos sentiers battus et d'emprunter ce petit chemin de traverse : la promenade vaut le détour.) Pour en revenir à mon histoire, je doute fort qu'il y ait quelque part le moindre trésor : si c'était le cas, Georgescu l'aurait trouvé depuis longtemps.

À ma plus grande stupeur, elle m'expliqua également qu'à chaque génération un membre de sa famille était désigné pour recevoir la marque du dragon à même la peau. Cela, ajouté à son nom de famille et à l'histoire que son père raconte au sujet de son héritage, m'a convaincu qu'elle appartient à une branche vivante de l'Ordre du Dragon. J'aimerais beaucoup pouvoir parler avec son père, mais, quand je lui ai exposé ma requête, elle a paru tellement effrayée que j'aurais été un monstre d'insister.

Je ne veux surtout pas risquer de ternir sa réputation vis-à-vis des siens ; dans la culture d'un village comme le sien, traditionnelle jusqu'à l'extrême, elle prend déjà un risque, j'en suis bien conscient, à me parler seul à seul – et je lui suis d'autant plus reconnaissant de sa coopération.

Ce matin, je suis parti me promener dans une direction que je n'avais pas encore explorée – d'après Georgescu, la route que Vlad Drakula et ses boyards avaient suivie pour se rendre de Târgoviste à son bastion dans la montagne. Je reconnais que je n'avais pas de but précis en empruntant ce chemin, si ce n'est de contempler le paysage que Drakula avait dû traverser autrefois. Ma logeuse m'avait préparé un déjeuner dans un baluchon et je m'étais mis en route à travers la forêt. À midi, j'étais fatigué et affamé : je m'arrêtai dans une prairie pour manger, avant de me livrer à une imitation très réussie de la sieste méditative et digestive de Georgescu.

À mon réveil, je fis quelques pas pour me dégourdir les jambes, et c'est ainsi que j'aperçus un sentier plus étroit qui s'enfonçait dans les bois. Après avoir jeté un rapide regard autour de moi, je me faufilai au milieu des broussailles et m'y engageai. Je m'étais dit qu'il me faudrait garder un œil sur la position du soleil afin de ne pas risquer de me perdre à jamais dans la forêt, mais je n'avais pas de raison de m'inquiéter : après une courte marche, le sentier me conduisit dans une clairière, sur laquelle les arbres semblaient gagner du terrain avec une détermination menaçante. Au milieu se dressait une vaste église.

La surprise me coupa le souffle. Je restai là à contempler l'édifice, les yeux écarquillés. À aucun moment Georgescu n'avait mentionné l'existence d'une pareille merveille, même s'il avait évoqué la présence de nombreuses églises et monastères dans les alentours.

Celle-ci était manifestement très ancienne, édifiée dans un style byzantin à l'aide de gros blocs de pierre grise et de plus petits de couleur ocre, et coiffée de coupoles en tuiles rouges. C'étaient ces dernières, avec leurs longues ouvertures en guise de fenêtres, qui m'avaient coupé le souffle à mon arrivée ; pas tant les élégantes coupoles qui entouraient harmonieusement le dôme principal que les plus petites, torsadées comme par le tour de main d'un géant, formant des arabesques complexes et des angles à donner le tournis. À première vue, j'eus l'impression que ce mouvement de tourbillon figé sur le toit rouge de l'église défiait les lois de l'équilibre. Il me semblait impossible que des formes aussi aériennes et délicates aient été ciselées à partir de la pierre.

Je me trouvais à l'arrière du bâtiment, où se présentait une seule petite porte – fermée. Je fis donc le tour. Les abords n'étaient pas entretenus, et comme je passais sous les châtaigniers qui montaient la garde devant l'entrée, je trébuchai sur des branches. L'endroit était désert, et je ne doutais pas que la porte d'entrée à deux battants serait fermée à clé, elle aussi. La façade était époustouflante : sous un large portique coiffé de tuiles rouges, le mur était décoré de deux fresques magnifiques, aux couleurs fanées, représentant deux anges. La peinture était écaillée et abîmée par endroits, ici c'était un pied qui était effacé, là une partie de la robe, mais ils se dressaient majestueusement de part et d'autre de la porte, d'une taille surhumaine, les bras et les ailes levés dans une bénédiction… ou une mise en garde. L'escalier était en marbre gris, de même que l'encadrement de la porte, cannelé et orné dans les angles d'étonnantes sculptures représentant des petits oiseaux.

Je m'attendais, je vous l'ai dit, à ce que les portes soient fermées, mais, comme je posais la main sur le loquet en fer, elles s'ouvrirent comme par enchantement, révélant un espace intérieur plongé dans une pénombre plus épaisse encore que la forêt environnante, et je franchis le seuil.

Il me fallut plusieurs minutes avant d'être capable de discerner l'or des fenêtres, la lueur des chandeliers et des candélabres en cuivre, le marbre d'une pâleur fantomatique sous mes pieds. Dès que je fus en mesure de m'orienter, je m'avançai lentement vers le centre et je levai les yeux. Au-dessus de moi se dessinait le visage sombre d'un Christ byzantin, obscurci par la fumée et l'usure des siècles. Du centre de sa poitrine pendaient les chaînes d'un candélabre dans lequel gisaient des moignons noircis de cierges. Le Christ levait trois doigts d'une main pour donner ce qui me parut être une bénédiction désespérée.

Je me demandai si Drakula était jamais venu ici et s'il s'était prosterné pour prier sous ce regard tourmenté. Il était très possible qu'il soit entré dans cette église : elle était assez ancienne, et elle se dressait tout près de la route qu'il avait fait suivre à ses boyards à travers la forêt. Mais la vision de ce monstre sanguinaire, responsable de la mort atroce de milliers d'innocents, pressant son front sur le marbre de ce lieu saint, m'était insupportable et je me détournai.

Parvenu devant l'autel, je m'arrêtai de nouveau. C'était une sorte de grand sarcophage en marbre rouge – un splendide ouvrage. Il n'y avait pas de tapis sur le sol, comme à Snagov, et je ne vis aucune dalle tombale (ni ici ni à aucun autre endroit de l'église). Ce qui attira mon attention, ce fut le tissu lumineux drapé sur l'autel, la cire fraîche des cierges, l'impression de propreté et de vie. Oui, de vie. Ce n'était pas un sanctuaire abandonné. Qui sait si un office religieux n'y avait pas eu lieu dimanche dernier ? Néanmoins, cet autel – comme l'église tout entière, d'ailleurs – avait quelque chose de bizarre. Mais quoi ? Impossible de le dire.

Je regardais autour de moi sans parvenir à déceler le moindre signe d'une présence humaine. J'aurais aimé pouvoir interroger quelqu'un sur l'histoire de ce sanctuaire, avoir au moins la confirmation qu'il existait déjà dans la forêt à l'époque où Drakula hantait les lieux. Georgescu aurait pu me renseigner, et je me surpris à regretter sa présence joviale et rassurante. Si cette église était aussi ancienne que je le supposais, cela signifiait qu'elle avait miraculeusement échappé aux raids des Turcs ; peut-être ne l'avaient-ils pas repérée, puisqu'elle était invisible depuis la route, tout au moins aujourd'hui.

Je me détournai à regret pour reprendre mon chemin. Au moment où j'atteignais la large entrée (j'avais superstitieusement laissé l'un des battants entrouvert), je m'aperçus qu'à l'intérieur aussi il y avait des fresques de part et d'autre de la porte, et je m'arrêtai pour les examiner. Un sentiment d'horreur se répandit alors en moi, envahissant tout mon être, couvrant mon corps de chair de poule. La peinture avait foncé – des siècles de fumée de cierges et d'encens en étaient probablement la cause – et les ravages du temps en avaient écaillé les bords. Mais, hélas pour moi, je distinguais encore très bien ce qu'elles représentaient.

À gauche de la porte se dressait un dragon en plein vol, sa queue formant non pas un anneau, mais deux, ses yeux jaunes haineusement exorbités, sa gueule béante crachant des flammes. Il semblait sur le point de fondre sur le personnage peint à droite de la porte, un homme tremblant, vêtu d'une cotte de mailles et coiffé d'un turban rayé. Tombé à genoux sous l'effet de la terreur, le malheureux brandissait d'une main un cimeterre à la lame courbe et de l'autre un bouclier rond. Tout d'abord, je crus qu'il se trouvait dans un champ recouvert d'une végétation bizarre, mais, en y regardant de plus près, je vis que ce que j'avais pris pour des plantes et des racines enchevêtrées était en réalité un horrible magma d'êtres humains, une véritable forêt de corps torturés en train d'agoniser dans d'horribles convulsions, empalés sur des pieux. Certains étaient coiffés d'un turban, comme le géant au cimeterre et au bouclier accroupi au milieu d'eux, mais d'autres portaient le même genre de vêtements que les villageois d'ici. D'autres encore étaient vêtus de somptueux manteaux de brocart et coiffés de grandes toques en fourrure. Il y avait des blonds, des bruns, des nobles arborant de fières moustaches noires, quelques prêtres, des moines en robe de bure noire, mais aussi des femmes avec des nattes, des petits garçons nus, des bébés... Je discernai même un animal ou deux. Ils étaient tous en agonie.

Je restai un moment à contempler ce spectacle abominable, pétrifié d'épouvante. Puis je fus incapable d'en supporter davantage et je sortis précipitamment dans la lumière du soleil, qui était aveuglante, refermant les portes derrière moi. Le grincement et le claquement sonore qu'elles produisirent accrurent mon malaise. Je regardais devant moi en cillant, quand je compris tout à coup ce qui m'avait tant troublé dans cette église : il n'y avait pas la moindre croix à l'intérieur.

Je me retournai aussitôt, les yeux levés vers les coupoles. Là non plus, contrairement à l'église de Snagov, et à toutes celles que j'avais vues au cours de mon voyage, il n'y avait aucune croix au sommet. Les dômes étaient dénudés. Je m'enfonçai en trébuchant dans la forêt, puis, comme j'atteignais la première courbe du sentier, je me retournai pour jeter un dernier coup d'œil à l'église. Elle n'était déjà plus visible.

Poussé par le sentiment que je devais la revoir encore une fois, je revins sur mes pas. Elle n'était toujours pas visible et je commençai à craindre d'avoir pris le mauvais sentier en quittant la clairière. Je n'avais aucune envie de me retrouver devant les portes de l'église, mais je savais aussi que je devais faire très attention à ne pas me perdre dans cette immense forêt, je fis donc tout le trajet à l'envers jusqu'à la clairière. L'église avait bel et bien disparu.

Grâce au gigantesque chêne à la lisière de la clairière, j'avais maintenant la certitude d'avoir emprunté le bon sentier, mais l'église, elle, n'était plus là. La clairière – une clairière très ordinaire, tapissée d'herbes enchevêtrées et de quelques glands desséchés – était nue, vide de tout édifice. C'est si incroyable que, même en cet instant où je vous écris, je n'ai pas d'explication à avancer. Sauf peut-être que tout cela n'avait été qu'un rêve, un cauchemar plutôt. Je regagnai lentement la prairie (en rêve ou éveillé, je ne sais plus), et je me laissai choir dans l'herbe tiède afin de tenter de reprendre mes esprits. Tout comme j'en éprouve de nouveau le besoin en ce moment, par le simple fait d'avoir remué ces pensées.

Deux jours se sont écoulés depuis, et je ne sais comment m'y prendre pour vous les raconter, ces deux petits jours qui auront suffi à changer mon existence tout entière. Je ne sais même pas si je dois montrer ces lignes à quelqu'un. J'ai le sentiment d'avoir franchi une ligne invisible qui m'a fait passer dans une vie nouvelle. Comment cela tournera-t-il ? bien malin qui pourrait le dire… Je suis à la fois l'homme le plus heureux de la terre, et le plus tourmenté.

Il y a quarante-huit heures de cela, donc, après vous avoir écrit ma dernière lettre, j'ai revu la jeune fille angélique dont je vous ai parlé, et cette fois notre rencontre se termina d'une façon aussi brusque qu'inattendue : par un baiser. Elle s'enfuit aussitôt après et il me fut impossible de trouver le sommeil, cette nuit-là. Dès le lever du jour, je quittai ma chambre au village et me dirigeai vers la forêt. Je marchai longtemps, m'asseyant de temps à autre sur un rocher pour réfléchir, voyant sans cesse son doux visage flotter au milieu des arbres ou dans la lumière du ciel bleu. Je craignais de l'avoir gravement offensée et je me demandais si je ne devais pas quitter le village.

La journée s'écoula de cette façon, je regagnai l'auberge pour déjeuner, redoutant de la croiser de nouveau et l'espérant si fort en même temps. Mais je ne l'aperçus nulle part et, le soir venu, mes pas me guidèrent vers le lieu où nous avions coutume de nous rencontrer. Je me répétais que, si d'aventure elle venait, je tenterais de lui présenter mes excuses, en lui promettant de ne plus l'importuner. Au moment où, abandonnant tout espoir de la revoir et me désolant à l'idée de l'avoir blessée, je décidai de quitter le village le lendemain matin à la première heure, sa silhouette apparut sous les arbres, avec sa lourde jupe, sa veste noire, ses cheveux d'ébène formant une longue natte sur son épaule. Ses yeux étaient noirs, eux aussi, et craintifs, mais l'intelligence qui rayonnait de son visage me frappa l'esprit.

J'ouvrais la bouche pour lui parler quand elle se jeta dans mes bras. À ma grande stupéfaction, elle semblait s'en remettre à moi, et les sentiments que nous éprouvions l'un pour l'autre nous conduisirent bientôt à une intimité aussi pure et tendre qu'imprévue. Je découvris que nous parvenions à communiquer sans la moindre difficulté – dans sa langue ou la mienne, je ne sais plus – et que je pouvais lire le monde et peut-être même mon propre avenir dans ses yeux noirs en amande, frangés de longs cils.

Quand elle rentra chez elle et que je restai seul avec mes émotions, j'essayai de réfléchir à ce que j'avais fait, à ce que nous avions fait, mais mon exaltation et mon bonheur bataillaient avec ma raison.

Ce soir, je retournerai l'attendre à l'orée de la forêt, parce que je ne peux m'en empêcher, parce que toute ma vie semble désormais suspendue à cet être si merveilleusement proche et cependant si différent de moi que j'ai peine à croire ce qui s'est passé.

Mon cher ami,

Je vis au paradis depuis quatre jours maintenant, et il m'est impossible de me méprendre sur mes sentiments pour l'ange qui règne sur ce lieu enchanteur : c'est bien de l'amour. Jamais je n'avais ressenti ce que j'éprouve aujourd'hui, dans cette contrée étrangère. Au cours de ces quelques jours, j'ai analysé la situation sous tous ses angles. L'idée de la quitter pour toujours m'est tout aussi intolérable que de renoncer à revenir dans mon pays. J'ai réfléchi à ce qu'impliquerait de la ramener avec moi – à commencer par le déchirement pour elle de quitter sa terre natale et sa famille pour me suivre – et aux conséquences de sa présence à mes côtés à Oxford. C'est là que le bât blesse, mais la dure réalité est très claire à mes yeux : partir sans elle briserait nos deux cœurs, sans compter que ce serait de ma part un acte de lâcheté et de trahison, après ce qui s'est passé entre nous.

J'ai résolu de faire d'elle ma femme aussi vite que possible. Nos vies suivront probablement un chemin tortueux, mais je suis certain que sa grâce naturelle et son intelligence lui permettront de surmonter les obstacles que nous rencontrerons ensemble. Je ne puis passer le reste de mes jours à me demander à quoi aurait pu ressembler notre vie, ni l'abandonner dans une telle situation. J'ai donc décidé de lui demander ce soir même de m'épouser dans un mois. Je pense que je retournerai d'abord en Grèce, où je pourrai emprunter à mes collègues – ou me faire télégraphier – suffisamment d'argent pour me présenter devant son père avec une petite compensation puisque je vais lui enlever sa fille ; il ne saurait en être autrement à mes yeux. En outre, je me sens obligé d'assister à l'ouverture de cette tombe minoenne à laquelle on m'a invité, près de Cnossos. Et il y a cette chaire universitaire dont m'ont parlé ces collègues américains, et qui pourrait me permettre de subvenir aux besoins de notre ménage lorsque nous serons mariés.

Ensuite, je reviendrai la chercher – ces quatre semaines de séparation vont me paraître interminables ! J'aimerais beaucoup que les prêtres de Snagov nous marient sur l'île, et que Georgescu puisse être notre témoin. Mais bien sûr, si les parents de ma bien-aimée insistent pour que les noces aient lieu avant notre départ, je respecterai leur volonté. Dans tous les cas, elle portera mon nom avant que nous ayons quitté la Roumanie. J'enverrai un télégramme à mes parents depuis la Grèce, je pense, et une fois en Angleterre nous irons tous les deux passer quelques jours chez eux. Quant à vous, mon cher ami, si ces lignes vous sont parvenues entre-temps, pourriez-vous vous renseigner – avec discrétion – sur une chambre à louer à l'extérieur de l'université (la modicité du prix étant, naturellement, le facteur clé) ? Je voudrais aussi que ma femme apprenne l'anglais aussi vite que possible ; je sais d'ores et déjà qu'elle sera une élève brillante. Cet automne vous conduira peut-être devant notre feu de cheminée, mon ami, et alors vous comprendrez mieux la raison de ma « folie ». Jusque-là, vous êtes le seul auquel je me sens capable d'adresser ces confidences, et quand vous les aurez reçues, je vous supplie de me juger avec indulgence, avec ce cœur généreux que je vous connais.

Bien à vous, dans la joie et l'anxiété,

Rossi.

48.

« Ainsi s'achevait la dernière des lettres de Rossi, probablement la dernière qu'il ait écrite à son ami.

Assis à côté d'Helen dans le car qui nous reconduisait à Budapest, je repliai les feuillets avec soin, puis lui pris la main l'espace d'une seconde.

— Helen... commençai-je d'une voix hésitante.

Elle se crispa. Tant pis, j'avais le sentiment que l'un de nous deux devait prononcer ces mots que je murmurai dans un souffle :

— ... vous descendez de Vlad Drakula...

Elle me regarda, puis détourna les yeux vers la vitre du car. Mais j'avais vu à son air hanté qu'elle-même ne savait trop comment gérer cette révélation, et qu'à cette seule pensée tout son sang se glaçait d'horreur.

Quand Helen et moi descendîmes du car à Budapest, le soir tombait déjà, et je pris conscience avec un choc que nous étions partis de cette station le matin même. J'avais l'impression qu'il s'était écoulé des années. Les lettres de Rossi étaient en sécurité dans ma sacoche, et leur contenu remplissait mon esprit d'images poignantes ; je lisais un trouble identique dans les yeux d'Helen.

Elle gardait une main posée sur mon bras, comme si les découvertes de cette journée avaient ébranlé sa confiance. J'aurais voulu la serrer contre moi, l'embrasser, lui jurer que je ne la quitterais jamais et que Rossi n'aurait pas… n'avait pas pu abandonner sa mère. Mais je gardai le silence et la laissai nous guider jusqu'à notre hôtel.

Comme nous pénétrions dans le hall, j'eus de nouveau la sensation que nous étions partis depuis très longtemps. C'était drôle : nous étions à Budapest depuis deux jours seulement et ce lieu m'était déjà devenu familier, songeai-je. Il y avait un message pour Helen de sa tante Eva, qu'elle lut avidement.

— Je m'en doutais. Elle souhaite que nous dînions ensemble ce soir, à l'hôtel. Elle nous dira au revoir à cette occasion, je suppose.

— Vous allez lui en parler ?

— Des lettres ? Probablement, oui. Je dis toujours tout à Eva.

Je me demandai si elle lui avait confié quelque chose à mon sujet que j'ignorais, et chassai aussitôt cette pensée.

Nous avions très peu de temps pour nous rafraîchir et nous habiller avant le dîner. J'enfilai la plus mettable de mes deux chemises sales et me rasai au-dessus du lavabo en marbre. Lorsque je regagnai le hall, Eva était déjà là. Elle se tenait devant la fenêtre, de dos, le visage tourné vers la rue et la lumière déclinante du soir. Vue sous cet angle, elle perdait un peu de la vivacité et de la formidable intensité qu'elle dégageait en public. Sous sa veste vert sombre, ses épaules étaient un peu voûtées.

Elle se retourna, m'épargnant l'embarras de décider si je devais ou non manifester ma présence en l'appelant. Son visage avait une expression soucieuse qui s'effaça sous son merveilleux sourire à l'instant où elle me vit. Elle s'avança pour me serrer la main et j'en fis autant pour effleurer la sienne de mes lèvres. Helen nous rejoignit presque aussitôt et nous passâmes dans la salle à manger, avec ses nappes blanches et son affreux service de table en porcelaine. Eva commanda le menu à notre place, comme la dernière fois, et je m'adossai à ma chaise, fatigué, pendant qu'elles bavardaient. Il me sembla qu'elles échangeaient tout d'abord des plaisanteries affectueuses, mais au cours du repas le visage d'Eva s'assombrit et je la vis saisir sa fourchette et la faire tourner d'un air préoccupé entre son pouce et son index. Puis elle chuchota quelque chose à Helen, dont les sourcils se froncèrent.

— Il y a un problème ? demandai-je avec appréhension.

J'avais eu mon compte de secrets et de mystères.

— Ma tante a fait une découverte.

Helen baissa la voix, même s'il y avait peu de chance que les autres dîneurs, autour de nous, comprennent l'anglais.

— Quelque chose qui pourrait être fâcheux pour nous.

— De quoi s'agit-il ?

Eva hocha la tête et reprit la parole d'une voix très paisible, et les sourcils d'Helen se froncèrent d'un cran supplémentaire.

— Zut, souffla-t-elle. Ma tante a été interrogée à propos de vous – de nous. Elle dit qu'elle a reçu cet après-midi la visite d'un inspecteur de police qu'elle connaît depuis très longtemps. Il s'est excusé et a parlé d'une banale procédure de routine, mais le fait est qu'il l'a interrogée sur la raison de votre présence en Hongrie, vos recherches et notre… notre relation. Ma tante est très habile dans ce genre de situation et, quand elle l'a questionné en retour, il s'est arrangé pour lui révéler qu'il avait été – comment dites-vous ? – diligenté par Géza József.

Sa voix s'était réduite à un murmure presque inaudible.

— Géza !

Je la regardai avec stupeur.

— Je vous avais prévenu qu'il était un problème. Il a essayé de me questionner moi aussi le jour de votre conférence, mais je l'ai ignoré. Apparemment, ça l'a rendu plus furieux que je n'avais supposé.

Elle marqua un temps.

— Ma tante dit qu'il appartient à la police secrète et qu'il peut se révéler dangereux pour nous… Ces gens-là sont hostiles aux réformes menées par le nouveau gouvernement et cherchent à conserver leurs anciennes méthodes. Géza n'a pas changé…

Quelque chose dans sa voix me poussa à lui demander :

— Vous étiez au courant ? Au sujet de son appartenance à la police secrète, je veux dire.

Elle hocha la tête d'un air coupable.

— Je vous en parlerai plus tard.

Je n'étais pas sûr d'avoir très envie d'en savoir plus ; en revanche, l'idée d'être pourchassés par ce géant trop souriant me déplaisait souverainement.

— Que veut-il ?

— Géza semble convaincu que vos recherches historiques ne sont qu'un prétexte et que vous êtes venu ici pour trouver tout autre chose.

— Il n'a pas tort.

— Il est déterminé à savoir quoi. Je suis sûre qu'il sait où nous sommes allés aujourd'hui – j'espère qu'il n'interrogera pas ma mère aussi. Tante Eva a détourné l'inspecteur de… de la piste comme elle a pu, mais je ne vous cache pas qu'elle est inquiète.

Nous avions tous les trois repoussé nos assiettes, l'appétit coupé.

— Votre tante sait-elle ce que – qui – nous cherchons ?

Helen resta silencieuse quelques instants et, quand elle leva les yeux, quelque chose qui ressemblait à une prière y brillait.

— Oui. Je pensais qu'elle pourrait peut-être nous aider.

— Oh, Helen, non… A-t-elle un conseil à nous donner ? ajoutai-je en secouant la tête.

— Elle dit seulement que c'est une bonne chose que nous quittions la Hongrie demain. Et elle nous exhorte à ne parler à personne avant notre départ.

— Quel dommage, ripostai-je d'une voix grinçante. Je me faisais une joie de discuter du contenu de ma sacoche avec József en attendant notre avion.

— Je vous en prie...

Sa voix était un simple chuchotement.

— Ne plaisantez pas avec ça, Paul. Cela peut être extrêmement grave. Si je veux revenir un jour en Hongrie...

J'eus honte de ma réaction. Le serveur fit diversion en apportant le dessert – des pâtisseries et du café que Tante Eva nous pressa d'avaler comme si, en nous engraissant un peu, elle nous protégerait des démons de ce monde. Tandis que nous mangions sans faim, Helen se décida à parler à sa tante des lettres de Rossi. Eva l'écouta avec attention, hocha la tête mais ne dit pas un mot. Une fois nos tasses vides, elle se tourna délibérément vers moi.

— Mon cher garçon, dit Eva (Helen me traduisait ses paroles, les yeux baissés) tout en pressant ma main dans la sienne comme sa sœur l'avait fait un peu plus tôt ce jour-là. J'ignore si nous nous reverrons un jour, mais c'est mon vœu le plus cher. D'ici là, veillez sur ma nièce bien-aimée, ou tout au moins laissez-la veiller sur vous...

Elle lui adressa un regard espiègle, que la jeune femme affecta de ne pas voir.

— ... et faites en sorte de retourner tous les deux à vos études. Helen m'a parlé de votre mission, qui est tout à votre honneur. Mais si elle n'aboutit pas très vite, vous devrez rentrer chez vous sans tarder. Dites-vous bien que vous aurez fait tout ce qui était en votre pouvoir. Il faut reprendre le fil de votre vie, mon ami, parce que vous êtes jeune et que l'avenir est devant vous.

Sur ce, elle pressa sa serviette sur ses lèvres et se leva. Devant la porte de l'hôtel, elle serra silencieusement Helen contre son cœur, puis s'avança pour m'embrasser sur les deux joues. Son expression était grave, il n'y avait pas de larmes dans ses yeux, mais son visage reflétait une grande tristesse. Sa voiture l'attendait déjà. La toute dernière image que je garde d'elle, ce fut son geste d'adieu solennel par la vitre arrière.

Pendant plusieurs secondes, Helen parut incapable de parler. Elle se tourna vers moi, baissa les yeux, puis elle sembla se raviser et me regarda d'un air résolu.

— Venez, Paul. Ce sont nos derniers moments de liberté à Budapest. Demain, nous devrons nous hâter vers l'aéroport. J'ai envie de marcher un peu.

— Et que faites-vous de la police secrète ?

— Oh, ils veulent savoir ce que vous savez, pas vous estourbir dans une allée sombre. Nous resterons dans des lieux bien éclairés, sans nous éloigner de l'artère principale, mais je veux que voyiez la ville encore une fois.

Je n'avais rien contre, sachant que c'était peut-être la dernière fois de ma vie que je venais ici, et nous prîmes la direction du fleuve dans la nuit tiède et parfumée. Une fois devant le Danube, nous nous arrêtâmes quelques instants à scruter les eaux sombres, puis Helen s'engagea sur le pont, laissant glisser pensivement sa main le long du garde-fou. Nous nous immobilisâmes de nouveau, contemplant les rives de Budapest, et je fus de nouveau saisi par la majesté de ce lieu, et la violence de la guerre qui l'avait presque détruit. Les lumières de la ville brillaient partout, frissonnant sur la surface noire du fleuve.

Helen resta accoudée un moment au garde-fou, puis se détourna, comme à regret, pour reprendre la direction de Pest. Elle avait retiré sa veste et, comme elle se tournait, j'aperçus une forme noire agrippée à son chemisier. Je compris tout à coup qu'il s'agissait d'une énorme araignée. Elle avait laissé une traînée de filaments scintillants dans son dos. Je me rappelai alors avoir vu des toiles d'araignée tout le long de la rambarde, où elle avait fait glisser sa main. Je pris ma voix la plus douce :

— Helen, ne vous affolez pas, mais vous avez quelque chose sur votre chemisier.

Elle se statufia.

— Quoi ?

— Je vais l'enlever, dis-je le plus naturellement possible. C'est juste une araignée.

Elle frissonna, mais resta immobile pendant que je délogeais la créature d'un geste sec. Je reconnais que cela me fit frissonner moi aussi parce que c'était l'araignée la plus énorme que j'aie jamais vue, presque la moitié de la largeur de ma main. Elle heurta la rambarde à côté de nous avec un bruit mat et Helen poussa un cri. Je ne l'avais encore jamais vue exprimer de la peur, et ce petit cri me donna envie de la secouer.

— Tout va bien, affirmai-je très vite en lui saisissant le bras et en m'efforçant de rester calme.

À ma grande surprise, elle lâcha un ou deux sanglots avant de se ressaisir. J'étais stupéfait qu'une femme capable de tirer à bout portant sur un vampire soit aussi effrayée par une araignée, mais la journée avait été longue et riche en émotions. Je n'étais pas au bout de mes surprises : elle se tourna pour regarder de nouveau le fleuve et je l'entendis dire à voix basse :

— Je vous ai promis de vous parler de ma relation avec Géza.

— Vous n'avez pas à vous justifier de quoi que ce soit.

J'espérais que je ne laissais pas transparaître ma jalousie.

— Paul, je ne veux pas vous mentir par omission.

Elle s'éloigna de quelques pas, comme pour mettre une distance définitive entre l'araignée et elle, bien que cette dernière ait disparu, sans doute dans le Danube.

— Quand j'étais étudiante, j'ai été amoureuse de lui quelque temps – du moins, je l'ai cru. Et en retour, il a aidé ma tante à m'obtenir une bourse d'études et un passeport pour quitter la Hongrie.

Je me raidis, dardant sur elle un regard lourd de réprobation douloureuse.

— Ne faites pas cette tête-là, ce n'est pas ce que vous pensez. Géza ne m'a pas obligée à coucher avec lui en échange d'un billet pour l'Angleterre. Il est plus subtil que ça, vous savez. Et il n'a pas fait de moi ce qu'il voulait non plus. Mais quand il a cessé de me charmer, et que j'ai compris qui il était réellement, j'avais en poche mon passeport pour l'Occident, pour la liberté, et aucune envie d'y renoncer. Et puis je me disais que c'était l'occasion ou jamais de retrouver mon père. J'ai donc poursuivi ma relation avec Géza jusqu'à ce que je sois en mesure de fuir à Londres et je lui ai laissé une lettre de rupture. Je voulais être honnête au moins sur ce point. Il n'a pas dû apprécier, mais il ne m'a jamais écrit.

Quelques secondes passèrent, puis je demandai :

— Comment avez-vous su qu'il appartenait à la police secrète ?

Elle rit.

— Oh, Géza était trop vaniteux pour garder cette information pour lui. Il voulait m'impressionner. Je ne lui ai pas dit que j'étais plus effrayée qu'impressionnée, et plus dégoûtée qu'effrayée. Il m'a parlé des gens qu'il avait fait emprisonner, torturer, en me laissant entendre qu'il y avait pire encore. Comment ne pas haïr un homme tel que lui ? C'est un monstre.

— On ne peut pas dire que ces nouvelles me rassurent sur mon proche avenir, mais, au moins, je suis heureux de savoir à quoi m'en tenir sur les sentiments qu'il vous inspire.

— Qu'est-ce que vous vous imaginiez ? J'essaie de le tenir à distance depuis notre arrivée.

— J'ai senti en vous des émotions… complexes quand vous l'avez revu à la conférence, avouai-je. Je ne pouvais pas m'empêcher de penser que vous l'aviez aimé, ou que vous l'aimiez toujours, ou quelque chose comme ça.

— Non.

Elle secoua la tête, le regard baissé vers les eaux sombres.

— Il me serait impossible d'aimer quelqu'un qui opprime et torture de pauvres gens. Il a du sang sur les mains. Et même si ce que je sais de ses sinistres activités n'avait pas suffi à me détourner de lui – hier comme aujourd'hui –, une foule de petites choses m'empêcheraient encore de l'aimer.

Elle se tourna légèrement dans ma direction, mais sans chercher mon regard.

— Ce sont des détails, peut-être, mais ils sont très importants à mes yeux. Ce n'est pas un homme bien et gentil. Il ne sait pas quand vous prodiguer des paroles de réconfort et quand rester silencieux. Il ne s'intéresse pas réellement à l'Histoire. Ses yeux ne sont pas bleu marine, ni ses sourcils broussailleux, et il ne remonte pas ses manches jusqu'aux coudes…

Cette fois, elle tourna son regard vers le mien avec une sorte de courage mêlé de détermination.

— En résumé, son plus lourd handicap, c'est qu'il n'est pas vous, Paul.

Son visage était indéchiffrable, mais au bout de quelques secondes elle se mit à sourire, comme si elle ne pouvait pas s'en empêcher, et c'était ce merveilleux sourire dont avaient hérité les femmes dans sa famille. Je la contemplai, n'osant croire à mon bonheur, puis je la pris dans mes bras et l'embrassai passionnément.

— Qu'est-ce que tu croyais ? murmura-t-elle tendrement comme nous reprenions notre souffle. Qu'est-ce que tu croyais ?

Nous restâmes enlacés pendant de longues minutes – nous aurions pu rester des heures ainsi – puis elle recula tout à coup avec un gémissement étouffé.

— Qu'y a-t-il ? m'affolai-je.

Elle hésita un moment.

— C'est ma blessure, répondit-elle lentement. Elle est guérie, mais parfois la souffrance se réveille. Je me demande... et si j'avais commis une erreur en te touchant ?

Nous nous dévisageâmes avec intensité.

— Laisse-moi regarder, Helen. Je t'en prie.

Elle dénoua son foulard et tourna la tête vers la lumière du réverbère. Deux marques pourpres, presque refermées, tranchaient sur sa peau pâle. Ma peur reflua un peu ; à l'évidence, elle n'avait pas été mordue de nouveau depuis sa première agression. Je me penchai et effleurai la blessure de mes lèvres.

— Paul, non ! s'écria-t-elle aussitôt en reculant.

— Je ne crains rien. Je la guérirai moi-même.

Je scrutai son visage.

— À moins que je t'aie fait mal ?

— Non. Au contraire.

Mais elle noua de nouveau son foulard autour de son cou. Je sus alors que, même si elle n'avait été que peu contaminée, je devais plus que jamais veiller sur elle et je plongeai la main dans ma poche.

— Nous n'avons que trop tardé : je veux que tu portes ceci.

C'était l'un des petits crucifix que nous avions achetés dans l'église Sainte Mary, le jour où elle avait été attaquée dans la bibliothèque. Je l'attachai autour de son cou, afin qu'il pende discrètement sous son foulard. Elle poussa un petit soupir de soulagement, le touchant du bout du doigt.

— Je ne suis pas croyante, tu sais, et je me disais que j'étais trop cartésienne pour...

— Je sais. Mais pourquoi ce geste dans l'église Sainte Mary ?

Elle fronça les sourcils.

— Quel geste ?

— Quand tu m'y as rejoint pour lire les lettres de Rossi, tu as trempé ta main dans l'eau bénite et effleuré ton front. Je m'en souviens très bien.

Elle réfléchit quelques instants.

— En effet. Mais je crois que c'était parce que je me sentais seule, loin de mon pays, et non en signe de foi.

Nous longeâmes le pont en sens inverse et reprîmes le chemin du retour sans nous toucher. Je sentais encore la chaleur des bras d'Helen autour de mon cou et le goût de sa bouche sur la mienne.

— Laisse-moi aller avec toi dans ta chambre, chuchotai-je comme nous parvenions en vue de l'hôtel.

— Pas ici.

Il me sembla que ses lèvres tremblaient.

— On nous observe.

Je n'osai pas insister et je fus heureux de la diversion qui nous attendait à la réception de l'hôtel : alors que je demandais la clé de ma chambre, l'employé me la tendit avec un message rédigé en allemand. Turgut avait téléphoné et demandé que je le rappelle. Helen attendit pendant que je me livrais aux habituelles supplications – sans oublier le pourboire – pour qu'on m'autorise à utiliser le téléphone, puis je composai le numéro. Mes premières tentatives ne donnèrent rien, puis une sonnerie retentit très loin et la voix de Turgut s'éleva dans un grondement guttural qui passa instantanément à l'anglais.

— Paul, mon ami ! Grâce au ciel, vous me rappelez ! J'ai des nouvelles pour vous, des nouvelles importantes !

Mon cœur cessa de battre une fraction de seconde.

— Vous avez découvert une autre carte ? La Tombe ? Rossi ?

— Non, mon ami, rien d'aussi miraculeux, hélas. Mais la lettre que Selim a trouvée a été traduite et il s'agit d'un document exceptionnel, qui... Paul ? Vous êtes toujours là ?

— Oui, oui ! criai-je à travers un déluge de grésillements.

Le réceptionniste me foudroya du regard et Helen parut anxieuse.

— Continuez, Turgut !

— Il s'agit d'une lettre écrite à Istanbul en 1477 par un moine originaire des Carpates, et elle contient des informations capitales pour votre recherche ! Il faut absolument que vous la lisiez. Je vous la montrerai demain, à votre retour. Vous rentrez bien demain ?

— Oui ! criai-je. Mais dites-moi tout de suite : *Il* est à Istanbul ?

Helen secouait la tête, et je pouvais lire dans ses pensées : je parlais trop, et si la ligne était sur écoute ? C'était peut-être pour ça que la communication était si mauvaise....

— La lettre ne donne aucun renseignement à ce sujet, s'époumonait Turgut à l'autre bout du fil. Je n'ai toujours aucune certitude, mais il y a peu de chance que la Tombe maudite soit ici. Je pense que vous devez vous préparer à effectuer un autre voyage...

Malgré les parasites qui crépitaient sur la ligne, je captai une note lugubre dans sa voix.

— Un autre voyage ? Mais où ?

— En Bulgarie, s'égosilla Turgut.

Le combiné glissa de ma main. Je regardai Helen.

— En Bulgarie ? »

Troisième partie

Il restait un grand sépulcre plus seigneurial que tous les autres, immense, et de nobles proportions, portant un seul nom : DRACULA.

Bram Stoker, *Dracula*, 1897
(trad. Lucienne Molitor, Marabout, 1980)

49.

Il y a quelques années, j'ai trouvé dans les papiers de mon père un document qui n'apparaîtrait pas dans ce récit s'il ne représentait l'unique témoignage en ma possession de son amour pour Helen – en dehors des fameuses lettres qu'il rédigea à mon intention. Mon père ne tenait pas de journal, et les notes qu'il était amené à prendre occasionnellement traitaient presque toujours de son travail – de tel ou tel problème diplomatique, ou d'histoire en général, notamment quand il apportait un précieux éclairage sur un conflit international. Ces réflexions, de même que les conférences et les articles auxquels elles donnèrent naissance, figurent désormais en bonne place dans la bibliothèque de sa Fondation, de sorte qu'il ne me reste aujourd'hui que cet unique feuillet qu'il écrivit pour lui-même – et pour Helen.

J'ai toujours connu mon père comme un homme pragmatique, préférant dans tout idéal l'action à la poésie, ce qui rend ces lignes d'autant plus précieuses. Parce que ce récit ne s'adresse pas à de jeunes lecteurs et parce que je souhaite l'enrichir du plus grand nombre possible de témoignages, j'ai finalement fait taire mes scrupules et décidé d'insérer ici ce document. Je suppose que mon père dut écrire d'autres lettres comme celle-là, mais, le connaissant, je suppose aussi qu'il les détruisit au fur et à mesure (peut-être en les brûlant au fond du petit jardin, derrière notre maison à Amsterdam, où, quand j'étais adolescente, je retrouvais parfois dans le petit four en pierre des morceaux de papier calcinés et illisibles), et que celle-ci survécut accidentellement. Il n'y figure aucune date, de sorte que j'ai également hésité sur la place que je devais lui attribuer dans la chronologie de l'histoire. Finalement, j'ai choisi de la glisser à cet endroit parce qu'elle fait référence aux premiers temps de leurs amours, même si l'angoisse qu'on y devine m'amène à penser qu'il l'écrivit alors qu'Helen n'était déjà plus là pour la lire…

Mon amour,

Je voulais simplement te dire combien j'ai pensé à toi. Si tes mains pouvaient déplier cette lettre, elle serait tienne, totalement tienne, avant même que tu en aies lu la première ligne. Ma mémoire aussi est tienne, qui me ramène constamment vers ces premières heures que nous avons passées seuls tous les deux.

Je me suis souvent demandé pourquoi rien ne pouvait affectivement remplacer ta présence, et chaque fois je me retrouve emporté par l'illusion que nous sommes toujours ensemble, puis – malgré moi – par la certitude que tu as pris ma mémoire en otage. Ta voix m'enveloppe au moment où je m'y attends le moins. Je sens le doux poids de ta main dans la mienne, nos doigts entremêlés sous ma veste pliée entre nous sur le siège de l'avion, je revois ton profil tourné vers le hublot, je réentends ton exclamation quand – pour la première fois – nous avons survolé les montagnes de la Bulgarie.

Depuis les années de notre jeunesse, ma chérie, une révolution sexuelle a eu lieu, une bacchanale aux proportions mythiques que tu n'as pas eu le temps de connaître. Aujourd'hui (dans le monde occidental, tout au moins), les jeunes gens se fréquentent sans le moindre préliminaire. Mais moi, je me rappelle les conventions que nous devions respecter, avec presque autant de nostalgie que la façon dont nous les avons transgressées, bien plus tard. Ces souvenirs, je ne peux les partager avec personne. Dans une situation où nous devions réfréner notre désir, nous connaissions intimement chaque vêtement de l'autre que nous ôtions dans une fiévreuse découverte, de sorte que je revois avec une netteté torturante – et au moment où je le souhaite le moins – tout à la fois la courbe élégante de ta nuque et le col délicat de ton chemisier, ce chemisier que je connaissais déjà par cœur avant même que mes doigts n'effleurent son tissu et ne défassent ses boutons en nacre. Je me rappelle l'odeur du compartiment du train et du savon bon marché de ta veste noire, la rugosité de ton chapeau de paille noir et la douceur de tes cheveux aussi sombres. Quand nous osions passer une demi-heure ensemble dans ma chambre d'hôtel à Sofia avant de regagner la salle à manger pour un autre repas sinistre, j'avais l'impression que l'intensité de mon désir allait me faire mourir. Quand tu posais ta veste sur le dossier d'une chaise puis ton chemisier par-dessus, avec une lenteur délibérée, et que tu te tournais vers moi avec un regard qui ne déviait jamais du mien, j'étais paralysé par un feu dévorant. Quand tu plaçais mes deux mains sur ta taille et qu'elles devaient choisir entre le velours de ta jupe et celui, plus doux encore, de ta peau, j'aurais pu sangloter de bonheur.

Ce fut peut-être alors que je découvris ta seule imperfection – le seul endroit, sans doute, où je n'ai jamais posé mes lèvres : le petit dragon à la queue en anneaux sur ton omo-

plate. Mes mains ont dû l'effleurer avant que je le voie. Je me souviens comment j'ai retenu mon souffle – et toi aussi – le jour où je l'ai aperçu et l'ai touché du doigt non sans une certaine appréhension. Avec le temps, il prit naturellement place dans la géographie de ton corps adoré, mais lors de ce premier contact il instilla une indéniable fascination dans mon désir. Que cela se soit produit ou non dans notre hôtel à Sofia, ce fut à peu près au moment où s'imprimaient en moi le dessin de tes dents fines et serrées, le minuscule réseau de rides au coin de tes yeux et le…

Ici, la lettre de mon père s'interrompt et je reviens à présent aux lettres plus réservées qu'il m'adressa.

50.

« Turgut Bora et Selim Aksoy nous attendaient à l'aéroport d'Istanbul.

— Paul !

Turgut m'étreignit, m'embrassa comme du bon pain et m'administra de grandes claques affectueuses sur l'épaule.

— Madame le professeur !

Il serra la main d'Helen dans les siennes.

— Grâce au ciel, vous voici de retour, sains et saufs et triomphants !

— Triomphants, c'est peut-être un peu beaucoup, rectifiai-je en riant malgré moi.

— Hé, nous allons en discuter, nous allons en discuter ! tonitrua Turgut en m'assénant une nouvelle claque dans le dos.

Selim Aksoy nous salua de façon plus modérée, et en moins d'une heure, nous nous retrouvâmes chez Turgut, où Mme Bora se montra enchantée de nous revoir. Helen et moi poussâmes un cri admiratif en la voyant : elle portait un ensemble bleu clair, dans lequel elle ressemblait à une fleur des champs. Elle nous lança un regard interrogateur.

— Votre robe est ravissante, déclara Helen en serrant sa main minuscule dans la sienne.

Mme Bora se mit à rire.

— Merci. Je c*ouse* moi-même tous mes vêtements, expliqua-t-elle fièrement.

Puis elle nous servit du café accompagné de *börek*, une sorte de rissole fourrée au fromage salé, en prélude à un assortiment de cinq ou six plats différents.

— Et maintenant, mes amis, parlez-nous de votre voyage.

Ce n'était pas une mince affaire, mais nous leur racontâmes néanmoins ma conférence à Budapest, ma rencontre avec Hugh James (les yeux de Turgut s'écarquillèrent quand nous évoquâmes le livre au dragon qu'Hugh avait lui aussi reçu), le récit de la mère d'Helen, les lettres de Rossi.... Au fur et à mesure que nous avancions dans notre récit, je me rendais compte que nous avions progressé. Malheureusement, aucune de ces informations ne nous rapprochait du lieu où se trouvait Rossi.

Turgut prit le relais et nous expliqua qu'ils avaient eu un gros problème en notre absence : deux nuits plus tôt, son ami l'archiviste avait été attaqué pour la deuxième fois dans la chambre où il avait trouvé refuge. L'homme engagé pour veiller sur lui s'était endormi et n'avait rien vu. Depuis, ils avaient recruté un autre garde du corps, et espéraient qu'il se montrerait plus vigilant. Ils faisaient tout ce qu'ils pouvaient pour le protéger, mais M. Erozan allait très mal.

Ils avaient autre chose à nous annoncer. Turgut finit sa deuxième tasse de café d'une gorgée, et se leva pour aller chercher quelque chose dans son bureau lugubre (à mon grand soulagement, je ne fus pas invité à y entrer). Il en rapporta un cahier de notes et revint s'asseoir à côté de Selim Aksoy. Tous deux nous regardèrent d'un air grave.

— Comme je vous l'ai expliqué au téléphone, nous avons découvert une lettre très intéressante en votre absence, déclara Turgut. L'original est en slavon, la langue liturgique des églises slaves orthodoxes. Mon ami

Selim est étonné qu'elle ne soit pas rédigée en latin, mais peut-être ce moine était-il slave. Voulez-vous que je vous la lise tout de suite ?

J'acquiesçai aussitôt, mais Helen l'arrêta d'un geste.

— Un instant. Quand et où l'avez-vous trouvée ?

Turgut salua la pertinence de sa question d'un hochement de tête approbateur.

— Selim est tombé dessus par hasard dans la salle des archives – celle que vous connaissez. Il a passé trois jours entiers à examiner tous les manuscrits du quinzième siècle conservés sur place. Cette lettre était mêlée à une petite collection de documents provenant des églises des Infidèles – entendez les églises chrétiennes qui furent autorisées par les Ottomans à rester ouvertes sous le règne du Conquérant et de ses successeurs. Ces documents sont assez peu nombreux dans la salle des archives car, en général, ils étaient conservés à l'intérieur des monastères, et plus particulièrement au Patriarcat de Constantinople. Mais il arrivait néanmoins que certains d'entre eux tombent entre les mains du sultan, surtout s'ils concernaient des *firman*, les nouveaux décrets émanant de l'empire. Parfois aussi le sultan recevait des lettres de... comment dites-vous ? des pétitions, signalant un problème dans telle ou telle église, et ces documents sont également conservés dans la salle des archives.

Il traduisit ce qu'il venait de dire à son ami Aksoy, qui répondit quelque chose. Turgut acquiesça.

— Ah oui, Selim me rappelle une information importante : peu après s'être emparé de la ville, le Conquérant désigna un nouveau patriarche pour les chrétiens, nommé Gennadius.

Aksoy, qui écoutait avec attention, hocha vigoureusement la tête.

— Le sultan et le patriarche Gennadius entretinrent une relation des plus courtoises – je vous ai dit que le Conquérant s'était montré très tolérant à l'égard des chrétiens de son empire, une fois sa conquête achevée. Mehmed demanda à Gennadius de lui expliquer par écrit la foi orthodoxe et il fit traduire ce texte pour sa bibliothèque personnelle. Il existe une copie de sa traduction dans la salle des archives. On y trouve également des copies de quelques-unes des chartes que les églises devaient soumettre à l'approbation du nouveau maître de Constantinople, ou plutôt d'Istanbul. C'est en examinant l'une de ces chartes, émanant d'une église d'Anatolie, que notre ami Selim a découvert cette fameuse lettre entre deux feuillets.

— Merci pour ces précisions.

Helen s'adossa aux coussins du canapé, sa curiosité satisfaite.

— Hélas, il m'est impossible de vous montrer l'original : on ne peut sortir un document de la salle des archives. Mais vous pourrez aller le consulter si vous le souhaitez. La lettre est rédigée d'une très belle écriture sur une petite feuille de parchemin, dont l'un des bords est déchiré. Je vais vous lire la traduction que nous en avons faite en anglais, à votre intention. Mais gardez bien à l'esprit qu'il s'agit de la traduction d'une traduction, et que certains points peuvent avoir pâti de ces glissements successifs...

Et il nous lut le texte suivant :

À Son Excellence, l'abbé Maxime Eupraxius

L'humble pécheur que je suis sollicite de nouveau votre écoute. Comme je l'ai évoqué précédemment, l'échec de notre mission, hier, a provoqué une importante polémique au sein de notre communauté. La ville n'est pas sûre pour nous, et cependant nous ne pensons pas devoir la quitter avant d'avoir découvert ce qu'il est advenu du trésor que nous sommes venus chercher.

Ce matin, par la grâce du Tout-Puissant, une nouvelle piste s'est ouverte, que je me dois de vous relater. Informé par notre hôte, l'abbé de Sainte-Irine, de notre profonde détresse, l'abbé de Panachrantos, un grand ami à lui, s'est déplacé ici en personne. C'est un bon et saint homme d'une cinquantaine d'années, qui fut tout d'abord moine à la Grande Lavra, au mont Athos, avant de devenir le supérieur du monastère de Panachrantos, il y a déjà bien longtemps. Dès son arrivée, il s'entretint en privé avec son ami, puis tous deux nous convoquèrent dans les appartements de notre hôte afin de nous parler dans le secret le plus absolu, et après avoir demandé à tous les novices et les domestiques de se retirer.

L'abbé de Panachrantos nous dit qu'il n'avait été informé de notre présence que ce matin, et qu'en apprenant la nouvelle il était aussitôt accouru afin de nous transmettre des informations dont il n'avait jamais parlé à qui que ce soit avant ce jour, de peur de mettre ses moines ou lui-même en danger. En bref, il nous révéla que ce que nous cherchions avait déjà été transporté hors de la ville et emmené dans un sanctuaire situé sur les terres bulgares occupées par les infidèles. Il nous indiqua aussi, toujours dans le plus grand secret, le nom du sanctuaire que nous devions chercher et comment nous y rendre. Nous aurions sans doute pu trouver un prétexte pour différer notre départ, le temps de vous informer de ce nouveau développement et d'attendre vos instructions, mais les deux abbés nous ont également révélé que des janissaires de la cour du sultan s'étaient déjà présentés devant le patriarche afin de le questionner sur la disparition de ce que nous cherchons.

Il est désormais dangereux de nous attarder en ce lieu ne serait-ce qu'un jour de plus, au point que nous serons probablement plus en sécurité sur les terres occupées ou gardées par les Infidèles que nous ne le sommes ici. Excellence, pardonnez notre hâte à partir sans attendre vos ordres, et puisse la bénédiction de Dieu et la vôtre nous escorter tout au long de notre mission. Si nécessaire, je détruirai ce document avant qu'il puisse vous parvenir, et je me rendrai auprès de vous en personne afin de vous faire mon rapport de vive voix – si toutefois on ne m'a pas coupé la langue d'ici là.

L'humble pécheur frère Kiril

Avril de l'an 6985.

Un profond silence suivit la lecture de cette lettre.

Selim et Mme Bora restèrent sagement assis tandis que Turgut passait avec nervosité la main dans sa chevelure argentée. Helen et moi échangeâmes un regard.

— L'an… 6985 ? demandai-je finalement. Qu'est-ce que ça veut dire ?

— La datation de nombreux documents médiévaux, suivant l'usage hébraïque, était calculée à partir de la date supposée de la création du monde, m'expliqua Helen.

— Exactement, acquiesça Turgut. L'an 6985 correspond à 1477 dans le calendrier grégorien.

Je ne pus réprimer un soupir.

— C'est une lettre remarquablement vivante, où transpire la peur de l'auteur devant ce qu'il n'ose nommer… Mais je vous avoue que je ne sais qu'en penser. La date me porte à croire qu'il y a un rapport avec le texte que notre ami a trouvé précédemment, ajoutai-je en me tournant vers Selim. Mais quelle preuve avons-nous que le moine qui a écrit cette lettre, ce mystérieux frère Kiril, venait des Carpates ? Et qu'est-ce qui vous permet de penser qu'il y a un lien avec Vlad Drakula ?

Turgut sourit.

— Excellentes questions, comme toujours, jeune sceptique. Je vais essayer d'y répondre. Comme je vous l'ai dit, Selim connaît cette ville mieux que quiconque et, quand il a trouvé cette lettre et réalisé au vu des premières lignes qu'elle pourrait nous être utile, il l'a apportée à l'un de ses amis, conservateur de la bibliothèque de l'ancien monastère de Sainte-Irine, qui existe toujours. Son ami la lui a traduite en turc et s'est montré très intéressé car elle mentionnait justement son monastère. Il n'a cependant trouvé aucune trace dans ses archives de cette visite de l'abbé de Panachrantos en 1477 – soit elle n'a pas été consignée, soit tous les documents qui en faisaient état ont disparu depuis longtemps.

— Si la mission dont parle Kiril était si secrète et périlleuse, souligna Helen, ils n'allaient sûrement pas prendre le risque d'en laisser une trace écrite.

— Très juste, chère madame.

Turgut hocha la tête en lui souriant.

— Quoi qu'il en soit, l'ami de Selim nous a aidés sur un point important : il a recherché dans sa bibliothèque ce qui touchait à cette période et il a découvert que le destinataire de cette lettre, ce Maxime Eupraxius, fut abbé supérieur au mont Athos à la fin de sa vie. Mais en 1477, à la date de la lettre donc... il était l'abbé du monastère du lac Snagov !

Turgut prononça ces derniers mots avec une emphase triomphante. L'exaltation nous rendit muets pendant quelques instants, puis Helen rompit le silence.

— *Nous sommes des hommes de Dieu, nous sommes des hommes des Carpates*, murmura-t-elle pour elle-même.

— Je vous demande pardon ?

Turgut la regarda avec intérêt.

— Mais bien sûr !

J'avais suivi le raisonnement d'Helen.

— Des hommes des Carpates. C'est une vieille ballade qu'Helen a trouvée à Budapest dans un ouvrage regroupant des textes appartenant au folklore roumain.

Je leur racontai notre visite dans la bibliothèque de l'université de Budapest, le recueil de poèmes anciens que nous avions feuilleté, la minuscule gravure sur bois en haut de la page, montrant un dragon et une église cachés au milieu des arbres...

Les sourcils de Turgut touchèrent presque la racine de ses cheveux touffus quand je mentionnai ce détail et je fouillai mes papiers.

— Où l'ai-je fourrée… ?

Une instant plus tard, je trouvai la traduction que j'avais recopiée de ma main, au milieu de mes dossiers, dans ma sacoche (Dieu, si jamais je perdais cette sacoche !) et je la lus à voix haute, laissant des silences entre chaque phrase pour que Turgut puisse les traduire à Selim et à sa femme :

Ils chevauchèrent jusqu'aux portes de la grande cité, depuis la terre de la mort.
« Nous sommes des hommes de Dieu, des hommes des Carpates.
Nous sommes des moines et de saints hommes, mais nous n'apportons que de funestes nouvelles.
Nous apportons la nouvelle d'une épidémie dans la grande cité.
Servant notre Maître, nous venons ici en pleurant sa mort. »
Ils chevauchèrent jusqu'aux portes de la cité et la cité pleura avec eux
Quand ils y entrèrent.

— Par ma foi, ce n'est pas gai, grommela Turgut. Les chansons de votre pays ressemblent-elles toutes à ça, madame ?

— La plupart d'entre elles, oui, admit Helen en riant.

Je me rendis compte tout à coup que, dans mon enthousiasme, j'avais oublié pendant deux minutes qu'elle était assise près de moi. Non sans difficulté, je m'interdis de lui prendre la main, de m'attarder à contempler son merveilleux sourire ou cette boucle de cheveux noirs qui lui taquinait la joue.

— Et le dragon en haut de cette page, caché parmi les arbres – il doit y avoir une connexion, affirmai-je.

— Je regrette de ne pouvoir l'examiner de mes yeux…

Turgut soupira, puis son poing s'abattit sur le plateau en cuivre si soudainement que nos tasses sautèrent dans leur soucoupe.

— La peste, bien sûr !

Il se tourna vers Selim et ils échangèrent un rapide déluge de turc.

— Qu'y a-t-il ?

Les yeux d'Helen étaient plissés par la concentration.

— Vous faites référence à l'épidémie dont parle le poème ?

— Oui, mon enfant.

Turgut lissa ses cheveux en arrière du plat de la main.

— En plus de la lettre, nous avons trouvé la trace d'un problème qui apparut à Istanbul à la même époque – un événement que mon ami Aksoy connaissait déjà, en fait. À la fin de l'été 1477, au plus fort de la chaleur, il y eut ce que nos historiens appellent la « petite peste », ainsi dite parce qu'elle ne dura pas longtemps. Ce qui ne l'empêcha pas de faire de nombreux morts dans l'ancien quartier Pera, aujourd'hui rebaptisé Galata. Ce n'était pas la première peste qui frappait la ville, mais cette année-là on ne se contenta pas de brûler les corps des malheureux à l'extérieur de la ville afin de prévenir une extension de l'épidémie, non, on enfonça un pieu dans le cœur des cadavres avant de les incinérer.

— Pour vous, ces moines, à supposer qu'il s'agisse des mêmes, ont introduit la « peste » dans la ville ?

— Naturellement, nous n'en savons rien, admit Turgut. Mais si votre poème fait allusion au même groupe de moines…

— Je pense à quelque chose…

Helen reposa sa tasse sur la table.

— Vlad Drakula fut l'un des premiers stratèges militaires de l'histoire à utiliser… – comment dit-on ? quand une maladie devient une arme de guerre ?

— Une guerre bactériologique, murmurai-je. Hugh James m'en a parlé, en effet.

— C'est cela.

Elle rassembla ses jambes sous elle, le visage pensif.

— Pendant les raids de l'armée du sultan en Valachie, Drakula se faisait un plaisir d'envoyer des hommes malades de la peste ou de la variole dans les camps ottomans, déguisés en Turcs. De cette façon, il était sûr qu'ils contamineraient un maximum d'ennemis avant de mourir.

Si cela n'avait pas été aussi horrible, j'aurais souri de l'ingéniosité du procédé. Le prince de Valachie était aussi formidablement créatif que destructeur, un ennemi d'une intelligence rare. Une seconde plus tard, je me rendis compte que je venais de penser à lui comme s'il était encore de ce monde.

— Je vois ce que vous voulez dire.

Turgut hochait la tête.

— Ce groupe de moines, encore une fois s'il s'agit bien des mêmes, aurait apporté la peste avec eux parce qu'ils étaient contaminés.

— Un point reste obscur, néanmoins.

Helen fronça les sourcils.

— Si certains d'entre eux étaient malades de la peste, pourquoi l'abbé de Sainte-Irine les a-t-il autorisés à séjourner chez lui ?

— Hum. Vous avez raison, admit Turgut. À moins que l'épidémie en question ne soit pas la peste proprement dite, mais une autre forme de contamination... – ça, hélas, nous n'avons aucun moyen de le savoir.

Nous réfléchîmes à la question dans un silence frustré.

— La chute de Constantinople ne découragea pas un bon nombre de moines orthodoxes de s'y rendre en pèlerinage, reprit finalement Helen. Peut-être s'agissait-il simplement d'un groupe de pèlerins.

— Oui, mais ils étaient venus chercher quelque chose qu'ils n'ont pas trouvé pendant leur pèlerinage, du moins pas à Constantinople, rappelai-je. Et Frère Kiril écrit qu'ils vont se rendre en Bulgarie déguisés en pèlerins, comme s'ils n'en étaient pas réellement – du moins, c'est ce qu'il donne l'impression de dire.

Turgut se gratta la tête.

— Selim Aksoy a étudié la question, déclara-t-il. Il m'a expliqué que la plupart des grandes reliques conservées dans les églises chrétiennes de Constantinople furent détruites ou volées après la prise de la ville – icônes, croix, ossements de saints. Bien sûr, il n'y avait pas autant de trésors en 1453 qu'à l'époque où Byzance était une grande puissance, parce que les plus belles œuvres anciennes furent pillées en 1204 lors de la quatrième croisade – vous savez déjà certainement tout cela – et emportées à Rome, à Venise et ailleurs en Occident.

Turgut leva les bras au ciel avec indignation.

— Mon père m'a parlé des splendides chevaux de la basilique Saint-Marc à Venise, volés à Byzance par les croisés. Les envahisseurs chrétiens étaient aussi barbares que les Ottomans, vous voyez. Quoi qu'il en soit, mes amis, au cours de la prise de Constantinople en 1453, certains trésors des églises furent cachés par les moines (quand ils n'avaient pas été emportés hors de la ville avant le siège du sultan Mehmed), et mis à l'abri dans des monastères ou conduits en secret vers d'autres terres. Si nos moines étaient des pèlerins, peut-être entrèrent-ils dans la ville dans l'espoir de se recueillir devant une sainte relique avant d'apprendre qu'elle avait disparu. Peut-être que cet abbé venu d'un autre monastère leur expliqua l'histoire d'une icône précieuse qui avait été mise en sûreté en Bulgarie... Mais nous n'avons aucun moyen de le savoir à partir de cette lettre.

— Je comprends maintenant pourquoi vous voulez que nous nous rendions en Bulgarie.

Je résistai de nouveau à l'envie de prendre la main d'Helen dans la mienne.

— Encore que je ne voie pas très bien comment nous obtiendrions des informations sur cette histoire une fois là-bas – à supposer que nous puissions passer la frontière. Êtes-vous certain qu'il n'y a pas un autre endroit où nous pourrions chercher à Istanbul ?

Turgut secoua la tête d'un air sombre et reprit sa tasse de café.

— J'ai essayé toutes les pistes possibles et ce cher Aksoy a cherché partout, dans sa bibliothèque, dans celles de ses amis, dans les archives de l'université… J'ai parlé avec je ne sais plus combien d'historiens, y compris un spécialiste des cimetières d'Istanbul – des splendeurs, soit dit en passant. Nulle part nous n'avons trouvé la moindre allusion à l'inhumation inhabituelle d'un étranger au cours de la période qui nous intéresse. Bien sûr, il est possible que nous ayons raté quelque chose, mais j'avoue que je ne sais plus où chercher dans l'immédiat.

Il nous regarda avec gravité.

— Je partirais moi-même volontiers, mais un tel voyage serait encore plus difficile pour moi que pour vous, mes amis. En tant que Turc, je ne pourrais même pas assister à l'une de leurs conférences universitaires. Personne ne hait les descendants de l'Empire ottoman autant que les Bulgares.

— Oh, si cela peut vous rassurer, les Roumains ne sont pas en reste, rétorqua Helen – mais elle tempéra ces mots par un sourire qui le fit s'esclaffer.

— La Bulgarie…

Je m'adossai aux coussins du divan, submergé par une de ces vagues d'irréalité qui déferlaient sur moi à une fréquence de plus en plus accrue.

— Je ne vois vraiment pas comment nous pourrions réussir à nous y rendre.

Turgut posa devant moi la traduction anglaise de la lettre du moine.

— Il ne le savait pas non plus.

— Qui ? croassai-je.

— Frère Kiril. Depuis combien de temps Rossi a-t-il disparu ?

— Il y a environ deux semaines, avouai-je.

— Alors il n'y a pas une minute à perdre. Nous savons déjà que Drakula ne repose pas dans sa tombe, à Snagov. Et tout porte à croire qu'il n'a pas été enterré à Istanbul. Il faut donc chercher ailleurs !

Il tapota la lettre de son doigt.

— Nous tenons ici un indice. De quoi, nous l'ignorons, mais le fait est qu'en 1477 un moine du monastère de Snagov s'est rendu en Bulgarie, ou a voulu le faire. La piste mérite d'être suivie. Si elle ne donne rien, vous aurez au moins la consolation de savoir que vous aurez tout tenté. Vous pourrez alors rentrer dans votre pays et faire le deuil de votre ami, la conscience nette. Tandis que, si vous renoncez maintenant, vous passerez le restant de vos jours à vous poser des questions et à regretter.

Il reprit la feuille de papier et lut à voix haute :

— « Il est désormais dangereux de nous attarder en ce lieu ne serait-ce qu'un jour de plus, au point que nous serons probablement plus en sécurité sur les terres occupées ou gardées par les Infidèles que nous ne le sommes ici. » Voilà, mon ami. Gardez cette traduction dans votre sacoche, elle est pour vous. Et voici le texte en slavon, que l'ami conservateur de M. Aksoy a consigné par écrit.

Turgut se pencha vers nous.

— J'ai appris en outre qu'il existe un grand historien en Bulgarie auquel vous pourrez demander de l'aide. Son nom est Anton Stoichev. Mon ami Selim admire beaucoup son œuvre, qui est éditée dans de nombreuses langues.

Selim Aksoy hocha la tête en l'entendant prononcer le nom de l'écrivain.

— Stoichev est un spécialiste des Balkans à l'époque médiévale, et en particulier de la Bulgarie. Il habite tout près de Sofia. Vous devez essayer de le rencontrer.

Helen me prit la main, avec un naturel qui me surprit. Je pensais que nous garderions notre relation secrète, même ici, avec des amis. Le regard de Turgut s'arrêta brièvement sur nos doigts enlacés. Les fines rides au coin de ses paupières se plissèrent et Mme Bora nous adressa un large sourire, nouant ses mains minuscules autour de ses genoux. Clairement, elle approuvait notre union, et j'eus l'impression de recevoir la bénédiction de ce couple au cœur généreux.

— Je vais téléphoner à ma tante, déclara Helen en se tournant vers moi.

— Eva ? Que pourra-t-elle faire ?

— Elle peut *tout* faire.

Helen me sourit.

— Non, j'ignore si elle pourra ou voudra même nous aider, mais elle n'a pas que des ennemis dans la police secrète de notre pays, elle y a aussi des amis…

Elle baissa la voix, comme malgré elle.

— … et ils ont des contacts un peu partout en Europe de l'Est. Et des opposants aussi, bien sûr – en fait, ils s'espionnent tous les uns les autres. La seule chose qui m'inquiète, c'est que je risque de la mettre en danger. Et il nous faudra un gros, un énorme pot-de-vin.

— *Bakchich.*

Turgut hocha la tête.

— Bien sûr. Selim et moi y avons pensé. Nous avons rassemblé vingt mille *lire* qui sont à votre disposition. Et bien que je ne puisse pas vous accompagner, mes amis, je vous apporterai toute l'aide dont je suis capable, et Selim aussi.

Je les observai intensément tous les deux – ils étaient assis en face de nous, le dos très droit, leur expression solennelle. Quelque chose dans leur visage – énergique et rougeaud chez Turgut, plus fin chez Aksoy – et dans leur regard, où brillaient la même intelligence vive et la même attention passionnée, m'était tout à coup familier.

Une sensation sur laquelle je ne parvenais pas à mettre un nom m'envahit ; pendant une seconde, elle bloqua la question au fond de ma gorge. Puis mes doigts serrèrent ceux d'Helen – cette main forte, solide, et déjà adorée – et je plongeai mes yeux au fond des yeux sombres de Turgut.

— Qui êtes-vous ? articulai-je.

Turgut et Selim échangèrent un regard et un accord silencieux sembla passer entre eux. Puis Turgut répondit d'une voix basse mais claire :

— Nous travaillons pour le sultan. »

51.

« Helen et moi eûmes le même mouvement de recul.

Pendant une seconde, je songeai que Turgut et Selim devaient être de mèche avec une sorte de pouvoir des ténèbres. Je résistai à la tentation d'attraper ma sacoche d'une main, le bras d'Helen de l'autre, et de fuir à toutes jambes cet appartement. Car, enfin, comment ces deux hommes, que je croyais nos amis, auraient-ils pu travailler pour un sultan mort depuis des lustres, sans le concours d'une puissance occulte ? En fait, tous les sultans étaient morts depuis des lustres, de sorte que celui auquel se référait Turgut – quel qu'il soit – n'était forcément plus de ce monde. Alors quoi ? il délirait ? Et se pouvait-il qu'il nous ait mystifiés sur d'autres sujets ?

La voix d'Helen mit abruptement un terme à la cacophonie de mes pensées. Elle se pencha en avant, toute pâle, les yeux immenses, mais sa question fut énoncée très calmement, compte tenu du contexte, et avec un pragmatisme saisissant – si élémentaire, même, qu'il me fallut plusieurs secondes pour en saisir toute la portée.

— Professeur Bora, articula-t-elle lentement, quel âge avez-vous ?

Il sourit.

— Ah, chère madame, si vous me demandez par là si j'ai cinq cents ans, la réponse est – heureusement – non.

Je travaille pour le Majestueux et Splendide Refuge du Monde, le sultan Mehmed II le Conquérant, mais je n'ai jamais eu l'honneur incomparable de le rencontrer.

— Qu'est-ce que vous venez de nous racontez, alors ? tonnai-je.

Turgut sourit de nouveau et Selim m'adressa un signe de tête amical.

— En réalité, je n'avais pas l'intention de vous raconter quoi que ce soit, avoua Turgut. Mais vous nous avez accordé votre confiance à bien des égards, et puisque vous nous posez cette question pertinente, nous allons y répondre. D'abord, je tiens à préciser que je suis né de façon tout à fait ordinaire en 1911 et que j'espère bien mourir de façon tout aussi ordinaire dans mon lit en... oh, disons aux alentours de 2001.

Il s'esclaffa.

— Les membres de ma famille vivent très longtemps, aussi ai-je bien peur d'être encore assis sur ce divan à un âge qui aura dépassé la limite du respectable.

Il passa un bras autour des épaules de son épouse.

— M. Aksoy a également l'âge qu'il paraît. Il n'y a rien de bizarre à notre sujet. Ce que nous allons vous confier, cependant, est un secret et la plus grande preuve de confiance que nous puissions témoigner à quelqu'un – c'est pourquoi nous vous demandons de ne répéter à personne ce que je vais vous dire, quoi qu'il arrive. Voilà : nous appartenons à la Garde du Glorieux Refuge.

— Je ne pense pas en avoir jamais entendu parler, dit Helen en fronçant les sourcils.

— Non, madame le professeur, vous n'en avez certainement jamais entendu parler.

Turgut jeta un bref regard à Selim, qui écoutait en essayant de suivre notre conversation, ses yeux verts aussi paisibles qu'un étang.

— Personne n'a entendu parler de nous, à l'exception des membres de notre société. Nous avons été formés pour constituer une garde secrète au sein du corps d'élite des janissaires.

Je me rappelai, soudain, ces jeunes hommes au visage figé, aux yeux brillants, que j'avais vus sur les peintures du Topkapi Saray, regroupés en rangs serrés près du trône du sultan, suffisamment près pour bondir, au besoin, sur un assassin potentiel – ou sur quiconque, d'ailleurs, qui aurait eu le malheur de perdre la faveur du sultan.

Turgut dut lire dans mes pensées car il hocha la tête.

— Vous avez entendu parler des janissaires, à ce que je vois. Eh bien, mes amis, en 1477, Mehmed le Magnifique et le Glorieux sélectionna vingt officiers parmi les hommes les plus dignes de confiance et les mieux formés de son corps d'élite, et il leur remit en secret le nouveau symbole de la Garde du Glorieux Refuge. Les heureux élus étaient investis d'une mission qu'ils devraient accomplir – au prix de leur vie, si nécessaire : empêcher l'Ordre du Dragon de nuire davantage à notre grand Empire, en traquant et éliminant tous ses membres, où qu'ils se trouvent.

La même pensée traversa mon esprit et celui d'Helen, mais, pour une fois, je fus le premier à réagir :

— La Garde a été constituée en 1477… l'année où les moines sont arrivés à Istanbul !

Je tentai de préciser mes pensées tout en parlant :

— Mais l'Ordre du Dragon fut fondé bien avant cette date – par l'empereur Sigismond en 1400, si je ne m'abuse.

Turgut hocha la tête.

— En 1408 pour être tout à fait exact, mon ami. Bien sûr, en 1477, l'Ordre du Dragon et leurs guerres contre l'empire avaient déjà causé bien des problèmes aux sultans. Mais en 1477, Sa Magnificence décida qu'il pourrait y avoir un péril plus grand encore que les raids de l'Ordre du Dragon.

— Que voulez-vous dire ? demanda Helen.

Sa main était immobile et froide dans la mienne.

— Même notre Règle n'est pas claire sur ce point, reconnut Turgut. Mais je suis convaincu que ce n'est pas une coïncidence si le sultan constitua la Garde quelques mois seulement après la mort de Vlad Tepeş.

Il joignit les mains, comme dans une prière – même si, je m'en souvenais, ses ancêtres avaient prié prostrés sur le sol, face contre terre.

— Il est dit textuellement dans notre Règle que Sa Magnificence fonda la Garde du Glorieux Refuge afin de traquer les membres de l'Ordre du Dragon, les ennemis les plus abhorrés de son majestueux empire, sur terre comme sur mer, par-delà le temps et l'espace, et même dans la mort.

Turgut se pencha en avant, ses yeux brillant d'un éclat passionné, son épaisse chevelure tout ébouriffée.

— Ma théorie, c'est que Sa Magnificence avait l'intuition, ou même la prescience, du danger que Vlad Drakula pourrait répandre dans l'empire après sa mort.

Il glissa la main dans ses cheveux pour les lisser.

— Comme nous l'avons vu, c'est aussi à cette époque que le sultan a constitué sa collection de documents consacrés à l'Ordre du Dragon – ces archives n'étaient pas secrètes, mais elles étaient consultées en secret par les membres de la Garde, et le sont toujours. Et à présent, la lettre extraordinaire que Selim a trouvée et votre sinistre ballade, madame, nous apportent la confirmation que Sa Glorieuse Grandeur avait de bonnes raisons de s'inquiéter.

Mille questions continuaient à se bousculer dans mon esprit.

— Mais comment Selim Aksoy et vous-même avez-vous été amenés à devenir membres de cette Garde ?

— La transmission se fait de père en fils. Chaque aîné reçoit son – comment dites-vous ? – son initiation à dix-neuf ans. Mais si un père n'a que des fils indignes, ou aucune descendance, il emporte le secret dans sa tombe.

Turgut reprit sa tasse vide et Mme Bora se leva pour le servir.

— Le secret de la Garde du Glorieux Refuge était si bien gardé que les janissaires eux-mêmes ignoraient jusqu'à l'existence d'une faction dans leurs propres rangs. Notre bien-aimé Fatih mourut en 1481, mais sa Garde survécut et le secret aussi, même sous le règne des sultans les plus faibles, lorsque les janissaires étaient tout-puissants, et même lorsque l'empire se retira d'Istanbul ; personne ne soupçonna jamais notre existence et notre groupe subsista. Notre Règle fut mise à l'abri par le père de Selim pendant la Première Guerre mondiale, et par Selim lui-même pendant la Seconde. Elle est en sa possession, aujourd'hui, dans un lieu secret, conformément à notre tradition.

Turgut avala avec une satisfaction visible une grande gorgée de café.

— Il me semblait vous avoir entendu dire que votre père était italien, intervint Helen d'un ton un peu soupçonneux. Comment a-t-il réussi à intégrer la Garde du Glorieux Refuge ?

Turgut acquiesça en souriant.

— Rien ne vous échappe, madame. En réalité, mon grand-père maternel était un membre très actif de la Garde et il ne pouvait se résoudre à ce que la transmission s'arrête avec lui. Malheureusement, son seul enfant était une fille et quand il comprit que l'empire allait disparaître pour toujours de son vivant…

— Votre mère a repris le flambeau ! s'exclama Helen.

— Oui, ma chère.

Le sourire de Turgut se teinta de mélancolie.

— Vous voyez : vous n'êtes pas la seule ici à pouvoir revendiquer une mère exceptionnelle. Je crois vous avoir déjà dit qu'elle fut en son temps l'une des femmes les plus brillantes de son pays, et mon grand-père mit tout en œuvre pour lui communiquer son savoir et son ambition, et la préparer à servir dans la Garde. Elle se passionna pour l'ingénierie à une époque où c'était encore une science nouvelle ici et, après son initiation dans la Garde, il l'autorisa à se rendre à Rome pour étudier – il avait des amis là-bas. Elle avait des compétences poussées en mathématiques avancées et avait étudié quatre langues différentes, dont le grec et l'arabe.

Il dit quelque chose en turc à sa femme et à Selim, et tous deux sourirent en signe d'acquiescement.

— Elle montait à cheval aussi bien que n'importe quel soldat du sultan, et – bien que très peu de personnes le sachent – elle maniait les armes à feu au moins aussi bien !

Il adressa un clin d'œil presque imperceptible à Helen, et je me rappelai le petit pistolet avec lequel elle avait tiré à bout portant sur le vampire – où le rangeait-elle, au fait ?

— C'est de mon grand-père que ma mère apprit tout ce qu'on peut savoir sur les vampires et comment protéger les vivants de cette engeance maudite. J'ai sa photo ici, si vous voulez la voir.

Il se leva, prit un cadre posé sur une table d'angle en bois sculpté et le glissa avec beaucoup de douceur dans la main d'Helen. Je me penchai sur son épaule.

C'était un portrait saisissant, baignant dans cette merveilleuse luminosité des photos du début du siècle. La jeune femme installée pour une longue attente dans un studio d'Istanbul avait une expression patiente et polie, mais, depuis la grande bâche noire de son appareil, le photographe avait capturé dans les yeux de son modèle une lueur qui ressemblait à de l'amusement. Sur la photo, la peau couleur sépia de la mère de Turgut avait l'aspect et la beauté parfaite du marbre au-dessus de la robe sombre. Son visage était celui de son fils, en plus doux et plus mince, avec un nez et un menton fins et gracieux, et semblait éclore comme une fleur sur la tige élégante de son cou : le visage digne des Mille et Une Nuits d'une princesse ottomane. Ses cheveux, sous un chapeau à plume élaboré, étaient relevés dans un nuage de boucles sombres. Ses yeux pleins d'un humour pétillant semblaient fixer les miens et je regrettai subitement le demi-siècle qui nous séparait.

Turgut récupéra avec tendresse le petit cadre.

— Mon grand-père fit preuve d'une grande sagesse en décidant de rompre la tradition et de nommer une femme membre de la Garde. Ce fut ma mère qui retrouva et rassembla dans les archives du sultan certains documents éparpillés dans d'autres bibliothèques. Alors que j'avais cinq ans, elle tua un loup aux abords de notre résidence d'été et, quand j'avais onze ans, elle m'apprit à monter à cheval et à tirer. Mon père l'adorait, même si elle l'effrayait parfois par sa témérité – il expliquait toujours qu'il l'avait suivie en Turquie pour tempérer sa bravoure. Tout comme les épouses les plus sûres des membres de la Garde, mon père était au courant de ses activités secrètes et craignait sans cesse pour sa sécurité. Tenez, le voici…

Il pointa un doigt vers un portrait à l'huile que j'avais déjà remarqué, près de la fenêtre. Il représentait un homme solide, aux épaules carrées, vêtu d'un costume sombre, avec des yeux et des cheveux noirs, et une expression douce. Turgut nous avait confié que son père avait été un spécialiste de la Renaissance italienne, mais je pouvais aisément imaginer l'homme du portrait jouant aux billes avec son fils pendant que sa femme veillait à dispenser à son petit garçon une éducation plus stricte.

Helen changea imperceptiblement de position à côté de moi, de façon à étirer discrètement ses jambes.

— Vous avez dit que votre grand-père était un membre actif de la Garde. Qu'entendiez-vous par là ? En quoi consistent vos activités ?

Turgut secoua la tête avec regret.

— Cela, madame, je ne puis vous le révéler, même à vous. Certaines choses doivent rester absolument secrètes. Nous vous avons dévoilé qui nous sommes parce que vous nous l'avez demandé – et pour ainsi dire deviné – et aussi parce que nous voudrions que vous ayez une confiance totale dans notre soutien. Il est dans l'intérêt de la Garde que vous vous rendiez en Bulgarie, aussi vite que possible. Nous ne sommes plus très nombreux aujourd'hui – il ne reste que quelques membres.

Il soupira.

— Je n'ai personne, hélas, ni fils ni fille, à qui transmettre ma charge, même si de son côté M. Aksoy élève son neveu selon nos traditions. Mais soyez assurés que le pouvoir de la détermination ottomane vous escortera d'une façon ou d'une autre.

Je réprimai un gémissement. J'aurais pu – à la rigueur – tenter de raisonner Helen, mais argumenter avec la puissance secrète de l'Empire ottoman dépassait mes compétences.

Turgut leva un doigt.

— Je dois vous mettre en garde, cependant. Nous avons placé entre vos mains un secret dont rien n'a filtré pendant cinq siècles. Nous n'avons aucune raison de penser que notre ancien ennemi soupçonne notre existence, même s'il hait et craint sans doute notre ville tout autant que de son vivant. Dans la Règle de la Garde, notre Conquérant a édicté sa loi : toute personne livrant le secret de la Garde à nos ennemis sera immédiatement exécuté. À ma connaissance, cela ne s'est jamais produit. Mais je vous demande la plus grande prudence, pour votre sécurité comme pour la nôtre.

Il n'y avait ni malveillance ni intimidation dans sa voix, seulement une grande solennité, et je perçus dans cet avertissement la loyauté implacable, fanatique, qui avait permis à son sultan de conquérir la cité arrogante des Byzantins, la capitale fabuleuse de l'Empire romain d'Orient. Quand Turgut nous avait répondu : « Nous travaillons pour le sultan », il avait énoncé tout simplement une vérité, même s'il était né un demi-millénaire après la mort de Mehmed II.

Le soleil descendait de plus en plus bas derrière les fenêtres du salon, et une lumière rosée effleurait le visage énergique de Turgut, lui conférant tout à coup une sorte de noblesse. Il me vint soudain à l'esprit que Rossi aurait été fasciné par cet homme, qu'il aurait vu en lui une page vivante d'histoire, et je me demandais quelles questions – des questions que je ne pouvais même pas commencer à formuler moi-même – Rossi lui aurait posées.

Ce fut Helen, cependant, qui trouva les mots justes. Elle se leva – et nous en fîmes tous autant – et offrit sa main à Turgut.

— Nous sommes infiniment honorés de votre confiance, déclara-t-elle en le regardant droit dans les yeux. Soyez assurés que nous garderons votre secret selon la volonté du sultan – fût-ce au prix de notre vie.

Turgut porta sa main à ses lèvres, visiblement très ému, et Selim Aksoy s'inclina devant elle. Il aurait été inutile que j'ajoute quoi que ce soit : en mettant momentanément de côté la haine ancestrale de son peuple pour les oppresseurs ottomans, Helen avait parlé pour nous deux.

La sonnerie du téléphone rompit la solennité du moment avec une brusquerie qui nous fit tous sursauter. Turgut nous pria de l'excuser et traversa la pièce pour répondre pendant que sa femme rassemblait les restes de notre dîner sur un plateau en cuivre. Turgut écouta brièvement son correspondant, puis parla avec une certaine agitation, et raccrocha abruptement. Il se tourna vers Selim et lui parla dans un turc rapide, et Selim enfila aussitôt sa veste.

— Il y a un problème ? demandai-je.

— Hélas, oui.

Turgut se frappa la poitrine d'un geste coupable.

— C'est mon ami, M. Erozan. L'homme que j'avais engagé pour veiller sur lui s'est absenté un moment, et il vient de m'annoncer que mon pauvre ami a été attaqué de nouveau. Erozan est inconscient et l'homme va chercher un médecin. C'est très sérieux. Il s'agit de la troisième attaque, et juste au coucher du soleil…

En état de choc, je saisis ma veste moi aussi, et Helen enfila ses souliers, malgré la main suppliante que Mme Bora posait sur son bras pour la retenir. Turgut embrassa son épouse, et comme nous nous éloignions tous les quatre dans la rue, je lançai un rapide regard par-dessus mon épaule et je la vis, pâle et effrayée, sur le seuil de la maison. »

52.

— On s'organise comment ? demanda Barley d'un ton dubitatif.

Nous étions à Perpignan, dans notre chambre d'hôtel – une chambre pour deux avec un grand lit que nous avions obtenue en racontant encore une fois que nous étions frère et sœur. Le réceptionniste nous avait tendu une clé sans sourciller, même si son regard était empreint d'un certain scepticisme. Nous n'avions pas les moyens de nous offrir deux chambres séparées, Barley et moi le savions aussi bien l'un que l'autre.

— Alors, on fait quoi ? insista-t-il avec un peu d'impatience.

Nous contemplions stupidement le lit. Il n'y avait pas l'ombre d'un autre endroit où dormir… pas même une carpette sur le parquet ciré.

Finalement, Barley prit une décision – en ce qui le concernait, tout au moins. Pendant que je restais pétrifiée au milieu de la pièce, il s'empara de la salle de bains avec ses affaires et une brosse à dents, pour en ressortir quelques minutes plus tard, vêtu d'un pyjama en coton aussi pâle que ses cheveux.

L'image qu'il offrait dans ce pyjama très digne, essayant sans y parvenir de prendre l'air décontracté, eut brusquement raison de ma gêne et j'éclatai subitement de rire. Il en fit autant, et les larmes nous montèrent aux yeux tandis que Barley se cassait en deux, les bras croisés sur son estomac, pendant que j'agrippais en hoquetant la vieille armoire d'une laideur déprimante.

Ce rire inextinguible nous libérait brusquement de toutes les tensions accumulées pendant le voyage, mes peurs, les reproches de Barley, les lettres angoissées de mon père, nos chamailleries...

Bien des années plus tard, je découvris l'expression *fou rire* chère à la langue de Molière, mais ce soir-là, dans cet hôtel français, je vécus non seulement mon premier rire « fou », mais aussi ma toute première expérience d'un genre *très* différent, qui débuta lorsque Barley agrippa mes épaules avec presque autant de délicatesse que j'en avais mis en empoignant l'armoire un peu plus tôt. Son baiser, en revanche, fut d'une douceur angélique, son jeune savoir-faire volant au secours de mon non-savoir-faire absolu. Tout comme notre crise de rire un instant plus tôt, son baiser me coupa le souffle.

Jusqu'ici, ma science de l'amour s'était limitée à des films bien comme il faut et à des livres assez vagues, de sorte que j'ignorais totalement la marche à suivre. Barley, heureusement, m'ouvrit le chemin et je le suivis avec gratitude, et probablement aussi une bonne dose de maladresse. Lorsque nous nous retrouvâmes allongés sur le lit, j'avais déjà découvert cette subtile négociation qui s'établit entre deux amoureux et leurs vêtements. Chaque pièce de tissu qu'on retire m'apparaissait comme une décision capitale. La veste de pyjama de Barley partit la première, dévoilant un torse d'albâtre et des épaules étonnamment musclées. L'effeuillage de mon chemisier et de mon affreux soutien-gorge blanc fut autant ma volonté que la sienne. Barley me dit qu'il adorait la couleur de ma peau, si différente de la sienne, et c'était vrai : mon bras ne m'avait jamais paru aussi olivâtre qu'en cet instant, pressé contre le sien, d'une blancheur neigeuse. Il fit glisser la paume de sa main le long de mon corps et sur ce qu'il me restait de vêtements, et je fis la même chose sur lui, découvrant pour la première fois les contours d'un corps masculin ; j'avais l'impression de progresser à tâtons sur les cratères d'une planète inconnue. Mon cœur battait avec une telle violence que j'avais peur qu'il ne le sente tressauter contre son torse.

En fait, il y avait déjà tant à faire et à regarder que nous n'ôtâmes aucun autre de nos vêtements, et il sembla s'écouler un long moment avant que Barley finisse par se lover contre moi.

— Vous n'êtes qu'une gosse, grommela-t-il tout en passant un bras possessif autour de mes épaules et de mon cou.

En l'entendant prononcer ces mots, je réalisai soudain qu'il n'était, lui aussi, qu'un gosse – doublé d'un type bien. Je crois que je ne l'ai jamais aimé avec autant d'intensité qu'à cet instant.

53.

« L'appartement en location où Turgut avait caché M. Erozan n'était qu'à une dizaine de minutes du sien – du moins en courant, car nous courions tous, même Helen avec ses souliers à talons. Turgut marmonnait (et jurait, j'en aurais mis ma main au feu) dans sa barbe. Il avait emporté une petite sacoche noire, probablement une trousse de premiers secours. Finalement, nous nous engouffrâmes derrière Turgut dans l'escalier en bois de la vieille maison et montâmes les marches quatre à quatre.

Le dernier étage avait apparemment été divisé en plusieurs petits appartements, à peine plus grands que des chambres de bonne. Dans celui-ci, un lit, une table et des chaises servaient de mobilier à la pièce principale, éclairée par une unique lampe. Le conservateur des Archives était affalé sur le sol, à moitié dissimulé sous une couverture, et un homme d'une trentaine d'années se leva pour nous accueillir en bredouillant. La peur et la culpabilité le rendaient à moitié hystérique ; il se tordait les mains, répétant sans cesse les mêmes mots. Turgut le poussa sur le côté pour s'agenouiller près de son ami.

Le visage du malheureux était d'une pâleur crayeuse, les yeux clos, la respiration rauque et sifflante. Une plaie affreuse s'ouvrait dans son cou, plus grande que la dernière fois que nous l'avions vue, plus angoissante aussi parce qu'elle était horriblement propre, avec seulement un liseré de sang sur le pourtour. Il me vint à l'esprit qu'une blessure aussi profonde aurait dû saigner abondamment... et cette constatation me donna la nausée.

J'entourai la taille d'Helen de mon bras, et nous restâmes là à fixer intensément la scène, incapables de détourner les yeux.

Turgut examina la plaie sans la toucher, puis leva son regard vers nous.

— Il y a quelques minutes, ce maudit imbécile est parti chercher un médecin sans me consulter, et il a trouvé porte close. C'est bien la seule bonne nouvelle, car il est hors de question que quiconque mette les pieds ici. Mais cet incapable a laissé Erozan seul, et juste au coucher du soleil !

Il échangea quelques mots avec Selim Aksoy, qui empoigna le garde du corps avec une force insoupçonnée et le fit sortir. L'homme trébucha sur le palier puis nous l'entendîmes dévaler l'escalier d'un pas précipité. Selim referma la porte au verrou derrière lui, puis scruta la rue par la fenêtre comme pour s'assurer que le pauvre homme ne reviendrait pas. Il s'agenouilla ensuite à côté de Turgut et ils discutèrent à voix basse.

Au bout d'un moment, Turgut ouvrit la sacoche qu'il avait apportée avec lui et je reconnus avec un haut-le-corps un équipement de chasse au vampire identique à celui qu'il m'avait donné dans son bureau plus d'une semaine auparavant, sauf que celui-ci se présentait dans une boîte plus travaillée, ornée d'inscriptions en arabe et de ce qui m'apparut comme des incrustations en nacre. Il en sortit plusieurs instruments à donner froid dans le dos avant de lever de nouveau les yeux vers nous.

— Professeurs, nous dit-il posément, mon ami a été mordu à trois reprises au moins par un vampire, il agonise. S'il meurt dans ces circonstances, il deviendra bientôt un mort-vivant à son tour.

Il passa la main sur son front mouillé de sueur.

— C'est un moment terrible, et je vais être obligé de vous demander de sortir. Madame, vous ne devez pas assister à cela.

— Je vous en prie, permettez-nous de vous assister, commençai-je d'un ton hésitant, mais Helen s'avança d'un air résolu.

— Je veux rester, articula-t-elle d'une voix sourde. Il faut que je sache comment ça se passe.

Turgut lui lança un regard terrible, puis il parut accéder silencieusement à sa requête et se pencha vers son ami. J'espérais encore que je m'étais trompé, que ce que j'avais deviné n'aurait pas lieu, mais la pâleur livide de Turgut confirmait mes pires craintes. Il murmura quelque chose à l'oreille de Selim, prit la main de M. Erozan et la serra dans la sienne.

Puis – et ce fut peut-être la plus impressionnante de toutes les choses horribles qui suivirent – Turgut pressa la main d'Erozan contre son propre cœur et proféra une plainte déchirante, une succession de mots qui semblaient remonter des profondeurs d'un passé trop ancien, trop archaïque, pour que je parvienne même à en discerner les syllabes. C'était un hurlement de détresse qui ressemblait un peu à l'appel à la prière du muezzin, que nous avions entendu depuis les minarets de la ville – sauf que le cri lancinant de Turgut semblait, lui, invoquer les Ténèbres et sommer les puissances infernales de se rendre. C'était une succession de notes inspirées par une horreur sans nom et qui semblaient porter en elles la mémoire d'un millier de camps ottomans, d'un million de soldats turcs. Je voyais les bannières claquer au vent, le sang gicler sur les jambes des chevaux, les lances brandies, le reflet du soleil sur les cottes de mailles et sur la lame des cimeterres, des corps et des visages mutilés ; j'entendais les hurlements des hommes remettant leur vie entre les mains d'Allah, les larmes de leurs mères et de leurs pères très loin de là ; je percevais l'odeur âcre des maisons qui brûlent, du sang frais, de la poudre à canon, des tentes et des ponts en flammes, des chevaux calcinés…

Plus étrange encore, au milieu de tout ce tumulte, je percevais un cri que je comprenais sans aucune peine : « *Kaziklu Bey !* L'Empaleur ! » Et au milieu de ce chaos, je distinguais une silhouette différente de toutes les autres, un cavalier vêtu de ténèbres qui caracolait sur son cheval noir au milieu de ce flamboiement de couleurs, ses yeux d'aigle attachés à ses proies, sa haute épée tranchant des têtes ottomanes qui roulaient lourdement sur le sol avec leurs heaumes à pointe.

La voix de Turgut retomba et je m'aperçus que je me tenais près de lui, les yeux fixés sur l'homme à l'agonie. Grâce au ciel, Helen était bien réelle à mes côtés – et je compris à son regard hanté qu'elle avait perçu les mêmes atrocités que moi dans le chant de Turgut. Je me rappelai malgré moi que le sang de l'Empaleur coulait dans ses veines.

Elle tourna brièvement vers moi son visage tendu mais calme, et je me remémorais alors que l'héritage génétique de Rossi – ce patricien toscan et anglais qui était la civilisation même – vivait également en elle, et je décelais l'incomparable douceur de Rossi dans ses yeux. Ce fut à cet instant précis, je crois – et non par la suite, dans l'imposante église de mes parents –, que je l'épousai, que je me mariai à elle dans mon cœur et me liai à elle pour le restant de mes jours.

Turgut, désormais silencieux, avait déposé le chapelet sur la gorge de son ami, ce qui agita son corps d'un léger tremblement. Il choisit dans la boîte capitonnée de satin un instrument plus long que ma main et fait d'argent brillant.

— Je n'ai jamais fait cela auparavant. Allah me pardonne, dit-il calmement.

Il déboutonna la chemise de M. Erozan, et je vis son torse couvert de poils grisonnants se soulever convulsivement. Selim fouilla la chambre avec une efficacité silencieuse et apporta à Turgut une brique qui avait apparemment servi de cale porte. Turgut la soupesa quelques instants dans sa main, puis il posa la pointe acérée du pieu sur la poitrine du mourant, à l'emplacement du cœur, et entonna un chant très lent, dans lequel je captai quelques mots que j'avais déjà rencontrés – dans un livre, un film, une conversation ? « *Allahu akbar, Allahu akbar* ; Allah est grand. »

Je ne pouvais pas, je le savais, forcer Helen à quitter la pièce pas plus que je ne pouvais partir moi-même, mais je la fis reculer d'un pas quand la brique s'abattit. La main de Turgut était large et assurée. Selim maintenait le pieu à la verticale et, avec un choc sourd doublé d'un craquement hideux, la pointe transperça la poitrine du malheureux. Du sang jaillit de la blessure, éclaboussant sa peau pâle, mais le pire, c'était son visage qui se convulsa dans une grimace horrible et ses lèvres qui se retroussèrent sur ses dents jaunies, comme celles d'un chien enragé.

Helen regardait fixement la scène et je n'osai pas détourner les yeux ; je ne voulais pas qu'elle voie quelque chose que je ne voyais pas en même temps qu'elle. Le corps du conservateur fut agité de tremblements, puis le pieu entra brusquement jusqu'à la garde, et Turgut se laissa choir sur le sol, comme s'il attendait quelque chose. Ses lèvres tremblaient et son front était luisant de sueur.

Au bout d'un moment, le corps de M. Erozan se détendit, puis ce fut le tour de son visage ; les lèvres écumantes se refermèrent paisiblement sur sa bouche et un râle monta de sa poitrine comme un soupir de délivrance ; ses pieds dans leurs chaussettes pathétiquement usées se tordirent puis restèrent immobiles. Turgut saisit la main sans vie de son ami et l'embrassa. Je vis des larmes inonder ses joues, sa moustache, et il se couvrit les yeux d'une main. Selim posa doucement le chapelet sur la poitrine du mort, puis se leva et étreignit l'épaule secouée par les sanglots de Turgut.

Au bout d'un moment, Turgut se ressaisit assez pour se redresser et se moucher.

— C'était un homme d'une grande bonté, nous dit-il d'une voix mal assurée. Un homme doux et généreux. Désormais, il repose à jamais dans la paix de Mahomet au lieu de rejoindre les légions de l'Enfer.

Il se détourna pour essuyer ses yeux.

— Mes amis, nous devons emporter son corps. Je connais un médecin dans l'un des hôpitaux de la ville qui... il nous aidera. Selim montera la garde ici pendant que je l'appelle. Le médecin viendra avec une ambulance et signera les certificats nécessaires.

Turgut sortit plusieurs gousses d'ail de sa poche et les plaça délicatement dans la bouche de son ami mort. Selim retira le pieu et le lava dans l'évier avant de le ranger dans la boîte ouvragée. Turgut nettoya toute trace de sang, reboutonna la chemise du conservateur, puis arracha un drap du lit et m'autorisa à l'aider à en recouvrir le corps, dissimulant son visage apaisé.

— Maintenant, mes amis, je vous demande une faveur. Vous avez vu de quoi sont capables les morts-vivants, et nous savons qu'ils sont ici. Vous devez vous protéger à chaque minute. Et vous devez vous rendre en Bulgarie le plus vite possible – dans les jours qui viennent, si vous le pouvez. Téléphonez-moi chez moi quand vous aurez mis un plan sur pied.

Il me regarda droit dans les yeux.

— Si nous ne nous revoyons pas avant votre départ, je vous souhaite courage et chance dans votre entreprise. Mes pensées ne vous quitteront pas. S'il vous plaît, appelez-moi dès que vous rentrerez à Istanbul, si vous revenez.

J'espérais qu'il voulait dire par là : si vous repassez par là, et non : si vous survivez à la Bulgarie... Il nous serra chaleureusement la main, de même que Selim, qui porta timidement celle d'Helen à ses lèvres.

— Partons, maintenant, dit simplement Helen en glissant son bras sous le mien.

Et nous quittâmes cet appartement lugubre pour regagner la rue. »

54.

« Ma première impression de la Bulgarie – et le souvenir qui devait m'en rester à jamais – ce fut des montagnes vues d'en haut, des pics et des gorges profondes, d'un vert sombre, largement inviolées par des routes, même si, ici et là, un ruban brun se déroulait d'un village à un autre ou le long de soudains précipices.

Helen était assise à côté de moi, les yeux fixés sur le petit hublot de l'avion, sa main reposant discrètement dans la mienne sous le couvert de ma veste pliée entre nous. Je sentais avec délice la chaleur de sa paume, ses doigts si fins qui ne portaient aucune bague. De temps à autre, nous apercevions le miroitement d'une veine bleutée au fond d'une gorge ou d'une crevasse, probablement un fleuve, et je tentais de repérer, sans trop y croire, quelque chose qui aurait pu évoquer les anneaux d'une queue de dragon et constituer la clé de notre puzzle.

Rien, naturellement, ne correspondait aux monstrueux contours que je pouvais désormais décrire les yeux fermés. Et pourtant, rien ne réussirait à dégonfler l'espoir qui montait de nouveau irrésistiblement en moi à la vue de ces montagnes sans âge. Leur aspect même – impénétrable, antique et hostile, comme si elles avaient échappé aux soubresauts de l'histoire moderne –, cette absence mystérieuse de toute ville, de toute civilisation ou d'industrialisation… tout contribuait à faire renaître l'espoir en moi. J'avais le sentiment que, plus le passé serait profondément enfoui, plus il aurait des chances d'avoir été préservé. Ces moines dont nous tentions de retrouver la piste perdue depuis des siècles avaient progressé à travers des montagnes comparables à celles-ci, peut-être même à travers celles-ci… qui sait ? Nous ignorions leur itinéraire.

Je fis part de mes réflexions à Helen, mais elle doucha mon enthousiasme :

— Nous ne savons pas s'ils ont atteint la Bulgarie, et même s'il s'agissait de leur destination.

Elle atténua la froide logique de ce rappel à l'ordre en serrant doucement ma main sous ma veste.

— Je te préviens, je ne connais rien à l'histoire bulgare, soupirai-je. Je vais être complètement perdu, ici.

Helen sourit.

— Je ne suis pas une spécialiste moi-même, mais je peux te dire que des Slaves émigrèrent ici aux sixième et septième siècles. C'est également au septième siècle, je crois bien, qu'une tribu turque d'Asie centrale, les Bulgares, arriva ici. Ils eurent la sagesse de faire alliance avec les Slaves pour mieux lutter contre l'Empire byzantin, et leur premier chef historique fut un Bulgare du nom d'Asparuh. Au neuvième siècle, le tsar Boris Ier fit du christianisme la religion officielle du Premier Royaume Bulgare, ce qui ne l'a apparemment pas empêché d'être toujours considéré ici comme un héros national. Les Byzantins régnèrent sur la Bulgarie du onzième siècle jusqu'au début du treizième, à la suite de quoi les Bulgares devinrent très puissants… avant que les Ottomans les écrasent, en 1393.

— Quand les Ottomans ont-ils finalement été repoussés aux frontières ? demandai-je avec intérêt.

C'était fascinant. Ils semblaient avoir été partout où nous allions.

— Pas avant 1878, répondit Helen comme à regret. Il a fallu que la Russie aide la Bulgarie à les expulser.

— Après quoi la Bulgarie s'est retrouvée du côté des forces de l'Axe pendant les deux guerres mondiales…

— Oui, et l'armée soviétique a laissé dans son sillage une République populaire née au lendemain de la dernière guerre. Que deviendrions-nous sans l'Armée rouge, n'est-ce pas ?

Helen me gratifia d'un sourire à la fois ironique et amer, et je lui pressai la main.

— Évite ce genre de propos en public. Si tu n'es pas prudente, il faudra que je le sois pour deux.

L'aéroport de Sofia était minuscule ; je m'attendais à une sorte de palais du communisme moderne, mais ce fut un tarmac des plus modestes que nous traversâmes avec les autres voyageurs. Ils étaient presque tous bulgares, me sembla-t-il alors que j'essayais de saisir quelques bribes de leurs conversations. À en croire ce que je voyais, il s'agissait d'un peuple très beau, parfois même de façon saisissante, où se mêlaient la pâleur slave et les reflets de bronze du Moyen-Orient, tout un kaléidoscope de visages altiers, de cheveux noirs, de nez droits ou épatés, de regards sombres, de sourires lumineux, de vieillards édentés mais énergiques. Ils riaient et bavardaient avec animation, parfois avec de grands gestes, comme ce géant qui expliquait quelque chose à son interlocuteur en agitant son journal plié. Ils n'étaient pas vêtus à l'occidentale, même si j'aurais été bien en peine de me prononcer sur la coupe de leurs vêtements, leurs grosses chaussures et leurs chapeaux sombres : rien de tout cela ne m'était familier.

Une chose, néanmoins, sautait aux yeux chez tous ces voyageurs : leur bonheur à l'instant où ils posaient le pied sur le sol (ou tout au moins l'asphalte) bulgare, une réalité qui cadrait mal avec l'idée que je me faisais d'une nation tristement alliée aux Soviétiques et qui était comme la main droite de Staline aujourd'hui encore, un an après sa mort – un pays sans joie, bercé d'illusions dont il pourrait ne jamais se réveiller. Les difficultés que nous avions rencontrées à Istanbul pour obtenir un visa pour la Bulgarie – un parcours du combattant aplani en partie par les fonds réunis par Turgut et par l'intervention de l'homologue de Tante Eva à Sofia – n'avaient fait qu'accroître mes préventions à l'encontre de ce pays. Les bureaucrates obtus qui avaient finalement consenti (il fallait voir avec quel gaieté de cœur !) à apposer leur tampon sur nos passeports à Budapest m'avaient paru déjà embaumés dans le système de ce régime d'oppression. Pour sa part, Helen m'avait confié que le fait même que l'ambassade bulgare nous ait accordé des visas suffisait à la mettre mal à l'aise.

Le peuple bulgare, quoi qu'il en soit, semblait appartenir à une race heureusement bien différente. Comme nous prenions place dans la file d'attente afin d'accéder au contrôle de la douane, les rires et le brouhaha des conversations gagnèrent encore en intensité ; nous pouvions voir les parents de nos compagnons de voyage agiter la main derrière les barrières de sécurité et leur crier des paroles de bienvenue. Tout autour de nous, les passagers déclaraient de petites sommes d'argent, ainsi que des souvenirs rapportés d'Istanbul ou de leurs étapes précédentes, et quand notre tour arriva, nous fîmes de même avec un maximum de naturel. Cela n'empêcha pas les sourcils du jeune douanier de disparaître dans les hauteurs de son képi à la vue de nos passeports. Il les garda à la main, le temps d'en référer à un de ses collègues.

— Aïe..., souffla Helen.

Plusieurs hommes en uniforme vinrent nous entourer. Le plus âgé d'entre eux, et le plus pompeux, commença à nous interroger en allemand, puis en français, et finalement dans un anglais approximatif. Comme Tante Eva nous l'avait recommandé, je lui présentai calmement notre lettre de l'université de Budapest, qui implorait le gouvernement bulgare de nous laisser entrer sur son territoire pour des « affaires académiques de la plus haute importance », ainsi qu'une autre lettre d'introduction qu'Eva avait obtenue d'un ami en poste dans l'ambassade de Bulgarie à Budapest.

J'ignore ce que le douanier en chef put bien comprendre au courrier de l'université, rédigé dans un extravagant mélange d'anglais, de hongrois et de français, mais le papier de l'ambassade, lui, était rédigé en bulgare et il portait les cachets officiels requis. L'officier le déchiffra en silence, ses épais sourcils noirs formant un énorme accent circonflexe au-dessus de son nez. Puis son visage revêtit une expression étonnée, pour ne pas dire sidérée, et il leva sur nous un regard proche de la stupeur qui m'inquiéta encore plus que son hostilité précédente. Il me revint à l'esprit que Tante Eva s'était montrée très vague quant au contenu de la lettre de l'ambassade. Ce n'était évidemment pas le moment de demander ce qu'il y avait d'écrit dedans, et je fus complètement perdu quand l'officier des douanes me gratifia brusquement d'un large sourire et d'une petite tape sur l'épaule.

Il s'éloigna pour téléphoner dans l'un des boxes du contrôle douanier et, apparemment non sans mal, réussit à joindre quelqu'un. Je n'aimai pas son sourire tandis qu'il parlait à son interlocuteur et nous jetait un coup d'œil toutes les vingt secondes. Helen dansait nerveusement d'un pied sur l'autre à côté de moi, ce qui n'était pas rassurant car elle devait décoder cette scène beaucoup mieux que moi.

L'officier raccrocha finalement le combiné d'un geste théâtral, vint nous aider à récupérer nos valises poussiéreuses, et nous entraîna d'autorité au bar de l'aéroport où il tint absolument à nous offrir une tournée d'une eau-de-vie redoutable appelée *rakiya* – tournée à laquelle il prit lui-même largement part.

Dans son charabia poussif, il nous demanda depuis combien de temps nous soutenions la Révolution, à quelle date nous avions adhéré au Parti et autres énormités qui ne m'incitèrent pas vraiment à me détendre. Je me posais de plus en plus de questions sur les *légères* inexactitudes de notre lettre d'introduction, mais je suivis l'exemple d'Helen et me contentai d'alterner sourires entendus et commentaires neutres. L'officier des douanes porta un toast à l'amitié entre les camarades travailleurs de tous les pays, remplissant de nouveau nos verres – et le sien. À chaque fois que l'un de nous deux disait quelque chose, une platitude quelconque sur la visite de son beau pays par exemple, il affichait un large sourire mais agitait farouchement la tête, comme pour nous signifier son désaccord. Ce besoin de nous contredire commençait à me taper sur les nerfs quand Helen me glissa à l'oreille qu'il ne fallait y voir qu'une spécificité culturelle : les Bulgares acquiesçaient en secouant la tête, et la hochaient pour dire « non ».

J'avais atteint ma dose limite de *rakiya* quand Helen et moi fûmes sauvés d'une nouvelle tournée par l'apparition d'un homme à la mine renfrognée, vêtu d'un costume et d'un chapeau sombres. Il devait être à peine plus âgé que moi, et aurait été assez beau si une expression un tant soit peu souriante avait éclairé son visage. Au lieu de ça, sa moustache noire soulignait la moue revêche de ses lèvres serrées, et la mèche de cheveux qui balayait son front ne parvenait pas à dissimuler le froncement permanent de ses sourcils.

L'officier des douanes le salua avec déférence avant de nous expliquer qu'il s'agissait du guide que nous avait assigné le gouvernement. Nous avions beaucoup de chance, précisa-t-il, car Krassimir Ranov était grandement respecté dans les plus hautes sphères de l'État. Attaché à l'université de Sofia, il connaissait comme personne tout ce qu'il y avait d'intéressant à voir dans leur antique et glorieuse patrie.

L'esprit un peu embrumé par la *rakiya*, je serrai la main dénuée de chaleur de notre futur guide tout en maudissant le ciel qu'on ne puisse pas visiter la Bulgarie sans un chaperon officiel. Helen ne semblait pas vraiment étonnée par tout ceci et le salua avec un parfait mélange, me sembla-t-il, d'ennui et de dédain.

M. Ranov n'avait toujours pas prononcé un mot, mais il sembla prendre Helen en aversion dans l'instant, avant même que l'officier lui ait indiqué d'une voix de stentor qu'elle était hongroise et étudiait aux États-Unis. Une précision qui acheva d'étirer la moustache de l'autre sur un sourire de croque-mort.

— Professeur… Madame…, articula-t-il du bout des lèvres.

Et il nous tourna le dos. L'officier des douanes, toujours rayonnant, nous serra vigoureusement la main, me tapota les épaules comme si nous étions de vieux amis, puis nous indiqua d'un geste que nous devions suivre le camarade Ranov.

Sur le parking de l'aéroport, Ranov héla un taxi (avec une banquette préhistorique, tapissée d'une sorte de tissu noir garni d'un rembourrage non identifié – peut-être du crin), et nous annonça depuis le siège passager que des chambres nous avaient été réservées dans un hôtel très réputé.

— Je suis sûr que vous apprécierez son confort et son restaurant, par ailleurs excellent. Demain matin, je vous y rejoindrai pour le petit déjeuner. Vous me communiquerez la nature exacte de vos recherches et nous verrons comment je pourrai vous seconder dans vos démarches. Je ne doute pas que vous désiriez avant tout entrer en contact avec vos collègues de l'université de Sofia et les ministères concernés. Ensuite, nous vous arrangerons une petite visite guidée de certains des sites historiques de la Bulgarie.

Il eut un sourire aigre et je le regardai fixement, en proie à une antipathie croissante. Son anglais était presque trop académique ; en dépit d'un accent bulgare prononcé, il avait cette prononciation mécanique et strictement correcte des répétiteurs sur disques qui se font forts de vous apprendre une langue en trente jours.

Il y avait aussi dans son visage... quelque chose qui m'était familier. Non que j'aie jamais vu cet homme avant, mais un je-ne-sais-quoi en lui me faisait penser à quelqu'un – impossible de me rappeler qui. Cette impression ne me lâcha pas pendant cette première journée à Sofia, me poursuivant tout au long de notre visite guidée (beaucoup trop guidée !) de la capitale.

Même dans ces conditions, Sofia me parut étrangement belle – un mélange architectural somme toute réussi de splendeur médiévale, d'élégance du dix-neuvième siècle et de réalisme socialiste. Au centre de la ville, nous eûmes droit à la visite du sinistre mausolée qui abritait le corps embaumé du dictateur stalinien Georgi Dimitrov, mort cinq ans auparavant. Ranov ôta son chapeau avant de pénétrer dans le bâtiment et nous poussa littéralement devant lui pour nous incorporer à la colonne des Bulgares qui défilaient en silence devant le cercueil ouvert de Dimitrov. Le visage du dictateur était cireux, avec une lourde moustache noire comme celle de Ranov. Je pensai à Staline dont la dépouille mortelle avait rejoint l'an dernier celle de Lénine, dans un sanctuaire tout pareil sur la place Rouge de Moscou. Pour être athées, ces cultures n'en rendaient pas moins un culte fervent aux reliques de leurs saints...

La fâcheuse impression que me produisait notre guide s'amplifia encore quand je lui demandai s'il pourrait nous mettre en contact avec un certain Anton Stoichev, et qu'il eut un mouvement de recul.

— M. Stoichev est un ennemi du peuple, trancha-t-il d'emblée d'une voix cassante. Pourquoi souhaitez-vous le voir ?

Et puis, bizarrement, il changea de ton :

— Naturellement, si c'est votre désir, je puis arranger un entretien. Il n'enseigne plus dans notre université – avec les conceptions religieuses qui sont les siennes, on ne saurait lui confier de jeunes esprits. Mais le fait est qu'il a acquis une certaine notoriété, c'est sans doute pour cette raison que vous tenez tant à le rencontrer ?

— C'est clair : Ranov a ordre d'exécuter ce que nous lui demandons, déclara Helen quand nous nous retrouvâmes seuls un moment, à l'extérieur de l'hôtel. Mais pourquoi cette faveur ? Pourquoi quelqu'un voudrait-il nous faciliter la tâche ?

Nous échangeâmes un regard inquiet.

— J'aimerais bien le savoir, dis-je.

— Nous allons devoir nous montrer très prudents.

Le visage d'Helen était grave, tendu, mais je n'osais pas l'embrasser en public.

— Mettons-nous bien d'accord, reprit-elle d'une voix sourde : à partir de maintenant, défense de révéler quoi que ce soit de la véritable nature de nos recherches ! Et si nous sommes contraints de parler travail devant Ranov, faisons en sorte d'en dire le moins possible.

— Entendu. »

55.

« Au cours de ces dernières années, je me suis plusieurs fois surpris moi-même à me remémorer ma première vision de la maison d'Anton Stoichev. Peut-être cette demeure m'a-t-elle fait une impression si profonde à cause du contraste entre la Sofia intra-muros et ce havre de verdure à deux pas de la capitale. À moins que ce ne soit la personnalité même de Stoichev qui m'ait marqué à ce point, la proximité de cette nature si particulière et si subtile qui était la sienne. À y bien réfléchir, je pense cependant que c'est un éclair de prescience très vif, presque douloureux, qui me traversa à la vue de la porte d'entrée de chez Stoichev parce que notre rencontre avec lui fut la plaque tournante de notre longue recherche de Rossi.

Beaucoup plus tard, quand je lisais à haute voix la liste des monastères qui s'étendaient à l'extérieur des murs de la Constantinople byzantine – des sanctuaires qui échappaient parfois à des décrets portant sur tel ou tel point du rituel religieux, ne bénéficiaient pas de la protection des formidables murailles de la ville, mais se trouvaient, dans une certaine mesure, hors de portée de la tyrannie de l'État –, je pensai à Stoichev. Tout me revenait alors en mémoire : son verger, ses pommiers et ses cerisiers étoilés de blanc, ses feuilles toutes neuves et ses ruches bleues, sa maison nichée au fond du jardin, le portique de la vieille double porte en bois qui nous fermait le passage, l'atmosphère de paix qui flottait sur cet endroit, une atmosphère de piété, de retraite volontaire…

Nous nous tenions donc devant ce portail en bois tandis que la poussière soulevée par la voiture de Ranov retombait lentement. Helen la première posa la main sur le métal d'un des vieux loquets ; Ranov traînait en arrière d'un air renfrogné comme s'il avait horreur d'être vu ici, même par nous ; quant à moi, je me sentais bizarrement chevillé au sol. Pendant un moment, je restai même comme hypnotisé par la vibration matinale des feuilles et des abeilles, et par un sentiment inattendu de crainte qui me serrait le cœur.

Si Stoichev, songeai-je, ne se révélait d'aucune aide, ce serait la fin de notre quête, nous n'aurions plus qu'à rentrer bredouilles à la maison. J'avais déjà imaginé cent fois ce retour en cas d'échec : le vol morne et silencieux vers New York au départ de Sofia ou plutôt d'Istanbul (je voudrais tout de même revoir Turgut une dernière fois), puis la reprise de mon ancienne vie à l'université – sans Rossi –, les questions qu'on ne manquerait pas de me poser sur mon voyage, les problèmes que j'aurais avec mon département à cause de ma longue absence, la reprise de ma thèse sur les marchands hollandais – des gens dont les préoccupations me paraissaient désormais si prosaïques, étriquées et pour tout dire ennuyeuses – sous la direction d'un nouveau conseiller de mémoire forcément très inférieur, et la porte fermée du bureau de Rossi… Ah, c'était cette porte close que je redoutais par-dessus tout. Sans parler de la police qui allait me harceler : « Alors, mon garçon… Paul, c'est ça ? on part en voyage comme par hasard deux jours après la disparition de son directeur de thèse ? »

Seule consolation de ce sinistre retour : revenir avec Helen, nos doigts étroitement enlacés pendant tout le vol. J'avais l'intention de lui demander, quand toute cette horreur serait terminée d'une façon ou d'une autre, de devenir ma femme. Bien sûr, il faudrait d'abord que je mettre un peu d'argent de côté, si je le pouvais, et que je l'emmène à Boston pour la présenter à mes parents. Oui, nous rentrerions au pays ensemble, unis par les épreuves traversées côte à côte... mais je ne pourrais jamais demander sa main à son père. Le cœur lourd, je la regardai tourner la poignée et ouvrir le portail.

De l'autre côté, la maison de Stoichev s'enfonçait doucement dans un sol inégal – moitié jardin, moitié verger. Les fondations étaient en pierres brunâtres assemblées avec du stuc blanc ; j'appris par la suite que cette pierre était une variété de granite dont étaient faits la plupart des édifices anciens. Au-dessus des fondations, les murs étaient en briques, mais d'une teinte très douce, ocre rouge mêlée d'or, comme si elles avaient macéré dans la lumière du soleil pendant des générations. Le toit était recouvert de tuiles cannelées en céramique rouge.

L'ensemble – murs et toiture – était un peu délabré. En fait, la maison tout entière donnait l'impression d'être sortie lentement de terre, et de s'y enfoncer de nouveau, les arbres n'ayant grandi tout autour que pour abriter ce processus. Une aile avait poussé de façon anarchique sur l'un des côtés de la bâtisse, tandis que l'autre accueillait une tonnelle couronnée de vigne et tapissée de rosiers grimpants. Une table et quatre chaises y étaient installés. Au-delà, à l'ombre du plus vénérable des pommiers, apparaissaient les contours flous de deux ruches ; tout à côté, mais en plein soleil, se dessinait un petit potager où quelqu'un avait déjà planté des légumes vert tendre en lignes bien droites. De subtiles odeurs flottaient jusqu'à moi : celles des herbes aromatiques, de la lavande, peut-être, de l'herbe fraîchement tondue et des oignons en train de frire. Quelqu'un entretenait cet endroit avec soin, et je m'attendis presque à apercevoir Stoichev agenouillé au milieu du potager, en robe de moine, son déplantoir à la main.

Puis un chant s'éleva à l'intérieur de la maison, peut-être du côté de la cheminée effritée, près des fenêtres du premier étage. Ce n'était pas la voix de baryton d'un ermite, mais le timbre doux et vibrant d'une femme, une mélodie d'une intensité qui réussit même à capter l'intérêt de Ranov, occupé à bouder près de moi en fumant une cigarette.

— *Izvinete !* cria-t-il. *Dobar den !*

Le chant s'arrêta net et fut suivi d'un cliquetis et d'un bruit sourd. La porte de la maison de Stoichev s'ouvrit et la jeune femme qui apparut sur le seuil nous regarda fixement, comme si elle s'attendait à tout, sauf à trouver des visiteurs dans son jardin.

Helen et moi allions nous avancer, mais Ranov nous brûla la politesse, ôtant son chapeau, s'inclinant, et débitant un discours fleuve en Bulgare. La jeune femme avait porté la main à sa joue, regardant Ranov avec une curiosité qui me parut empreinte de méfiance. À la réflexion, elle n'était pas aussi jeune que je l'avais cru tout d'abord, mais elle dégageait une énergie et un dynamisme qui me donnèrent à penser qu'elle pourrait bien être l'auteur du petit jardin potager et de la bonne odeur qui s'échappait de la cuisine. Ses cheveux coiffés en arrière dégageaient un visage rond ; elle avait un grain de beauté sur le front. Ses yeux, sa bouche et son menton ressemblaient à ceux d'une poupée. Elle portait un tablier sur son chemisier blanc et sa jupe bleue. Mais en dépit de son physique de petite fille, elle nous observait avec un regard acéré qui n'avait rien de candide, et elle posa quelques questions brèves à Ranov, qui dut ouvrir son portefeuille et lui montrer sa carte. Qu'elle soit la fille ou la gouvernante d'Anton Stoichev (les professeurs à la retraite avaient-ils une gouvernante dans les pays communistes ?), elle était loin d'être sotte. Ranov semblait faire un effort inhabituel pour se montrer aimable ; il se tourna vers nous, tout sourire, afin de procéder aux présentations.

— Voici Irina Hristova, déclara-t-il tandis que nous échangions une poignée de main. Elle est la noce du professeur Stoichev.

Je crus, l'espace d'une seconde, qu'il s'agissait peut-être d'une sorte de métaphore élaborée : la noce... la femme.

— Son épouse ?

— Non, sa noce : la fille de sa sœur, expliqua Ranov.

Il alluma une autre cigarette et pensa à en offrir une à Irina Hristova, qui refusa d'un mouvement de tête décidé. Quand il lui expliqua que nous étions américains, ses yeux s'écarquillèrent et elle nous examina des pieds à la tête. Puis elle éclata de rire – je n'ai jamais su au juste pourquoi, peut-être de voir Ravov obligé de nous escorter ici malgré ce qu'il pensait de son oncle. Le fait est qu'il se renfrogna instantanément (il ne devait pas être capable de prendre un air aimable pendant plus de deux minutes d'affilée) et la jeune femme se détourna pour nous faire entrer.

La maison fut de nouveau une surprise ; si de l'extérieur elle avait l'aspect d'une charmante vieille ferme, à l'intérieur, dans une pénombre qui contrastait violemment avec la luminosité du dehors, c'était un musée. La porte donnait directement sur une grande pièce pourvue d'une cheminée qu'éclairait, non pas un feu, mais un rayon du soleil. Le décor et le mobilier – de splendides boiseries amoureusement sculptées, des tables et des sièges princiers – auraient suffi à nous fasciner, mais ce qui retint mon attention et arracha à Helen un cri d'admiration, ce fut l'extraordinaire mélange de tissus traditionnels et de peintures primitives – principalement des icônes. Des icônes d'une rare beauté qui, dans bien des cas, me parurent même surpasser ce que nous avions vu dans les églises de Sofia : madones aux yeux lumineux ; apôtres prêchant debout dans des embarcations, saints au visage triste et aux lèvres minces, martyrs endurant stoïquement leur supplice… tous illuminés par des touches d'or ou enchâssés dans des cadres en argent martelé. La richesse des couleurs, teintées par des siècles de fumée d'encens, trouvait un magnifique écho dans les tapisseries aux motifs géométriques. Sur un des murs, il y avait même une veste brodée et deux écharpes ornées de petits sequins dorés. Helen pointa un doigt vers la ceinture de la veste, équipée de petites poches verticales.

— Pour les balles, dit-elle simplement.

À côté étaient suspendues deux dagues. J'aurais aimé savoir qui avait porté cette veste, qui y avait glissé des balles et avait manié ces dagues. Une main sûrement plus féminine – Irina ? – avait disposé un bouquet de roses et de feuillage dans un pot en céramique sur la table, juste en dessous. Le parquet brillait et fleurait bon la cire. J'aperçus de l'autre côté d'une porte une deuxième pièce, pareille à celle-ci.

Ranov avait promené son regard sur les lieux, lui aussi, et maintenant il ricanait.

— À mon avis, on permet au professeur Stolchev de conserver beaucoup trop de possessions nationales. Elles pourraient être vendues au bénéfice du peuple.

Soit Irina ne comprenait pas l'anglais, soit elle ne daigna pas répondre, mais elle se détourna pour nous emmener dans un petit escalier.

Je ne sais pas ce que je m'attendais à trouver en haut. Peut-être un bureau exigu, une grotte dans laquelle le vieux professeur hibernait, ou peut-être, songeai-je avec ce pincement au cœur qui m'était devenu familier, une pièce parfaitement en ordre comme celle où le professeur Rossi avait su dissimuler son âme tumultueuse et magnifique. J'avais à peine chassé cette vision de mon esprit que la porte située en haut de l'escalier s'ouvrit.

Un homme aux cheveux blancs, de petite taille mais droit comme un i, apparut sur le palier. Irina se précipita vers lui, lui saisissant le bras à deux mains et s'adressant à lui dans un bulgare volubile où se mêlait un rire excité.

Le vieil homme se tourna vers nous, calme, paisible, le visage si impassible que je crus pendant quelques secondes qu'en dépit du regard qu'il fixait sur nous il était aveugle. Je m'avançai et lui tendis la main. Il la serra gravement puis se tourna vers Helen et fit de même. Il était poli, cérémonieux, et témoignait de cette déférence qui n'en est pas réellement mais bien plutôt de la dignité. Ses yeux sombres nous dévisagèrent l'un après l'autre avant de se poser sur Ranov, qui était resté en retrait et observait la scène.

Notre guide imposé s'avança alors et lui serra la main avec condescendance – à ce qu'il me sembla, et je me dis que je le supportais de moins en moins. Je souhaitais ardemment qu'il nous lâche au moins un moment afin que nous puissions discuter seul à seul avec le professeur Stoichev. Comment parler librement et espérer apprendre quoi que ce soit de notre hôte avec ce Ranov collé à nous comme une sangsue ?

Le professeur Stoichev se détourna lentement et nous fit entrer dans la pièce – en réalité, l'une de celles qui composaient le dernier étage de la maison. Je n'ai jamais réussi à comprendre, au cours de mes deux visites, où dormaient les habitants des lieux. Pour autant que je puisse voir, l'étage se résumait à l'étroit salon tout en longueur dans lequel nous venions d'entrer, et à plusieurs pièces attenantes, plus petites.

Les portes donnant sur ces pièces étaient ouvertes, et la lumière du soleil y entrait à travers le feuillage des arbres qui se dressaient derrière les fenêtres, éclairant les reliures d'une multitude de livres. Des livres qui tapissaient les murs, s'entassaient dans des caisses, à même le sol, ou qui s'amoncelaient sur des tables. Des livres partout.

Et au milieu de tous ces livres, des documents de toutes formes et de toutes tailles, certains visiblement très anciens, étaient rangés sur des étagères. Non, ce n'était pas le bureau parfaitement ordonné de Rossi, mais plutôt une sorte de laboratoire en fouillis, le dernier étage du cerveau d'un collectionneur. Partout, je voyais la lumière du soleil caresser de vieux vélins, du cuir ancien, des reliures noueuses et travaillées, des reflets de dorures, des coins de pages effrités – de sublimes ouvrages rouges, marron, et couleur d'os –, des livres imprimés, des rouleaux, des manuscrits rassemblés dans un désordre studieux. Il n'y avait pas la plus petite pellicule de poussière, pas le moindre objet pesant sur une surface fragile, et cependant ces livres et ces manuscrits occupaient tout l'espace, envahissaient tout. J'avais l'impression d'être cerné par eux, bien plus que dans un musée où des objets aussi précieux auraient été disposés de manière plus aérée et plus organisée.

Sur l'un des murs du salon était affichée une carte ancienne, dessinée, à mon grand étonnement, sur du cuir. Je ne pus m'empêcher de m'approcher pour l'examiner de plus près et Anton Stoichev sourit.

— Cela vous intéresse ? C'est une représentation de l'Empire byzantin, tel qu'il apparaissait vers 1150.

C'était la première fois qu'il prenait la parole, et il s'exprimait dans un anglais paisible et soigné.

— À l'époque où la Bulgarie en faisait encore partie, murmura pensivement Helen.

Stoichev la regarda, visiblement ravi.

— Exactement. Je pense que l'original de cette carte a été réalisé à Venise ou à Gênes, puis apporté, peut-être en présent, à l'empereur de Constantinople par l'un de ses courtisans. Il s'agit ici d'une copie que l'un de mes amis a faite à mon intention.

Helen sourit, tout en touchant pensivement son menton du bout de l'index. Puis elle lança un regard malicieux au vieux professeur.

— Vous parlez sans doute de l'empereur Manuel Ier Comnène ?

Je fus abasourdi, et Stoichev eut lui aussi l'air stupéfait. Helen éclata de rire.

— Byzance a longtemps été mon cheval de bataille, avoua-t-elle.

Le vieil historien s'épanouit et s'inclina devant elle avec une courtoisie soudainement plus marquée. Puis il nous désigna des chaises disposées autour d'une table, au milieu du salon, et nous nous assîmes tous les cinq, Ranov nous suivant comme notre ombre.

De ma place, je pouvais voir le verger qui descendait en pente douce jusqu'à la lisière d'un bois, et les arbres fruitiers où des petits fruits verts pendaient déjà aux branches. Les fenêtres étaient ouvertes, et un doux bourdonnement d'abeilles mêlé au frémissement du feuillage montait jusqu'à nous. Comme il devait être agréable pour Stoichev, même du fond de son exil, songeai-je, de s'installer ici au milieu de ses manuscrits et de travailler en écoutant tous ces bruissements de la nature qu'aucun État, eût-il une poigne de fer, n'avait le pouvoir de réduire au silence, et dont aucun bureaucrate trop zélé ne s'était encore résolu à l'éloigner. C'était une forme d'emprisonnement plutôt heureuse, compte tenu des circonstances, une cage dorée, peut-être même librement consentie, qui sait ?

Stoichev ne dit plus un mot pendant un bon moment, bien qu'il nous dévisageât avec intensité. Il avait des oreilles protubérantes, légèrement décollées, qui dépassaient de ses cheveux blancs soigneusement peignés. Je me demandais ce qu'il pensait de notre visite, et s'il avait l'intention de découvrir qui nous étions et ce qui nous amenait vraiment. Au bout de quelques minutes, comme le silence s'éternisait, je pris la parole.

— Professeur Stoichev, pardonnez-nous de venir troubler ainsi votre retraite. Nous vous sommes très reconnaissants, à votre nièce et à vous, de nous avoir autorisés à vous rendre visite.

Il contempla ses mains – fines et constellées de taches de vieillesse –, puis son regard se leva vers moi. Il avait des yeux immenses, sombres – les yeux vifs d'un jeune homme dans le visage d'un vieillard. Un visage magnifique qui avait dû posséder un éclat inhabituel, la force et la grâce de l'enthousiasme.

Stoichev souriait, en cet instant, et d'un sourire si communicatif qu'Helen et moi sourîmes à notre tour. Irina s'épanouit, elle aussi. Elle s'était assise sous une icône représentant un soldat armé d'une lance, probablement saint Georges, transperçant un dragon famélique.

— Je suis enchanté que vous soyez venus me voir, déclara Stoichev. Nous n'avons plus guère de visiteurs, et des visiteurs parlant la langue de Shakespeare sont plus rares encore. Je suis ravi d'avoir l'occasion de pratiquer mon anglais avec vous, même s'il n'est plus aussi bon qu'autrefois, j'en ai peur.

— Votre anglais est excellent, affirmai-je. Où l'avez-vous appris, si ce n'est pas trop indiscret ?

— Oh, je ne m'en cache pas. J'ai eu la chance de faire mes universités à l'étranger, quand j'étais jeune, et certaines de ces études m'ont conduit à Londres. Puis-je vous aider en quelque chose, ou bien êtes-vous seulement venus visiter ma bibliothèque ?

Il avait formulé sa question avec une telle simplicité que je fus pris par surprise.

— Les deux. Nous aimerions beaucoup visiter les lieux et aussi vous poser quelques questions dans le cadre de nos recherches.

Je marquai une courte pause, cherchant mes mots. Je sentais comme une entrave la présence silencieuse de Ranov à mon côté.

— Mlle Rossi et moi-même sommes très intéressés par l'histoire de votre pays au Moyen Âge, bien que je sois beaucoup moins savant dans ce domaine que je ne le devrais, et nous avons rédigé un article qui… euh…

Je commençai à bafouiller car il me revenait brusquement à l'esprit qu'en dehors du cours accéléré d'Helen dans l'avion, je ne savais en réalité rien du tout sur l'histoire de la Bulgarie, ou si peu que cela ne pourrait que sauter aux yeux de cet érudit qui était le gardien du passé de son pays ; et aussi parce que ce dont nous devions parler était terriblement personnel, terriblement invraisemblable et, en tout état de cause, impossible à évoquer avec ce vautour de Ranov accroché à mon flanc.

— Ainsi donc, vous vous intéressez à la Bulgarie médiévale ? reprit Stoichev – et il me sembla qu'il lançait lui aussi un bref regard en direction de Ranov.

— Oui, acquiesça Helen, volant à mon secours. Et plus particulièrement à la vie monastique dans la Bulgarie de l'époque. Nous avons effectué des recherches aussi poussées que possible pour des articles que nous souhaiterions publier. Nous essayons notamment de nous documenter sur la vie quotidienne dans les monastères bulgares avant le seizième siècle, et sur les routes alors empruntées par les pèlerins pour se rendre en Bulgarie, mais aussi pour se rendre dans d'autres contrées à partir de la Bulgarie.

Le visage de Stoichev s'illumina et il secoua la tête avec un plaisir évident.

— C'est un excellent sujet.

Il regardait au-delà de nous, et je songeais qu'il devait contempler un passé si profond que c'était comme plonger dans le puits du temps. Personne au monde, peut-être, ne voyait plus clairement la période à laquelle nous avions fait allusion.

— Y a-t-il un point en particulier sur lequel vous souhaitez écrire ? J'ai de nombreux manuscrits, ici, qui pourraient vous être très utiles, et je serai heureux de vous permettre de les consulter, si vous le souhaitez.

Ranov remua sur sa chaise, et je songeai de nouveau combien sa surveillance m'était insupportable. Heureusement, son attention semblait en grande partie concentrée sur le ravissant profil d'Irina, à l'autre bout de la pièce.

— Eh bien, commençai-je, nous aimerions en apprendre davantage sur le quinzième siècle – la fin du quinzième siècle – et Mlle Rossi a réalisé un gros travail de recherche sur cette période dans son pays natal, c'est-à-dire…

— La Roumanie, intervint Helen. Mais j'ai grandi et étudié en Hongrie.

— Ah. Vous êtes notre voisine.

Le professeur Stoichev se tourna vers Helen et la gratifia de nouveau de son plus doux sourire.

— Et vous avez fait vos études à l'université de Budapest ?

— Oui.

— Peut-être connaissez-vous l'un de mes amis là-bas : le professeur Sándor ?

— Oh oui. Il est le chef de notre département. C'est un très bon ami à moi.

— C'est magnifique, magnifique, dit le professeur Stoichev. Transmettez-lui mon meilleur souvenir, quand vous le reverrez.

Helen lui rendit son sourire.

— Je n'y manquerai pas.

— Votre nom de famille, mademoiselle, a piqué ma curiosité. Il ne m'est pas inconnu. Il existe aux États-Unis…

Il se tourna vers moi, puis de nouveau vers Helen. À mon grand embarras, je vis Ranov plisser les yeux tout en nous observant.

— … un historien célèbre qui porte le nom de Rossi. Il s'agit de quelqu'un de votre famille, peut-être ?

Je fus surpris de voir Helen rougir. Peut-être était-elle gênée d'aborder le sujet en public, ou peut-être éprouvait-elle encore des réticences à l'idée de clamer son identité, à moins qu'elle n'ait remarqué la soudaine attention que Ranov portait à la conversation, tout simplement.

— Oui, répondit-elle brièvement. Il s'agit de mon père, Bartholomew Rossi.

Il me vint à l'esprit que Stoichev devait trouver pour le moins étonnant que la fille d'un historien anglais revendique sa nationalité roumaine et le fait qu'elle ait été élevée en Hongrie, mais, si ce fut le cas, il n'en montra rien.

— En effet, c'est bien ce nom. Il a écrit des ouvrages remarquables, et sur des sujets si divers !

Il se frappa le front.

— Quand j'ai lu ses premiers articles, j'ai pensé tout de suite qu'il ferait un admirable historien des Balkans, mais je vois qu'il a abandonné cette région du monde pour se consacrer à beaucoup d'autres.

C'était un soulagement d'apprendre que Stoichev connaissait les travaux de Rossi et qu'il en pensait le plus grand bien ; cela nous donnerait un peu plus de crédit à ses yeux, et nous aiderait peut-être aussi à gagner sa sympathie.

— En effet, dis-je. Il se trouve que le professeur Rossi n'est pas seulement le père d'Helen, il est aussi mon directeur de thèse. J'ai la chance de travailler avec lui sur mon mémoire de doctorat.

— Vous avez beaucoup de chance.

Stoichev croisa les mains.

— Et de quoi traite votre mémoire ?

— De…

Cette fois, ce fut à mon tour de rougir. J'espérais que Ranov n'observait pas ces changements de pnysionomie trop attentivement.

— Des marchands hollandais au dix-septième siècle.

S'il fut déçu, il eut la politesse de ne pas me le montrer – au contraire :

— C'est un sujet extrêmement intéressant. Et qu'est-ce qui vous amène en Bulgarie ?

— C'est une longue histoire. Mlle Rossi et moi-même avons été conduits à effectuer des recherches sur les connexions entre la Bulgarie et la communauté orthodoxe d'Istanbul après la conquête de la ville par les Ottomans. Nous avons déjà rédigé plusieurs articles à ce sujet. En fait, je viens de donner une conférence à l'université de Budapest sur l'histoire de... certaines régions de la Roumanie à l'époque de la domination turque.

Je me rendis compte tout de suite que je venais de commettre une erreur ; Ranov ignorait peut-être que nous nous étions rendus à Budapest comme à Istanbul. Le visage d'Helen, néanmoins, était impassible et je pris exemple sur elle.

— Nous aimerions beaucoup achever nos recherches ici, en Bulgarie, et nous nous sommes dit que vous pourriez peut-être nous aider.

— Naturellement, répondit patiemment Stoichev. Peut-être pourriez-vous m'expliquer ce qui vous intéresse plus précisément au sujet de nos monastères médiévaux, des routes des pèlerinages, et du quinzième siècle en particulier. C'est une époque très riche de l'histoire bulgare. Vous savez sans doute qu'après 1393 la majeure partie de notre pays fut sous le joug ottoman, même si certaines régions de Bulgarie ne furent conquises qu'au quinzième siècle. C'est essentiellement grâce aux monastères que notre culture nationale fut préservée à partir de cette époque. Je suis heureux que vous vous intéressiez à eux, car ils constituent l'une des sources majeures de notre héritage.

Il s'interrompit et croisa de nouveau les mains sur la table, comme s'il attendait de voir jusqu'à quel point nous étions familiarisés avec ces questions.

— Oui, dis-je.

Pas moyen d'y échapper. Nous allions être obligés de parler de notre recherche devant Ranov. Le prier de sortir en prétextant Dieu sait quel secret professionnel ne ferait qu'empirer les choses. Inévitablement, il allait s'interroger sur les vraies raisons de notre présence ici. Non, notre seule chance était de faire en sorte que nos questions restent aussi techniques et impersonnelles que possible.

— Nous pensons qu'il existe des connexions intéressantes entre la communauté orthodoxe d'Istanbul et les monastères de Bulgarie au quinzième siècle.

— Oui, naturellement, acquiesça Stoichev. Surtout à partir du moment où l'Église bulgare fut placée par Mehmed le Conquérant sous la juridiction du patriarche de Constantinople. Avant cela, bien sûr, notre Église était indépendante, et possédait son propre patriarche à Veliko Tărnovo.

J'éprouvais un élan de gratitude pour l'érudition de cet homme. Ma remarque avait été proche de l'ineptie, et cependant il y répondait avec une politesse attentive – et informative.

— Exactement, approuvai-je. Et nous nous intéressons tout particulièrement à... En fait, tout est parti d'une lettre... nous étions à Istanbul encore tout récemment, et...

Je fus très attentif à ne pas regarder dans la direction de Ranov.

— ... et nous avons trouvé une lettre où il est question de la Bulgarie. Ou, plus exactement, d'un groupe de moines parti de Constantinople pour se rendre dans un monastère, en Bulgarie. Nous aimerions, dans le cadre de l'un de nos articles, reconstituer leur itinéraire à travers la Bulgarie. Ils effectuaient peut-être un pèlerinage... nous ne sommes pas très sûrs.

— Je vois, dit Stoichev.

Ses yeux étaient plus attentifs et plus lumineux que jamais.

— Une date est-elle mentionnée sur cette lettre ? Pouvez-vous m'en dire davantage sur son contenu, son auteur ? À qui elle est adressée, où vous l'avez trouvée, ce genre de choses…

— Certainement, acquiesçai-je. En fait, nous en avons une copie avec nous. La lettre originale est rédigée en slavon, et un moine à Istanbul l'a copiée pour nous. L'original se trouve dans les archives du sultan Mehmed II. Peut-être aimeriez-vous lire la lettre par vous-même.

J'ouvris ma sacoche et en sortit la copie que je le lui tendis, en espérant que Ranov ne demanderait pas à la voir ensuite.

Stoichev la prit dans ses mains et je vis ses yeux parcourir les lignes d'introduction.

— Intéressant, dit-il.

Et à ma grande consternation, il la reposa. Peut-être ne nous serait-il d'aucune aide, finalement. Peut-être ne lirait-il même pas la lettre.

— Mon enfant, dit-il en se tournant vers sa nièce. Je ne pense pas que nous puissions examiner de vieux papiers sans offrir une collation à nos hôtes. Voudrais-tu avoir la gentillesse de nous apporter une bouteille de *rakiya* et de quoi nous restaurer ?

Il accompagna sa demande d'un signe de tête particulièrement poli à Ranov et Irina se leva promptement, tout sourire.

— Certainement, mon oncle, répondit-elle dans un anglais châtié.

Cette maison était décidément pleine de surprises, songeai-je.

— Mais je vais avoir besoin d'aide pour monter l'escalier.

Elle lança un bref regard à Ranov, qui se leva automatiquement, lissant ses cheveux en arrière.

— Je serais très heureux d'aider la jeune dame.

Et ils quittèrent la pièce ensemble, le pas de Ranov descendant lourdement les marches pendant qu'Irina lui parlait en Bulgare.

À l'instant où la porte se referma derrière eux, Stoichev reprit la lettre et la déchiffra avec une concentration avide. Quand il eut terminé, il leva les yeux vers nous. Son visage avait rajeuni de dix ans, mais son expression était tendue.

— C'est tout à fait étonnant, murmura-t-il.

D'un mouvement instinctif, Helen et moi nous levâmes pour venir nous asseoir près de lui, à l'une des extrémités de la longue table.

— Je suis stupéfait de découvrir cette lettre.

— Pourquoi ? soufflai-je d'un ton pressant. Vous avez une idée de ce dont il est question ?

— C'est bien possible.

Les yeux de Stoichev étaient gigantesques et ils me fixaient avec intensité.

— Voyez-vous, je possède moi aussi une lettre de frère Kiril. »

56.

Je me rappelais avec une précision douloureuse la station de car de Perpignan où, un an plus tôt, mon père et moi avions attendu un bus poussiéreux pour nous rendre dans les villages. Le trajet jusqu'aux « Bains » m'était lui aussi familier. Les villes que nous traversions étaient entourées de gros platanes trapus et taillés en carré. Des arbres, des maisons, des champs… et les vieilles voitures comme gainées de la même couche de terre, un nuage *café au lait* qui recouvrait tout.

L'hôtel m'apparut également tel que dans mon souvenir, avec ses quatre étages en stuc, ses jolis barreaux de fenêtre en fer forgé et ses jardinières garnies de fleurs roses. J'éprouvai tout à coup le besoin brutal de voir mon père, et je retins ma respiration à l'idée que j'allais bientôt le retrouver, peut-être même dans quelques minutes à peine.

Pour une fois, je montrai le chemin à Barley, poussant la lourde porte de l'hôtel et posant mon sac à main au pied de l'élégant bureau de la réception coiffé de marbre. Mais le bureau en question me parut tout à coup terriblement massif et intimidant, et je dus prendre sur moi pour dire au vieux monsieur tiré à quatre épingles qui montait la garde derrière que je pensais que mon père était peut-être descendu ici. Je ne me rappelais pas ce vieux monsieur lors de notre précédente visite, mais il se montra très obligeant et, au bout d'une minute, il nous confirma qu'un *monsieur* étranger inscrit sous ce nom séjournait effectivement dans l'hôtel. Mais sa *clé* – il nous montra le petit crochet nu, sur le mur – n'était pas au tableau : il devait donc être sorti.

Mon cœur bondissait dans ma poitrine, et il bondit de nouveau un moment plus tard quand un homme que je connaissais ouvrit la porte derrière le comptoir. C'était le *maître d'hôtel* du petit restaurant – souriant mais pressé. Le vieux réceptionniste l'arrêta en lui posant une question, et il se tourna vers moi, *étonné*, me dit-il aussitôt, de voir la jeune dame ici. Mon Dieu, comme elle était devenue grande et jolie ! Et ce jeune homme était... ?

— Son *cousin*, répondit Barley.

Monsieur n'avait pas signalé que sa fille et son neveu devaient venir le retrouver... quelle charmante surprise ! Il fallait absolument que nous venions tous les trois dîner ici ce soir...

Je demandai où était mon père, si quelqu'un le savait, mais personne n'était au courant. Il était parti tôt, glissa le réceptionniste, peut-être pour aller se promener. Le maître d'hôtel nous informa que l'établissement affichait complet, mais que, si nous avions besoin de chambres, il pourrait s'arranger. En attendant, pourquoi ne pas monter dans celle de mon père pour y déposer nos affaires ?

Monsieur avait loué une suite avec une très jolie vue et un petit salon. Il – le maître d'hôtel – allait nous remettre *l'autre clé* et nous préparer du café. Mon père ne tarderait sûrement pas à rentrer. Nous acquiesçâmes avec vigueur à toutes ces suggestions. L'ascenseur s'éleva en craquant, et nous emmena si lentement dans les étages que je me demandai si le maître d'hôtel ne tirait pas lui-même la chaîne depuis la cave.

J'ouvris la porte de la suite de mon père avec un battement de cœur. Sa chambre était spacieuse et agréable, et j'en aurais apprécié chaque recoin si je n'avais eu la sensation désagréable d'envahir son sanctuaire pour la troisième fois en l'espace d'une semaine. Le pire, ce fut la vue de sa valise, de ses vêtements éparpillés dans la pièce, de son nécessaire de rasage en cuir usé et de ses chaussures de ville. J'avais vu tous ces objets il y avait seulement quelques jours, dans la chambre qu'il avait occupée à Oxford, chez *master* James, et leur familiarité me fit l'effet d'un coup de poignard.

Mais même cela fut éclipsé par un autre choc. Mon père était par nature un homme soigneux ; sa chambre, comme son bureau ou tout autre endroit dans lequel il séjournait, même brièvement, était un modèle d'ordre. Contrairement à bon nombre de célibataires, de veufs ou de divorcés que j'ai rencontrés par la suite, il ne s'était jamais abandonné à ce laisser-aller qui finit par gagner certains hommes seuls et les amène à vider le contenu de leurs poches sur la table, ou à empiler pêle-mêle leurs vêtements sur le dossier des chaises. Jamais avant aujourd'hui je n'avais vu les affaires de mon père éparpillées dans une pièce… Sa valise était posée par terre à côté du lit, à moitié défaite. Apparemment, il avait fouillé fébrilement à l'intérieur pour en retirer une ou deux affaires, laissant une traînée de chaussettes et de tricots de corps sur le sol. Sa veste en toile gisait sur le lit. À l'évidence, il s'était changé précipitamment, jetant son costume en tas près de la valise. À moins que…

Je songeai tout à coup que ce fouillis n'était peut-être pas l'œuvre de mon père, que sa chambre avait été fouillée en son absence. Mais le monticule formé par son costume, abandonné comme la mue d'un serpent sur le sol, me fit changer d'avis. Ses chaussures de marche n'étaient pas à leur place habituelle dans la valise, et les formes en bois de cèdre qu'il glissait toujours à l'intérieur gisaient au milieu de la pièce.

Oui, il était parti à toute vitesse – en catastrophe.

57.

« Quand Stoichev nous révéla qu'il possédait lui aussi une lettre de frère Kiril, Helen et moi échangeâmes un regard stupéfait.

— Que voulez-vous dire ? demanda-t-elle finalement.

Stoichev tapota la copie de Turgut d'un doigt excité.

— J'ai en ma possession une lettre manuscrite qui m'a été donnée en 1924 par mon cher ami Atanas Angelov. Elle raconte une autre partie du même voyage, j'en suis certain ! J'ignorais qu'il existait d'autres documents sur cette expédition. En fait, mon ami est décédé soudainement, juste après m'avoir donné cette lettre, le pauvre homme. Attendez...

Il se dressa, vacillant dans sa précipitation. Helen et moi bondîmes, mais il retrouva son équilibre sans notre aide et se dirigea vers l'une des petites pièces attenantes, nous invitant d'un geste à le suivre en prenant garde de ne pas trébucher sur les piles de livres qui s'amoncelaient sur le sol.

Stoichev scruta les rayonnages et tendit les mains vers une boîte, que je l'aidai à attraper. Il en retira une chemise en carton fermée avec une cordelette effrangée. Il rapporta son butin vers la table, l'ouvrit sous nos yeux avides, et en sortit un document si fragile que je frémis en le voyant le manipuler. Il l'examina pendant une longue minute, comme paralysé, puis il exhala un soupir.

— Comme vous pouvez le constater, il s'agit de l'original. La signature...

Nous nous penchâmes sur la page manuscrite et, avec un frisson qui couvrit mes bras et ma nuque de chair de poule, je vis un nom magnifiquement tracé à la plume en caractères cyrilliques, un nom que même moi, malgré mon ignorance, je réussis à comprendre : Kiril – et l'année : 6985. Je regardai Helen et elle se mordit la lèvre. La signature pâlie de ce moine était terriblement réelle. Tout comme l'était la réalité de son existence. Il avait été aussi vivant que nous l'étions aujourd'hui, et sa main avait fait courir avec fermeté la pointe de sa plume sur ce parchemin.

Stoichev semblait presque aussi ému que moi, même si la vue d'une page manuscrite aussi ancienne devait nourrir son quotidien depuis des années.

— Je l'ai traduite en bulgare, déclara-t-il au bout d'un moment.

Et il sortit une autre feuille de la chemise cartonnée, celle-là tapée à la machine sur du papier pelure. Nous prîmes place à côté de lui.

— Je vais essayer de vous la lire en anglais.

Il s'éclaircit la gorge et nous livra une version brute, mais parfaitement fidèle, d'une lettre qui, depuis, a fait couler beaucoup d'encre et a été abondamment traduite.

À Son Excellence l'abbé Eupraxius,

Je prends ma plume afin d'accomplir la tâche que, dans votre grande sagesse, vous m'avez confiée, et vous relater, au fur et à mesure qu'ils se présentent, les détails de notre mission. Puisse Dieu m'aider à en venir à bout et à exaucer votre volonté !

Nous avons passé la nuit près de Virbius, à deux jours de route du siège de votre Patriarcat, dans le monastère de Saint Vladimir, où les saints frères nous ont accueillis en votre nom. Conformément à vos instructions, j'ai demandé un entretien particulier à l'abbé et lui ai révélé en grand secret notre mission, ce sans qu'un novice ou un serviteur soit présent. Il a aussitôt ordonné que notre chariot reste enfermé à clé dans l'étable, à l'intérieur de la cour, avec deux de ses moines et deux des nôtres en faction devant la porte pour monter la garde. Espérons que nous rencontrerons autant de compréhension et de prudence tout au long de notre route, du moins avant de pénétrer sur les terres des Infidèles.

Conformément à vos instructions toujours, j'ai remis en main propre à l'abbé un exemplaire du livre, en lui transmettant vos injonctions, et j'ai pu voir qu'il le cachait sur-le-champ, sans même l'ouvrir devant moi.

Les chevaux sont fatigués par notre ascension dans les montagnes et nous passerons une deuxième nuit ici. Nous sommes nous-mêmes revigorés par les vertus bienfaisantes de l'église du monastère, où deux icônes de la Vierge Immaculée ont accompli des miracles il y a seulement quatre-vingts ans. L'une d'elles porte encore la trace des larmes miraculeuses – aujourd'hui masquées par des perles fines – que Notre-Dame versa pour un pécheur. Nous lui avons adressé de ferventes prières pour lui demander de protéger notre mission, de nous permettre d'atteindre sains et saufs la grande Cité et, une fois dans la capitale de l'ennemi, de nous aider à trouver un abri où accomplir notre tâche.

Votre humble serviteur au nom du Père, du Fils et du Saint Esprit,

Fr. Kiril

Avril de l'an 6985.

Helen et moi avions retenu notre souffle d'un bout à l'autre de la lecture que Stoichev venait de nous faire à voix haute. Sa traduction, lente et méthodique, attestait d'une remarquable maîtrise de notre langue. J'allais m'écrier qu'il n'y avait plus le moindre doute permis sur la connexion entre les deux lettres, quand un bruit de pas dans l'escalier en bois nous fit tous lever les yeux.

— Ils reviennent, dit doucement Stoichev.

Il rangea la lettre dans la chemise cartonnée, et la nôtre par-dessus, afin de la mettre provisoirement en sûreté.

— Ce Ranov... on vous l'a imposé comme guide ?

— Oui, acquiesçai-je très vite. Et il semble s'intéresser de près à nos travaux, de beaucoup trop près ! Or il y a un tas de choses dont nous devons absolument vous parler à propos de nos véritables recherches, mais c'est assez personnel et également...

Je m'arrêtai.

— Dangereux ? suggéra Stoichev en tournant vers moi son magnifique visage de noble vieillard.

— Comment avez-vous deviné ?

Je ne pus dissimuler ma stupéfaction. Rien de ce que nous avions dit jusqu'ici ne laissait supposer qu'il puisse y avoir du danger.

— Ah, si vous saviez...

Il secoua la tête, et je perçus dans son soupir une expérience et un regret dont j'étais bien incapable de deviner le sens.

— J'ai moi aussi certaines choses à vous dire. Je ne pensais pas voir jamais une autre de ces lettres. Surtout, parlez le moins possible avec M. Ranov.

— Soyez sans crainte.

Helen esquissa une moue ironique et ils se regardèrent mutuellement pendant une seconde avec un sourire complice.

— Silence, les voilà, murmura Stoichev. Je m'arrangerai pour que nous puissions discuter de nouveau au plus vite.

Irina et Ranov entrèrent dans la pièce avec un cliquetis de vaisselle, et Irina posa des petits verres sur la table ainsi qu'une bouteille contenant un liquide ambré. Ranov la suivait avec une miche de pain et un plat de haricots blancs. Il souriait et semblait presque domestiqué. J'aurais voulu pouvoir remercier la nièce de Stoichev. Elle veilla à ce que son oncle soit confortablement installé, puis nous fit signe de nous approcher, et je réalisai que notre excursion matinale m'avait affamé.

— Je vous en prie, hôtes honorés, faites comme chez vous.

Stoichev désignait la table comme si elle appartenait à l'empereur de Constantinople. Irina servit l'eau-de-vie (rien qu'à la humer, un petit animal serait tombé raide mort !) et il leva son verre pour porter un toast.

— Je bois à l'amitié entre les esprits épris de savoir, par-delà toutes les frontières et les barrières, partout dans le monde.

Nous retournâmes tous le toast avec enthousiasme, à l'exception de Ranov, qui leva son verre d'un geste ironique et nous regarda tous les trois.

— Puisse votre savoir profiter au Parti et au Peuple, déclara-t-il en me gratifiant d'une petite courbette moqueuse.

Cette remarque faillit bien me couper l'appétit. Parlait-il en général, ou rêvait-il de nous soutirer ce savoir d'un genre particulier que nous détenions, Helen et moi ? Je m'inclinai néanmoins en retour et avalai d'un seul coup ma *rakiya.* J'avais décidé qu'il n'y avait qu'une façon de la boire : d'une traite, et, de fait, la brûlure qui m'arracha la gorge fut bientôt remplacée par une agréable chaleur. Encore quelques verres de cette boisson, songeai-je, et je pourrais être en danger de trouver Ranov sympathique…

— Je suis heureux d'avoir la chance de parler avec des jeunes gens qui se passionnent pour notre si riche histoire médiévale, enchaîna Anton Stoichev. Peut-être cela vous intéresserait-il, mademoiselle Rossi et vous, d'assister à la célébration de deux de nos plus grandes figures du Moyen Âge ? Demain, nous fêtons Methodii et Kiril, les créateurs du grand alphabet slave. Chez vous, vous devez les connaître sous les noms de Méthode et de Cyrille – d'ailleurs, vous avez appelé cet alphabet « cyrillique », n'est-ce pas ? Ici, nous disons *kirilitsa*, en l'honneur de Kiril, le moine qui l'a inventé.

Pendant quelques instants, je restai interdit, encore sous le coup du Frère Kiril de la lettre, mais Anton Stoichev continua à parler et je compris ce qu'il avait derrière la tête et combien il était ingénieux.

— Je suis pris par mon travail cet après-midi, mais si vous pouviez revenir demain, certains de mes anciens étudiants seront présents pour célébrer ce jour de fête, et je vous parlerai de Kiril à cette occasion.

— C'est extrêmement aimable à vous, répondit Helen. Nous ne voulons pas abuser de votre temps, mais nous serions naturellement très honorés de nous joindre à vous. Cela peut-il s'arranger, camarade Ranov ?

Le « camarade » ne fut pas perdu pour Ranov, qui la foudroya du regard par-dessus son deuxième verre d'eau-de-vie.

— Mais comment donc. Si cela doit faire progresser votre recherche, je serai heureux de vous y aider.

— Parfait, déclara Stoichev. Nous nous retrouverons ici vers treize heures trente et Irina nous préparera quelque chose de délicieux pour le déjeuner. Ce sont des gens charmants, vous verrez. Vous pourrez même rencontrer certains étudiants dont les travaux vous intéresseront.

Nous le remerciâmes avec effusion, et obéîmes à Irina qui nous enjoignait de manger. Je remarquai qu'Helen, tout comme moi, évitait de finir sa deuxième *rakiya*. Notre collation terminée, elle se leva aussitôt et nous l'imitâmes.

— Nous ne voulons pas vous fatiguer plus longtemps, professeur, dit-elle en lui saisissant la main.

— Pas du tout, mon enfant.

Stoichev lui serra chaleureusement la main, mais il paraissait effectivement las.

— J'attends avec impatience notre rencontre de demain.

Irina nous raccompagna jusqu'au portail, à travers le potager et le jardin.

— À demain, dit-elle en nous souriant.

Elle ajouta quelque chose en bulgare à l'adresse de Ranov, qui lissa ses cheveux en arrière avant de remettre son chapeau.

— C'est une très jolie fille, commenta-t-il d'un air satisfait comme nous regagnions sa voiture – et dans son dos, Helen roula des yeux en me regardant.

Nous dûmes attendre le soir pour pouvoir passer quelques instants en tête à tête, Helen et moi. Ranov était enfin parti, au terme d'un dîner interminable dans la salle à manger sinistre de l'hôtel. Helen et moi gravîmes ensemble l'escalier (l'ascenseur était de nouveau en panne), puis nous nous attardâmes dans le couloir menant à ma chambre – quelques moments de tendresse volés à notre situation particulière. Après avoir estimé que Ranov devait être loin, nous regagnâmes le rez-de-chaussée, puis sortîmes dans la rue et marchâmes d'un pas paisible jusqu'à un café où nous nous assîmes sous les arbres.

— On nous surveille, ici aussi, dit calmement Helen comme nous nous installions à une table en métal.

Je gardai ma sacoche sur mes genoux. Je n'osais même plus la poser par terre aux terrasses des cafés… Helen sourit.

— Mais ici, au moins, il n'y a pas de mouchard, contrairement à ma chambre. Et à la tienne.

Elle leva les yeux vers les branches, au-dessus de nous.

— Des tilleuls. D'ici deux mois, ils se couvriront de fleurs. Chez moi, on en fait de la tisane. Ici aussi, probablement. Son parfum est doux, frais et sucré.

Elle esquissa un geste gracieux et j'attrapai son poignet au vol, puis le tournai afin d'observer les lignes de sa main. Qu'Helen ait une longue vie, et beaucoup de bonheur, et que je sois associé aux deux... voilà ce que j'aurais voulu y lire, si j'avais su les déchiffrer ou si j'y avais cru.

— Que penses-tu du fait que le professeur Stoichev possède lui aussi une lettre de Frère Kiril ?

— Cela pourrait être un coup de chance pour nous, réfléchit-elle. Au début, je pensais qu'il s'agissait simplement d'une pièce d'un puzzle historique – une pièce magnifique, certes, mais en quoi pourrait-elle nous aider ? Et puis Stoichev a deviné que « notre » lettre était dangereuse, et j'ai été soulevée par l'espoir qu'il puisse savoir quelque chose d'important.

— Exactement comme moi, avouai-je. D'un autre côté, il se peut aussi que Stoichev ait seulement voulu dire que c'était un sujet sensible, politiquement parlant, tout comme une bonne part de ses travaux, celle qui a trait à l'histoire de l'Église.

— Je sais.

Helen soupira.

— C'était peut-être le sens de sa remarque.

— Et ce serait suffisant pour qu'il ne veuille pas en parler devant Ranov.

— Oui. Malheureusement, nous devrons attendre jusqu'à demain pour découvrir ce qu'il a voulu dire.

Elle mêla ses doigts aux miens.

— C'est une agonie pour toi d'être obligé d'attendre de jour en jour, n'est-ce pas ?

J'acquiesçai lentement.

— Si tu connaissais Rossi...

Je m'interrompis net. Les yeux rivés aux miens, elle repoussa lentement une mèche de cheveux qui s'était détachée de son chignon. Il y avait une telle amertume sur son visage que sa réplique prit tout son poids.

— Je commence à le connaître – à travers toi.

Au même instant, une serveuse en chemisier blanc s'approcha et nous posa une question. Helen se tourna vers moi.

— Qu'est-ce que tu veux boire ?

— Qu'est-ce que tu sais commander ? plaisantai-je.

— *Chai*, dit-elle en pointant un doigt sur elle et sur moi. Du thé, s'il vous plaît. *Molya*.

— Tu apprends vite, dis-je comme la serveuse disparaissait à l'intérieur du café.

Elle haussa les épaules.

— J'ai étudié un peu de russe. Le bulgare est très proche.

Lorsque la serveuse nous apporta notre thé, Helen le remua avec un soupir.

— C'est un tel soulagement d'être libérés de la présence de Ranov que je ne veux même pas penser qu'on va le revoir demain. Je ne vois pas comment nous allons pouvoir effectuer sérieusement des recherches avec ce sale petit espion sur nos talons.

— Je me sentirais mieux si je savais si, oui ou non, il suspecte ce que nous cherchons, avouai-je. Le plus curieux de l'affaire, c'est qu'il me rappelle quelqu'un, mais j'ai beau chercher, impossible de mettre un nom dessus. Je dois développer une forme d'amnésie...

Je contemplai le visage grave, adorable d'Helen, et à cette seconde précise je sentis mon cerveau qui se mettait à tâtonner, tentant de retrouver un petit morceau de puzzle. Cela n'avait aucun rapport avec un hypothétique sosie de Ranov. Non, cela avait un rapport avec le visage d'Helen dans la lumière du soleil couchant, et avec ma tasse de thé que je portais à mes lèvres, et avec ce mot bizarre que je venais de prononcer... Mon esprit s'était déjà aventuré vers ces rivages flous avant aujourd'hui, mais cette fois la brume se déchira d'un coup et la vérité éclata comme une bulle.

— Amnésie ! Helen : amnésie !

— Quoi ?

Elle fronça les sourcils, surprise par l'intensité de ma voix.

— La lettre de Rossi !

J'avais presque crié. J'ouvris ma sacoche si brusquement que je renversais ma tasse.

— Son voyage en Grèce !

Il me fallut plusieurs minutes pour trouver la lettre en question au milieu de mes papiers, puis pour localiser le passage concerné.

— Tu te souviens de la lettre où il raconte son retour en Grèce – en Crète – après que sa carte lui a été arrachée à Istanbul, et comment la chance semble brusquement l'avoir abandonné ?

J'agitai fébrilement la page devant elle.

— Écoute ça : « *Dans les* tavernas *crétoises, les vieux loups de mer se montraient beaucoup plus disposés à me raconter mille et une histoires de vampires qu'à me dire où je pourrais trouver d'autres tessons de poterie comme ceux que je remarquais ici et là, a fortiori à révéler dans quelles antiques épaves de bateaux naufragés leurs grands-pères avaient plongé pour les piller. Un soir, je laissai un étranger me payer une tournée d'une spécialité locale appelée, curieusement,* amnésie, *ce qui eut pour résultat de me rendre malade toute la journée du lendemain.* »

Tandis que je lisais, les yeux sombres d'Helen s'étaient écarquillés lentement sous l'effet du choc.

— Oh, mon Dieu, murmura-t-elle.

— Je laissai un étranger me payer une spécialité locale appelée *amnésie*, paraphrasai-je en m'obligeant à parler bas. À ton avis, qui pouvait bien être l'étranger en question ? Et ce philtre de malheur ! C'est à cause de lui que ton père a oublié.

— Il a oublié…

Helen semblait fascinée par ce mot.

— Il a oublié la Roumanie…

— Oui, tout son séjour a été complètement effacé de sa mémoire.

— Et il a oublié maman, conclut Helen d'une voix à peine audible.

Je revis sa mère, immobile sur le seuil de sa maison, nous regardant partir.

— Oh, Helen, ton père n'a jamais eu l'intention de l'abandonner. Il voulait revenir la chercher quand on lui a versé l'oubli. Et c'est pour ça… c'est pour ça qu'il m'a dit qu'il ne parvenait pas toujours à se rappeler clairement ses recherches.

Le visage d'Helen était livide, maintenant, ses mâchoires serrées, ses yeux durs, remplis de larmes.

— Je le hais, proféra-t-elle d'une voix sourde – et je sus qu'elle ne parlait pas de son père. »

58.

« Le lendemain, à treize heures trente précises, nous nous présentions chez le professeur Stoichev. Helen serrait ma main dans la sienne, ignorant Ranov, lequel semblait exceptionnellement de bonne d'humeur : son visage était un peu moins renfrogné que d'habitude et il avait troqué son éternel costume sombre contre un complet marron.

De l'autre côté du portail nous parvenait un brouhaha de conversations mêlées de rires, ainsi qu'une délicieuse odeur de viande grillée au feu de bois. Si je mettais entre parenthèses l'angoisse dans laquelle me tenait le sort de Rossi, je pouvais presque me sentir d'humeur festive, moi aussi. J'avais l'impression que cette date, entre toutes, était celle où il allait enfin se produire un déclic qui m'aiderait à le retrouver, et je décidais de célébrer saints Cyrille et Méthode avec autant d'entrain que possible.

Un groupe d'invités – des hommes principalement, mais aussi quelques femmes – était installé sous la tonnelle. Irina s'activait autour de la table, remplissant les assiettes de nourriture et les verres d'eau-de-vie. À l'instant où elle nous vit, elle se porta à notre rencontre, bras tendus, comme si nous étions déjà de vieux amis. Elle me serra la main, ainsi que celle de Ranov, et embrassa Helen sur les deux joues.

— Merci d'être venus. Mon oncle n'a pas fermé l'œil de la nuit ni avalé quoi que ce soit depuis votre visite. J'espère que vous réussirez à le convaincre de s'alimenter.

Son ravissant visage était assombri par l'inquiétude.

— Ne vous inquiétez pas, la rassura Helen. Nous ferons notre possible pour le raisonner.

Anton Stoichev trônait sous les pommiers, devant une cour d'admirateurs, installés en arc de cercle autour de lui sur des chaises en bois.

— Oh, vous voilà ! s'écria-t-il en cherchant maladroitement à se mettre debout.

Ses compagnons se levèrent aussitôt pour l'aider, attendant poliment pour nous saluer.

— Soyez les bienvenus, mes amis ! Venez que je vous présente mes autres amis.

D'un geste malhabile, il désigna la cour qui l'entourait.

— Ces jeunes gens ont tous été mes élèves avant la guerre. C'est si gentil à eux de revenir me voir.

La plupart de ces messieurs, avec leurs chemises blanches et leurs costumes sombres bon marché, n'étaient jeunes que par comparaison avec Stoichev : ils avaient presque tous une bonne cinquantaine d'années. Ils nous serrèrent chaleureusement la main, l'un d'eux s'inclinant sur celle d'Helen avec une courtoisie un peu guindée. J'aimai leurs yeux sombres et vifs, leurs sourires paisibles où brillaient des dents en or.

Irina surgit derrière nous et enjoignit apparemment tout le monde de passer à table car, au bout d'une minute, nous fûmes littéralement portés vers la tonnelle par une vague d'invités. Une fois sur place, nous découvrîmes non seulement l'origine de la succulente odeur de grillade : un agneau entier qui rôtissait sur une broche au-dessus d'un feu de bois, mais aussi un véritable festin composé de salades de pommes de terre, de tomates, de concombre, et de fromage coupé en dés, des miches de pain doré, sans oublier des plateaux entiers de ces rissoles fourrées au fromage auxquelles nous avions déjà eu l'occasion de goûter à Istanbul. Il y avait également des viandes cuites en ragoût, des bols de yaourt, des aubergines et des oignons grillés. Irina ne nous laissa aucun répit jusqu'à ce que nos assiettes soient presque trop lourdes pour être soulevées, et elle nous suivit dans le verger, apportant des verres et de la *rakiya*.

Pendant ce temps, les élèves de Stoichev semblaient tous s'être donné le mot pour apporter à leur ancien professeur de quoi soutenir un siège. Ils remplirent son verre à ras bord d'eau-de-vie, et il se mit lentement debout. Aux quatre coins du jardin, des cris s'élevèrent pour réclamer le silence, puis Stoichev leur porta un toast tout en prononçant un bref discours, dans lequel je reconnus au passage les noms de Kiril et de Methodii, aussi bien que le mien et celui d'Helen. Quand il se tut, des acclamations jaillirent de toutes les lèvres.

— *Stoichev ! Za zdraveto na Profesor Stoichev ! Nazdrave !*

Des applaudissements crépitaient autour de nous. Tous les visages souriaient au vieux professeur. Tous les verres étaient levés vers lui, et des larmes brillaient dans certains regards. Je me rappelai Rossi, la modestie avec laquelle il avait écouté nos vivats et nos discours lorsque nous avions fêté sa vingtième année de professorat à l'université. Je détournai les yeux, la gorge nouée. J'aperçus Ranov qui déambulait sous la pergola, un verre à la main.

Les invités s'assirent de nouveau pour manger et discuter, et je me retrouvai installé avec Helen à la place d'honneur, à côté de Stoichev. Il sourit et hocha la tête tout en nous regardant.

— Je suis très heureux que vous ayez pu vous joindre à nous aujourd'hui. Voyez-vous, il s'agit de mon jour de fête préféré. Nous avons de nombreux saints dans notre calendrier religieux, bien sûr, mais les frères Cyrille et

Méthode, des frères par le sang, sont particulièrement chers à tous ceux qui transmettent ou reçoivent un enseignement depuis des siècles, puisque nous leur devons l'alphabet qui est le nôtre. Ce jour est également précieux à mon cœur parce que mes anciens élèves et collègues viennent interrompre le travail de leur vieux professeur, et je leur suis très reconnaissant de cette interruption.

Il regarda autour de lui avec un sourire affectueux et tapota l'épaule du plus proche de ses collègues. Avec un petit coup au cœur, je vis combien cette main était frêle et maigre, presque translucide.

Au bout d'un moment, les étudiants de Stoichev commencèrent à s'éparpiller, certains en direction de la tonnelle où l'agneau rôti venait d'être découpé, d'autres pour se promener dans le jardin par groupes de deux ou de trois. À l'instant où ils s'éloignèrent, Stoichev se tourna vers nous avec une expression pressante.

— Ne perdons pas de temps. Ma nièce s'est engagée à tenir M. Ranov occupé aussi longtemps qu'elle le pourra. J'ai des informations à vous communiquer, et je crois que vous avez beaucoup de choses à me dire, vous aussi.

— En effet.

Je rapprochai ma chaise de la sienne et Helen en fit autant de son côté.

— Tout d'abord, mes amis, reprit Stoichev, j'ai étudié avec attention la lettre que vous m'avez confiée hier.

Il la sortit de la poche de sa veste.

— Je vous la rends, afin que vous la mettiez en sûreté. Je l'ai relue plusieurs fois, et je suis convaincu que son auteur et celui de la lettre en ma possession ne font qu'un. Frère Kiril – quel qu'il soit – a écrit les deux. Je n'ai malheureusement pas la possibilité d'examiner l'original de votre lettre, mais le style de la narration est similaire, et les noms et les dates correspondent. Pour moi, il ne fait aucun doute qu'elles appartiennent toutes les deux à la même correspondance, qu'elles aient été expédiées l'une après l'autre, ou éparpillées au gré de circonstances que nous ne connaîtrons jamais. J'ai d'autres remarques à formuler, mais tout d'abord j'aimerais en savoir davantage sur la nature exacte de vos recherches. Comment cette lettre est-elle tombée entre vos mains ? Quelque chose me dit que vous n'êtes pas venus en Bulgarie uniquement pour vous documenter sur nos monastères...

Je lui répondis qu'il ne se trompait pas. Et que ces recherches nous avaient été dictées par des événements dont il ne m'était pas facile de parler, car ils ne relevaient pas du domaine du rationnel.

— ... Vous nous avez dit avoir déjà lu des travaux du professeur Rossi, le père d'Helen. Eh bien, il a récemment disparu dans des circonstances très étranges.

Aussi brièvement et clairement que possible, je lui racontai ma découverte du Livre au dragon sur mon pupitre, la disparition de Rossi, la teneur de ses lettres et les copies des fameuses cartes que nous transportions avec nous, nos recherches à Istanbul, puis à Budapest. Je n'oubliai pas de mentionner la ballade découverte dans le recueil de poèmes et chansons folkloriques de la bibliothèque universitaire de Budapest, avec, en haut, cette gravure sur bois où apparaissait le nom « Ivireanu ». Je passai uniquement sous silence ce qui concernait la Garde du Glorieux Refuge (j'avais juré le secret à Turgut).

Avec tout ce monde autour de nous, je n'osais pas sortir le moindre document de ma sacoche, mais je lui décrivis les trois cartes et leur similitude avec le monstre ailé représenté sur la page centrale de tous les exemplaires du Livre au dragon. Stoichev m'écoutait avec la plus grande attention, ses sourcils blancs froncés par la concentration, ses yeux sombres écarquillés. Il ne m'interrompit qu'une seule fois : pour me réclamer d'une voix pressante une description plus précise de chacun des Livres au dragon – le mien, ceux de Rossi, d'Hugh James et de Turgut. Je devinai sans mal que sa connaissance des manuscrits anciens et des premiers textes imprimés en faisaient des objets particulièrement intéressants à ses yeux.

— J'ai le mien ici, ajoutai-je en effleurant ma sacoche, sur mes genoux.

Il tressaillit, le regard rivé sur moi.

— J'aimerais voir ce livre dès que possible, dit-il.

Mais le point qui sembla le fasciner plus encore que tout le reste, ce fut la découverte de Turgut et Selim : « Son Excellence l'abbé » auquel étaient adressées les lettres de Frère Kiril, qui avait dirigé le monastère de Snagov, en Valachie.

— Snagov, répéta-t-il d'une voix qui n'était plus qu'un souffle.

Son visage était devenu écarlate, et je me demandai un instant s'il n'allait pas se trouver mal.

— J'aurais dû le savoir ! Et dire que j'avais cette lettre dans ma bibliothèque depuis trente ans !

J'espérais que nous aurions l'occasion d'apprendre, nous aussi, où et comment il était entré en possession de cette lettre.

— En fait, il y a de fortes présomptions pour que le groupe de moines conduits par Frère Kiril ait voyagé de Valachie jusqu'à Constantinople avant de se rendre en Bulgarie, déclarai-je.

— Oui, oui…

Il secoua la tête.

— J'ai toujours pensé que la lettre évoquait le voyage d'un groupe de moines, partis de Constantinople pour effectuer un pèlerinage en Bulgarie. Mais je n'ai jamais réalisé que… Maxime Eupraxius… l'abbé de Snagov…

Il semblait presque noyé sous un déluge de réflexions qui défilaient sur son visage comme ridé par un vent de tempête et le faisaient cligner des yeux à toute vitesse.

— Et il y a ce nom « Ivireanu » que vous avez trouvé, ainsi que ce monsieur Hugh James, à Budapest…

— Savez-vous ce qu'il signifie ? demandai-je avec vivacité.

— Oh oui, mon garçon.

On aurait dit que le professeur Stoichev regardait à travers moi sans me voir.

— C'est le nom d'Antim Ivireanu, un érudit qui fut imprimeur à… Snagov à la fin du dix-septième siècle – bien après Vlad Tepeş, donc. J'ai lu un certain nombre de choses au sujet des travaux d'Ivireanu. Il acquit une grande renommée auprès des esprits cultivés de son époque et attira bon nombre de visiteurs illustres à Snagov. Il imprima les saints Évangiles en roumain et même en arabe, et sa presse fut la première en Roumanie, selon toute probabilité. Quoique… Oh, Seigneur ! ce n'était peut-être pas la première, finalement, si les Livres au dragon sont antérieurs…

Il secoua la tête, les yeux écarquillés.

— Je dois absolument vous montrer quelque chose. Montons dans mon bureau, vite.

Helen et moi regardâmes autour de nous.

— Ranov est occupé avec Irina, dis-je tout bas.

— Oui.

Stoichev se leva.

— Nous allons passer par la porte de côté. Dépêchons-nous.

Le conseil était inutile : l'expression de son visage, à elle seule, aurait suffi à nous donner des ailes. Il nous guida dans l'escalier, puis dans le salon, et s'assit, hors d'haleine, à la grande table. Je remarquai qu'elle était couverte de livres et de manuscrits qui n'y étaient pas la veille.

— Je n'ai jamais eu beaucoup d'informations sur cette lettre, ni sur les autres, déclara Stoichev quand il eut repris son souffle.

— Les autres ?

Helen prit place à côté de lui.

— Oui. Il existe deux autres lettres recensées de Frère Kirıl – avec la mienne et celle d'Istanbul, cela fait quatre. Nous devons nous rendre immédiatement au monastère de Rila pour déchiffrer les deux autres. C'est une chance incroyable de pouvoir les réunir de nouveau ! Mais ce n'est pas ce que je dois vous montrer. Penser que je n'avais encore jamais fait le moindre rapprochement...

À nouveau, la stupeur parut lui couper la respiration.

Au bout d'un moment, il entra dans l'une des pièces attenantes et en ressortit avec un ouvrage muni d'une simple couverture en papier, qui se révéla être un vieux journal universitaire imprimé en allemand.

— J'avais un ami...

Sa voix se brisa sous le coup de l'émotion.

— Que n'est-il encore de ce monde pour voir ce jour ! Je crois vous avoir dit qu'il s'appelait Atanas Angelov, n'est-ce pas ? – oui, c'était un historien bulgare et il fut l'un de mes premiers professeurs. En 1923, il effectuait des recherches dans la bibliothèque du monastère de Rila, l'une de nos plus grandes mines de documents médiévaux, lorsqu'il découvrit un mystérieux manuscrit du quinzième siècle dissimulé sous la couverture d'un volume du dix-huitième. Il voulut aussitôt publier ce manuscrit – il s'agissait de la chronique d'un pèlerinage effectué par un groupe de moines entre la Valachie et la Bulgarie. Malheureusement, mon pauvre ami mourut alors qu'il travaillait sur l'édition critique et ce fut moi qui terminai sa tâche, puis publiai l'ensemble. Notre manuscrit original se trouve toujours à Rila. Je n'ai jamais pensé...

Il se frappa le front de sa frêle main.

— Le texte édité est en bulgare, mais je le parcourrai rapidement de façon à vous traduire les passages les plus importants.

Il ouvrit le journal jauni d'un geste tremblant, et sa voix tremblait aussi tandis qu'il nous traduisait des passages du fameux récit découvert par Angelov. L'article qu'il avait rédigé à partir des papiers du défunt et la chronique elle-même ont depuis été publiés en anglais, et ont connu de multiples rééditions augmentées d'un véritable bataillon de notes de bas de page. Mais, aujourd'hui encore, je ne peux feuilleter la version imprimée sans revoir le visage marqué par l'âge du professeur Stoichev, ses yeux qui déchiffraient la page avec une concentration passionnée. Et, par-dessus tout, j'entends sa voix hésitante telle qu'elle résonna dans le silence de ce bureau ce jour-là. »

59.

La Chronique de Zacharias de Zographou
Par Atanas Angelov et Anton Stoichev

INTRODUCTION

La « Chronique » de Zacharias : un document historique ?

Nonobstant l'état incomplet (source de frustrations sans fin) dans lequel elle nous est parvenue, la Chronique de Zacharias – qui contient l'*Histoire de Stefan le Voyageur* – s'avère un document capital pour notre connaissance des pèlerinages chrétiens dans les Balkans au quinzième siècle. C'est aussi et surtout une précieuse mine de renseignements (la seule à notre connaissance) sur le destin de la dépouille mortelle de Vlad III « Tepeş » de Valachie, le tristement célèbre Empaleur qui passa longtemps pour avoir été inhumé sur une île-monastère du lac Snagov (dans l'actuelle Roumanie). La Chronique nous fournit également un rare témoignage sur ceux qu'elle désigne comme les *nouveaux martyrs de Valachie* (bien que nous ne puissions déterminer avec certitude la nationalité d'origine des moines de Snagov, à l'exception notable de Stefan le Voyageur). L'histoire n'a retenu que sept autres cas de « nouveaux martyrs » d'origine valaque, et aucun d'eux n'est connu pour avoir été martyrisé en Bulgarie.

Le document sans fin *et sans titre* qui nous intéresse (le nom de « Chronique » lui a été donné par convention et par commodité) a été écrit en slavon en 1479 ou 1480 par un certain Zacharias, moine du monastère de Zographou. Fondé au dixième siècle et acquis par l'Église bulgare dans les années 1220, Zographou – littéralement : « [le monastère] du peintre » – se situe sur le mont Athos, la plus orientale des presqu'îles de la péninsule Chalcidique (près de Thessalonique, en Grèce). Tout comme leurs frères du monastère serbe d'Hilandar et du Panteleimon russe, les moines de Zographou n'appartenaient pas forcément à une même nationalité ; ce qui, en l'absence de tout autre élément d'information sur Zacharias, jette un voile sur son origine : il peut aussi bien avoir été bulgare ou serbe que russe, voire grec – même si la composition de son œuvre en slavon, la langue liturgique des Slaves orthodoxes, plaide logiquement en faveur d'une souche slave. La Chronique se contente de nous indiquer que Zacharias « le Pécheur » est né au quinzième siècle et que l'abbé de Zographou le tenait en haute estime. En si haute estime que c'est lui qui fut choisi entre tous les moines pour recevoir la confession de Stefan le Voyageur sur son lit de mort et pour la consigner dans un double but : en garder trace afin que le souvenir ne s'en perde jamais, et s'en servir pour alerter qui de droit.

L'itinéraire des voyages de Stefan tels qu'il les retrace dans sa confession correspond à plusieurs chemins de pèlerinage connus. Constantinople était « la » destination finale pour les pèlerins de Valachie, comme d'ailleurs pour toute la chrétienté d'Orient. Mais la Valachie elle-même et tout particulièrement l'île-monastère de Snagov étaient également des lieux de pèlerinage, et on a vu plus d'une fois des pèlerins aller de l'un à l'autre des deux points extrêmes : Snagov et Athos. Le fait (avéré) que des moines en route pour Bachkovo aient pu transiter par Haskovo porte à croire qu'ils avaient pris *par la terre* en quittant Constantinople, voyageant probablement par Edirne (dans l'actuelle Turquie) et entrant en Bulgarie par le sud-est (car, s'ils avaient pris par la mer en s'embarquant dans l'un des ports des côtes de la mer Noire, leur route les aurait emportés trop au nord pour pouvoir faire halte à Haskovo).

Le manque de références aux pèlerinages traditionnels dans la Chronique de Zacharias amène à se poser la question : l'*Histoire de Stefan le Voyageur* est-elle réellement celle d'un authentique pèlerin ? Il est vrai que les raisons « officielles » de ses voyages – fuir Constantinople tombée aux mains des Infidèles en 1453, transporter des reliques, chercher un « trésor » en Bulgarie après 1476 – en font au moins une variation sur une relation de pèlerinage classique. Il semble que le départ de Stefan de Constantinople ait été surtout motivé par le désir du jeune moine de visiter des lieux saints à l'étranger.

La Chronique nous apporte des lumières sur un tout autre sujet : les derniers jours de Vlad III de Valachie (1428 ?-1476), plus connu sous les noms de Vlad Tepeş, l'Empaleur ou Drakula. Alors que plusieurs historiens de ses contemporains ont laissé des récits détaillés de ses campagnes contre les Ottomans comme de ses luttes pour s'emparer du trône de Valachie et se maintenir au pouvoir, aucun n'a laissé de témoignage précis sur sa mort et son enterrement. Il ressort de l'*Histoire de Stefan le Voyageur* que Vlad III avait fait de son vivant de généreuses donations au monastère de Snagov, finançant même la reconstruction de son église. Il paraît dès lors probable qu'il ait aussi émis le souhait d'y reposer après sa mort, conformément à la tradition répandue dans le monde orthodoxe qui veut que les fondateurs et les bienfaiteurs d'un lieu saint y dorment de leur dernier sommeil.

Dans la Chronique, Stefan affirme que Vlad a visité « son » monastère en 1476, dans la dernière année de sa vie donc, peut-être quelques mois avant sa disparition. En 1476, le trône de Vlad III était plus que jamais convoité par son vieil adversaire, le sultan ottoman Mehmed II (avec qui Vlad était en guerre par intermittence depuis environ 1460), mais le péril venait aussi de l'intérieur. Cette année-là, Vlad dut effectivement faire face à la menace d'une faction de ses propres boyards, prêts à passer à l'ennemi si celui-ci se lançait dans une nouvelle invasion de la Valachie.

Si la Chronique de Zacharias dit vrai, c'est dans ce contexte que Vlad III se rendit sur l'île-monastère de Snagov – un déplacement dont on ne trouve trace nulle part ailleurs et qui dut s'avérer extrêmement dangereux pour sa vie. La Chronique est formelle : Vlad alla au monastère et y apporta un trésor ; qu'il ait osé courir un tel risque en un moment pareil montre assez l'importance de Snagov à ses yeux. Nul doute que Vlad ne fût parfaitement conscient, et prévenu, des menaces qui pesaient sur sa tête, tant des Ottomans que de son principal rival valaque d'alors, Basarab Laiota (celui-là même qui devait occuper brièvement son trône après sa mort). Dans la mesure où ce n'est sûrement pas un calcul politique qui a pu susciter ce déplacement de tous les dangers dans l'île-monastère, il semble raisonnable de conclure que l'importance de Snagov pour Vlad III tenait à des raisons personnelles ou spirituelles, peut-être parce qu'il projetait d'en faire sa dernière demeure. Ce qui est sûr, et confirmé par la Chronique de Zacharias, c'est qu'à la fin de sa vie il donna à Snagov une attention particulière.

Les circonstances qui entourèrent la mort de Vlad III restent assez troubles. Les légendes populaires contradictoires et les élucubrations pseudo-érudites qui s'emparèrent de l'événement ne firent que jeter plus d'ombre encore sur ce qui s'était réellement passé. Ce qui paraît certain, c'est qu'en cette fin de décembre 1476 ou ce début de janvier 1477 Vlad tomba dans un guet-apens (tendu probablement par une avant-garde de l'armée turque en Valachie) et fut tué dans la passe d'armes qui s'ensuivit. Plusieurs traditions ont néanmoins soutenu qu'il trouva en réalité la mort sous les coups de ses propres soldats, qui l'auraient pris pour un officier turc alors qu'il avait gravi une colline pour avoir une meilleure vue de la bataille en cours. Une variante de cette légende assurait même que certains de ses hommes avaient sciemment saisi l'occasion de l'assassiner en châtiment de ses atrocités. La plupart des sources ayant trait à sa mort s'accordent au moins sur un point : son cadavre fut décapité et sa tête envoyée au sultan Mehmed à Constantinople, comme preuve que son pire ennemi était bel et bien éliminé.

Mais que Vlad III ait été occis par les Turcs ou par les siens (ce, accidentellement ou non), certains de ses hommes doivent lui être restés fidèles jusqu'au bout – et au-delà de la mort à en croire l'*Histoire de Stefan le Voyageur* – puisqu'ils prirent le risque de transporter sa dépouille jusqu'à Snagov. Le cadavre sans tête passa pendant des siècles pour avoir été enseveli dans l'église de Snagov, au pied de l'autel.

Si l'*Histoire de Stefan le Voyageur* est digne de confiance, alors le cadavre de Vlad III a été exhumé dans le plus grand secret et transporté de Snagov à Constantinople puis, de là, dans un monastère bulgare, appelé Sveti Georgi. Le pourquoi de ce transfert n'est pas clair, de même que n'est pas claire la nature du « trésor » que les moines allèrent chercher d'abord à Constantinople, puis en Bulgarie. Il est écrit textuellement dans l'*Histoire de Stefan* que ledit trésor « pourrait hâter le salut de l'âme du prince défunt » (ce qui incline à penser que l'abbé avait jugé cette mesure nécessaire sur un plan théologique...). Sans doute les moines s'étaient-ils mis en quête de quelque sainte relique de Constantinople ayant échappé aux mains rapaces des conquérants européens et ottomans. L'abbé a aussi pu ne pas vouloir prendre la responsabilité de détruire le mort-vivant à Snagov, ou reculer devant l'idée de le mutiler, comme le préconise la tradition populaire dans les cas de suspicion de vampirisme, ou encore refuser de courir le risque de voir les villageois se charger de la sale besogne... De tels scrupules auraient été somme toute normaux, étant donné le statut de Vlad, l'estime en laquelle le tenait l'abbé, et l'opposition du clergé orthodoxe à ce que ses membres participent à ces rites païens de mutilation de cadavres.

Malheureusement, aucun site probable de l'enterrement des restes de Vlad III n'a jamais été retrouvé en Bulgarie. De même, l'emplacement du monastère Sveti Georgi nous est inconnu, comme celui du monastère bulgare de Paroria. Sveti Georgi fut très probablement abandonné et/ou détruit sous l'ère ottomane, et la Chronique est le seul document qui fournisse à son sujet une indication géographique, même trop vague. Elle relate qu'en partant du monastère de Bachkovo pour rallier Sveti Georgi les moines n'eurent à couvrir qu'une distance relativement courte (ils n'allèrent « pas très loin », dit simplement le texte) ; sachant que Bachkovo se situe à environ trente-cinq kilomètres au sud d'Asenovgrad, sur les rives de la Chepelarska, il est clair que Sveti Georgi devait se trouver quelque part dans le sud de la Bulgarie centrale. Or cette zone, qui englobe une large part des montagnes du Rhodope, comptait parmi les dernières régions bulgares à avoir été conquises par les Ottomans, certains secteurs particulièrement difficiles d'accès n'ayant même jamais connu la domination ottomane. Si Sveti Georgi se nichait dans les montagnes, cela pourrait expliquer en partie le choix de cet endroit relativement sûr pour y abriter les restes de l'Empaleur.

N'en déplaise à Zacharias et à sa Chronique, Sveti Georgi ne semble pas être devenu un lieu de pèlerinage après la venue des moines de Snagov. En effet, il n'est fait mention de ce monastère dans aucune autre source contemporaine importante, ni d'ailleurs dans des documents plus tardifs, ce qui pourrait indiquer qu'il a disparu de la surface de la terre ou à tout le moins qu'il a été abandonné relativement peu de temps après que Stefan en fut parti. Nous possédons cependant un élément d'information sur la fondation de Sveti Georgi, grâce à une simple copie de son *typikon*, miraculeusement conservée dans les archives du monastère de Bachkovo. Selon ce document, Sveti Georgi fut « fondé en l'an de grâce 1101 » par Georgios Komnenos, un cousin éloigné de l'empereur byzantin Alexios Ier Komnenos. La Chronique de Zacharias affirme que les moines de Sveti Georgi étaient « chargés d'ans et guère plus nombreux qu'une poignée » quand ceux venus de Snagov se présentèrent à leur porte. Vraisemblablement, cette poignée de vieux moines avaient suivi la règle prescrite par leur typikon, et ils furent imités en cela par leurs frères de Valachie.

Il n'est pas sans intérêt de noter que la Chronique évoque le voyage des moines valaques à travers la Bulgarie en mettant l'accent sur deux points : le martyre (décrit en détail) de deux d'entre eux tombés aux mains des Ottomans, et l'attention que prête la population bulgare à leur marche dans son pays. Il n'y a aucun moyen de savoir ce qui a bien pu provoquer les foudres des Ottomans en Bulgarie ; généralement tolérants vis-à-vis des chrétiens, ils ont forcément vu cette fois une menace dans la présence des moines de Snagov. Stefan rapporte par le truchement de Zacharias que ses deux malheureux compagnons ont été « passés à la question » dans la ville de Haskovo avant d'être suppliciés jusqu'à ce que mort s'ensuive. Il faut sans doute en conclure que les autorités ottomanes étaient convaincues qu'ils détenaient des informations politiquement dangereuses... Haskovo se situe dans le sud-est de la Bulgarie, une région fermement tenue par les Ottomans au quinzième siècle. Étrangement, les deux moines qui y furent martyrisés subirent les châtiments traditionnellement réservés par la loi ottomane aux voleurs (amputation des mains) et aux déserteurs (amputation des pieds). Or la plupart des « nouveaux martyrs » torturés et mis à mort par les Ottomans ont subi un supplice différent. Celui des deux compagnons de Stefan ainsi que la fouille en règle du chariot des moines décrite dans son *Histoire* correspondent bien à l'accusation de vol émise par les autorités de Haskovo, bien qu'elles n'aient apparemment pas pu prouver la réalité du délit.

Stefan souligne par ailleurs, nous l'avons dit, la grande curiosité que ses frères moines et lui éveillent chez les Bulgares qu'ils croisaient en chemin, et cela tout au long de leur itinéraire – ce qui pourrait expliquer la défiance des Ottomans. Cependant, moins de dix ans plus tôt, en 1469, les reliques de Sveti Ivan Rilski, le saint ermite fondateur du monastère de Rila, avaient été portées en procession de Veliko Tărnovo jusqu'à une chapelle de Rila : un cortège suivi et décrit par Vladislav Gramatik dans son « Récit de la Translation des Os de Sveti Ivan ». Les autorités ottomanes ne trouvèrent rien à redire à cette procession, ni à la vive attention que les populations locales prêtaient aux reliques, alors même que cette manifestation religieuse revêtait ostensiblement une importance symbolique et unificatrice pour les chrétiens bulgares. Zacharias et Stefan avaient probablement l'un comme l'autre entendu parler de la célèbre « Translation des Os » d'Ivan Rilski ; du reste, vers 1479, des écrits sur le sujet devaient être à la disposition de Zacharias dans la bibliothèque de Zographou.

Ce précédent (qui plus est très récent) rend d'autant plus incompréhensible la volte-face brutale des Ottomans vis-à-vis d'un autre cortège religieux. Incompréhensible sauf si le but de ce voyage en Bulgarie était arrivé à leurs oreilles... ce qui expliquerait aussi la fouille du chariot des moines. Les autorités ottomanes n'étaient certainement pas désireuses d'accueillir en Bulgarie les restes d'un de leurs plus grands ennemis politiques, a fortiori de tolérer le culte de telles reliques. Ce point est très clair. Ce qui l'est moins, c'est que la fouille du chariot des moines ne donna rien. L'*Histoire de Stefan* ne laisse aucun doute à ce sujet puisqu'il parle plus loin de l'enterrement du corps à Sveti Georgi. On ne peut que spéculer sur la façon dont les moines ont réussi à dissimuler un cadavre sans tête en décomposition... si tant est qu'ils en transportaient bien un.

Reste un point qui intéresse tant les historiens que les anthropologues : la référence que fait la Chronique à la croyance des moines de Snagov *vis-à-vis* de la vision de cauchemar qui les attendait cette nuit-là dans l'église de Sveti Georgi. Le fait même qu'ils ne purent supporter l'horreur qui s'était produite avec le cadavre de Vlad III au cours de la troisième nuit de la « veillée funèbre » et les précautions que prit l'abbé démontrent qu'ils croyaient dur comme fer que leur prince défunt était en danger de finir ainsi – en vampire... Plusieurs moines témoins de la scène jurèrent avoir vu un animal jaillir au-dessus du cadavre, d'autres restèrent persuadés qu'une force surnaturelle s'était engouffrée dans l'église sous la forme d'un nuage de brume ou d'un brusque coup de vent et avait poussé le mort à se relever... La présence en pareil cas d'un animal est largement attestée dans le folklore balkanique au sujet de la genèse des vampires, de même que la croyance qu'ils peuvent se changer en brouillard ou en brume. Le goût notoire de Vlad III pour le sang et sa conversion au catholicisme pendant son emprisonnement en Hongrie étaient probablement connus des moines, l'un depuis que c'était devenu une fable (tragique) en Valachie et l'autre parce que ce devait être un sujet de conversation dans la communauté orthodoxe (et tout particulièrement dans le monastère préféré de Vlad... où l'abbé était probablement son confesseur).

Les manuscrits

La Chronique de Zacharias nous est connue par deux sources : le manuscrit dit *Athos 1480* et le manuscrit *R. VII. 132,* également désigné sous le nom de *Version patriarcale.*

L'*Athos 1480*, un in-quarto rédigé d'une seule main dans une écriture semi-onciale, est conservé dans la bibliothèque monastique du monastère de Rila (Bulgarie), où on l'a découvert en 1923. Ce manuscrit présente la plus ancienne des deux versions de la Chronique qui sont parvenues jusqu'à nous ; son texte a presque certainement été écrit à Zographou par Zacharias lui-même, à partir de notes prises au chevet de Stefan mourant. En dépit de son affirmation selon laquelle il a « transcrit fidèlement son récit au fur et à mesure et sans erreur », Zacharias doit avoir entrepris dans un second temps un gros travail de réécriture ; son style est trop soigné et la composition d'ensemble trop élaborée pour que le texte ait été couché sur le papier à la dictée (du reste, il ne contient qu'une seule correction).

Ce manuscrit original est probablement resté des siècles dans la bibliothèque de Zographou – au minimum jusqu'en 1814, date à laquelle il est mentionné dans une bibliographie des manuscrits de Zographou aux quinzième et quinzième siècles. Par la suite, il refait surface en Bulgarie en 1923, quand l'historien bulgare Atanas Angelov le découvre dans la bibliothèque du monastère de Rila, dissimulé sous la couverture d'un traité in-folio du quinzième siècle consacré à la vie de saint Georges (*Georgi 1364-21*). Il s'agit bien du même manuscrit : après vérification, Angelov a certifié qu'en 1924 il n'y avait plus aucune trace de la Chronique à Zographou. Nul ne sait au juste quand ni comment ce manuscrit original a quitté le mont Athos pour atterrir à Rila, bien que la menace d'incursions de pirates sur la Montagne sainte aux treizième et quatorzième siècles et la crainte de pillages puissent expliquer son transfert et sa mise en lieu sûr (comme tant d'autres documents et objets d'art).

La seconde, et seule autre copie connue, de la Chronique de Zacharias est conservée à Constantinople dans la Bibliothèque œcuménique patriarcale (d'où son nom de *Version patriarcale*) sous la cote R. VII. 132. Ce manuscrit, rédigé en slavon, est un in-quarto à deux filigranes que la paléographie a permis de dater du milieu ou de la fin du seizième siècle. Nous sommes probablement en présence de la copie plus tardive d'un document envoyé au patriarche par l'abbé de Zographou au temps de Zacharias. L'original – perdu – de cette version accompagnait selon toute vraisemblance une lettre de l'abbé au patriarche, l'alertant sur le danger potentiel d'une Abomination survenue dans le monastère bulgare de Sveti Georgi. Cette lettre n'existe malheureusement plus, mais on peut supposer que l'abbé de Zographou avait prié Zacharias de dresser une copie de sa Chronique pour cet envoi à Constantinople, gardant religieusement à Zographou l'original dont il n'était pas question de se séparer. À Constantinople aussi, un siècle environ après son archivage dans la Bibliothèque patriarcale, la Chronique était encore jugée assez importante pour être sauvegardée au moyen d'une nouvelle copie.

La *Version patriarcale* ne se distingue pas seulement de l'*Athos 1480* par sa date de composition (plus tardive), elle en diffère sur le fond dans un passage capital : elle élimine une partie de la scène dont les moines ont déclaré avoir été les témoins dans l'église de Snagov, lors de cette fameuse troisième veillée funèbre. C'est ainsi que tout le développement compris entre la ligne commençant par « Un moine certifia avoir vu une bête jaillir de l'ombre… » et la ligne finissant par « … le corps sans tête du prince avait bougé et tenté de se lever de son cercueil » est passé à la trappe. On a pu vouloir supprimer ce passage dans la nouvelle copie afin d'empêcher les lecteurs de la Bibliothèque patriarcale de tomber sur l'évocation de l'Abomination, voire de se pénétrer des superstitions sur les origines des morts-vivants – un ensemble de croyances auxquelles l'Église s'est généralement opposée. La *Version patriarcale* s'avère difficile à dater, bien qu'elle soit presque certainement la copie répertoriée dans le catalogue de 1605 de la Bibliothèque patriarcale.

Il existe une dernière similitude – vraiment frappante et qui soulève bien des interrogations – entre les deux manuscrits en présence. Tous les deux ont été déchirés par une main inconnue à peu près au même endroit, de sorte qu'il manque toute la fin, irrémédiablement perdue pour nous. L'*Athos 1480* s'achève sur les mots : « Je découvris... », tandis que la *Version patriarcale* va un petit peu plus loin : « Je découvris que ce n'était pas une peste comme les autres, mais en réalité... » (La différence s'explique par le fait que la mutilation du texte intervient dans les deux cas à la fin d'une ligne complète.) Il est infiniment probable que l'auteur de cette coupe sombre a voulu faire disparaître la partie de l'*Histoire de Stefan* qui témoignait de la manifestation de l'Abomination au sein du monastère de Sveti Georgi.

Le catalogue de bibliothèque mentionné ci-dessus donne un indice de l'ancienneté de ces mutilations du texte de la Chronique : la *Version patriarcale* y est désignée comme « incomplète », ce qui prouve que la fin était déjà arrachée avant 1605. Il n'y a aucune certitude, cependant, que les deux actes de vandalisme se soient produits à la même époque (l'un ayant pu inspirer l'autre...). On ne saura sans doute jamais non plus si les deux fins manquantes étaient rigoureusement identiques. La fidélité de la *Version patriarcale* au manuscrit plus ancien de Zographou – à l'exception notable du passage capital signalé plus haut – nous porterait à le croire. En outre, le fait que la *Version patriarcale* bien que *déjà censurée* en partie a subi le même sort que l'*Athos 1480* incline à penser qu'elle s'achevait certainement avec une nouvelle évocation de l'Abomination survenue entre les murs de Sveti Georgi… Dans tous les manuscrits médiévaux des Balkans, on n'a relevé jusqu'ici aucun autre exemple d'une telle amputation commise sur deux copies d'un même ouvrage si éloignées géographiquement l'une de l'autre…

Éditions et traductions

La Chronique de Zacharias de Zographou a déjà été éditée deux fois auparavant. Sa première édition était une traduction en grec accompagnée d'un commentaire succinct tiré de l'*Histoire des églises de Byzance* (1849) par Xanthos Constantinos. En 1931, la Bibliothèque œcuménique patriarcale a imprimé une brochure reproduisant le texte original slavon de la Chronique. L'historien Atanas Angelov, le découvreur de la version de Zographou en 1923, avait été pressenti pour enrichir cette édition d'un important commentaire, mais sa disparition soudaine en 1924 a empêché ce projet de voir le jour. Certaines de ses notes ont été publiées à titre posthume en 1927 (in *Balkanski istoricheski pregled*).

TRADUCTION DU TEXTE DE
LA CHRONIQUE DE ZACHARIAS DE ZOGRAPHOU

L'histoire qui va suivre m'a été rapportée en confession, à moi, Zacharias le Pécheur, par mon frère en Jésus-Christ, Stefan le Voyageur, de Tsarigrad. Ses pas l'avaient guidé vers notre monastère de Zographou en l'an 6987 [1479]. C'est ici qu'il nous rapporta les événements étranges et prodigieux qu'il avait vus de ses yeux. Stefan le Voyageur était dans la cinquante-troisième année de son âge quand il arriva parmi nous, un homme sage et pieux qui avait parcouru maints pays. Louée soit la Sainte Mère de Dieu qui l'a guidé sain et sauf jusqu'à nous !

Stefan de Snagov avait traversé la Bulgarie avec un groupe de moines de Valachie, endurant bien des souffrances aux mains des Infidèles et voyant deux de ses compagnons martyrisés par les Ottomans dans la ville de Haskovo. Lui et ses frères parcouraient ces terres hostiles en transportant avec eux quelques reliques dotées d'un pouvoir merveilleux. Armés de ces seules reliques, les saints hommes se risquèrent à pénétrer au fin fond du pays bulgare et, partout, le bruit de leur présence les devançait, de sorte que les chrétiens, hommes et femmes, se pressaient le long de leur chemin pour voir passer leur cortège, s'incliner devant eux et toucher leur chariot des mains ou même des lèvres…

Voici que ces reliques sacrées furent conduites jusqu'au monastère dit de Sveti Georgi, où elles furent enchâssées. À compter de ce jour, l'humble monastère silencieux et replié sur lui-même vit venir à lui nombre de pèlerins partis des monastères de Rila et de Bachkovo, ou encore de l'Athos, la Montagne sainte. Mais ici, à Zographou, Stefan le Voyageur fut bien le premier pèlerin que nous connûmes qui avait été à Sveti Georgi.

Quand il eut passé quelques mois avec nous, d'aucuns s'étonnèrent qu'il n'aimât guère parler de Sveti Georgi, alors qu'il s'étendait volontiers sur les autres lieux saints qu'il avait visités. Ce mystérieux monastère mis à part, Stefan nous racontait si bien ses souvenirs que nous autres, qui n'avions jamais voyagé au loin, avions pourtant l'impression d'avoir vu de nos yeux toutes ces merveilles de l'Église du Christ et foulé le sol de tant de contrées de la vaste terre ! C'est ainsi que ce conteur né nous parla une fois d'une merveilleuse chapelle dressée sur un îlot du golfe de Kotor, sur la mer Adriatique – un îlot si minuscule que les vagues viennent lécher chacun des quatre murs de la chapelle. À deux jours de marche au sud, en suivant la côte, nous dit-il ce jour-là, se trouve l'île-monastère de Sveti Stefan, où il renonça à son vrai nom pour prendre celui de son saint patron. Stefan nous a confié ces choses, parmi tant d'autres souvenirs de ses voyages, comme les monstres effrayants qu'il avait vus dans la mer de Marbre.

Stefan nous parlait plus fréquemment des églises et des monastères de Constantinople, avant que les troupes des Infidèles ne les profanent. Il nous décrivit avec ferveur leurs icônes inestimables et miraculeuses, telles l'image de la Vierge dans la gigantesque Sainte-Sophie et l'icône voilée de la Mère de Dieu enchâssée dans l'église de Blachernae. Stefan le Voyageur avait vu le tombeau de saint Jean Chrysostome et des empereurs, de même que la tête décapitée du bienheureux saint Basile dans l'église du monastère de Panachrantos, entre autres vénérables reliques. Quelle chance pour lui (et pour nous, les heureux destinataires de ses récits !) d'avoir, jeune encore, quitté Constantinople pour voyager : ainsi, il était loin quand le démon Mehmed II construisit sa forteresse infernale pour prendre la ville et, peu après la destruction de ses remparts, massacra ou asservit ses nobles habitants. En apprenant la nouvelle, Stefan pleura le martyre de sa cité bien-aimée, comme l'ensemble de la chrétienté.

Et il apporta avec lui dans notre monastère de nombreux livres rares et merveilleux, qu'il avait rassemblés durant sa vie et où il trouvait une inspiration divine, car lui-même lisait couramment le grec et le latin, sans compter les langues slaves et probablement d'autres encore. Il nous fit don de ses livres, comme il nous avait légué les souvenirs de ses voyages, afin que la bibliothèque de notre monastère en tire une gloire éternelle (même si la plupart d'entre nous ne connaissaient qu'une seule langue et que certains ne sachent pas lire du tout). Stefan nous donna tout cela, disant qu'il était arrivé au terme de son voyage terrestre et qu'il n'aspirait plus qu'à une chose : reposer à Zographou, comme ses livres.

Nous ne fûmes que deux, un des frères et moi, à remarquer que Stefan évitait de parler de son séjour en Valachie (si ce n'est pour dire qu'il y avait été novice), et qu'il garda le silence sur le monastère bulgare dit de Sveti Georgi jusqu'à la fin de sa vie, laquelle ne tarda malheureusement guère. Car, en arrivant chez nous, il était déjà malade et souffrait beaucoup de fièvres dans ses membres ; un an ne s'était pas écoulé qu'il nous confia qu'il espérait comparaître bientôt devant le trône de Notre Sauveur, pourvu que ses péchés soient effacés par Celui qui pardonne à tous les vrais pénitents.

Quand il sentit venir la mort sur son lit de douleur, Stefan demanda que notre abbé l'entende en confession, parce qu'il avait été témoin de choses abominables qu'il avait peur d'emporter avec lui dans la tombe. Or il se trouva que l'abbé fut tellement épouvanté par sa confession qu'il me demanda de le confesser à mon tour en consignant chacune de ses paroles parce que, dit-il, il voulait envoyer une lettre à ce sujet à Constantinople. C'est donc ce que je fis. Assis au chevet du mourant, je l'écoutai jusqu'au bout, le cœur empli d'une noire terreur, en transcrivant fidèlement son récit au fur et à mesure et sans erreur. Stefan trouva la force de me répéter son histoire, après quoi il reçut la sainte communion et s'éteignit dans son sommeil. Nous l'enterrâmes dans notre monastère.

HISTOIRE DE STEFAN LE VOYAGEUR
fidèlement retranscrite par Zacharias le Pécheur

Moi, Stefan, après la chute de Constantinople la Sainte, la bien-aimée Cité de ma naissance, et après des années de voyages, je suis allé chercher le repos vers le nord du grand fleuve qui sépare les Bulgares de la terre des Daces. J'ai traversé des plaines et des montagnes, et fini par trouver le chemin du monastère qui se dresse sur l'île du lac Snagov, le lieu saint le plus admirablement reculé et protégé qui fût.

Là, le bon abbé m'a souhaité la bienvenue, accueilli, et j'ai pris place à la table des moines, de saints hommes aussi humbles et tournés vers la prière que ceux qu'il m'avait été donné de rencontrer au fil de mes voyages. Ils m'ont appelé leur frère, ils ont librement partagé avec moi la nourriture et la boisson de leur repas, et je me suis senti plus en paix au milieu de leur silence dévot que je ne l'avais été depuis tant de mois. Comme le travail ne me faisait pas peur et que je suivais docilement chaque directive de l'abbé, j'ai bientôt reçu la permission de rester parmi eux. Leur église n'était pas grande par la taille, mais d'une beauté sans pareille, et lorsqu'on sonnait les cloches de bronze, l'appel sacré semblait monter au ciel en résonnant sur les eaux.

L'église et le monastère avaient été richement dotés et fortifiés par le prince Vlad III Drakula, fils de Vlad Dracul, qui avait été à deux reprises chassé de son trône par le sultan et d'autres ennemis. Il était aussi resté une fois longtemps captif de Mathias Corvin, roi des Magyars. Le prince Drakula était très brave et, au combat, il reprenait hardiment aux Infidèles maintes terres qu'ils lui avaient volées ou en conquérait de nouvelles. Notre monastère héritait de butins pris à l'ennemi, en échange de quoi le prince attendait constamment de nous que nous priions pour lui et sa famille afin que Dieu les ait en Sa sainte sauvegarde, ce que nous faisions. Certains des moines mes frères chuchotaient qu'il espérait ainsi racheter son atroce cruauté, et aussi qu'il s'était converti à la foi latine au temps où il était prisonnier du roi des Magyars… Mais l'abbé ne tolérait aucune critique contre lui, de quelque personne qu'elle vienne, lui qui avait plus d'une fois par le passé caché le prince et ses hommes dans le sanctuaire de l'église quand d'autres nobles le cherchaient pour le tuer.

Dans la dernière année de sa vie, Drakula vint dans notre monastère, comme il avait eu coutume de le faire plus souvent dans des temps plus anciens. Je ne le vis pas alors, parce que l'abbé m'avait envoyé en mission en compagnie d'un autre moine dans une église avec laquelle il avait quelque affaire en cours. C'est à mon retour que j'appris que le seigneur Drakula s'était rendu sur l'île-monastère et qu'il y avait apporté de nouveaux trésors. Un frère, qui était chargé du commerce de nos approvisionnements avec les paysans de la région et qui avait entendu moult histoires qu'on se répétait dans les campagnes, chuchota que Drakula était bien capable de présenter comme trésor un sac d'oreilles et de nez coupés.

Mais quand l'abbé eut vent de ce racontar, il infligea à son auteur une punition exemplaire. Toujours est-il que moi, Stefan, je n'ai jamais vu Vlad Drakula de son vivant… mais *je l'ai vu dans la mort* – comme je le dirai bien assez tôt.

Peut-être quatre mois plus tard, nous ouïmes dire qu'il avait été encerclé dans une bataille, capturé et tué par des traîtres de ses propres troupes, non sans avoir vendu chèrement sa vie en massacrant d'abord plus de quarante de ses ennemis avec sa grande épée. Une fois mort, les soldats du sultan lui tranchèrent la tête et l'emportèrent avec eux pour l'exhiber en trophée devant leur maître.

Tout cela nous fut rapporté par les partisans du prince Drakula. Car bien que beaucoup d'entre eux se soient cachés au loin après sa fin sanglante, un groupe de fidèles entre les fidèles apporta ces nouvelles en même temps que son corps au monastère de Snagov, après quoi ils fuirent à leur tour. Notre abbé pleura quand il vit le cadavre débarquer du bateau et il pria à haute voix pour le repos de l'âme du seigneur Drakula, implorant aussi la protection de Dieu pour la Croix de notre église, menacée de très près maintenant par le Croissant des Infidèles. Il ordonna que le corps du prince soit étendu au pied de l'autel dans l'état où il était. Ce cadavre sans tête, vêtu de rouge et de pourpre, gisant dans un cercle de cierges aux flammes vacillantes, restera à jamais l'une des pires visions de ma vie.

Nous nous étions réunis dans l'église pour pratiquer la veillée funèbre, pendant trois jours et trois nuits. Je restai assis toute la première veillée et, si l'on fait abstraction du spectacle de ce cadavre mutilé, tout était paisible dans le sanctuaire. Il en fut de même pendant la deuxième nuit, dirent les frères à qui incombait cette veillée. Et ce fut la troisième nuit. Alors que certains d'entre nous somnolaient, fatigués, quelque chose se produisit qui frappa de terreur le cœur des autres, ceux qui, comme moi, avaient les yeux bien ouverts.

Sur ce qui se passa exactement cette nuit-là, personne ne devait plus tard s'accorder, chacun ayant perçu quelque chose de différent. Un moine certifia avoir vu une bête jaillir de l'ombre des stalles et bondir sur le cercueil, mais il fut incapable de dire à quoi ressemblait cet animal. D'autres affirmèrent avoir senti une rafale de vent ou vu un épais brouillard entrer dans l'église, soufflant au passage plusieurs des cierges, et ils jurèrent par tous les saints et les anges, et par les archanges Michel et Gabriel, que dans la pénombre le corps sans tête du prince avait bougé et tenté de se lever de son cercueil. Le silence du sanctuaire fut déchiré par les cris perçants des frères qui unirent leurs voix dans la terreur, réveillant en sursaut la communauté tout entière. Frappés d'épouvante, ils sortirent de l'église en courant et racontèrent en bafouillant d'effroi des versions très différentes de ce qu'ils venaient de voir.

Alors l'abbé s'avança et je vis à la lueur tremblante de sa torche qu'il était blanc comme un linge. Il écouta nos témoignages avec une attention horrifiée, les recoupant et les confrontant encore et encore. Puis, marchant en tête, il nous obligea à rentrer dans l'église, à rallumer les cierges et, là, nous vîmes le corps sans tête gisant, inerte, dans son cercueil, comme avant. L'abbé nous fit fouiller chaque recoin de l'église, chaque trou d'ombre, mais nous ne trouvâmes nulle part trace d'aucun animal ni de quelque démon que ce soit. Alors seulement, il nous permit de regagner nos cellules et d'essayer de trouver le repos avant l'aube. Quand vint l'heure des matines, nous nous réunîmes devant l'autel, à deux pas du cercueil, et le premier office divin se déroula normalement ; tout était aussi calme que d'habitude.

Mais dans la soirée qui suivit, l'abbé rassembla autour de lui un groupe de huit moines, et j'eus l'honneur d'en faire partie. Il nous révéla que nous ferions seulement semblant d'enterrer le corps du prince dans l'église, et qu'il fallait le transporter sans perdre de temps loin d'ici, dans un endroit secret. Il ne révélerait notre destination qu'à un seul d'entre nous, afin que les autres soient protégés aussi longtemps que possible par leur ignorance. Il choisit donc un frère qui était avec lui dans notre monastère depuis de nombreuses années, et nous dit [à nous, les sept autres] seulement de le suivre avec obéissance et de ne poser aucune question.

C'est ainsi que, moi qui n'aurais jamais pensé reprendre mon bâton de pèlerin, je repartis en voyage une fois encore. Je parcourus une longue distance, entrant avec mes compagnons dans ma ville natale, laquelle était devenue la capitale de l'empire des Infidèles. Elle avait énormément changé. La grande église Sainte-Sophie avait été convertie en mosquée et l'entrée nous en était interdite. Beaucoup d'églises avaient été détruites ou on les avait laissé tomber en ruine, tandis que d'autres étaient aussi transformées en lieux de culte pour les Turcs, même le monastère de Panachrantos.

C'est là que je sus que nous cherchions un trésor qui pourrait hâter le salut de l'âme du prince défunt. J'appris aussi que deux saints moines, n'écoutant que leur courage, avaient déjà risqué leur vie pour s'emparer de ce trésor dans l'église Saint-Sauveur et l'emporter secrètement hors de la ville. Mais les janissaires du sultan devenaient de plus en plus soupçonneux… Nous étions en grand danger et forcés pourtant de poursuivre notre quête. Cette fois, notre mission nous conduisit dans le vieux royaume de Bulgarie.

Comme nous traversions le pays, il nous sembla que le bruit de notre venue s'était déjà répandu dans le peuple, car les Bulgares étaient nombreux à se masser le long des routes pour nous voir passer, s'inclinant silencieusement devant notre cortège, certains nous suivant même sur des kilomètres, touchant notre chariot de leurs mains ou l'effleurant de leurs lèvres. C'est au cours de ce voyage qu'il nous arriva une chose terrible. Tandis que nous traversions la ville de Haskovo, certains des gardes de la cité nous arrêtèrent de force et nous traitèrent durement. Ils fouillèrent notre chariot, jurant qu'ils trouveraient bien ce que nous transportions, et découvrirent deux paquets, qu'ils saisirent triomphalement et ouvrirent. Mais quand il s'avéra qu'ils ne contenaient que de la nourriture, les Infidèles les jetèrent par terre avec colère, et arrêtèrent deux des nôtres, qu'ils passèrent à la question. Ces bons moines eurent beau protester de leur innocence et répéter qu'ils ne savaient rien, cela ne fit que déchaîner la colère de leurs bourreaux, qui leur coupèrent les mains et les pieds, et versèrent du sel sur leurs blessures alors qu'ils vivaient encore.

Pour nous autres – les six qui restaient –, ils nous laissèrent la vie mais nous chassèrent à coups de fouet et en nous accablant de malédictions. Un peu plus tard, nous parvînmes à récupérer les corps et les membres épars de nos chers amis, et nous leur donnâmes une sépulture chrétienne dans le monastère de Bachkovo. Ses moines nous promirent de consacrer beaucoup de jours et de nuits à prier pour les âmes pieuses de nos compagnons.

Après cet événement qui nous avait emplis d'affliction et de terreur, nous reprîmes notre route, voyageant – pas très loin et sans incident – jusqu'au monastère de Sveti Georgi. Nous y fûmes accueillis par des moines chargés d'ans et guère plus nombreux qu'une poignée qui nous confirmèrent que le trésor que nous cherchions leur avait été apporté, en effet, par deux pèlerins quelques mois auparavant, et que tout était bien. Notre retour en Dacie s'avérant trop risqué pour être envisageable dans l'immédiat, nous restâmes à Sveti Georgi. Les reliques que nous avions transportées ici furent secrètement enchâssées dans le monastère où leur renommée dans la chrétienté attira maints pèlerins, sans qu'ils rompent eux non plus le silence.

Pendant un certain temps, mes cinq compagnons et moi vécûmes en paix dans ce lieu saint et Sveti Georgi bénéficia grandement de notre travail. Bientôt, cependant, une peste se répandit dans les villages alentour. Au moins au début, elle épargna notre monastère, mais, quand il fut touché à son tour, je découvris [que ce n'était pas une peste comme les autres, mais en réalité…]

[*Ici s'achève le manuscrit, la suite du texte ayant été mutilée*]

60.

« Lorsque Stoichev se tut, Helen et moi fûmes incapables de parler pendant une bonne minute. Stoichev luimême secoua la tête et passa la main sur son visage, comme pour se tirer d'un rêve.

Finalement, Helen rompit le silence.

— C'est le même voyage – il doit s'agir du même voyage !

Stoichev se tourna vers elle.

— C'est aussi mon avis. Et nul doute que les moines de frère Kiril transportaient la dépouille de Vlad Tepeş.

— Et cela veut dire que, à l'exception des deux malheureux suppliciés par les Ottomans, ils atteignirent sains et saufs un monastère bulgare appelé Sveti Georgi – où se trouve-t-il ?

C'était « la » question, celle que j'aurais posée en priorité si Helen ne m'avait devancé, celle qui primait sur tout le reste, malgré les mystères qui se pressaient autour de moi.

Stoichev appuya son front dans sa main.

— Si seulement je le savais ! murmura-t-il. Il ne reste trace d'aucun monastère appelé Sveti Georgi dans la région de Bachkovo, et aucune preuve qu'il y en ait jamais eu un. Sveti Georgi est l'un de ces monastères médiévaux de Bulgarie dont nous savons qu'ils ont existé, mais qui ont disparu pendant les premières années du joug ottoman. Il fut probablement incendié, puis rasé, et ses pierres éparpillées ou récupérées pour construire d'autres édifices.

Il nous regarda avec tristesse.

— Si les Ottomans avaient, comme nous pouvons le penser tous les trois, une raison de haïr ou de craindre ce monastère, il est probable qu'ils aient mis un soin particulier à l'effacer de la surface de la terre. Et ils n'ont certainement pas permis qu'il soit reconstruit, comme ce fut le cas pour le monastère de Rila. À une époque, j'ai moi-même tenté de localiser Sveti Georgi…

Il resta silencieux pendant un instant.

— Après la mort de mon ami Angelov, j'ai essayé de continuer sa recherche. Je me suis rendu au *Bachkovski manastir*, j'ai parlé avec les moines, interrogé de nombreux habitants de la région, en pure perte. Aucun vivant n'avait jamais entendu parler d'un monastère jadis appelé Sveti Georgi. Et il ne figurait nulle part sur les anciennes cartes que j'ai examinées. Je me suis demandé si Stefan n'avait pas donné un faux nom à Zacharias. Je pensais qu'il devait au moins y avoir une légende à son sujet dans la région, si les restes d'un personnage aussi illustre et controversé que Vlad Drakula avait été inhumés ici. Juste avant la guerre, j'avais décidé de me rendre à Snagov afin de récolter des informations…

— Si vous aviez mis votre projet à exécution, vous auriez peut-être rencontré Rossi, ou tout au moins cet archéologue, Georgescu ! m'exclamai-je.

— Peut-être.

Il me sourit de façon étrange.

— Si Rossi et moi nous nous étions rencontrés là-bas, peut-être alors aurions nous joint nos connaissances avant qu'il ne soit trop tard.

Je me demandai s'il voulait dire par là : avant la révolution en Bulgarie, avant qu'il ne soit exilé ici. J'hésitais à lui poser la question, mais il prit les devants.

— Voyez-vous, j'ai arrêté mes recherches assez brutalement. Le jour où je suis revenu de la région de Bachkovo, l'esprit fourmillant de projets pour me rendre en Roumanie, je suis rentré chez moi et j'ai découvert un spectacle affreux.

Il s'arrêta de nouveau et ferma les yeux.

— J'évite de penser à cette scène. À l'époque, je vivais à Sofia dans un petit appartement près de *Rimskaya stena* – le mur romain, un site très ancien, chargé d'histoire, que j'aimais énormément. Ce jour-là, donc, j'étais sorti faire des courses et j'avais laissé tous mes papiers et mes livres sur Bachkovo et d'autres monastères ouverts sur mon bureau. À mon retour, je constatai que mes affaires étaient sens dessus dessous. On avait enlevé des livres des étagères, fouillé mon placard… Et sur ma table de travail, barbouillant tous mes papiers, il y avait une traînée sanglante. Vous savez comment de l'encre peut… maculer… une page…

Il s'interrompit, et son regard nous transperça.

— Au milieu de mon bureau était posé un livre que je n'avais jamais vu…

Il se leva brusquement et passa dans la pièce voisine d'un pas traînant. Nous l'entendîmes aller et venir, déplacer des livres. J'aurais dû me lever pour l'aider, mais je restai pétrifié sur ma chaise, les yeux rivés sur Helen. Elle semblait changée en statue, elle aussi.

Au bout d'un moment, Stoichev réapparut, portant un grand livre dans les bras. La reliure était en cuir usé. Il le posa sur la table, devant nous, et nous regardâmes tandis qu'il l'ouvrait d'un mouvement réticent et nous montrait, sans un mot, les pages entièrement blanches, puis l'image centrale.

Le dragon paraissait plus petit que d'habitude, à cause de la largeur des pages qui laissaient beaucoup d'espace vide autour du dessin, mais c'était à l'évidence la même gravure sur bois, jusqu'à la petite tache d'encre que j'avais remarquée sur l'exemplaire de Hugh James. Il y avait une autre tache dans la marge jaunissante tout à côté des griffes du dragon.

Stoichev la pointa du doigt, mais il semblait submergé par une émotion si violente – dégoût ? peur ? – qu'il oublia une seconde de s'adresser à nous en anglais.

— *Kr'v*, dit-il. Du sang.

Je me penchai plus près. La trace brune était visiblement une empreinte de doigt.

— Oh mon Dieu !

Je me remémorai mon pauvre chat, et Hedges, l'ami de Rossi.

— Y avait-il quelqu'un ou quelque chose d'autre dans la pièce ? Qu'avez-vous fait en découvrant ceci ?

— Il n'y avait personne dans l'appartement, répondit-il à voix basse. J'avais fermé la porte à clé en partant et elle l'était toujours quand je rentrai. J'appelai la police, ils regardèrent partout, et finalement ils... Comment dites-vous ? Ils analysèrent un échantillon du sang et procédèrent à quelques comparaisons. Ils découvrirent très aisément à qui il appartenait.

Helen se pencha vers lui.

— À qui ?

Stoichev baissa encore la voix, de sorte que je dus me pencher à mon tour pour entendre sa réponse. Des gouttes de sueur étaient apparues sur son visage ridé.

— À moi, répondit-il. Le sang était le mien.

— Mais...

— Non, bien sûr que non. Je n'étais pas dans l'appartement. Mais la police pensa que j'avais organisé moi-même cette mise en scène. La seule chose qui ne cadrait pas, c'était l'empreinte de doigt. Ils dirent qu'ils n'avaient jamais vu une empreinte humaine comme celle-là – quasiment dépourvue de sillons. Ils me rendirent le livre, mes papiers et m'infligèrent une amende pour outrage à magistrat. J'ai bien failli en perdre mon poste de professeur.

— Et vous avez abandonné vos recherches ? devinai-je.

Stoichev leva ses maigres épaules en signe d'impuissance.

— C'est l'unique étude que je n'aie pas menée jusqu'au bout. J'aurais peut-être pris la décision de poursuivre malgré tout, s'il n'y avait pas eu ceci…

Il tourna lentement les pages du livre jusqu'au deuxième feuillet.

— Ceci, répéta-t-il.

Nous vîmes alors qu'un mot de huit lettres était écrit dans une calligraphie ancienne avec une encre vieillie et pâlie sur le papier vierge. Je connaissais à présent juste assez du fameux alphabet cyrillique pour débrouiller le puzzle, même si l'initiale majuscule me laissa perplexe pendant une seconde.

Helen lut le mot d'une voix étranglée :

— *Stoichev*. Vous avez trouvé votre propre nom à l'intérieur. Quelle horreur !

— Oui, mon propre nom, tracé d'une écriture et d'une encre indiscutablement médiévales… J'ai toujours regretté ma lâcheté dans cette affaire, mais j'ai eu peur. Je craignais qu'il m'arrive quelque chose – comme ce qui est arrivé à votre père, mademoiselle.

— Vous aviez toutes les raisons du monde d'avoir peur, affirmai-je au vieil historien. Mais nous voulons croire qu'il n'est pas trop tard pour le professeur Rossi.

Il se redressa sur sa chaise.

— Oui. À condition de réussir à localiser Sveti Georgi. Pour commencer, comme je vous l'ai dit, nous devons nous rendre à Rila et examiner les autres lettres de frère Kiril. Cela peut paraître insensé, mais je n'avais jamais fait le lien avec la Chronique de Zacharias. Je n'en ai pas de copies ici, et les autorités à Rila n'ont pas donné l'autorisation de les publier, bien que plusieurs historiens – dont moi-même – en aient demandé la permission. Et il y a quelqu'un à Rila avec qui je souhaiterais que vous ayez un entretien. Il se peut que cela ne débouche sur rien, néanmoins...

Stoichev parut sur le point d'ajouter quelque chose, mais au même instant un bruit de pas retentit bruyamment dans l'escalier. Il essaya de se lever, puis me lança un regard suppliant. Je m'emparai aussitôt du Livre au dragon et me précipitai dans la pièce attenante où je le cachai du mieux que je pus derrière une boîte. Je rejoignis Stoichev et Helen au moment précis où Ranov ouvrait la porte.

— Tiens, tiens, tiens, ricana-t-il. Un colloque privé d'historiens. Vous manquez votre propre fête, professeur.

Il inspecta sans la moindre gêne les livres et les papiers éparpillés sur la table, puis s'empara du vieux journal dans lequel Stoichev nous avait lu des passages de la Chronique de Zacharias.

— Voilà donc l'objet de cette réunion secrète ?

Il nous sourit presque.

— Peut-être devrais-je le lire, moi aussi, afin de m'instruire. Il y a encore tant de choses que j'ignore sur la Bulgarie médiévale. D'autant que votre très accaparante nièce ne s'intéresse pas à moi autant que je l'espérais... J'ai eu beau lui faire des avances on ne peut plus éloquentes dans un coin discret de votre beau jardin, elle se montre fort peu coopérative.

Stoichev rougit de colère et semblait sur le point de répliquer vertement quand, à ma vive surprise, Helen le sauva.

— Tenez vos sales pattes de bureaucrate à distance de cette jeune fille, siffla-t-elle en fixant Ranov droit dans les yeux. On vous paie pour empoisonner notre existence à nous, pas la sienne.

Je posai la main sur son bras, espérant qu'elle n'allait pas déclencher un accès de rage chez cet homme ; la dernière chose dont nous avions besoin, c'était bien d'un désastre politique. Mais ils se contentèrent tous les deux de se mesurer longuement du regard, avant de se détourner l'un de l'autre.

Stoichev avait mis à profit ces quelques instants pour se ressaisir.

— Il serait très utile, dans le cadre de leurs recherches, que vous emmeniez nos hôtes jusqu'à Rila, déclara-t-il calmement à Ranov. J'aimerais beaucoup les accompagner, si c'est possible, et ce serait un honneur pour moi de leur faire visiter moi-même la bibliothèque du monastère.

— Rila ?

Ranov soupesa le journal dans sa main.

— Très bien. Ce sera donc notre prochaine excursion. Nous nous rendrons sur place, disons… après-demain. Je vous enverrai un message, professeur, afin de vous informer de l'heure à laquelle vous pourrez nous rejoindre.

— Pourquoi pas demain ? demandai-je d'un ton qui se voulait nonchalant.

— Vous êtes bien pressé, on dirait ?

Ranov haussa les sourcils.

— Il faut du temps pour accéder à une requête aussi… inattendue.

Stoichev hocha la tête.

— Nous attendrons patiemment, et les professeurs pourront en profiter pour visiter Sofia. Maintenant, mes amis, j'ai pris un grand plaisir à converser avec vous, mais saints Kiril et Methodii ne nous tiendront sûrement pas rigueur si nous mangeons, buvons et prenons un peu de bon temps, comme on dit. Mademoiselle Rossi, puis-je solliciter votre soutien ?

Il tendit sa frêle main à Helen, qui l'aida à se lever.

— Donnez-moi le bras et nous irons célébrer comme il se doit ce jour à la gloire des lettres, dans tous les sens du terme.

Les invités avaient déjà commencé à se rassembler sous la tonnelle, et nous comprîmes très vite pourquoi : trois des plus jeunes invités avaient sorti des instruments de musique de leurs sacs et s'installaient près des tables. Un garçon dégingandé avec une tignasse brune vérifiait les clés d'un accordéon noir et argent. Un autre brandissait une clarinette. Il joua quelques notes pendant que le troisième apportait un grand tambour et une longue baguette de timbalier. Ils prirent place sur trois chaises disposées côte à côte, testèrent brièvement leurs instruments, ajustèrent leur siège. Le clarinettiste ôta sa veste.

Ils échangèrent un regard et se mirent à jouer, égrenant dans l'air la musique la plus endiablée que j'aie jamais entendue. Depuis sa place d'honneur, Stoichev arborait un large sourire, et Helen, assise à côté de moi, me pressa le bras. Les notes s'élançaient dans l'air comme un cyclone, puis tourbillonnaient sur elles-mêmes à un tempo qui ne m'était pas familier mais qui devint irrésistible à l'instant où la plante de mes pieds l'assimila. Le soufflet de l'accordéon ne cessait de s'étirer et se replier, et des notes jaillissaient comme un torrent sous les doigts du joueur. J'étais étonné par la virtuosité et l'énergie qu'ils déployaient tous les trois. Leur prestation soulevait des cris d'enthousiasme et des encouragements dans le public.

Au bout de quelques minutes, plusieurs hommes dans l'assistance se levèrent d'un bond, s'agrippèrent mutuellement par leur ceinture, au niveau des hanches, et se mirent à danser au rythme de cette musique endiablée. Leurs chaussures lustrées marquaient la mesure, martelant l'herbe sous leurs pieds. Ils furent bientôt rejoints par des femmes en robes sombres, le visage rayonnant.

Le meneur avait sorti un mouchoir blanc de sa poche de pantalon et le brandissait au-dessus de sa tête pour donner l'exemple, le faisant tournoyer encore et encore. Les yeux d'Helen brillaient et elle frappait la table de ses mains, comme si elle ne parvenait pas à s'en empêcher. Les musiciens jouaient de plus belle tandis que l'assistance criait pour les encourager et leur portait des toasts, et que les danseurs ne donnaient aucun signe de vouloir s'arrêter. Finalement, la musique cessa, et la rangée de danseurs se désagrégea en riant aux éclats, tous les visages mouillés de sueur. Les hommes se servirent à boire, et les femmes cherchèrent un mouchoir dans leur sac pour s'éponger le front tout en pouffant entre elles.

L'accordéoniste recommença alors à jouer, mais cette fois une musique très différente, une longue succession de notes tristes et douloureuses. Il renversa sa tête hirsute en arrière et se mit à chanter d'une voix de baryton un air poignant, qui était pour moitié une chanson et pour moitié une longue plainte, une mélodie si émouvante que mon cœur se serra, contracté par un sentiment de perte, auquel s'associait le deuil des êtres chers que j'avais perdus dans ma vie.

— Que chante-t-il ? demandai-je à Stoichev pour dissimuler mon émotion.

— C'est un chant très ancien, m'expliqua-t-il. Il a au moins trois ou quatre cents ans. Il raconte l'histoire d'une jeune femme bulgare très belle pourchassée par les envahisseurs turcs. Ils veulent qu'elle fasse partie du harem du pacha local, mais elle refuse. Elle s'élance en courant dans la montagne, près de son village, et ils la poursuivent à cheval. Au sommet de la montagne, il y a un précipice. Elle crie qu'elle préfère mourir que de devenir le jouet d'un Infidèle, et elle se jette dans le vide. Plus tard, une source jaillit au pied de la montagne, et donna l'eau la plus pure et la plus douce de toute la vallée.

Helen hocha la tête.

— Nous avons des chansons sur le même thème en Roumanie.

— Elles ont fleuri partout où les peuples des Balkans ont subi le joug ottoman, je pense, commenta gravement

Stoichev. Le folklore bulgare connaît des centaines de chansons similaires, avec des thèmes variés – toutes sont un cri de révolte contre l'asservissement de notre peuple.

L'accordéoniste dut estimer qu'il nous avait suffisamment brisé le cœur, car, à la fin de la chanson, il nous décocha un sourire malicieux et joua de nouveau une danse entraînante.

Cette fois, la plupart des invités se levèrent pour participer à la farandole, qui serpenta tout autour de la terrasse. L'un des hommes nous invita à se joindre à eux, et Helen obtempéra en un clin d'œil pendant que je restai fermement campé sur ma chaise, à côté de Stoichev. Je ne me lassais pas de la regarder, cependant. Elle assimila les pas au terme d'une brève démonstration. Une sorte de don inné pour la danse devait courir dans ses veines, car elle avait une grâce naturelle tandis que ses pieds suivaient avec aisance le tempo rapide. Comme je suivai des yeux sa silhouette souple et agile dans son chemisier pâle et sa jupe noire, son visage rayonnant autour duquel moussaient ses cheveux noirs et bouclés, je me surpris presque à prier pour qu'il ne lui soit jamais fait aucun mal. »

61.

« Si, au premier regard, la maison de Stoichev m'avait subitement redonné espoir, la première vision que j'eus du monastère de Rila me remplit d'effroi. Il reposait au fond d'une vallée profonde et spectaculaire – de là où je me tenais, on aurait dit qu'il la remplissait presque tout entière. Au-dessus de ses murs et de ses dômes se dressaient les pentes abruptes et recouvertes de grands épicéas des monts Rila.

Ranov avait garé la voiture à l'ombre, devant l'accès principal, et nous nous dirigeâmes vers l'entrée en même temps que les groupes de touristes. C'était une journée chaude, sans un souffle d'air. L'été des Balkans semblait peser sur la vallée, et le sol aride formait des nuages de poussière qui tourbillonnaient autour de nos chevilles. L'énorme portail en bois était ouvert, et un spectacle que je n'oublierai jamais nous attendait de l'autre côté.

Tout autour de nous s'étiraient les murs d'enceinte du vieux monastère-forteresse, avec leur alternance de pierres noires et blanches le long desquelles couraient des galeries en bois. Une église aux proportions parfaites occupait un tiers de l'immense cour intérieure, son porche abondamment orné de fresques, et ses dômes dorés étincelant sous le soleil de la mi-journée.

Tout à côté, s'élevait une puissante tour carrée bâtie en pierre grise, visiblement beaucoup plus ancienne que les autres constructions. Stoichev nous expliqua qu'il s'agissait de la tour de Hrelyo, édifiée au Moyen Age par un noble qui souhaitait s'y retrancher à l'abri de ses ennemis. C'était tout ce qu'il subsistait du premier monastère érigé sur ce site et brûlé par les Turcs. Celui que nous visitions avait été rebâti sous sa forme actuelle des siècles plus tard, en 1836.

Nous étions toujours au milieu de la cour quand les cloches de l'église se mirent brusquement à sonner, semant l'effroi chez une volée d'oiseaux. Ils s'élancèrent à tire-d'aile vers le ciel et, comme je les suivais du regard, je fus de nouveau saisi par la hauteur impressionnante des montagnes qui nous encerclaient. Il fallait certainement une journée de marche – au moins – pour parvenir au sommet. Je retins mon souffle : Rossi était-il là, prisonnier quelque part dans ce site sans âge ?

Toute droite à mes côtés, un petit foulard noué dans ses cheveux, Helen glissa son bras sous le mien et je me remémorai notre visite de Sainte-Sophie à Istanbul (cela me semblait si loin déjà, alors qu'il ne s'était écoulé que quelques jours), quand elle avait serré si fort ma main dans la sienne. Les Ottomans avaient conquis cette terre bien avant Constantinople ; aujourd'hui, Sainte-Sophie n'était plus qu'un musée au milieu des mosquées, mais cette vallée spectaculairement coupée du reste du monde restait un temple vivant dédié à la mémoire de la civilisation byzantine.

Stoichev, à côté de nous, était visiblement ravi de notre étonnement admiratif. Irina, coiffée d'un chapeau à large bord, le tenait fermement par le bras. Seul Ranov traînait dans son coin, contemplant ce décor sublime d'un air renfrogné, tournant la tête d'un air soupçonneux quand un petit groupe de moines encapuchonnés de noir passa près de nous pour se rendre à l'office religieux.

Helen et moi avions dû batailler ferme pour qu'il accepte de prendre Stoichev et Irina dans sa voiture. Passe encore que le vieux professeur se soit mis en tête de nous montrer Rila, mais Ranov ne voyait pas pourquoi il ne prenait pas le car « comme tous les camarades bulgares ». J'aurais pu lui faire remarquer qu'il n'empruntait pas beaucoup les transports en commun lui-même, mais je m'étais abstenu. Nous avions finalement eu gain de cause, ce qui n'avait pas empêché Ranov de ruminer pendant presque tout le trajet : Stoichev s'était honteusement servi de sa réputation pour encourager des superstitions et des idées antipatriotiques ; tout le monde savait qu'il avait refusé de renier son appartenance à l'Église orthodoxe ; il avait un fils qui étudiait en Allemagne de l'Est, presque aussi nuisible et pernicieux que lui... Qu'importe, nous avions gagné la bataille : Stoichev voyageait avec nous, et alors que nous nous arrêtions dans une *taverna* pour déjeuner, Irina nous chuchota des remerciements émus, expliquant qu'elle aurait tout fait pour empêcher son oncle de venir s'ils avaient dû prendre le car ; il n'aurait jamais pu supporter un trajet aussi pénible par cette chaleur étouffante.

— Voici l'aile dans laquelle les moines vivent aujourd'hui encore, déclara Stoichev. Et là-bas se trouve l'hôtellerie où nous logerons ce soir. Vous verrez combien les nuits sont paisibles ici, en dépit des hordes de touristes qui déferlent dans la journée. Ce monastère est l'un de nos plus purs trésors nationaux, et beaucoup de visiteurs viennent l'admirer, surtout l'été. Heureusement, la nuit, le calme revient. Venez, enchaîna-t-il. Nous avons rendez-vous avec l'abbé. Je lui ai téléphoné hier pour l'informer de notre arrivée, il nous attend.

Il nous précéda avec une vigueur inattendue, promenant autour de lui un regard transporté, comme si ce lieu le régénérait.

La salle d'audience de l'abbé se trouvait au premier étage de l'aile monastique. Un moine vêtu d'une robe noire et portant une longue barbe brune nous tint la porte ouverte. Stoichev ôta son chapeau et entra le premier. L'abbé se leva pour nous accueillir et salua Stoichev plus que cordialement, lui donnant sa bénédiction pendant que le vieux professeur s'inclinait pour lui embrasser la main.

L'abbé de Rila était un homme d'une soixantaine d'années peut-être, mince et très droit, avec une barbe striée de gris et des yeux bleus (je fus assez étonné de voir qu'il y avait des Bulgares aux yeux bleus) où se lisait toute la sérénité du monde. Il nous gratifia d'une poignée de main tout ce qu'il y avait de civil, y compris Ranov qui le toisait pourtant avec un dédain manifeste. Puis il nous fit signe de nous asseoir, et un moine apporta un plateau chargé de verres contenant – non pas de la *rakiya* (en ce lieu grand Dieu non !) – mais de l'eau fraîche, ainsi que de petits raviers remplis de cette pâte aromatisée à la rose que nous avions goûtée à Istanbul. Je remarquai que Ranov ne touchait pas son verre, comme s'il craignait qu'on veuille l'empoisonner.

L'abbé était visiblement enchanté de la visite de Stoichev, et j'imaginai que cette rencontre devait être un plaisir rare et réciproque. Il nous demanda par son entremise de quelle ville des États-Unis nous venions, si nous avions déjà visité d'autres monastères en Bulgarie, ce qu'il pouvait faire pour nous aider et de combien de temps nous disposions.

Stoichev joua obligeamment les interprètes : nous pouvions profiter de la bibliothèque autant que nous le souhaitions ; nous passerions la nuit dans l'hôtellerie ; si nous le désirions, nous pouvions assister aux offices. Bref, nous étions les bienvenus partout – sauf dans les quartiers des moines, précisa l'abbé en désignant Helen et Irina d'un petit signe du menton – et il était hors de question que les amis de son ami Stoichev paient leur hébergement.

Nous le remerciâmes chaleureusement, puis Stoichev se leva.

— Et maintenant, puisque nous avons son aimable permission, nous allons nous rendre dans la bibliothèque.

Il était déjà prêt à partir, embrassant la main de l'abbé, s'inclinant devant lui.

— Mon oncle est très excité, nous chuchota Irina. Il m'a dit que votre lettre était une grande découverte pour l'histoire de la Bulgarie.

Je me demandai si elle était au courant de la finalité de notre recherche, et si elle savait quelles ombres menaçantes se dressaient sur notre route, mais il me fut impossible de lire quoi que ce soit sur son visage souriant. Elle soutint son oncle jusqu'à la porte, et nous longeâmes les monumentales galeries qui faisaient tout le tour de la cour intérieure, Ranov fermant la marche, une cigarette au bout des doigts.

La bibliothèque se trouvait au premier étage, presque en face des appartements de l'abbé. Un moine portant une barbe noire nous accueillit devant l'entrée. C'était un homme de haute taille, au visage émacié, et il me sembla qu'il fixait intensément Stoichev avant de nous adresser un signe de tête.

— Voici frère Rumen, le bibliothécaire, nous annonça Stoichev. Il se tiendra à notre disposition pour nous apporter tous les ouvrages que nous pourrions être amenés à consulter.

Quelques livres et manuscrits étaient exposés dans des vitrines à l'attention des touristes ; j'aurais aimé pouvoir y jeter un coup d'œil, mais nous étions déjà entrés dans un passage qui s'ouvrait tout au fond de la pièce. Il faisait miraculeusement frais dans les profondeurs du monastère, et les quelques ampoules électriques ne parvenaient pas à dissiper la pénombre qui s'amoncelait dans les angles. Dans ce sanctuaire au cœur du sanctuaire, des armoires en bois et d'immenses étagères accueillaient une multitude de boîtes et de coffrets de livres. Dans un angle, une petite châsse abritait une icône de la Vierge à l'Enfant (un enfant figé et déjà très adulte pour son âge), flanquée de deux anges aux ailes rouges. Une lampe en or incrustée de pierres précieuses était suspendue devant eux. Les vieux murs étaient en stuc blanchi à la chaux et nous fûmes enveloppés par l'odeur, familière, du parchemin, du vélin et du velours qui se décomposent lentement. Je constatai avec soulagement que Ranov avait eu la décence d'écraser sa cigarette avant de nous suivre dans cette mine au trésor.

Stoichev frappa du pied le sol en pierre, comme pour invoquer des esprits.

— En ce lieu bat le cœur du peuple bulgare, déclara-t-il. C'est ici que pendant des siècles, les moines ont sauvegardé notre héritage, souvent en secret. Des générations de moines dévoués ont copié ces manuscrits, les cachant lorsque le monastère était assiégé par les Infidèles. C'est une infime partie de l'héritage de notre peuple – la plus grande part ayant été détruite, hélas. Mais nous sommes redevables, et éternellement reconnaissants, à ces humbles moines anonymes de posséder ces vestiges.

Il s'adressa au moine bibliothécaire, qui examina avec soin les étiquettes des boîtes sur les étagères. Au bout de quelques minutes, il tira à lui un coffret en bois et en retira plusieurs ouvrages. Celui du dessus était orné d'une image saisissante du Christ pancreator (du moins à ce que je supposais) – un globe dans une main, un sceptre dans l'autre, le visage voilé par cette tristesse si typiquement bulgare. À ma grande déception, les lettres de frère Kiril ne figuraient pas à l'intérieur de cette glorieuse reliure. Mais mon ardente patience allait être récompensée : elles se trouvaient juste en dessus, dans un livre beaucoup plus banal, dont la reliure avait l'aspect d'un vieil os. Le bibliothécaire le porta jusqu'à une table et Stoichev s'assit aussitôt devant, l'ouvrant avec une sorte de délectation. Le cœur battant, Helen et moi sortîmes nos cahiers de notes tandis que Ranov déambulait d'un air d'ennui profond au milieu des rayonnages de la bibliothèque, comme s'il était au-dessus de ses forces de se plonger dans une pareille lecture.

— Si mes souvenirs sont exacts, murmura Stoichev, deux lettres figurent dans cet ouvrage. Difficile de savoir s'il y en eut d'autres – je veux dire : si frère Kiril en écrivit d'autres dont il ne subsiste aucune trace.

Il pointa du doigt la première page. Elle était recouverte d'une écriture serrée, ronde et calligraphique, et le parchemin était extrêmement ancien, presque brun. Il posa une question au bibliothécaire, puis se tourna de nouveau vers nous.

— Oui, nous déclara-t-il d'un air satisfait. Ils ont transcrit le texte en bulgare, ainsi que d'autres documents rares de la même période.

Le bibliothécaire posa une chemise cartonnée devant lui, et Stoichev examina les pages dactylographiées pendant quelques instants, se reportant sans cesse à la lette manuscrite afin de vérifier la précision de la traduction.

— Ma foi, ils ont fait un excellent travail, conclut-il enfin. Je vais vous traduire le texte à mon tour, du mieux que je peux, pour vos notes.

Et il nous lut une version hésitante de ces deux lettres.

À Son Excellence, l'Abbé Eupraxius,

Il y a maintenant trois jours que nous progressons sur la grand-route qui relie Laota à Vin. Un soir, nous avons dormi dans l'étable d'un fermier, un autre, dans l'ancien ermitage de Saint-Mikhail, où il n'y a plus aucun moine, mais où nous avons trouvé refuge au sec dans une grotte. Hier, nous fûmes forcés pour la première fois de camper dans la forêt, étendant nos couvertures à même le sol, à l'intérieur d'un cercle formé par les chevaux et le chariot. Des loups sont venus si près que nous les entendions hurler, et les chevaux pris de terreur ont essayé de s'enfuir. Nous avons finalement réussi, à grand-peine, à les calmer. Je me félicite désormais de la présence des frères Ivan et Theodosius, taillés comme des colosses, que dans votre grande sagesse vous avez inclus dans notre groupe.

Ce soir, nous sommes hébergés chez un berger fortuné d'une grande piété. Il possède trois mille moutons dans la région, nous a-t-il dit, et nous avons été conviés à passer la nuit sur des matelas de paille, au chaud sous des peaux de moutons, bien que j'aie résolu pour ma part de dormir à même le sol, plus propice à nos dévotions. Nous sommes hors de la forêt, ici, parmi des collines qui ondulent de tout côté, où nous pouvons progresser avec la même constance sous la pluie ou le soleil. Notre hôte nous a dit avoir subi par deux fois des raids des Infidèles venus jusqu'ici en traversant le fleuve, qui n'est plus qu'à quelques jours de marche désormais, si frère Angelus parvient à suivre notre rythme. J'envisage de le laisser monter l'un des chevaux, bien que la charge sacrée qu'ils tirent soit déjà bien assez lourde pour eux. Par bonheur, nous n'avons vu aucune trace de soldats infidèles sur la route.

Votre plus humble serviteur en Jésus-Christ,

Fr. Kiril,
Avril de l'an 6985.

À Son Excellence, l'Abbé Eupraxius,

Nous avons quitté la ville depuis plusieurs semaines et progressons désormais ouvertement sur le territoire des Infidèles. Je n'ose écrire notre position exacte, pour le cas où nous serions capturés. Peut-être aurions-nous dû suivre la route maritime finalement, mais Dieu sera notre Protecteur tout au long de l'itinéraire que nous avons choisi.

Nous avons vu les restes calcinés de deux monastères et d'une église. Cette dernière fumait encore. Cinq moines ont été pendus ici pour avoir conspiré avec des rebelles, et leurs frères survivants ont déjà été dispersés dans d'autres monastères. Nous n'avons pas pu en apprendre davantage, car il nous est impossible de parler longtemps avec les gens que nous croisons. Il n'y a aucune raison de penser, néanmoins, que l'un de ces monastères détruits est celui que nous cherchons. Une fois sur place, le signe parlera de lui-même : le monstre est l'égal du saint. Si cette missive peut vous être envoyée, monseigneur, ce sera aussi rapidement que possible.

Votre humble serviteur en Jésus-Christ,

Fr. Kiril,
Juin de l'an 6985.

Lorsque Stoichev se tut, nous gardâmes tous le silence. Helen continuait à prendre des notes d'un air concentré, le visage penché sur son cahier ; Irina ne bougeait pas, les mains jointes sur la table ; adossé à une armoire de rangement, Ranov se grattait le cou sous le col de sa chemise ; quant à moi, j'avais renoncé à consigner par écrit les événements évoqués dans la lettre. Helen s'en chargeait, de toute façon, et ma déception était telle que j'avais du mal à respirer. Il n'était fait mention d'aucune destination particulière, d'aucune tombe, d'aucune scène d'inhumation. Rien qui puisse nous être utile pour localiser Sveti Georgi.

Mais Stoichev, lui, semblait loin d'être abattu.

— Intéressant, commenta-t-il, après de longues minutes. Très intéressant. Votre lettre d'Istanbul doit se situer entre ces deux lettres, chronologiquement. Dans la première et la deuxième, ils traversent la Valachie en direction du Danube – c'est clair d'après les noms de lieux. Ensuite vient votre lettre, que frère Kiril a écrite à Constantinople, peut-être parce qu'il espérait l'expédier de là-bas en même temps que les deux précédentes. Mais il lui a été impossible de les envoyer, ou il a eu peur, ça nous n'avons aucun moyen de le savoir. Et la dernière lettre est datée de juin. Les frères ont suivi un itinéraire terrestre, comme celui qu'évoque la chronique de Zacharias. En fait, il s'agit certainement de la même route, à partir de Constantinople, en passant par Edirne et Haskovo, parce que c'était la route principale depuis Tsarigrad pour entrer en Bulgarie.

Helen leva les yeux vers lui.

— Mais pouvons-nous affirmer que cette dernière lettre fait référence à la Bulgarie ?

— Non, nous n'en avons pas la preuve, admit Stoichev. Pour moi, cependant, c'est très probable. S'ils sont partis de Tsarigrad – Constantinople – pour se rendre dans un pays où l'on incendiait des monastères et des églises à la fin du quinzième siècle, il y a de fortes chances qu'il s'agisse de la Bulgarie. Sans compter que votre lettre d'Istanbul mentionne leur intention de se rendre en Bulgarie.

Je ne pus m'empêcher de donner libre cours à ma frustration.

— Mais il n'y a aucune information sur l'emplacement du monastère qu'ils cherchaient ! À supposer qu'il s'agisse bien de Sveti Georgi…

Ranov s'était finalement assis avec nous et regardait ses pouces ; je me demandai si je devais éviter de montrer trop d'intérêt pour Sveti Georgi devant lui, mais dans ces conditions, comment interroger Stoichev à ce sujet ?

— Non, et pour cause…

Stoichev hocha la tête.

— Frère Kiril n'allait certainement pas prendre le risque de mentionner le nom de leur destination, de même qu'il se garde bien d'écrire que le destinataire des lettres, « Son Excellence Eupraxius », est l'abbé de Snagov. Si lui et ses compagnons avaient été capturés et passés à la question, c'en était fini de leur mission et de Sveti Georgi.

— Il y a quelque chose d'intéressant à la fin...

Helen avait terminé de prendre des notes.

— C'est le passage où il parle du signe qui leur fera comprendre qu'il ont trouvé le bon monastère : *un monstre qui est l'égal d'un saint*. Qu'est-ce que cela signifie d'après vous ?

Je tournai les yeux vers Stoichev. Cette phrase m'avait frappé, moi aussi. Il exhala un soupir.

— Il pourrait s'agir d'une fresque ou d'une icône qui se trouvait à l'intérieur du monastère – à Sveti Georgi, si telle était bien leur destination encore une fois. Il est néanmoins difficile d'imaginer à quoi pouvait bien ressembler une telle image. Mais même si nous réussissions à retrouver Sveti Georgi, il y a peu de chance qu'un tel « signe » visible au quinzième siècle s'y trouve encore, d'autant que le monastère fut probablement incendié au moins une fois. J'ignore ce que voulait dire Kiril par cette phrase. Peut-être s'agit-il d'une référence théologique parfaitement claire pour l'abbé, mais qui nous échappe. À moins qu'il ne s'agisse d'un code secret entre eux. Quoi qu'il en soit, nous devons garder ces mots présents à l'esprit, puisque frère Kiril en parle comme de la clef de leur quête.

Je n'arrivais toujours pas à surmonter ma déception ; je me rendais compte, maintenant, que je m'étais attendu à ce que ces lettres nous livrent sinon la solution, du moins un éclairage nouveau sur les fameuses cartes que j'espérais encore utiliser.

— Il y a un autre point très étrange...

Stoichev se frotta pensivement le menton en me regardant.

— La lettre d'Istanbul dit que le trésor qu'ils cherchent – peut-être une sainte relique originaire de Tsarigrad – se trouve en Bulgarie, dans un monastère bien précis, et que c'est la raison pour laquelle ils doivent partir là-bas. S'il vous plaît, professeur, pourriez-vous avoir la bonté de me relire ce passage ?

J'avais déjà sorti de ma sacoche la traduction de la lettre d'Istanbul afin de l'avoir à portée de main pendant que nous étudiions les autres missives de frère Kiril.

— Voici. Il est écrit : « ...ce que nous cherchions avait déjà été transporté hors de la ville et emmené dans un sanctuaire situé sur les terres bulgares occupées par les Infidèles. »

— Oui, c'est bien ce passage-là, acquiesça Stoichev. La grande question, c'est...

Son index frappa la table, devant lui.

— Pourquoi aurait-on fait sortir en secret une sainte relique de Constantinople en 1477 ? La ville était tombée aux mains des Ottomans depuis 1453, et la plus grande partie de ses reliques avaient été détruites au cours de l'invasion. Pourquoi le monastère de Panachrantos envoya-t-il *vingt-quatre ans plus tard* en Bulgarie une relique qui avait survécu au siège et à l'occupation ? Et pourquoi des moines ont-ils pris le risque de venir jusqu'à Constantinople chercher justement cette relique ?

— Eh bien, lui rappelai-je, nous savons par la lettre que les janissaires étaient aussi à sa recherche, ce qui suppose qu'elle avait de la valeur également pour le sultan.

Stoichev réfléchit à la question.

— Exact. Mais les janissaires ne se lancèrent à sa recherche qu'après son évacuation du monastère par mesure de sécurité.

— Il devait s'agit d'un objet saint qui représentait un pouvoir politique pour les Ottomans, en même temps qu'un trésor spirituel pour les moines de Snagov.

Helen fronçait les sourcils, tout en se tapotant la joue avec son stylo.

— Un livre, peut-être ?

— Oui, un livre ! acquiesçais-je, subitement exalté. Un livre contenant des informations que les Ottomans voulaient s'approprier et dont les moines avaient besoin, pourquoi pas ?

En face de moi, Ranov m'observait attentivement. Stoichev hocha lentement la tête, mais je me rappelai au bout d'une seconde que cela signifiait un désaccord.

— À l'époque, les livres ne contenaient généralement pas d'informations politiques – il s'agissait de textes religieux à l'usage des monastères ou des écoles religieuses islamiques et des mosquées, s'ils étaient ottomans. Il est peu probable que des moines se seraient lancés dans un voyage aussi dangereux pour un livre – fût-ce une copie des saints Évangiles. Et d'ailleurs, ils possédaient déjà ce type d'ouvrages à Snagov.

— Attendez...

Les yeux d'Helen étaient écarquillés par la réflexion.

— Cela avait forcément un rapport avec les besoins de Snagov, ou avec l'Ordre du Dragon, ou peut-être avec la veillée funèbre de Vlad Drakula... Souvenez-vous de la Chronique : l'abbé ordonna que Drakula soit enterré ailleurs.

— Exact, réfléchit Stoichev. Il voulait envoyer son corps à Tsarigrad, quitte à risquer la vie de huit de ses moines.

— Oui, acquiesçai-je.

J'allai explorer une autre piste de réflexion quand Helen se tourna tout à coup vers moi et m'agrippa le bras.

— Quoi ? demandai-je.

Mais elle s'était déjà ressaisie.

— Rien, répondit-elle doucement sans regarder ni dans ma direction ni dans celle de Ranov.

Je fis des vœux pour que cet sangsue se lève et quitte la pièce pour aller fumer afin qu'Helen puisse parler librement.

Stoichev la regarda avec attention, puis se mit à nous expliquer d'une voix monocorde comment les manuscrits médiévaux étaient conçus et rédigés – parfois par des moines copistes illettrés qui les entachaient d'une multitude de petites erreurs, lesquelles se répétaient de copies en copies en se multipliant – et comment les différents types d'écriture furent codifiés par des spécialistes modernes.

Je me perdais en conjectures sur les raisons de ce monologue interminable. Fort heureusement, je l'écoutais sans broncher et quand Ranov finit par bâiller, je compris le but de l'opération. Finalement, il se leva et quitta la pièce, sortant un paquet de cigarettes de la poche de sa veste.

À la seconde où il partit, Helen me saisit de nouveau le bras sous l'œil aiguisé de Stoichev.

— Paul..., souffla-t-elle.

Son visage avait une expression si étrange que je lui entourais les épaules de mon bras pour la soutenir, pensant qu'elle allait s'évanouir.

— Sa tête ! *Drakula est revenu à Constantinople récupérer sa tête !*

Stoichev laissa échapper un cri étouffé – trop tard.

En tournant la tête, j'aperçus le visage anguleux de frère Rumen à l'angle d'un rayonnage. Il était entré sans qu'on l'entende et bien qu'il nous tournât le dos, affectant de ranger quelque chose sur une étagère, il était clair qu'il écoutait notre conversation.

Après quelques instants, il sortit de nouveau, toujours sans faire de bruit. Helen et moi échangeâmes un regard impuissant, et je me levai pour sonder les profondeurs de la pièce. Le moine était parti, et il ne faudrait probablement pas longtemps avant que quelqu'un d'autre – Ranov, par exemple – ait vent de la découverte d'Helen. »

62.

« Durant mes longues années de recherches, d'écriture et de réflexion, peu de moments m'ont procuré cette clairvoyance fulgurante avec autant d'intensité que ce jour-là, quand Helen nous fit part de sa déduction dans la bibliothèque du monastère de Rila.

Ainsi, Vlad Drakula était retourné à Constantinople pour retrouver sa tête – ou plutôt, l'abbé de Snagov avait envoyé ce qui restait de lui là-bas afin que les deux parties de sa dépouille mortelle puissent être réunies. C'était donc cela l'opération dont parlait à mots couverts la Chronique de Zacharias, ce fameux *trésor* qui devait « hâter le salut de l'âme du prince défunt ».

Drakula avait-il laissé ces consignes de son vivant, sachant qu'il était traqué, menacé de toute part, et que le sultan aimait à exhiber la tête sanglante de ses ennemis devant la foule ? Ou bien l'abbé avait-il organisé cette expédition de sa propre initiative, parce qu'il ne voulait pas que le cadavre décapité de son ancien protecteur et bienfaiteur demeure une seule nuit de plus à Snagov de peur qu'il représente un danger, un danger *abominable*...

Certes, un vampire dépourvu de tête ne devait pas constituer un bien grand péril – l'image était presque risible –, mais les scènes de panique observées au sein de sa communauté monastique devaient avoir suffi à persuader l'abbé de donner à Drakula une sépulture chrétienne digne de ce nom, quelque part ailleurs, et loin. L'abbé n'aurait certainement pas pris sur lui de détruire le corps de son prince. Et d'ailleurs, qui sait quelles promesses il avait faites à Drakula de son vivant ?

Une image saisissante me revint à l'esprit : le palais Topkapí à Istanbul, où je m'étais promené par un bel après-midi ensoleillé, il n'y avait pas si longtemps, et les grilles pointues où les bourreaux ottomans exhibaient jadis la tête des ennemis du sultan. On avait dû réserver l'une des plus hautes piques à la tête de Drakula, songeai-je. L'Empaleur finalement empalé à son tour... Des foules entières s'étaient certainement agglutinées pour se repaître de ce spectacle, preuve éclatante du triomphe du sultan. Helen m'avait dit un jour que les habitants d'Istanbul eux-mêmes redoutaient Drakula et craignaient qu'il réussisse un jour à percer les défenses de l'armée pour parvenir jusqu'à eux. Désormais, plus aucun campement turc ne tremblerait à son approche ; le sultan contrôlait enfin cette région hostile entre toutes et pourrait installer un vassal ottoman sur le trône de Valachie, comme il le souhaitait depuis des années. Tout ce qu'il restait de l'Empaleur, c'était ce trophée macabre, cette tête aux yeux desséchés, les cheveux et la moustache poissés par une croûte de sang coagulé...

Stoichev semblait méditer sur une vision similaire. Dès que nous fûmes certains que frère Rumen s'était éclipsé, il nous dit à voix basse :

— Oui, il est bien possible que mademoiselle Rossi ait vu juste. Mais il y a un problème : comment les deux moines de Panachrantos auraient-ils pu subtiliser la tête de Drakula dans le palais du sultan ? Il s'agissait d'un véritable trésor, comme le dit Stefan dans son récit.

— Comment avons-nous obtenu des visas pour entrer en Bulgarie ? riposta Helen en haussant les sourcils. En versant un *bakchich* – et de taille. La plupart des monastères étaient très pauvres après la conquête, mais certains d'entre eux ont peut-être réussi à cacher des objets de valeur : des pièces d'or, des bijoux, enfin tout ce qui était susceptible de corrompre des gardes, fût-ce ceux du sultan.

Je réfléchis à la question.

— Dans mon guide d'Istanbul, l'auteur relate qu'après avoir été exhibés pendant quelque temps, les « trophées » du sultan étaient jetés dans le Bosphore. Peut-être l'un des deux moines de Panachrantos a-t-il réussi à voler la tête de Drakula juste à ce moment-là – cela aurait été moins dangereux que d'essayer de la retirer de la grille du palais.

— Nous n'avons aucune possibilité de connaître la vérité, déclara Stoichev. Mais je pense que nous brûlons. C'est la meilleure justification de l'expédition des Huit à Tsarigrad. Sans oublier que cela répond aussi à une exigence théologique : dans la religion orthodoxe, un mort doit être, dans la mesure du possible, bien sûr, inhumé dans son intégralité physique, si j'ose dire. C'est la raison pour laquelle nous ne pratiquons pas la crémation, car il est dit qu'au jour du Jugement, nous ressusciterons dans nos corps.

— Hum. Que vont devenir les saints et toutes leurs reliques, émiettées aux quatre coins de la planète ? commentai-je d'un air dubitatif. Comment vont-ils ressusciter dans leur « intégralité » ? Et je ne parle même pas de saint François, dont j'ai vu au moins cinq mains en Italie, il y a de cela quelques années.

Stoichev se mit à rire.

— Oh ! mais les saints bénéficient de mesures particulières ! Cela dit, Vlad Drakula, même s'il fut un grand tueur de Turcs devant l'Éternel, n'était certainement pas un saint. En fait, Eupraxius était même assez inquiet pour son âme immortelle, du moins si l'on en croit le récit de Stefan.

— Pour son âme immortelle… ou pour son corps immortel, souligna Helen.

— Partons d'une hypothèse de travail, réfléchis-je tout haut. Admettons que les deux moines de Panachrantos aient réussi à récupérer la tête de Drakula afin de lui donner une sépulture digne de ce nom… enfin, une sépulture tout court, au risque de leur vie. Les janissaires découvrent le vol et en font une affaire d'État, multipliant les recherches pour retrouver les coupables. Devant le danger, l'abbé de Panachrantos renonce à enterrer la tête dans son monastère ou en tous cas dans la région, et décide de la mettre en lieu sûr, loin d'Istanbul. En Bulgarie, par exemple. Et l'idée lui vient de confier le macabre trésor à des chrétiens qui y partent en pèlerinage…

Je regardai Stoichev, quêtant son approbation.

— Bref, ils l'emportent à… disons à Sveti Georgi ou dans un autre monastère bulgare avec lequel ils étaient en relation, afin de l'inhumer. Sur ce, les moines de Snagov arrivent à Istanbul avec le corps de Drakula, mais il est trop tard. Informé de leur présence, l'abbé de Panachrantos s'entretient avec eux, leur révèle la vérité, et les moines de Snagov décident de poursuivre malgré tout leur mission en emportant à son tour le corps jusqu'à la destination secrète. Ils n'ont pas une minute à perdre avant que les janissaires s'intéressent à eux de trop près.

— Excellent, pour une simple hypothèse de travail.

Stoichev me sourit avec chaleur.

— Comme je l'ai déjà dit, nous ne pouvons avoir aucune certitude, les lettres ne faisant qu'évoquer les faits à demi-mot. Mais votre reconstitution est très convaincante. Nous réussirons peut-être à vous détourner des comptoirs de vos chers marchands hollandais, finalement.

Je rougis de fierté et de dépit tout à la fois, mais son sourire était sincère.

— Continuons. La venue des huit moines de Snagov à Istanbul et leur départ précipité pour une nouvelle destination éveillent la méfiance des Ottomans qui mettent leur police en état d'alerte...

Helen reprenait le fil du scénario hypothétique.

— ... Peut-être fouillent-ils les monastères, découvrent-ils que les Huit ont séjourné à Sainte-Irine, et transmettent-ils aux officiels bulgares des informations sur leur soi-disant « pèlerinage ». Toujours est-il que Haskovo est la première grande ville bulgare où les moines sont entrés, et que c'est là qu'ils ont été – quel est le terme ? – appréhendés...

— Oui, poursuivit Stoichev. Les soldats ottomans torturent deux d'entre eux pour les forcer à parler, mais ces moines héroïques ne révèlent rien. Les sbires fouillent alors le chariot, et ils n'y trouvent rien d'autre que de la nourriture. Question : pourquoi n'ont-ils pas découvert le cadavre ?

J'hésitai sur la réponse.

— Si les janissaires n'avaient obtenu que peu d'informations sur « l'affaire » à Istanbul, il se peut qu'ils aient cru que les moines de Snagov étaient ceux qui transportaient la tête... D'où la fureur des Ottomans de Haskovo (d'après la Chronique de Zacharias) en ne la trouvant pas là où elle devait être. Quant au corps, si les moines avaient été avertis de la fouille, ils avaient peut-être eu le temps de le cacher dans les bois, à proximité...

— À moins que leur chariot ait été spécialement aménagé pour le dissimuler pendant tout le voyage, suggéra Helen.

— Sauf qu'un cadavre en décomposition ne passe guère inaperçu, lui rappelai-je avec une petite grimace éloquente.

— Pas forcément.

Elle m'adressa en retour un sourire taquin, adorable.

— Comment ça ?

— Tu oublies que le corps d'un mort-vivant ne se décompose pas, ou alors très lentement. En Europe de l'Est, quand une suspicion de vampirisme courait dans un village, les habitants déterraient les cadavres pour vérifier qu'ils étaient bien putréfiés et détruisaient rituellement tous ceux qui ne l'étaient pas. Une pratique qui perdure encore quelquefois, même de nos jours.

Stoichev frissonna.

— Une activité pour le moins spéciale. J'en ai entendu parler, même ici, en Bulgarie, bien que ce soit illégal aujourd'hui, naturellement. L'Église a de tout temps condamné la profanation des tombes, et à présent notre gouvernement interdit toutes les superstitions – il fait de son mieux, tout au moins.

Helen haussa imperceptiblement les épaules.

— Est-ce vraiment plus étrange que d'espérer la résurrection des corps ? demanda-t-elle.

Mais elle sourit à Stoichev, et il tomba lui aussi sous le charme.

— Madame, nous avons des interprétations très différentes de notre héritage, mais je rends hommage à votre vivacité d'esprit. Et maintenant, mes amis, j'aimerais beaucoup étudier vos cartes. Il m'est venu à l'esprit que certains ouvrages de cette bibliothèque pourraient m'aider à les décoder. Accordez-moi une heure, voulez-vous ? Et ensuite je vous livrerai le fruit de mes réflexions.

Ranov venait d'entrer dans la pièce, le moine bibliothécaire sur ses talons, et promenait autour de lui un regard impatient. Avait-il entendu Stoichev évoquer nos cartes ? Ce dernier s'éclaircit la gorge.

— Peut-être souhaitez-vous visiter l'église et admirer sa beauté, suggéra-t-il en glissant un rapide coup d'œil en direction des deux intrus.

Helen se leva aussitôt et se dirigea vers Ranov pour détourner son attention avec une quelconque question d'organisation pendant que je fouillais discrètement dans ma sacoche et en retirais la chemise où je conservais précieusement les copies des cartes. En voyant avec quel empressement Stoichev s'en emparait, mon cœur tressaillit d'espoir.

Par malheur, Ranov semblait cette fois plus décidé à surveiller le travail de Stoichev et à discuter avec le bibliothécaire qu'à nous suivre.

— Pensez-vous que vous pourriez-vous nous aider à trouver de quoi nous restaurer ? lui demandai-je.

Immobile devant nous, le bibliothécaire m'observait sans un mot.

Ranov sourit.

— Ici, le dîner est servi à dix-huit heures. Il vous faudra patienter jusque-là. Et nous devrons partager le repas des moines, malheureusement.

Sur cette amabilité, il nous tourna le dos pour examiner une étagère de livres reliés en cuir, et le chapitre fut clos.

Helen me suivit à l'extérieur de la bibliothèque.

— Et si on allait se promener ? proposa-t-elle en glissant sa main dans la mienne.

— Je ne suis pas sûr de savoir encore comment survivre sans Ranov, grommelai-je. De quoi allons-nous bien pouvoir parler sans lui ?

Elle rit, mais je me rendis compte qu'elle était soucieuse de le savoir avec Stoichev, elle aussi.

— Et si j'y retournais pour essayer de faire diversion ?

— Non. Ce serait pire, soupirai-je. Plus nous essaierons de l'éloigner de Stoichev, plus il se posera des questions sur la nature de ses recherches. Il est pire qu'une tique.

— Il ferait une superbe tique.

Helen glissa son bras sous le mien. Le soleil illuminait la cour, et sa chaleur nous surprit lorsque nous quittâmes l'ombre épaisse des murs et des galeries. En levant les yeux, je pouvais voir les versants boisés qui dominaient le monastère, et les cimes rocheuses tout en haut. Très loin au-dessus de nos têtes, un aigle planait en tournoyant.

Des moines portant une robe noire serrée à la taille, un bonnet et une longue barbe faisaient le va-et-vient entre l'église et le premier étage du monastère, balayaient le plancher de la galerie ou étaient assis dans un triangle d'ombre près du parvis. Je me demandai comment ils parvenaient à supporter la chaleur suffocante de l'été dans ces vêtements. L'intérieur de la magnifique église m'apporta un élément de réponse : elle baignait dans une fraîcheur apaisante, qu'éclairaient seulement la flamme vacillante des cierges et le scintillement de l'or, du bronze et des bijoux incrustés.

Les murs étaient décorés de fresques magnifiques – « réalisées au dix-neuvième siècle », me glissa Helen à l'oreille – et je m'arrêtai devant une image particulièrement solennelle : un saint avec une longue barbe blanche et des cheveux blancs séparés par une raie parfaite. Il nous regardait fixement.

— Ivan Rilski.

Helen déchiffra à voix haute les lettres figurant près de son auréole.

— C'est celui dont les ossements ont été apportés ici huit ans avant que notre ami de Valachie entre en Bulgarie. Tu te souviens ? La Chronique mentionnait la *Translation des os d'Ivan Rilski*.

— C'est lui, oui…

Helen resta face à l'image du saint, comme s'il allait finir par se décider à lui parler.

Cette attente commençait à me porter sur les nerfs.

— Allons nous promener. Nous pourrions prendre un petit chemin dans la montagne et contempler la vue.

Si je ne me dépensais pas physiquement, j'allais devenir fou à force de penser à Rossi.

— D'accord.

Helen me regarda comme si elle percevait mon impatience.

— À condition de ne pas aller trop loin. Ranov ne le permettra pas.

Le sentier sinuait au milieu d'une forêt très dense qui nous abritait de la chaleur presque aussi bien que l'avait fait l'église. C'était un tel soulagement d'être libérés de la présence de Ranov que pendant quelques minutes, nous nous contentâmes de marcher côte à côte, main dans la main.

— Tu crois que ça lui a posé un cas de conscience de choisir entre Stoichev et nous ?

— Pas du tout, répondit tranquillement Helen. Il aura simplement chargé quelqu'un d'autre de nous suivre. Je parie que nous saurons qui sous peu, surtout si notre absence se prolonge. Il ne peut pas être partout à la fois, et il préfère surveiller étroitement Stoichev pour tenter de découvrir le fin mot de l'affaire.

— À t'entendre, ça paraît presque normal.

Je lui lançai un regard tandis que nous progressions le long du sentier poussiéreux. Elle avait repoussé son chapeau vers l'arrière, et l'ascension lui enflammait les joues.

— Moi, je n'imagine pas qu'on puisse vivre ainsi sous surveillance et en ayant conscience du cynisme du système.

Helen haussa les épaules.

— Ce n'était pas si épouvantable dans la mesure où je ne connaissais rien d'autre.

— Et cependant tu as voulu partir en Occident.

— Oui.

Elle me lança un regard de côté.

— Je voulais quitter mon pays.

Nous nous arrêtâmes pour souffler quelques minutes sur un tronc d'arbre couché, près du chemin.

— J'ai réfléchi à la raison pour laquelle ils nous ont laissé entrer en Bulgarie, murmurai-je.

Même ici, au beau milieu de la forêt, je ne pouvais pas m'empêcher de baisser la voix.

— Et pour laquelle ils nous laissent à peu près libres de nos mouvements.

Elle hocha la tête.

— C'est un détail qu'il ne faut pas oublier. Et alors ?

— Et alors, je suis arrivé à la conclusion, repris-je lentement, que s'ils n'essaient pas de nous empêcher – ce qui leur serait facile – de trouver ce que nous cherchons, quelle que soit cette chose, c'est parce qu'ils *veulent* que nous la trouvions.

— Bravo, Sherlock.

Helen éventa mon visage avec sa main.

— Tu fais de gros progrès.

— Admettons donc qu'ils savent, ou en tout cas qu'ils ont une idée de ce que nous cherchons. Mais quelle valeur pourrait avoir pour eux le fait que Vlad Drakula soit un mort-vivant ?

Il m'en coûtait de prononcer ces mots, même si ma voix n'était plus qu'un chuchotement.

— Toi-même, tu m'as répété cent fois que les gouvernements communistes n'ont que du mépris pour les superstitions paysannes. Pourquoi alors nous encourageraient-ils à poursuivre nos recherches – car c'est ce qu'il font en ne nous interdisant pas de les mener à bien. Ils croient quoi ? Qu'ils détiendraient une sorte de pouvoir surnaturel sur le peuple bulgare si nous trouvions sa tombe ici ?

Helen secoua la tête.

— Ils ne raisonnent pas de cette façon. Le pouvoir est sûrement la finalité, mais l'approche, elle, est toujours scientifique. Du reste, si notre équipée devait déboucher sur une découverte importante, ils ne voudraient en aucun cas que le mérite en revienne à un Américain.

Elle médita quelques instants.

— Réfléchis. Tu imagines quelle avancée décisive ce serait pour la science si l'on découvrait qu'un mort peut être ramené à la vie – ou tout au moins devenir un non-mort ? Surtout dans les pays du bloc de l'Est, où les grands chefs d'État sont embaumés dans leur propres tombes ?

Une vision du visage cireux de Georgi Dimitrov, dans le mausolée de Sofia, flotta devant mes yeux.

— En ce cas, nous devons détruire Drakula coûte que coûte, articulai-je.

Mais je pouvais sentir la sueur perler à mon front.

— Je me demande si cela ferait une si grande différence dans le futur, poursuivit Helen d'un air sombre. Regarde ce que Staline a fait subir à son peuple, et Hitler. Ils n'ont pas eu besoin de vivre cinq cents ans pour accomplir ces horreurs.

— Je sais. Cette pensée m'a traversé l'esprit, à moi aussi.

Helen hocha la tête.

— C'est étrange, murmura-t-elle. Staline ne cachait pas son admiration pour Ivan le Terrible. Deux dictateurs qui n'hésitèrent pas à écraser et assassiner leur propre peuple afin d'asseoir plus solidement leur pouvoir. Et à ton avis, qui Ivan le Terrible admirait-il ? Devine.

Je sentis tout mon sang refluer de mon cœur et la regardai fixement, incapable de parler.

— Tu imagines un monde dans lequel Staline pourrait vivre cinq cents ans ?

Elle grattait un morceau d'écorce tendre sur le tronc avec son ongle.

— Ou peut-être même éternellement ?

Je serrai les poings sans même m'en rendre compte.

— À ton avis, est-il possible de retrouver une tombe médiévale sans y conduire quelqu'un d'autre ?

— Ce sera très difficile. Je suis certaine qu'ils ont des espions qui nous observent sans cesse.

À cet instant, un homme surgit d'un coude du chemin. Son apparition me causa un tel saisissement que je fis un bond. Mais il ne s'agissait que d'un paysan qui portait un fagot sur l'épaule. Il leva une main pour nous saluer et continua son chemin. Je regardai Helen.

— Tu vois ? dit-elle doucement.

À mi-chemin de notre ascension, nous découvrîmes un affleurement rocheux abrupt.

— Viens, me dit Helen. Asseyons-nous ici un moment.

La vallée boisée s'étendait à nos pieds, presque entièrement occupée par les bâtiments et les toits rouges du monastère. D'ici, on mesurait pleinement les dimensions gigantesques du complexe. Il formait un écrin protecteur autour de l'église, dont les dômes étincelaient dans la lumière de l'après-midi, et de la tour de Hrelyo, qui se dressait en son milieu.

— À cette hauteur, on réalise à quel point la place était imprenable. J'imagine que des armées ennemies ont dû le contempler d'ici plus d'une fois.

— Ou des pèlerins, me rappela Helen. Pour eux, il s'agissait d'un haut lieu spirituel, et non d'une conquête militaire.

Elle s'adossa à un tronc d'arbre, lissant sa jupe. Elle avait posé son sac à main à côté d'elle, ôté son chapeau, roulé les manches de son chemisier blanc pour avoir moins chaud. Une fine pellicule de transpiration mouillait son front et ses joues. Son visage avait cette expression que j'aimais par-dessus tout : perdue dans ses pensées, le regard fixé tout à la fois vers le monde extérieur et son monde intérieur, ses yeux immenses et intenses, sa mâchoire ferme. Elle portait son foulard, même si la marque de morsure n'était plus qu'une légère ecchymose, et le petit crucifix brillait à son cou, juste en dessous.

Son austère beauté me donna un coup au cœur, pas seulement un simple désir charnel, mais une admiration proche de la ferveur pour sa perfection. Elle était inaccessible, mienne, mais perdue pour moi.

— Helen…

Je n'avais pas eu l'intention de parler, mais je ne pouvais m'en empêcher.

— Je voudrais te demander quelque chose.

Elle hocha la tête, ses yeux et ses pensées toujours fixés sur l'impressionnant sanctuaire, à nos pieds.

— Helen, veux-tu devenir ma femme ?

Elle se tourna lentement vers moi, et je n'aurais su dire si ce que je lisais sur son visage était de l'étonnement, de l'amusement ou du plaisir.

— Voyons, Paul ! me sermonna-t-elle. Depuis combien de temps nous connaissons-nous ?

— Vingt-trois jours, admis-je.

Je me rendais compte à présent que je n'avais pas réfléchi à ce qui se passerait si jamais elle répondait non, mais il était trop tard pour revenir en arrière. Et si elle rejetait ma demande, je n'aurais même pas la possibilité de me jeter, moi, du haut d'une montagne – pas alors que mes recherches pour retrouver Rossi n'avaient pas abouti.

— Tu penses me connaître ? demanda-t-elle.

— Pas du tout, avouai-je loyalement.

— Tu penses que je te connais ?

— Je ne suis pas sûr.

— Nous avons si peu l'expérience l'un de l'autre. Nous venons de deux mondes totalement différents.

Elle souriait, maintenant, comme pour atténuer la dureté de ses mots.

— De plus, j'ai toujours eu la conviction que je ne me marierais pas. Je ne suis pas le genre de femme qui se marie. Et puis, que fais-tu de cela ?

Elle effleura son foulard.

— Tu épouserais une femme qui porte la marque du démon ?

— Je te protégerais contre toute forme de démon qui tenterait de s'approcher de toi.

— Tu ne crois pas que cela finirait par devenir un fardeau ? Et il y a la question des enfants…

Son regard était rivé sur moi, dur et direct.

— Comment pourrions-nous avoir des enfants, sachant qu'ils risqueraient d'être affectés d'une façon ou d'une autre par cette contamination ?

Ma gorge était tellement serrée et douloureuse que j'eus du mal à parler.

— Dois-je considérer ta réponse comme un non, ou te reposer la question plus tard ?

Sa main – je ne parvenais pas à imaginer ma vie sans cette main, si douce et si ferme à la fois – se referma sur la mienne, et je songeai fugitivement que je n'avais même pas de bague à y glisser.

Helen me regarda gravement.

— Ma réponse la voilà : évidemment, je veux être ta femme, Paul.

Je fus trop abasourdi par la limpidité de sa réponse, formulée presque comme s'il s'agissait d'une évidence, pour dire quoi que ce soit ou même songer à l'embrasser.

Nous restâmes assis côte à côte en silence, les yeux rivés sur les nuances de rouge, d'or et de gris du vaste monastère. »

63.

Barley se tenait à mes côtés, dans la chambre d'hôtel de mon père, contemplant le désordre qui régnait dans la pièce. Il fut le premier à remarquer les titres des livres éparpillés sur le lit : un exemplaire en lambeaux du *Dracula* de Bram Stoker, une *Histoire nouvelle des hérésies dans la France du Moyen Âge* et un ouvrage d'aspect très ancien intitulé *Croyances et Traditions vampiriques en Europe.*

Au milieu des livres se trouvaient des papiers, dont des pages de notes prises de la main de mon père, ainsi qu'une série de cartes postales, rédigées à l'encre sombre, d'une écriture fine, nette et minuscule, qui m'était totalement inconnue.

Barley et moi (je me félicitai plus que jamais de l'avoir à mes côtés) décidâmes d'un commun accord de commencer par jeter un œil à ces papiers. Mon premier réflexe fut de rassembler les cartes postales. Les timbres provenaient d'un peu partout : Portugal, France, Italie, Monaco, Finlande, Autriche, mais, bizarrement, ils n'avaient pas été oblitérés. Aucun tampon de la poste… Le texte d'un même courrier débordait parfois de la carte postale pour se poursuivre sur d'autres cartes, jusqu'à quatre ou cinq, soigneusement numérotées. Elles étaient toutes signées « Helen Rossi », et avaient un autre point commun : elles m'étaient toutes adressées.

Barley, qui regardait par-dessus mon épaule, perçut ma stupéfaction, et nous nous assîmes côte à côte au bord du lit sans échanger un mot. Mes doigts tremblaient quand je retournai pour la lire ma première carte, celle qui montrait une photo en noir et blanc des ruines du Forum.

Mai 1962

Ma petite fille chérie,

En quelle langue t'écrire, toi l'enfant de mon cœur et de ma chair, toi que je n'ai pas revue depuis plus de cinq ans ? Nous aurions pu nous dire tellement de choses pendant toutes ces années, dans ce non-langage fait de câlins, de regards tendres et de chuchotements. Oh, c'est si douloureux pour moi d'y penser, de songer à tout ce que j'ai manqué… que je ne trouve pas la force de continuer à t'écrire pour le moment, alors que je viens à peine de commencer…

Ta maman qui t'aime,

Helen Rossi.

La gorge nouée, je passai à la suivante. Une carte postale en couleur, déjà pâlie, sur laquelle apparaissaient des fleurs, des urnes, et cette légende : « Jardins de Boboli ».

Mai 1962

Ma fille chérie,

Je vais te confier un secret : je hais cette langue anglaise. L'anglais est pour moi un exercice de grammaire, ou un cours de littérature. Au fond de mon cœur, je sais que je te parlerais mieux si je pouvais le faire dans ma langue maternelle, le hongrois, ou mieux, dans cette autre langue qui coule dans mes veines : le roumain.

Le roumain, c'est aussi ce que parlait le monstre que je traque, mais même cela n'a pas réussi à tuer l'amour que je porte à cette langue. Si tu étais assise sur mes genoux, ce matin, le visage tourné vers ces sublimes jardins que j'ai sous les yeux, je t'enseignerais ta première leçon : « Ma numesc… » *Et ensuite nous chuchoterions ton joli prénom, encore et encore, dans cette langue si douce qui est celle de ta maman. Je t'expliquerais que le roumain est la langue d'un peuple brave, doux et triste, la langue des bergers et des fermiers, et celle de ta grand-mère, dont* Il *a détruit la vie à distance. Je te raconterais les choses magnifiques qu'elle m'a dites quand j'étais petite, les étoiles au-dessus de son village, les lanternes sur le fleuve…* « Ma numesc… » *Pouvoir te dire ces choses-là suffirait à faire de ma journée un moment de bonheur inoubliable.*

Ta maman qui t'aime,

Helen Rossi.

Je tournai vers Barley un regard brouillé de larmes, et il passa doucement son bras autour de mes épaules.

64.

« Le professeur Stoichev était surexcité quand nous le rejoignîmes dans la bibliothèque. Enraciné en face de lui, Ranov pianotait sur la table du bout des doigts, jetant de temps à autre un coup d'œil aux documents que le vieil historien mettait de côté. Il paraissait de mauvaise humeur, ce qui laissait supposer que notre ami n'avait pas répondu à ses questions.

Dès notre apparition, Stoichev leva vers nous un regard exalté.

— Je crois que j'ai trouvé, annonça-t-il dans un chuchotement.

Helen s'assit près de lui, et je me penchai sur les documents manuscrits qu'il examinait à notre arrivée. Ils étaient rigoureusement semblables aux lettres de frère Kiril, rédigés d'une écriture tout aussi élégante et soignée (je reconnus les mêmes caractères slavons) sur un parchemin pâli dont les bords s'effritaient. Stoichev avait posé nos cartes juste à côté.

Je retins mon souffle, espérant contre tout espoir qu'il allait nous livrer une information déterminante. Peut-être la Tombe maudite se trouvait-elle ici même, à Rila, songeai-je brusquement ; peut-être était-ce la raison pour laquelle Stoichev avait insisté pour nous accompagner, parce qu'il espérait une révélation de ce genre. J'étais surpris et mal à l'aise, néanmoins, qu'il s'apprête à nous faire part de sa découverte devant Ranov.

Stoichev lança un bref regard en direction de Ranov, passa la main sur son front ridé et annonça à voix basse :

— Je crois que la tombe n'est pas en Bulgarie.

Je sentis le sang refluer dans mes veines.

— Quoi ?

Helen regardait fixement Stoichev, et Ranov se détourna, pianotant sur la table comme s'il ne nous écoutait pas vraiment.

— Je suis désolé de vous décevoir, mes amis, mais ce manuscrit que je n'avais pas eu l'occasion de consulter depuis des années indique sans le moindre doute possible qu'un groupe de pèlerins est parti de Sveti Georgi vers 1478 pour regagner la Valachie. Il s'agit d'un document officiel de la douane de l'époque, autorisant lesdits pèlerins à ramener chez eux des reliques chrétiennes originaires de Valachie. Je suis navré. Peut-être aurez-vous l'occasion un jour de vous rendre sur place pour étudier cette piste plus à fond... Maintenant, si vous souhaitez continuer vos recherches sur les routes des pèlerinages en Bulgarie, je serais heureux de vous apporter mon aide.

Je le dévisageai, sans voix. Nous ne pouvions pas partir en Roumanie après tout cela, me désespérai-je. C'était déjà un miracle que nous soyons arrivés jusqu'ici.

— Je ne saurais que trop vous conseiller, poursuivait imperturbablement Stoichev, de demander l'autorisation de visiter d'autres monastères de la région, en particulier celui de Bachkovo. C'est un magnifique exemple d'art byzantin bulgare, et les bâtiments sont beaucoup plus anciens que ceux de Rila. Il renferme également quelques manuscrits très rares que des moines pèlerins offrirent au monastère. Vous y puiserez des informations très intéressantes pour vos articles.

À ma stupéfaction, Helen paraissait approuver complètement ce plan.

— Pouvez-vous organiser cette excursion, M. Ranov ? demanda-t-elle. Le professeur Stoichev souhaitera peut-être nous accompagner.

— Oh non ! je dois malheureusement rentrer chez moi, dit Stoichev à regret. J'ai beaucoup de travail qui m'attend. J'aurais aimé pouvoir vous assister sur place, mais je vous remettrai une lettre d'introduction à l'attention de l'abbé de Bachkovo. Il pourra vous aider dans vos recherches, c'est un éminent spécialiste de l'histoire monacale. M. Ranov vous servira d'interprète.

— Entendu, trancha ce dernier.

Il semblait enchanté d'apprendre que Stoichev ne nous accompagnerait pas.

Moi, j'étais effondré. Il n'y avait rien que nous puissions dire ou faire pour nous dépêtrer de cette situation épouvantable. À présent, nous n'avions plus d'autre choix que de nous rendre dans ce monastère, sous le prétexte d'y effectuer des recherches inutiles, et de décider en chemin de la suite. Partir en Roumanie ? L'image de la porte du bureau de Rossi dans mon université revint me hanter. Elle était fermée, verrouillée, condamnée. Mon pauvre cher Rossi ne l'ouvrirait plus jamais.

Je regardai d'un œil morne Stoichev ranger les manuscrits dans leur boîte comme si de rien n'était et refermer le couvercle. Helen replaça pour lui le coffret sur une étagère puis l'aida à se lever et l'escorta vers la sortie. Ranov nous suivait en silence – un silence où il me sembla déceler une sorte de joie mauvaise. Notre quête, quelle qu'elle soit, était terminée, et nous allions nous retrouver de nouveau seuls avec notre « guide ». Il pourrait alors veiller à ce que nous bouclions vite fait nos recherches et quittions la Bulgarie dans la foulée.

Irina, qui s'était apparemment abritée de la chaleur dans l'église en nous attendant, traversa la cour brûlante à notre rencontre. En l'apercevant, Ranov s'éloigna aussitôt pour fumer une cigarette, puis se dirigea vers le portail d'entrée et disparut de l'autre côté. Peut-être avait-il besoin de prendre ses distances avec nous, lui aussi...

Stoichev s'assit pesamment sur un banc en bois à l'ombre tandis qu'Irina posait la main sur son épaule d'un geste mi-inquiet, mi-protecteur.

— Approchez-vous, murmura-t-il tout en nous souriant, comme si nous discutions de choses anodines. Parlons vite pendant que notre cerbère ne peut pas nous entendre. J'ai dû vous causer un choc, tout à l'heure... Désolé. Il n'existe aucun document évoquant une relique rapportée en Valachie par des pèlerins. J'ai tout inventé. Vlad Drakula est très probablement enterré à Sveti Georgi, où que cela se trouve. Et j'ai découvert quelque chose de très important. Le récit de Stefan dit que le monastère de Sveti Georgi est proche de Bachkovo. Je n'ai pas réussi à faire le moindre lien entre la région et vos cartes, mais j'ai trouvé dans la bibliothèque une lettre de l'abbé de Bachkovo adressée à l'abbé de Rila et datée du début du seizième siècle. J'ai préféré ne pas vous la montrer devant qui vous savez. Dans cette lettre, l'abbé de Bachkovo explique qu'il n'a désormais plus besoin de l'aide de personne pour proscrire, je cite, « l'hérésie de Sveti Georgi », car le monastère a été incendié et les frères dispersés. Il avertit l'abbé de Rila de se montrer extrêmement vigilant avec tout moine qui pourrait être originaire de là-bas, ou qui répandrait l'idée que le Dragon a vaincu saint Georges – Sveti Georgi – parce que c'est justement le signe de leur hérésie.

— Le Dragon a vaincu... attendez une seconde, soufflai-je. Vous faites référence à cette formule mystérieuse au sujet du monstre et du saint ? Frère Kiril écrivait qu'ils recherchaient un monastère avec un signe montrant que le Saint et le Monstre étaient égaux.

— Saint Georges est l'une des figures les plus importantes de l'iconographie bulgare, dit doucement Stoichev. Ce serait un étrange retournement, vraiment, que le Dragon triomphe du Saint. Mais vous vous rappelez que les moines de Snagov cherchaient un monastère qui présentait déjà ce signe, parce que cela aurait signifié qu'ils étaient enfin arrivés à l'endroit où le corps de Drakula pourrait retrouver sa tête. Maintenant, je commence à me demander s'il n'y avait pas une hérésie plus grande dont nous ne savons hélas ! rien – une hérésie qui aurait pu être connue à Constantinople, ou en Valachie, voire, pourquoi pas ?, de Drakula lui-même... L'Ordre du Dragon avait-il ses propres croyances spirituelles *en dehors* de la foi traditionnelle de l'Église, des superstitions étrangères à l'orthodoxie chrétienne ? Autrement dit, cet ordre était-il un foyer d'hérétiques ? Cette éventualité ne m'avait jamais effleuré l'esprit avant aujourd'hui.

Il secoua la tête et continua à parler très vite, de peur que Ranov ne revienne.

— Vous devez vous rendre à Bachkovo et demander à l'abbé s'il sait quelque chose au sujet d'une égalité, d'une rivalité du Monstre et du Saint, ou même d'une inversion du résultat de leur lutte... La lettre d'introduction que je vous remettrai – et que ce triste sire de Ravov s'empressera de vous prendre pour la lire – laissera seulement entendre que vous effectuez des recherches sur les routes de pèlerinage, à vous de trouver un moyen de l'interroger en secret. Sachez aussi qu'il y a là-bas un moine, qui était autrefois un grand érudit, un spécialiste reconnu de l'histoire de Sveti Georgi. Il travaillait en collaboration avec mon ami Atanas Angelov et fut le second à lire la Chronique de Zacharias. À l'époque où je l'ai connu, il s'appelait Pondev, mais j'ignore quel est son nom maintenant qu'il est moine ; l'abbé sera en mesure de vous renseigner. Une dernière chose : je n'ai pas, ici, de carte des environs de Bachkovo, mais il me semble qu'au nord-est du monastère s'étend une longue vallée sinueuse où devait autrefois serpenter une rivière. Je me souviens avoir vu cette vallée, une fois, et en avoir parlé avec les moines quand je visitais la région, encore que j'aie oublié le nom qu'ils lui donnaient. Et si ses sinuosités dessinaient la queue de notre dragon ? Mais en ce cas, à quoi correspondraient les ailes ? Il vous faudra aussi creuser dans cette direction.

J'aurais voulu tomber à genoux devant Stoichev et lui baiser les pieds.

— Vous ne voulez vraiment pas venir avec nous ?

— Ce ne serait pas prudent… pour votre mission. Moi, j'irais bien jusqu'à braver les foudres de ma nièce pour vous accompagner, répondit-il en adressant un sourire affectueux à la jeune femme, mais cela ne ferait qu'accroître les soupçons de votre guide. S'il pense que je continue à m'intéresser à vos recherches, il accroîtra sa surveillance. Venez me voir dès votre retour à Sofia, si vous en avez la possibilité. D'ici là, mes pensées vous escorterons… ainsi que le vœu que vous découvriez ce que vous êtes venus chercher ! Je veux que vous preniez ceci…

Il glissa un objet dans la main d'Helen, mais elle referma les doigts dessus si rapidement que je ne vis ni de quoi il s'agissait ni même ce qu'elle en faisait.

— Ranov est absent depuis un bon moment, et ce n'est pas son genre, observa-t-elle doucement.

Je lui lançai un bref regard.

— Tu veux que j'aille voir ?

J'avais appris à me fier à son instinct et je me dirigeai vers le portail sans même attendre sa réponse.

Juste à l'extérieur du vaste complexe, Ranov parlait avec quelqu'un, près d'une longue voiture bleue. Son interlocuteur était un homme de haute taille, coiffé d'un chapeau et vêtu d'un élégant costume d'été. Un je-ne-sais-quoi de familier dans cette longue silhouette me fit m'arrêter net dans l'ombre du portail.

Ils étaient plongés dans une conversation animée, qui se termina abruptement. L'élégant géant gratifia Ranov d'une petite claque protectrice dans le dos, puis se détourna pour monter en voiture. Un picotement me parcourut l'épaule, comme si c'était moi qui venait de recevoir cette bourrade amicale. Je connaissais ce geste un rien condescendant, je l'avais déjà subi une fois. Aussi inouï que cela puisse être, l'homme qui quittait maintenant le parking poussiéreux au volant de sa voiture n'était autre que Géza József. Je me faufilai de nouveau dans la cour et rejoignis précipitamment Helen et Stoichev.

Helen observa mon visage avec attention ; peut-être commençait-elle à faire confiance à mon instinct, elle aussi. Je l'attirai à l'écart et, malgré son air étonné, Stoichev s'abstint poliment de me poser la moindre question.

— Je crois que je viens de voir Géza József, chuchotai-je très vite. Je n'ai pas vu son visage, mais quelqu'un qui lui ressemblait était en train de parler avec Ranov il y a un instant.

— Merde ! jeta tout bas Helen.

Je crois que ce fut la toute première et aussi la dernière fois que je l'entendis jurer.

Un moment plus tard, Ranov nous rejoignait à grandes enjambées.

— C'est l'heure de dîner, annonça-t-il de but en blanc.

Je me demandai s'il regrettait de nous avoir laissés seuls avec Stoichev. Au ton de sa voix, en tout cas, il était clair qu'il ne m'avait pas vu dehors.

— Suivez-moi. Nous allons manger.

Le dîner servi dans le réfectoire du monastère par deux moines était frugal mais délicieux. Une poignée de visiteurs séjournaient manifestement dans le monastère en même temps que nous, et je remarquai que certains d'entre eux s'exprimaient dans la langue de Goethe – sans doute des Allemands de l'Est en vacances, devinai-je – ainsi que dans une autre langue que je ne parvins pas à identifier (du tchèque, me dit Helen). Nous mangeâmes avec appétit, assis à une immense table en bois, les moines installés à une table deux fois plus longue, non loin de nous.

Helen et moi n'avions pas eu la possibilité de discuter seule à seul, mais je savais qu'elle pensait à la présence de József en Bulgarie. Qu'espérait-il de Ranov ? Ou plutôt : qu'espérait-il de nous ? Je me rappelai l'avertissement d'Helen, quand elle avait affirmé que nous étions suivis. Qui avait révélé à József que nous étions ici ?

La journée avait été épuisante, mais j'étais tellement impatient de me rendre à Bachkovo que je serais parti à pied dans la minute, si cela avait pu me permettre d'arriver plus vite. Au lieu de ça, nous passerions la nuit ici afin de prendre des forces avant de nous mettre en route demain. Entre deux ronflements de touristes de Berlin-Est et de Prague, j'entendrais probablement la voix de Rossi analyser pensivement un point de controverse dans le cadre de notre travail, et Helen me dire, presque amusée par mon manque de perspicacité : « Évidemment, je veux être ta femme, Paul. »

65.

Juin 1962

Ma petite fille chérie,

Nous sommes riches, tu sais, à cause de certains événements terribles qui nous sont arrivés, à ton père et moi. J'ai laissé la quasi-totalité de cet argent à ton papa, afin que tu ne manques de rien, mais il me reste largement de quoi tenir pendant ce qui s'annonce comme une très longue traque, un siège. J'ai changé une partie de cet argent à Zurich il y a presque deux ans de cela, et j'y ai ouvert un compte sous un nom connu de moi seule. Je puise dedans une fois par mois pour payer les chambres que je loue, mes repas dans les restaurants et les divers droits d'entrée et de prêts des bibliothèques et autres archives. Je dépense le moins possible pour pouvoir te restituer un jour tout ce qui reste, mon petit amour, quand tu seras une femme.

Ta maman qui t'aime,

Helen Rossi.

Juin 1962

Ma fille chérie,

Aujourd'hui n'est pas un bon jour. (Je ne posterai jamais cette carte. Si jamais j'en envoie une seule, ce ne sera pas celle-là.) Aujourd'hui est une de ces journées noires où je ne sais plus si je cherche ce monstre ou si je fuis devant lui. Je me tiens devant le miroir de ma chambre d'hôtel, à Este – un vieux miroir envahi de taches qui ressemblent à de la mousse. Je dénoue mon foulard, et je touche du bout du doigt l'éternelle cicatrice sur mon cou, cette petite marque rouge qui ne guérit jamais complètement. Je me demande si tu me trouveras avant que je le trouve. Je me demande s'il me trouvera avant que je le trouve. Je me demande pourquoi il ne m'a pas déjà trouvée. Je me demande si je te reverrai un jour.

Ta mère qui t'aime,

Helen Rossi.

Août 1962

Ma fille chérie,

À ta naissance, tes cheveux noirs étaient collés sur ton petit crâne mouillé. Puis on t'a baignée, séchée, et ils ont formé un duvet fin et soyeux autour de ton visage, noirs comme les miens, mais cuivrés aussi, comme ceux de ton papa. Je flottais dans une bulle de morphine, et je te tenais contre moi, et je regardais les reflets de tes cheveux de nouveau-né changer du noir au brun cuivré, puis de nouveau au noir. Tout en toi était parfait, je t'avais ciselée et polie à l'intérieur de moi sans même le savoir. Tes doigts minuscules étaient des coquillages dorés, tes joues des pétales de roses, tes cils et tes sourcils les plumes d'un bébé corbeau. Je te regardais et mon bonheur irradiait, cent fois plus fort que la morphine.

Ta maman qui t'aime,

Helen Rossi.

66.

« Je me réveillai très tôt dans le dortoir réservé aux hommes, à Rila ; le soleil commençait juste à pointer derrière les petites fenêtres donnant sur la cour, et quelques visiteurs dormaient encore dans leurs lits de camp. J'avais entendu la cloche de l'église sonner le premier office, alors qu'il faisait encore nuit ; à présent, elle sonnait de nouveau.

Ma première pensée en me levant fut qu'Helen avait accepté de devenir ma femme. J'étais impatient de la revoir, de m'assurer que notre conversation d'hier n'avait pas été un rêve. Le soleil matinal qui inondait maintenant la cour du monastère se faisait l'écho de mon bonheur, et l'air que je respirais me semblait divinement frais, comme imprégné par des siècles de fraîcheur.

Mais Helen n'était pas à la table du petit déjeuner. Ranov, lui, était bien là, tirant déjà sur sa cigarette d'un air renfrogné, jusqu'à ce qu'un moine lui demande poliment d'aller fumer dehors.

Mon déjeuner avalé en solitaire, j'empruntai le couloir conduisant au dortoir réservé aux femmes, où Helen et moi nous étions séparés la veille au soir. La porte était ouverte, et les touristes tchèques et allemandes parties, après avoir refait leur lit de façon impeccable. Helen dormait toujours, apparemment ; j'apercevais sa silhouette allongée sur la couchette la plus proche de la fenêtre. Je m'avançai en me disant que nous étions fiancés, maintenant, et que j'avais bien le droit d'embrasser ma future femme pour lui dire bonjour, fût-ce dans un monastère.

Helen dormait face au mur, au milieu des draps blancs de l'austère lit de camp. Elle se retourna à demi quand je m'approchai, comme si elle sentait ma présence. Sa tête était renversée en arrière, ses yeux fermés, ses boucles noires répandues sur l'oreiller. Ses lèvres laissaient échapper une respiration audible, presque sifflante. Je me dis qu'elle devait être fatiguée par nos voyages successifs et notre marche de la veille. Je me penchai dans l'intention de la réveiller d'un baiser, quand, dans un instant de terreur indicible, je vis la lividité de son visage et les traces de sang sur sa gorge.

Deux trous s'ouvraient dans son cou, à l'emplacement exact de la première morsure ; deux perforations sanguinolentes, rouge vif, béantes. Le haut de sa chemise de nuit en coton blanc était ouvert, déchiré, découvrant son épaule et l'un de ses seins. J'enregistrai tout cela en une seconde d'horreur absolue, et je crus que mon cœur allait s'arrêter. Puis je remontai doucement le drap sur sa nudité, comme on couvre un enfant pendant son sommeil. Je n'avais pas l'idée de faire quoi que ce soit d'autre pour l'instant. Un sanglot m'obstruait la gorge, une rage dont je ne ressentais même pas encore les effets.

— *Helen !*

Je la secouai tout doucement, mais son visage n'eut aucune réaction. Je voyai maintenant combien son expression était hagarde, comme si elle souffrait même dans son sommeil. Où était le crucifix ? Je cherchai tout autour du lit et l'aperçus sur le sol, près de mon pied. La chaîne était cassée. Quelqu'un l'avait-il arrachée, ou Helen l'avait-elle brisée involontairement dans son sommeil ?

Je la secouai de nouveau.

— Helen, réveille-toi !

Cette fois elle réagit, mais son visage eut un tressaillement presque douloureux, et je me demandai si je ne lui avais pas fait mal en la réveillant trop vite. Au bout d'une seconde, cependant, elle ouvrit les yeux et fronça les sourcils. Elle semblait très affaiblie. Quelle quantité de sang avait-elle perdu pendant que je dormais paisiblement, à l'autre bout du bâtiment ? Pourquoi l'avais-je laissée seule hier soir, et toutes les autres nuits ?

— Paul ? murmura-t-elle, comme hébétée. Qu'est-ce que tu fais ici ?

Elle se redressa péniblement et découvrit dans quel état était sa chemise de nuit. Je la regardai, en proie à une angoisse muette, tandis qu'elle portait la main à son cou, puis l'écartait lentement. Elle contempla ses doigts maculés de sang poisseux et séché puis leva les yeux vers moi.

— Oh ! mon Dieu ! murmura-t-elle.

Elle s'assit et j'éprouvai un léger soulagement en dépit de l'épouvante sans nom que je lisais sur son visage. Elle n'avait pas dû perdre une quantité de sang trop importante, sinon elle aurait été incapable de se relever.

— Oh ! Paul ! souffla-t-elle.

Je m'assis au bord du lit, saisis son autre main et la serrai très fort dans la mienne.

— Tu es complètement réveillée ?

Elle hocha la tête.

— Et tu sais où tu es ?

— Oui.

Elle éclata brusquement en sanglots, un bruit déchirant, insupportable. Je ne l'avais jamais entendue pleurer. Son désespoir me transperçait comme une lame froide et acérée.

Je portai sa main à mes lèvres.

— Je suis là.

Elle étreignit mes doigts, pleurant, puis tentant de se ressaisir.

— Il faut réfléchir à ce que... Est-ce que c'est mon crucifix ?

— Oui.

Je l'élevai lentement, tout en guettant sa réaction. À mon inexprimable soulagement, aucun signe de répulsion n'apparut sur son visage.

— C'est toi qui l'as retiré ?

— Non, bien sûr que non.

Elle secoua la tête, et une larme accrochée à ses cils roula le long de sa joue.

— Tu sais, je ne me rappelle pas avoir cassé la chaîne. Je ne pense pas qu'ils... qu'*Il* oserait un tel geste, enfin... si on en croit la légende.

Elle s'essuyait le visage, maintenant, en veillant à ce que sa main n'entre pas en contact avec sa blessure.

— J'ai dû la briser en dormant...

— C'est aussi ce que je pense, d'autant que je l'ai trouvé là.

Je lui montrai le sol, à mes pieds.

— Dis, est-ce que tu éprouves une sensation de... de malaise, quand il est près de toi ?

— Non, murmura-t-elle pensivement. Du moins, pas encore.

Ce petit mot froid me coupa la respiration.

Elle toucha le crucifix, hésita, puis le prit dans la main. Je relâchai mon souffle. Helen soupira, elle aussi.

— Je me suis endormie en pensant à ma mère et à un article que j'aimerais écrire sur les personnages qui apparaissent dans les broderies originaires de Transylvanie – elles sont célèbres, tu sais – et je ne me suis pas réveillée avant que tu me secoues.

Elle fronça les sourcils.

— J'ai fait un mauvais rêve, dans lequel ma mère était présente de bout en bout. Elle essayait de chasser un grand oiseau noir. Et quand finalement elle y parvenait, elle se penchait sur moi et m'embrassait sur le front, comme quand j'étais petite et que j'allais m'endormir... et alors, je voyais la marque...

Elle s'interrompit, comme si le seul fait de réfléchir était douloureux.

— Je voyais la marque du Dragon sur son épaule nue. Mais il faisait juste partie d'elle, il n'avait rien d'effrayant. Et au moment où elle m'embrassait sur le front, je n'avais plus peur.

Un frisson d'effroi mêlé de respect me parcourut tandis que je me remémorais cette fameuse nuit, dans mon appartement, quand j'avais réussi à tenir à distance l'assassin de mon chat en faisant mine de travailler jusqu'à minuit passé sur mes chers marchands hollandais. Dans notre malheur, quelque chose avait également protégé Helen, cette nuit, partiellement tout au moins. Elle avait été mordue, mais pas vidée de son sang. Nous nous dévisageâmes en silence.

— Cela aurait pu être pire, commenta-t-elle finalement.

Je l'enveloppai dans mes bras et perçus le tremblement qui agitait ses épaules d'ordinaire si droites. Je tremblais moi-même.

— Oui, chuchotai-je. Mais nous devons te protéger de toute autre agression.

Elle secoua tout à coup la tête, comme médusée.

— Comment est-ce possible ? Dans un monastère ! Je n'arrive pas à comprendre. Les morts-vivants abhorrent un lieu tel que celui-là.

Elle montra du doigt la grande croix au-dessus de la porte du dortoir et l'icône suspendue dans un angle.

— Ici, sous les yeux de la Vierge ?

— Je ne comprends pas non plus, dis-je lentement en mêlant mes doigts aux siens. Mais nous savons que ce sont des moines qui ont transporté la dépouille de Drakula et qu'il fut probablement enterré dans un monastère. Tant de choses nous échappent. Helen…

Je serrai sa main dans la mienne.

— Le bibliothécaire maudit… il nous a bien retrouvés à Istanbul, puis à Budapest. Pourquoi ne nous aurait-il pas suivis jusqu'ici ? Pourquoi ne serait-ce pas lui qui t'a agressée cette nuit ?

Elle frissonna.

— Je sais ce que tu penses, Paul. Il m'a mordue une fois déjà, donc il pourrait me considérer comme sa proie attitrée. Dans mon rêve, néanmoins, il s'agissait de quelque chose de très différent – une *présence* beaucoup plus puissante. Mais comment l'un d'entre eux, à supposer qu'il n'ait pas eu peur d'approcher d'un monastère, aurait-il pu pénétrer ici ?

— Ce point, au moins, n'est pas difficile à élucider.

Je lui montrai la fenêtre, à deux mètres de son lit. Elle était légèrement entrouverte.

— Oh Dieu, pourquoi t'ai-je laissée seule cette nuit !

— Je n'étais pas seule, rectifia-t-elle. Une dizaine de personnes dormaient dans la pièce avec moi. Mais tu as raison – *Il* peut changer de forme, comme ma mère nous l'a rappelé, et prendre l'aspect d'une chauve-souris, du brouillard…

— Ou d'un grand oiseau noir.

Son rêve me revenait à l'esprit avec violence.

— Maintenant, j'ai été mordue deux fois, murmura-t-elle d'une voix presque absente. La troisième…

— Tais-toi. Il n'y aura pas de troisième fois !

Je la saisis aux épaules.

— Je ne te laisserai plus jamais seule, pas un jour, pas même une heure !

— Quoi, pas même une petite heure de solitude de temps en temps ?

Son sourire familier, moqueur et adorable, effleura de nouveau ses lèvres pâles.

— Helen, jure-moi que si tu sens une menace que tu es la seule à pouvoir percevoir, si tu as la moindre impression que quelque chose te cherche…

— Je te le dirai, Paul. Si je sens quoi que ce soit de ce genre, je te le dirai, c'est promis.

Elle s'exprimait avec détermination, et sa promesse parut lui redonner des forces.

— Apporte-moi la serviette de toilette, là-bas, et la cuvette. Je vais nettoyer ma blessure et la panser.

Son pragmatisme était contagieux, et j'obéis aussitôt.

— Plus tard, quand il n'y aura personne, nous entrerons dans l'église et nous la laverons avec de l'eau bénite. Quand je pense…

Je fus heureux de voir réapparaître son sourire cynique.

— Quand je pense que j'ai toujours tenu ces rituels religieux pour des superstitions de bonnes femmes… Le pire, c'est que je n'ai pas changé d'avis.

— Mais *Lui*, apparemment, ne considère pas que ce sont des rituels ridicules, commentai-je brièvement.

Je l'aidai à nettoyer son cou et sa gorge, en veillant à ne pas toucher les plaies ouvertes. La vue de cette blessure me remplissait d'un tel désespoir que je crus un moment que j'allais devoir quitter la pièce et donner cours à mes larmes dans le couloir. Mais malgré ses traits pâles et las, la détermination brillait dans ses yeux. Helen noua son petit foulard habituel autour de son cou, et se servit d'un fil de laine, trouvé dans son bagage, pour remplacer la chaîne du crucifix – en espérant qu'il serait plus solide.

Lorsque nous sortîmes de l'église, Ranov tournait en rond dans la cour. Il plissa les paupières, les yeux fixés sur Helen d'un air accusateur.

— Vous avez dormi tard, grogna-t-il.

Je lançai un regard méfiant à ses canines pendant qu'il parlait, mais apparemment, elles avaient leur aspect habituel : grisâtres et découvertes par un sourire mauvais. »

67.

« Si les réticences de Ranov au moment de nous emmener à Rila m'avaient exaspéré, son empressement à nous conduire à Bachkovo se révéla largement plus déstabilisant. Il ne cessa de jouer les guides touristiques pendant le trajet en voiture, pointant son doigt vers toutes sortes de « curiosités », certaines au demeurant intéressantes en dépit de ses commentaires stéréotypés.

Helen et moi essayions de ne pas trop nous regarder, mais j'étais certain qu'elle ressentait la même appréhension mêlée de découragement : désormais, nous devions également nous méfier de József.

La route partant de Plovdiv était étroite et serpentait en longeant d'un côté un torrent, de l'autre des à-pics abrupts. Peu à peu, notre itinéraire nous ramena au milieu des montagnes – on n'en était jamais très loin, en Bulgarie. J'en fis la remarque à Helen, qui regardait le paysage par la vitre opposée, et elle hocha la tête.

— *Balkan* est un mot turc qui signifie « montagne ».

Le monastère ne possédait pas de portail monumental : nous quittâmes simplement la route pour nous garer dans un parking en terre, avant de faire à pied les quelques mètres nous séparant de l'entrée. Le *Bachkovski manastir* se dressait au milieu de hautes collines, en partie boisées et en partie en roche nue, tout près d'une rivière étroite. Même en ce début d'été, le paysage était déjà sec et j'imaginais aisément le prix que les moines avaient dû attacher à cette source d'eau voisine. Les murs extérieurs étaient de la même pierre brun gris que les collines alentours. Les toits étaient en tuiles cannelées rouges, comme celles de la vieille maison du professeur Stoichev, et de centaines d'habitations et d'églises que nous avions croisées le long des routes. On accédait au monastère par une arche béante, aussi sombre qu'une grotte.

— On a le droit d'entrer ? demandai-je à Ranov.

Il secoua la tête – ce qui voulait dire oui –, et nous pénétrâmes dans la fraîche obscurité de l'arche. Il nous fallut quelques secondes d'une lente progression pour atteindre la cour ensoleillée, et durant ce bref passage à travers l'épaisseur du mur du monastère, je n'entendis rien d'autre que le bruit de nos pas.

Je ne sais pas au juste à quoi je m'attendais – peut-être à une sorte de vaste forum, comme à Rila – mais l'intimité et la beauté de la cour intérieure de Bachkovo m'arrachèrent un soupir d'émerveillement, et Helen laissa échapper elle aussi un murmure d'admiration.

L'église occupait la majeure partie de l'espace. Ses tours étaient rouges, angulaires, byzantines. Pas de dômes dorés, ici, seulement une sobre élégance – les matériaux les plus simples assemblés pour créer des formes harmonieuses. De la vigne s'agrippait aux tours de l'église ; des arbres se blottissaient contre ses murs tandis que, tout à côté, un cyprès majestueux se dressait comme un clocher. Trois moines en robes et bonnets noirs discutaient à l'extérieur de l'église. Le feuillage des arbres, frissonnant dans la brise, répandait des flaques d'ombre sur la cour inondée de soleil. À ma grande surprise, des poules couraient çà et là, grattant les antiques dalles, et un chaton tigré essayait d'attraper quelque chose dans une lézarde du mur.

Comme à Rila, l'enceinte intérieure du monastère formait de longues galeries à balcons, en bois et en pierre. Des fresques fanées apparaissaient sous la première rangée de galeries, ainsi que sur le portique de l'église. En dehors des trois frères, des poules et du chaton, il n'y avait signe de vie nulle part. Nous étions seuls ici, seuls dans une enclave byzantine rescapée des siècles.

Ranov s'avança vers les moines et engagea la conversation pendant qu'Helen et moi restions en retrait. Au bout d'une seconde, il se tourna vers nous.

— L'abbé supérieur est absent, mais le bibliothécaire est là et pourra nous aider.

Ça commençait mal, et puis je n'aimais pas ce « nous », mais je ne fis aucun commentaire.

— Vous n'avez qu'à visiter l'église pendant que je vais le chercher.

— Nous venons avec vous, répondit fermement Helen.

L'un des moines nous guida dans les galeries, jusqu'à une pièce du premier étage où travaillait le bibliothécaire. Il se leva pour nous accueillir quand nous entrâmes. À l'exception d'un poêle en fonte et d'un tapis de couleur vive sur le sol, le local était aussi vide qu'une cellule monacale. Où étaient les livres, les manuscrits ? Hormis deux ouvrages sur le bureau en bois, je ne vis aucune trace d'une bibliothèque.

— Voici frère Ivan, traduisit Ranov.

Le moine s'inclina devant nous sans esquisser le geste de nous tendre la main ; en fait, elles étaient dissimulées à l'intérieur de ses longues manches, croisées devant lui. Il me vint à l'esprit qu'il ne voulait pas toucher une femme. Helen dut avoir la même idée, car elle recula de façon à rester derrière moi.

Ranov échangea quelques mots avec lui, puis :

— Frère Ivan vous invite à vous asseoir.

Nous obéîmes. Frère Ivan avait un long visage grave au-dessus d'une barbe sombre, et il nous observa pendant quelques instants.

— Vous pouvez lui poser des questions, nous encouragea Ranov.

Je m'éclaircis la gorge. Nous n'avions pas le choix : nous allions devoir l'interroger en présence de Ranov. Il allait me falloir recourir à une approche aussi technique que possible.

— Pouvez-vous lui demander s'il a jamais entendu dire que des Valaques venaient en pèlerinage ici ?

Ranov traduisit ma question à frère Ivan dont le visage s'éclaira au mot « Valaques ».

— Il dit que le monastère entretenait des liens étroits avec la Valachie à la fin du quinzième siècle.

Mon cœur se mit à battre plus vite, même si je m'appliquai à n'en rien laisser paraître.

— Oui ? Et en quoi consistaient ces liens ?

Ranov et lui conversèrent quelques instants, frère Ivan agitant une longue main en direction de la porte. Ranov hocha la tête.

— Il dit que vers cette époque, les princes de Valachie et de Moldavie apportèrent un soutien important à ce monastère. Il y a des manuscrits dans la bibliothèque qui en font mention.

— Connaît-il la raison de ce soutien ?

Ranov interrogea le moine.

— Non. Il sait seulement que les manuscrits en question en font état.

— Demandez-lui s'il a entendu parler d'un groupe de pèlerins qui seraient venus ici depuis la Valachie vers cette époque.

Frère Ivan sourit.

— Oui, rapporta Ranov. Il y avait même plus d'un ! Le monastère était une étape importante pour les pèlerins de

Valachie. Ils faisaient souvent halte ici avant de se rendre au mont Athos ou à Constantinople.

Je faillis grincer des dents.

— Mais un groupe de pèlerins un peu particulier, venant de Snagov et transportant un... une sorte de relique, ou cherchant une relique. Connaît-il cette histoire ?

Ranov parut réprimer un sourire triomphant.

— Non. Ça ne lui dit rien. Mais encore une fois, des foules de pèlerins passèrent par ici au quinzième siècle. Le Bachkovski manastir était un haut lieu de la foi à l'époque. Le patriarche de Bulgarie s'y exila après avoir été chassé de Veliko Trnovo, la vieille capitale, quand les Ottomans envahirent le pays. Il mourut ici en 1404 et y fut enterré. La plus ancienne partie du monastère, la seule qui soit d'origine, c'est l'ossuaire.

Helen prit la parole pour la première fois.

— Pourriez-vous lui demander, s'il vous plaît, s'il y a un moine parmi les frères qui aurait autrefois porté le nom de Pondev ?

Ranov traduisit la question et frère Ivan parut stupéfait, puis méfiant.

— Il dit qu'il doit s'agir du vieux frère Angel. Il s'appelait Vasil Pondev et était historien avant d'entrer dans les ordres. Mais il n'a plus toute sa tête. Vous n'apprendrez rien en parlant avec lui. L'abbé est notre grand érudit à présent, et il est vraiment regrettable qu'il soit absent pendant votre visite.

Oui, c'était plus que regrettable, pensai-je.

— Nous souhaiterions quand même parler à frère Angel, dis-je à Ranov.

La rencontre fut donc organisée, malgré la réticence évidente du bibliothécaire, qui se rendit avec nous dans la cour ensoleillée et, de là, vers une deuxième arche. Elle donnait accès à une autre cour, dans laquelle se dressait un très vieil édifice. L'ensemble donnait une impression d'abandon : il y avait des mauvaises herbes entre les dalles, et un arbre avait poussé à l'une des extrémités du toit ; dans quelques années, si on ne l'arrachait pas, il serait assez grand pour détruire cette partie de la structure. Je me doutais que restaurer cette maison de Dieu n'était pas la principale priorité du gouvernement bulgare. Ils avaient le monastère de Rila comme vitrine touristique, avec son histoire « purement » bulgare et auréolé du rôle actif qu'il avait joué dans la rébellion contre les Ottomans. Ce lieu ancien, en revanche, aussi beau soit-il, avait pris racine sous les Byzantins, des envahisseurs et des occupants comme les Ottomans, et il avait été tour à tour arménien, géorgien, grec – ne venions-nous pas d'apprendre qu'il avait également été indépendant sous le règne des Ottomans, contrairement aux autres monastères bulgares ? Rien d'étonnant dès lors à ce que le gouvernement laisse les arbres prendre possession des toits...

Frère Ivan nous conduisit dans une pièce au bout d'un couloir.

— L'infirmerie, nous expliqua Ranov.

Cette version nouvelle d'un Ranov coopératif me rendait de plus en plus nerveux. Le bibliothécaire ouvrit une porte en bois branlante, et nous découvrîmes alors une scène tellement pathétique que je préférerais ne pas avoir à l'évoquer ici. Deux vieux moines vivaient là, dans un réduit dont le mobilier se résumait à deux infâmes lits de camp, une méchante chaise en bois et un poêle en fonte sans âge qui, dans ces montagnes, ne devait pas empêcher les malheureux de geler l'hiver. Le sol était en pierre, les murs blanchis à la chaux étaient entièrement nus, à l'exception d'un oratoire dans un coin : une lampe suspendue, une petite étagère en bois sculpté et une icône ternie de la Vierge.

L'un des deux vieillards gisait sur son lit et ne tourna même pas la tête vers nous à notre entrée. Au bout d'un moment, je m'aperçus que ses yeux étaient constamment fermés, ses paupières rouges et suintantes, et qu'il bougeait le menton de temps à autre comme pour essayer de voir avec. Un drap blanc le recouvrait presque entièrement et l'une de ses mains tâtonnait le bord du lit, comme pour jauger l'espace dont il disposait, la limite qu'il ne devait pas dépasser sans risquer de tomber, tandis que son autre main tripotait la peau fripée de son cou.

L'autre vieillard était assis sur l'unique chaise, une canne appuyée sur le mur, près de lui – comme si le trajet de son lit à la chaise avait été un très long voyage. Il portait une robe de moine noire qui flottait, sans ceinture, sur son ventre protubérant. Ses yeux d'un bleu intense se tournèrent vers nous quand nous franchîmes le seuil, nous révélant un spectacle sinistre. Sa barbe et ses cheveux blancs avaient poussé sur son crâne et son visage comme du chiendent. Il était nu-tête, ce qui, d'une certaine façon, dans un monde où les moines portaient constamment leur *skoufos* noir, suffisait à lui donner l'air anormal et malade. Ce moine hirsute aurait pu servir d'illustration pour un prophète halluciné dans une bible du dix-neuvième siècle, à ceci près que son expression était tout sauf celle d'un visionnaire. Le pauvre homme plissait son gros nez comme si nous sentions mauvais, mâchonnait avec les coins de sa bouche, clignait et écarquillait les yeux toutes les deux secondes. Impossible de savoir s'il était effrayé, s'il ricanait ou s'il était diaboliquement amusé, car son expression changeait constamment. Son corps et ses mains étaient inertes, comme si tous les mouvements qu'ils auraient pu esquisser étaient absorbés par son visage grimaçant. Je détournai les yeux.

Ranov discutait avec frère Ivan, qui répondait à grand renfort de gestes de la main.

— L'homme assis sur la chaise est votre ex-professeur Pondev, traduisit Ranov sans état d'âme. Le bibliothécaire nous prévient qu'il est inutile d'espérer un discours cohérent de sa part.

Ranov s'approcha prudemment de frère Angel, comme s'il appréhendait de se faire mordre, et le regarda en face. Frère Angel – Pondev – fit pivoter lentement sa tête pour le dévisager, exactement comme un animal dans la cage d'un zoo. Ranov essayait de procéder aux présentations et, au bout d'une seconde, les yeux d'un bleu surnaturel de frère Angel se posèrent sur nous. Ses traits se plissèrent et furent secoués de tics, puis un flot de paroles jaillit d'une traite de sa bouche, suivis par un bredouillement grinçant, un grognement. L'une de ses mains s'éleva dans les airs dans un geste qui pouvait aussi bien être un signe de croix avorté qu'une tentative pour nous chasser.

— Qu'a-t-il dit ? demandai-je à Ranov.

— Oh ! des suites de mots dénués de toute cohérence ! répondit Ranov avec intérêt. Je n'ai jamais rien entendu de pareil. Apparemment, il s'agit pour moitié de prières – des incantations superstitieuses tirées de leur liturgie – et pour moitié d'informations sur une ligne de tramway de Sofia !

— Pouvez-vous essayer de lui poser au moins une question ? Dites-lui que nous sommes historiens, comme lui, et que nous aimerions savoir si un groupe de pèlerins originaire de Valachie transportant une sainte relique est venu ici, via Constantinople, à la fin du quinzième siècle.

Ranov haussa les épaules, mais il traduisit néanmoins ma question, à laquelle frère Angel répondit en déversant un flot de grommellements et en secouant farouchement la tête. Cette logorrhée signifiait-elle oui ou non ? me demandai-je.

— Toujours aussi incohérent, nous avertit Ranov. Cette fois, on dirait que ça a un rapport avec la prise de Constantinople par les Turcs, ce qui tendrait à prouver qu'il a quand même compris quelque chose.

Les yeux du vieil homme parurent tout à coup s'éclaircir, comme s'il nous voyait réellement pour la première fois.

Au milieu d'un torrent de sons inintelligibles – pouvait-on réellement parler d'un langage ? – je reconnus distinctement le nom d'Atanas Angelov.

— Angelov ! m'écriais-je, en m'adressant directement au vieux moine. Vous connaissez Atanas Angelov ? Vous vous souvenez avoir travaillé avec lui ?

Ranov écoutait avec attention.

— Ça ne veut pas dire grand-chose, mais je vais quand même essayer de capter au vol ce qu'il raconte. Écoutez bien.

Et il traduisit au fur et à mesure, vite et sans émotion. J'avais beau le détester, j'étais obligé d'admirer son talent.

— J'ai travaillé avec Atanas Angelov. Il y a des années de cela. Des siècles, peut-être. Il était fou. Éteignez la lampe, là-bas, elle me fait mal aux jambes. Il voulait réveiller le passé, mais le passé ne veut pas qu'on le réveille. Il dit non, non, non. Il jaillit de l'ombre et vous saute dessus. Moi, je voulais prendre le onze, mais il ne passe plus dans notre quartier. De toute façon, le camarade Dimitrov a supprimé la paie que nous allions recevoir, pour le bien du peuple. Bon peuple.

Ranov reprit son souffle et, ce faisant, il manqua un morceau du monologue que frère Angel continuait à débiter à toute vitesse. Le contraste entre son corps immobile, comme statufié sur sa chaise, et son visage agité de tics, qui remuait et grimaçait sans cesse, était saisissant.

— Angelov a trouvé un endroit dangereux, il a trouvé un endroit appelé Sveti Georgi, et il a entendu la chanson. C'est là qu'ils enterrèrent un saint et dansèrent sur sa tombe. Je peux vous offrir du café, mais c'est seulement du blé moulu, du blé et de la terre. Nous n'avons pas de pain.

Je m'agenouillai devant le vieux moine et pris sa main dans la mienne, malgré Helen qui avait ébauché un geste pour m'en empêcher. Sa main était aussi inerte qu'un poisson mort, blanche et bouffie, ses ongles jaunes et démesurément longs.

— Où se trouve Sveti Georgi ? suppliai-je.

Je sentais que dans une minute je risquais de me mettre à pleurer devant Ranov, Helen, le bibliothécaire et ces deux pauvres diables desséchés dans leur prison.

Ranov s'accroupit près de moi, essayant de capter le regard fuyant du moine.

— *K'de e Sveti Georgi ?*

Mais frère Angel s'était de nouveau réfugié dans son propre monde, le regard lointain.

— Angelov est parti au mont Athos, il a vu les *typikon*, il est allé dans les montagnes, et il a trouvé l'endroit maudit. J'ai pris le onze pour me rendre chez lui. Il a dit, Venez vite, j'ai trouvé quelque chose. Je vais retourner là-bas et creuser dans le passé. Je vous offrirais bien du café, mais c'est seulement de la terre. Oh oh, il était mort dans sa chambre, et son corps n'était pas à la morgue.

La bouche de frère Angel s'ouvrit sur un sourire qui me fit reculer. Il n'avait que deux dents et ses gencives étaient dans un état épouvantable. Son haleine aurait tué le diable en personne. Il se mit à chanter d'une voix haute et tremblante :

Le dragon est descendu dans notre vallée.
Il a brûlé les récoltes, pris les jeunes femmes,
Épouvanté les Turcs infidèles et protégé nos villages.
Son souffle a asséché les eaux, nous avons traversé à gué.

Ranov finissait juste de nous traduire ces paroles quand frère Ivan, le bibliothécaire, fit un commentaire d'une voix exaltée. Son visage était animé et ses yeux brillaient d'intérêt.

— Que dit-il ? demandai-je.

Ranov secoua la tête.

— Il connaît les paroles de cette chanson. Il a entendu une vieille femme appelée Baba Yanka la chanter au village de Dimovo, là où la rivière s'est asséchée, il y a bien longtemps. Plusieurs fois par an, on organise des processions religieuses là-bas, et ces vieilles chansons revivent à cette occasion. L'une de ces processions s'y déroulera dans deux jours, en l'honneur de saint Petko. Cela pourrait être instructif pour vous d'y assister.

— Encore des chants folkloriques, gémis-je. S'il vous plaît, demandez à M. Pondev – à frère Angel – s'il sait ce que signifie celui-ci.

Ranov posa la question avec une patience admirable, mais frère Angel continua à grimacer, le visage secoué de tics, et ne répondit pas. Au bout d'un moment, le silence eut raison de mon sang-froid.

— Savez-vous quelque chose sur Vlad Drakula ? criai-je. Vlad Tepeş ! Est-il enterré dans cette région ? Avez-vous déjà entendu ce nom ? Le nom de Drakula ?

Helen m'avait saisi le bras, mais j'étais hors de moi. Le bibliothécaire me regardait fixement, mais sans s'alarmer outre mesure, et Ranov m'observait avec une expression proche de l'apitoiement.

L'effet sur Pondev, en revanche, fut épouvantable. Il devint blême, et ses yeux se révulsèrent comme deux grosses billes bleues.

Frère Ivan se précipita et le rattrapa à la seconde où il dégringolait de sa chaise. Ranov l'aida à le porter sur le lit. C'était une masse inerte et horriblement lourde, dont les pieds blancs et enflés dépassaient de sa robe de moine, ses bras pendant dans le vide de chaque côté de leur cou. Quand ils réussirent à le coucher sur son lit, frère Ivan alla chercher un pichet et tamponna le visage du malheureux avec un peu d'eau. J'étais pétrifié d'horreur. Je n'avais pas voulu provoquer une telle réaction, et je venais peut-être de tuer l'une des dernières sources d'informations qui nous restait.

Au bout de ce qui me parut une attente interminable, frère Angel reprit connaissance, mais ses paupières se soulevèrent sur un regard traqué, celui d'un animal aux abois, et ses yeux fouillèrent la pièce avec terreur comme s'il ne parvenait à voir aucun d'entre nous. Le bibliothécaire lui tapota l'épaule d'un geste apaisant et voulut l'installer plus confortablement dans son lit, mais le vieux moine le repoussa en tremblant de tous ses membres.

— Allons-nous en, dit Ranov d'un air sombre. Il ne va pas mourir – du moins, pas de ça.

Nous suivîmes le bibliothécaire hors de la pièce, silencieux et abattus.

— Je suis désolé, dis-je une fois dans la lumière rassurante de la cour.

Helen se tourna vers Ranov.

— Pouvez-vous demander à frère Ivan s'il sait quelque chose d'autre sur cette chanson ou sur la vallée dont elle est originaire ?

Ranov et le bibliothécaire discutèrent, ce dernier lançant de brefs regards dans notre direction.

— Il dit qu'elle vient de Krasna Polyana, la vallée située de l'autre côté de ces montagnes, au nord-est. Lui-même s'y rend dans deux jours, pour assister à la procession dont il vous a parlé. Si vous le souhaitez, vous pourrez l'accompagner. Qui sait ? cette Baba Yanka, la chanteuse, sera peut-être en mesure de vous en dire davantage – ne serait-ce que d'où elle tient ce refrain.

— Tu crois que ça peut nous servir à quelque chose ? murmurai-je à Helen.

Elle me regarda gravement.

— Je l'ignore, mais il est question d'un dragon dans cette chanson, et comme c'est la seule piste dont nous disposons, nous devons la suivre. D'ici là, nous pourrons toujours faire des recherches dans la bibliothèque du monastère, si frère Ivan nous y autorise.

Je m'assis avec lassitude sur un banc en pierre au bout de l'une des galeries.

— Entendu, soupirai-je. »

68.

Septembre 1962

Ma petite fille chérie,

Maudite soit cette langue anglaise ! Mais quand j'essaie de t'écrire en hongrois, ne serait-ce que quelques lignes, je sais au plus profond de moi-même que mes mots ne te parlent pas. Tu vis et grandis en anglais. Ton père, qui me croit morte, te parle en anglais quand il te porte sur ses épaules, quand il lace tes chaussures, quand il te tient la main dans un parc… Pourtant, si moi je m'adresse à toi en anglais, j'ai le sentiment que tu ne m'entendras pas. Je ne t'ai pas écrit du tout pendant les deux premières années, parce je sentais que, quel que soit mon langage, tu ne m'écouterais pas. Je sais que ton père me croit morte parce qu'il n'a jamais essayé de me retrouver. S'il avait essayé, il aurait réussi. Mais il ne peut m'entendre, dans aucune langue…

Ta maman qui t'aime,

Helen.

Mai 1963

Ma petite fille chérie,

Je ne sais combien de fois je t'ai raconté en silence à quel point nous avons été heureuses ensemble, toi et moi, durant les premiers mois de ta vie. Le seul fait d'assister à tes réveils, après ta sieste – d'abord tes petites mains qui remuaient, ensuite le frémissement de tes cils noirs, puis tout ton corps qui s'étirait et finalement ton sourire – suffisait à me combler. Puis quelque chose s'est glissé entre nous. Ce n'était pas un élément extérieur, une menace qui aurait pesé sur toi. Non, c'était quelque chose à l'intérieur de moi. Je me suis mise à examiner encore et encore ton petit corps parfait à la recherche d'une éventuelle blessure. Mais cette blessure, je la portais en moi avant même cette morsure sur mon cou, et jamais, jamais elle ne guérirait totalement. Je me suis mise à avoir peur de te toucher, mon ange parfait.

Ta maman qui t'aime,

Helen.

Juillet 1963

Ma petite fille chérie,

Tu me manques plus que jamais aujourd'hui. Je suis à Rome, dans la salle des archives de la bibliothèque de l'université. Je suis déjà venue deux fois ici ces deux dernières années. Les appariteurs me connaissent, les conservateurs me connaissent, le serveur du café d'en face me connaît – et aurait bien voulu me connaître davantage si je ne l'avais découragé d'un seul regard. Cette salle des archives abrite des documents faisant état d'une épidémie de peste survenue en 1517, et dont les victimes développèrent une seule lésion :

une plaie rouge au cou. Le pape donna ordre qu'on les enterre avec un pieu planté dans le cœur et des gousses d'ail dans la bouche. Il *était donc là en 1517... J'essaie de retracer une carte de ses déplacements à travers le temps (Lui ou l'un de ses envoyés, puisqu'il est impossible de faire la différence). Cette carte – en réalité une succession de noms de lieux et de dates dans mon cahier de notes – couvre déjà plusieurs pages. Quel usage en ferai-je, je ne le sais pas encore. Tout en y travaillant, j'attends de le découvrir.*

Ta maman qui t'aime,

Helen.

Septembre 1963

Ma petite fille chérie,

Je suis à deux doigts d'abandonner et de venir te rejoindre. C'est bientôt ton anniversaire. Comment supporter d'en manquer encore un ? Je voudrais tellement te serrer dans mes bras sans attendre une minute de plus... mais je sais qu'alors tout recommencerait. Face à toi, à ta pureté, j'aurais trop conscience, comme il y a six ans, de cette marque du démon gravée dans ma chair – et ce serait trop horrible. Comment rester auprès de toi sachant que je suis contaminée ? De quel droit pourrais-je effleurer ta joue si douce ?

Ta maman qui t'aime,

Helen.

Octobre 1963

Ma petite fille chérie,

Je t'écris d'Assise. Le spectacle de ces églises et de ces chapelles étonnantes accrochées à leur colline me déprime étrangement.

Nous aurions pu venir ici tous les trois – toi, si mignonne dans une jolie petite robe ; ton père et moi, machant main dans la main, comme n'importe quels touristes. Au lieu de ça, je passe mes journées à respirer la poussière d'une bibliothèque monastique, penchée sur un document de 1603. Je suis ici parce que cette année-là, deux moines moururent en ce lieu, un jour glacial de décembre. On les retrouva dans la neige avec juste une petite blessure au niveau de la gorge…

Un étranger ne comprendrait pas ma peine : mon latin n'est pas du tout rouillé, mon argent me permet de m'offrir les services d'un interprète, d'un traducteur ou d'une blanchisseuse dès que j'en ai besoin. Je peux payer sans problème visas, passeports, billets de train, fausses cartes d'identité… Moi qui n'ai jamais eu d'argent quand j'étais enfant… Ma mère, au village, savait à peine à quoi cela ressemblait. Depuis, j'ai découvert qu'il peut tout acheter. Non, pas tout, hélas ! Pas tout ce que je voudrais.

Ta maman qui t'aime,

Helen.

69.

« Ces deux jours à Bachkovo comptèrent parmi les plus longs de toute ma vie. J'aurais voulu me rendre à cette procession immédiatement, qu'elle ait lieu là, maintenant, tout de suite, pour que nous puissions tenter de suivre le fil du mot clé de cette chanson – *Dragon* – et remonter jusqu'à son antre. En même temps, je redoutais le moment presque inévitable où cet indice potentiel s'évanouirait à son tour dans un nuage de fumée, ou s'avérerait n'être finalement qu'une fausse piste. Helen m'avait déjà informé que les chansons nées de la tradition populaire défiaient le plus souvent toute analyse ; leurs origines se perdaient dans la nuit des temps, leur texte non fixé changeait et évoluait constamment au gré de la fantaisie ou de la mémoire de celles et de ceux qui les chantaient, lesquels ne savaient pas eux-mêmes d'où elles venaient ni à quand elles remontaient.

— C'est ce qui en fait des chansons traditionnelles, me dit-elle d'un ton mélancolique tout en lissant le col de ma chemise alors que nous nous tenions dans la cour, au soir du premier jour de notre présence au monastère.

Elle n'était pas coutumière de ces petits gestes familiers, j'en conclus donc qu'elle était préoccupée. Mes yeux me piquaient, et ma tête était douloureuse tandis que je regardais autour de moi les pavés chauffés par le soleil que grattaient les poules. C'était un endroit magnifique, un lieu rare, hors du temps, où nous pouvions voir la vie s'écouler telle qu'au onzième siècle. Mais je ne parvenais même plus à ressentir sa beauté.

Au matin du deuxième jour, je me réveillai tôt. Il me semblait avoir entendu sonner les cloches des mâtines, mais je n'aurais su dire si cela faisait partie ou non de mon rêve. Par la fenêtre de ma cellule, masquée par un rideau grossier, je crus voir quatre ou cinq moines se hâter vers l'église. J'enfilai mes vêtements – ils étaient sales, maintenant, mais je n'avais vraiment pas la tête à faire de la lessive – et je descendis silencieusement l'escalier de la galerie pour me rendre dans la cour.

Il était vraiment très tôt : le jour n'était pas encore levé et la lune brillait au-dessus des montagnes. Je fus tenté un instant d'entrer dans l'église et de rester près de la porte, qui était ouverte ; de l'intérieur s'échappait un peu de la lumière des cierges ainsi qu'une odeur de cire fondue et d'encens. Ce lieu si impressionnant par ses ombres insondables à la mi-journée paraissait accueillant et rassurant à cette heure matinale. Je pouvais entendre les moines chanter et la puissance mélancolique de leurs voix pénétrait mon cœur comme une dague. C'était peut-être ce même chant qui s'élevait dans le silence ce petit matin lugubre de l'an de grâce 1477, quand frère Kiril et frère Stefan, ainsi que leurs compagnons, avaient quitté le monastère, laissant derrière eux, dans l'ossuaire, les corps martyrisés de deux des leurs, pour se diriger vers les montagnes, leur trésor à l'intérieur de leur chariot. Quelle direction avaient-ils prise ? Je tournai la tête vers l'est, puis vers l'ouest – où la lune disparaissait rapidement – puis vers le sud.

Une petite brise s'était levée, agitant les branches des tilleuls et, au bout de quelques instants, je vis les premières lueurs du soleil caresser le flanc des montagnes et les murs du monastère. Puis, avec un temps de retard, quelque part, au loin, un coq chanta. Cela aurait pu être un moment de pur plaisir, une de ces immersions totales dans l'histoire comme j'en rêvais depuis toujours, si seulement j'avais eu le cœur à ça. Je pivotai lentement, dans l'espoir que mon intuition m'indiquerait la direction dans laquelle frère Kiril avait voyagé. Quelque part, à l'extérieur de ces murs, se trouvait – peut-être – une tombe, dont l'emplacement avait été recouvert pendant si longtemps par les sables de l'oubli que son existence même s'était effacée des esprits. Elle se trouvait peut-être à un jour de marche d'ici, peut-être à trois jours, ou à une semaine. « Pas très loin » avait simplement écrit Zacharias. Quelle distance recouvrait cette vague indication ? Où étaient-ils allés ? Le décor s'éveillait à présent – les montagnes couvertes de forêts avec leurs à-pics rocheux, la cour dallée sous mes pieds, la vallée et les champs tout autour du monastère – mais il gardait jalousement son secret.

Vers neuf heures, ce matin-là, nous partîmes – enfin ! – dans la voiture de Ranov, frère Ivan s'installant devant pour indiquer le chemin. Nous suivîmes la route le long du fleuve pendant une dizaine de kilomètres, avant de bifurquer vers les collines, à l'appel d'un panneau indiquant un village que, par commodité, je baptiserai Dimovo. La route se rétrécit en arrivant au pied d'une montagne escarpée, et nous aperçûmes l'église, bien que le village, lui, restât invisible.

L'église de Sveti Petko le Martyr était toute petite : une simple chapelle en stuc laminée par les intempéries, qui se dressait toute seule au milieu d'un pré. Deux chênes noueux formaient un abri au-dessus de l'édifice, et tout près d'elle se blottissait un vieux cimetière comme je n'en avais jamais vu – des tombes de paysans au pied desquelles on avait posé de petites lampes. Certaines de ces sépultures dataient du dix-huitième siècle, nous expliqua fièrement Ranov.

— C'est une tradition. Il existe de nombreux endroits comme celui-ci dans les campagnes, où aujourd'hui encore on enterre les paysans.

Les tombes étaient signalées par des panneaux en bois ou des stèles, surmontés d'un chapiteau triangulaire.

— Frère Ivan dit que la cérémonie ne commencera pas avant onze heures trente. Ils décorent l'église pour le moment. Il va d'abord nous conduire chez Baba Yanka, et ensuite, nous reviendrons assister aux festivités.

Ranov nous lança un regard aigu comme pour deviner ce qui nous intéressait le plus.

— Que font-ils, là ?

Je désignai un petit groupe d'hommes qui s'activaient dans le champ, près de l'église. Certains transportaient des bûches et des grosses branches qu'ils empilaient les unes sur les autres, pendant que leurs compagnons traçaient un cercle de brique et de pierre tout autour. Ils avaient déjà amassé un tas de bois impressionnant.

— Frère Ivan me dit qu'ils préparent un brasier pour la cérémonie. Apparemment, quelqu'un va marcher dans le feu.

— La marche sur les braises, souffla Helen d'une voix pensive.

— Oui, acquiesça Ranov d'un ton dénué d'émotion. C'est un rituel qu'on observe rarement en Bulgarie de nos jours, et plus rarement encore dans cette partie du pays. Je n'en ai entendu parler que dans la région de la mer Noire. Mais il s'agit d'une région pauvre et superstitieuse que le Parti travaille heureusement à tirer de son obscurantisme. Je ne doute pas qu'avec le temps, ce genre de pratique, indigne d'une nation civilisée comme la nôtre, finira par être éradiquée.

Helen se tourna vivement vers moi.

— En réalité, il s'agit d'une ancienne tradition païenne, devenue chrétienne dans les Balkans quand les populations se sont converties. D'habitude, on ne marche pas exactement sur les braises, mais on danse, plutôt. Je suis ravie que nous ayons l'occasion de contempler un tel spectacle.

Ranov haussa les épaules et nous entraîna plus loin, en direction de l'église, mais j'avais eu le temps de voir l'un des hommes occupé à élever le bûcher se pencher en avant, une torche à la main, et mettre le feu à la montagne de bois. Elle s'enflamma très rapidement et les bûches se mirent à crépiter. Les flammes léchèrent bientôt les branches du haut, de sorte que toute la pile flamboya. Les paysans reculèrent de plusieurs pas et contemplèrent le brasier tout en s'essuyant les mains sur leur pantalon. Même Ranov restait immobile, fasciné par le spectacle.

La montagne de bois tout entière était en feu. Les flammes étaient presque aussi hautes que le toit de l'église voisine. Nous regardâmes le feu dévorer cet énorme repas jusqu'à ce que Ranov se détourne de nouveau.

— Ils vont le laisser se consumer complètement pendant plusieurs heures, dit-il. Même le plus superstitieux d'entre eux n'approcherait pas maintenant.

Comme nous passions devant l'église, un jeune homme, apparemment le pope, s'avança pour nous accueillir. Il nous serra la main avec un sourire aimable, puis frère Ivan et lui s'inclinèrent l'un devant l'autre avec une égale cordialité.

— Il dit qu'il est très honoré de votre présence pour la fête de leur saint, rapporta Ranov un peu sèchement.

— Répondez-lui que nous sommes très honorés d'être autorisés à y assister, répondis-je. Pouvez-vous lui demander qui est Sveti Petko ?

Le religieux expliqua qu'il s'agissait d'un martyr local, tué par les Turcs, parce qu'il avait refusé d'abjurer sa foi. Sveti Petko avait été le pope d'une ancienne église, édifiée sur ce site, que les Turcs avaient incendiée. Même après que son église eut été détruite, il avait refusé d'embrasser la religion musulmane. La chapelle actuelle avait été édifiée plus tard, et les reliques du saint inhumées dans la vieille crypte. Désormais, nombreux étaient ceux qui venaient s'y recueillir. Sa sainte icône, ainsi que deux autres dotées d'un grand pouvoir, seraient portées lors de la procession autour de l'église et pendant le rituel de « la marche sur le feu ». Ici, nous pouvions voir une image de Sveti Petko – le pope pointait un doigt vers une fresque à demi effacée, sur la façade de l'église, montrant un visage barbu pas tellement différent du sien. Nous pourrions revenir visiter l'église dès que les préparatifs seraient terminés.

Le jeune pope nous sourit avec douceur. Nous étions les bienvenus pour assister à la cérémonie et recevoir la bénédiction de Sveti Petko. Nous ne serions pas les premiers pèlerins venus à lui de l'étranger qu'il aurait guéris de leur maladie ou de leur souffrance, nous traduisit Ranov.

Toujours par l'intermédiaire de ce dernier, je lui demandai s'il avait jamais entendu parler d'un monastère appelé Sveti Georgi. Il secoua la tête.

— Le monastère le plus proche est Bachkovski, répondit-il. Il est arrivé que des moines d'autres monastères viennent aussi ici en pèlerinage, mais il y a longtemps.

Il voulait probablement dire par là que les pèlerinages avaient cessé depuis que les communistes étaient au pouvoir, supposai-je. Je me promis mentalement de poser la question à Stoichev quand nous rentrerions à Sofia.

— Je vais lui demander de nous indiquer où nous pouvons trouver Baba Yanka, dit Ranov au bout d'un moment.

Le pope savait parfaitement où habitait la vieille femme. Il nous aurait volontiers accompagnés, mais l'église était restée fermée pendant des mois (il ne venait ici que lors des célébrations religieuses), de sorte que son assistant et lui avaient encore beaucoup de travail.

Le village était niché dans un creux, juste au pied de la prairie où se dressait l'église, et rassemblait la plus petite communauté que j'aie eu l'occasion de voir depuis notre arrivée dans le bloc de l'Est : quinze maisons tout au plus se blottissaient presque craintivement les unes contre les autres, entourées par des pommiers et des jardins potagers prospères. Le chemin, juste assez large pour une charrette, passait devant un vieux puits où pendaient une chaîne rouillée et un seau en métal. J'étais abasourdi par cet univers d'un autre âge et me surpris à chercher autour de moi un élément un tant soit peu « moderne ». Apparemment, le vingtième siècle n'était pas arrivé jusqu'ici. (Je me sentis presque trahi en apercevant un seau en plastique blanc dans la cour d'une des habitations en pierre et voulus y voir l'exception à la règle.) On aurait dit que les maisons avaient jailli telles quelles de la roche grise, et qu'après réflexion on avait décoré le premier étage de stuc et couvert les toits d'ardoises grises. Certaines arboraient fièrement de vieux et superbes colombages, qui auraient été parfaitement à leur place dans un village de style Tudor.

Comme nous nous engagions dans la grand-rue (l'unique rue, en fait) de Dimovo, les villageois sortirent de leur maison et des granges pour nous accueillir – des gens âgés pour la plupart, et déformés au-delà du croyable par une vie de dur labeur. Je vis des femmes aux jambes curieusement arquées, des hommes cassés en deux comme s'ils transportaient constamment une charge invisible sur leur dos. Ils avaient la peau brune, les joues rouges et nous adressaient de larges sourires où brillaient des dents en métal. Certains s'inclinèrent devant frère Ivan, qui leur donna sa bénédiction et échangea quelques mots avec eux. Bientôt, nous fûmes entourés par une véritable petite foule, dont les membres les plus jeunes semblaient avoir facilement soixante-dix ans, même si

Helen m'apprit plus tard que ces paysans avaient vraisemblablement vingt ans de moins.

Baba Yanka habitait une maison minuscule, accolée à une petite grange. La première vision que j'eus d'elle fut la tache éclatante de son foulard rouge, puis celle, plus contrastée, de son corsage rayé et de son tablier. Elle était sortie sur le seuil, attirée par l'agitation dans la rue, et comme certains villageois criaient son nom, elle hocha brièvement la tête. Plus nous approchions, plus je distinguais son visage couleur acajou, son nez et son menton pointus ; quant à ses yeux... difficile de dire leur couleur, tant ils disparaissaient au milieu de ses rides.

Ranov lui cria quelque chose – j'espérais qu'il ne s'agissait pas d'une injonction ou d'une remarque irrespectueuse – et après nous avoir dévisagés pendant quelques instants, elle s'avança vers nous. Elle n'était pas aussi petite que je l'avais imaginé : elle arrivait quand même à l'épaule d'Helen et, vu de près, ses yeux avaient un scintillement joyeux dans son visage réservé. Elle embrassa la main de frère Ivan et nous échangeâmes une poignée de main avec elle, ce qui parut la plonger dans un abîme de perplexité. Puis elle nous poussa à l'intérieur de sa maison comme des volailles échappées d'une basse-cour.

L'intérieur était très pauvre, mais d'une propreté irréprochable, et un bouquet de fleurs des champs posé sur la table égayait la pièce. Comparé à cet endroit, l'humble logis de la mère d'Helen aurait pu passer pour un manoir. Une échelle fixée contre l'un des murs permettait d'accéder à la grange voisine. Je me demandai combien de temps encore Baba Yanka serait capable d'escalader cette échelle, mais elle s'activait dans la pièce avec une telle vivacité que je réalisai peu à peu qu'elle n'était pas vieille du tout. Je chuchotai cette remarque à l'oreille de Helen et elle acquiesça d'un petit signe de la tête.

— Cinquante, pas plus, me souffla-t-elle en retour.

J'en restai sans voix. Ma mère, à Boston, avait cinquante-deux ans, et elle avait l'air d'être la petite-fille de cette aïeule ! Les mains usées de Baba Yanka étaient aussi noueuses et déformées que ses pieds étaient restés lestes ; je la regardai poser des plats recouverts par des linges et des verres sur la table, devant nous, en me demandant ce qu'elle avait bien pu faire avec ses pauvres mains pour qu'elles soient dans cet état. Abattu des arbres, peut-être, fendu du bois pour le feu, moissonné les récoltes, travaillé dans le froid et la chaleur extrêmes.

Tout en s'activant, elle nous lançait des regards ponctués d'un bref sourire, et finalement elle nous servit une sorte de breuvage blanc et épais que Ranov avala d'une traite. Sur quoi, il lui adressa un signe de tête approbateur et s'essuya la bouche avec son mouchoir. Je l'imitai, mais je crus mourir ; la mixture était tiède et avait un goût très prononcé de basse-cour. Je m'efforçais de ne pas avoir un haut-le-cœur trop visible pendant que Baba Yanka m'adressait un sourire rayonnant. Helen vida son verre avec dignité, et Baba Yanka lui tapota la main.

— C'est du lait de brebis coupé avec de l'eau, m'expliqua Helen. Essaie d'imaginer qu'il s'agit d'un milk-shake…

— Je vais lui demander si elle veut bien chanter pour nous, déclara Ranov. C'est bien pour ça que nous sommes ici ?

Il s'entretint un moment avec frère Ivan, qui se tourna vers Baba Yanka. La femme eut un mouvement de recul et hocha frénétiquement la tête. Non, elle ne chanterait pas. Elle esquissa un geste dans notre direction, puis glissa ses mains sous son tablier. Mais frère Ivan insista et, apparemment, il sut trouver les mots.

— Nous allons d'abord la laisser chanter librement, expliqua Ranov. Et ensuite, vous lui demanderez ce que vous voulez.

Baba Yanka semblait s'être résignée, et je me demandai si ses protestations ne faisaient pas partie d'un jeu pour se faire prier, car elle avait déjà retrouvé le sourire. Elle soupira, puis redressa le dos sous le tissu fané de son chemisier et ouvrit la bouche. Le son qui en jaillit fut ahurissant. Il était d'une telle force que les verres tremblèrent sur la table et que tous ceux qui s'étaient rassemblés devant la porte restée ouverte (la moitié du village, au moins) rentrèrent la tête dans les épaules. Il résonna contre les murs, générant une onde qui fit osciller les guirlandes d'oignons et de piments suspendues au-dessus du vieux fourneau.

Je saisis discrètement la main d'Helen dans la mienne. Les sons s'étiraient très lentement, une note après l'autre, chacune sous la forme d'une longue plainte exprimant la solitude et le désespoir. Je me remémorai cette jeune femme qui s'était jetée de la falaise pour ne pas être conduite dans le harem du pacha et me demandai s'il s'agissait d'une histoire similaire. Encore que, assez bizarrement, Baba Yanka ne cessait pas de nous sourire une seule seconde pendant son étrange prestation. Nous l'écoutâmes stupéfaits jusqu'à ce que le silence retombe brusquement. La dernière note sembla se prolonger à l'infini dans la pièce minuscule.

— S'il vous plaît, pouvez-vous lui demander de nous réciter le texte, dit Helen.

Avec des difficultés manifestes – qui n'affectèrent en rien son sourire – Baba Yanka s'exécuta, et Ranov traduisit.

Le héros gît au sommet de la montagne verte.
Le héros gît avec neuf blessures en son flanc...
Ô toi, faucon, vole vers lui, vole lui dire que ses hommes sont saufs,
Saufs dans les montagnes, tous ses hommes saufs.

Le héros avait neuf blessures en son flanc,
Mais ce fut la dixième qui le tua.

Sa récitation terminée, Baba Yanka précisa quelque chose à Ranov puis, tout en continuant à sourire, agita un doigt dans sa direction. Je la croyais capable de lui donner la fessée et de l'envoyer au lit sans manger s'il n'était pas sage.

— Vous pouvez lui demander si elle sait de quand date cette chanson ? intervint Helen. Et de qui elle la tient ?

Ranov posa la question et Baba Yanka éclata d'un rire cristallin, montrant un point situé derrière son épaule, agitant les mains.

— Elle dit qu'elle est aussi vieille que les montagnes et que personne ne sait à quand elle remonte. Elle la tient de son arrière-grand-mère, qui a vécu jusqu'à l'âge de quatre-vingt-treize ans.

Baba Yanka voulut à son tour nous poser des questions. Comme son regard se fixait sur nous, je m'aperçus qu'elle avait des yeux magnifiques sous ses paupières plissées par le soleil et le vent – des yeux d'un brun doré, presque ambrés, avivés par son foulard rouge. Elle hocha la tête avec une expression incrédule quand nous lui répondîmes que nous venions d'Amérique.

— *Amerika ?*

Elle parut réfléchir à la question.

— Ce doit être de l'autre côté de la montagne.

— C'est une vieille femme ignorante, crut bon d'expliquer Ranov. Le gouvernement travaille à relever le niveau d'instruction de ces populations. C'est l'un de ses grands chantiers.

Helen sortit une feuille de papier de son sac, et saisit la main de la vieille femme dans la sienne.

— Demandez-lui à présent si elle connaît une chanson qui ressemble à celle-ci – il va falloir que vous la lui traduisiez. Ça commence par « Le dragon est descendu dans notre vallée. Il a brûlé les récoltes, pris les jeunes femmes… »

Baba Yanka écouta attentivement les premiers mots de Ranov, puis son visage se crispa brusquement d'effroi et de contrariété ; elle se rejeta en arrière et se signa rapidement.

— *Ne* ! dit-elle avec véhémence en retirant sa main de celle d'Helen. *Ne, ne.*

Ranov haussa les épaules.

— Je pense que le message est clair : ce texte ne lui dit rien.

— C'est tout le contraire, rectifiai-je doucement. Demandez-lui de quoi elle a peur.

Cette fois, la vieille femme paraissait fâchée.

— Elle ne veut pas en parler, dit Ranov.

— Dites-lui que je lui donnerai une récompense.

Ranov haussa les sourcils mais transmit l'offre à Baba Yanka.

— Elle veut que nous fermions la porte.

Il se leva et ferma posément la porte et les volets en bois, masquant les personnes rassemblées dans la rue.

— Maintenant, elle va chanter.

Il aurait été difficile d'imaginer plus grand contraste entre sa première interprétation et celle-ci : son sourire avait disparu, et elle semblait tassée au fond de sa chaise, les yeux fixés sur le sol. La mélodie qui sortit de ses lèvres était d'une tristesse poignante, même si la dernière phrase, à ce qu'il me sembla, finissait sur une note de défi.

Ranov traduisait les paroles pour nous au fur et à mesure, avec infiniment de soin. Pourquoi une telle obligeance ? me demandai-je une fois de plus.

Le dragon est descendu dans notre vallée.
Il a brûlé les récoltes, pris les jeunes femmes,
Épouvanté les Turcs infidèles et protégé nos villages.

Son souffle a asséché les eaux, nous avons traversé à gué.
Le Dragon fut d'abord notre protecteur,
Mais maintenant, nous nous défendons contre lui.

— Eh bien ? demanda Ranov. C'est cela que vous vouliez entendre ?

— Oui…

Helen tapota la main de Baba Yanka, et la vieille femme lâcha un flot de paroles furieuses.

— Demandez-lui qui lui a appris cette chanson, et aussi pour quelle raison elle lui fait si peur, requit Helen.

Il fallut quelques minutes à Ranov pour faire le tri dans les grommellements de Baba Yanka.

— Elle l'a apprise en secret de son arrière-grand-mère, qui lui a fait jurer de ne jamais la chanter après le coucher du soleil. C'est une chanson qui porte malheur. Ils ne la chantent pas ici, sauf le jour de la fête de saint Georges. C'est le seul jour de l'année où l'on peut la chanter sans attirer le malheur. Elle espère que vous n'avez pas fait mourir sa vache, ou pire encore.

Helen sourit.

— Dites-lui que j'ai un cadeau pour elle, un présent qui chasse le malheur et attire la chance.

Elle ouvrit la main noueuse de Baba Yanka et y déposa un médaillon en argent.

— Il appartenait à un homme très pieux et très sage, qui vous l'envoie pour votre protection. Il représente Sveti Ivan Rilski, un grand saint bulgare.

Je réalisai qu'il devait s'agir du petit objet que Stoichev avait glissé dans la main d'Helen.

Baba Yanka le regarda pendant un moment, le faisant tourner dans sa paume calleuse, puis elle le porta ses lèvres et l'embrassa avec ferveur. Elle le glissa finalement dans une poche de son tablier.

— *Blagodarya*, dit-elle.

Elle embrassa également la main d'Helen, et la pressa dans la sienne comme si elle venait de retrouver une fille perdue depuis des années.

Helen se tourna de nouveau vers Ranov.

— S'il vous plaît, une dernière question. Demandez-lui si elle sait ce que signifie cette chanson et d'où elle vient. Et pourquoi la chantent-ils le jour de la fête de saint Georges ?

Baba Yanka haussa les épaules.

— Les paroles ne veulent rien dire. Ce n'est rien qu'une vieille chanson qui porte malheur, répondit-elle par la voix de Ravov. Mon arrière-grand-mère m'a dit que des gens pensaient qu'elle venait d'un monastère. Mais ce n'est pas possible parce que les moines ne chantent pas de telles choses – ils chantent les louanges de Dieu. Nous, nous la chantons le jour de la fête de saint Georges parce qu'elle invite Sveti Georgi à tuer le Dragon et à mettre un terme aux tortures qu'il inflige à son peuple.

— Quel monastère ? intervins-je d'une voix pressante. Demandez-lui si elle a entendu parler d'un monastère qui s'appelle Sveti Georgi, un monastère disparu depuis très longtemps.

Mais Baba Yanka hocha la tête et fit claquer sa langue.

— Il n'y a pas de monastère ici. Le seul se trouve à Bachkovo. Nous avons seulement l'église, où je chanterai avec ma sœur cet après-midi.

Je serrai les poings et demandai à Ranov de renouveler sa question. Cette fois, ce fut lui qui fit claquer sa langue.

— Je crois que cela suffit. Elle affirme qu'elle ne connaît pas d'autre monastère. Il n'y a jamais eu d'autre monastère ici.

— Quand a lieu la fête de saint Georges ? articulai-je d'une voix blanche.

— Le 5 mai.

Ranov m'observa avec un insistance qui me fit baisser les yeux.

— Vous l'avez manquée de plusieurs semaines…

Je gardai le silence, mais entre-temps, Baba Yanka avait retrouvé son entrain. Elle nous serra la main, embrassa Helen comme du bon pain et nous fit promettre de venir l'entendre chanter cet après-midi.

— Vous verrez, c'est bien mieux avec ma sœur.

Nous répondîmes que nous serions là sans faute. Elle insista pour nous servir à déjeuner – le repas qu'elle préparait à notre arrivée, soit des pommes de terre et une sorte de bouillie d'avoine, ainsi que le fameux lait de brebis auquel je réussirais peut-être à m'habituer si je restais ici plusieurs mois. Nous manifestâmes autant d'appétit que possible, louant ses talents de cuisinière, jusqu'à ce que Ranov nous informe qu'il était temps de partir si nous ne voulions pas manquer le début de l'office religieux. Baba Yanka nous laissa partir à regret, serrant nos mains et nos bras, et tapotant les joues d'Helen.

Le bûcher était presque complètement consumé à présent, même si quelques branches brûlaient encore sur les braises, pâles dans la lumière éclatante de l'après-midi. Les villageois avaient déjà commencé à se rassembler près de l'église, devançant l'appel de la cloche. Finalement, elle sonna à toute volée dans le petit clocher en pierre, et le jeune pope apparut sur le seuil. Il était vêtu d'une chasuble rouge et or, ainsi que d'une longue cape brodée et d'un châle noir drapé sur sa coiffe. Sa main tenait une longue chaîne en or au bout de laquelle pendait un encensoir fumant, qu'il agita dans trois directions différentes.

Toutes les personnes présentes – des femmes habillées comme Baba Yanka de vêtements mélangeant rayures et motifs fleuris, ou bien en noir des pieds à la tête, et des hommes en grosses vestes de laine et pantalons marron, une chemise blanche nouée à la taille ou boutonnée sous le cou – s'écartèrent respectueusement, certains baissant la tête en signe d'humilité tandis que le pope s'avançait parmi eux, les bénissant d'un signe de croix.

Un homme plus âgé, tout en noir, comme un moine, marchait derrière lui. Son assistant, probablement. Il tenait une icône dans ses bras, drapée de soie pourpre. J'aperçus brièvement l'image sacrée : un visage figé, pâle, aux yeux noirs – sans doute Sveti Petko.

Les villageois suivirent l'icône en silence, contournant l'église dans un flot impressionnant, nombre d'entre eux marchant avec des cannes ou s'appuyant sur le bras des plus jeunes. Baba Yanka nous retrouva et glissa fièrement son bras sous le mien, comme pour montrer à ses voisins qu'elle avait des relations. Tout le monde nous dévisageait ; nous générions au moins autant d'attention que l'icône.

La procession conduite par les deux religieux passa derrière l'église, puis remonta de l'autre côté, où nous pouvions voir le cercle du feu non loin de là et sentir l'odeur de fumée qui s'en dégageait. Les flammes mouraient faute d'être alimentées, et les dernières bûches avaient pris une couleur orange vif, le tout reposant sur un énorme matelas de braises.

Nous fîmes lentement trois fois le tour de la chapelle, puis le pope s'immobilisa de nouveau sur le porche et se mit à chanter. Parfois, son assistant lui répondait, parfois la foule murmurait une réponse, en se signant ou s'inclinant. Baba Yanka avait lâché mon bras mais se tenait toujours à nos côtés. Helen regardait autour d'elle avec beaucoup d'intérêt – Ranov aussi.

La cérémonie en plein air achevée, nous suivîmes la congrégation à l'intérieur de l'église, où il faisait aussi noir que dans une tombe par contraste avec la luminosité extérieure. Malgré sa petitesse, l'église possédait des proportions exquises dont l'harmonie n'avait rien à envier aux édifices imposants que nous avions visités à Sofia. Le jeune pope avait installé l'icône de Sveti Petko à la place d'honneur, près de l'entrée, sur un lutrin en bois sculpté. Je remarquai que frère Ivan s'inclinait profondément devant l'autel.

Comme d'habitude, il n'y avait pas de banc : les fidèles restaient debout ou s'agenouillaient à même les dalles froides. Les murs latéraux abritaient des niches décorées de fresques ou accueillant des icônes. Dans l'une d'elles s'ouvrait un passage sombre qui, je le supposai, devait descendre dans la crypte. Il était aisé d'imaginer des siècles de ferveur paysanne en ce lieu ainsi que dans l'église primitive qui se dressait jadis sur ce même site.

Après ce qui me parut une éternité, les psalmodies cessèrent. L'assistance s'inclina de nouveau, puis commença à sortir de l'église, certains s'arrêtant ici ou là pour embrasser une icône ou allumer un cierge, qu'ils plantaient ensuite dans le grand candélabre en fer près de l'entrée. Les cloches sonnaient à toute volée, et nous suivîmes les villageois à l'extérieur, où la chaleur et l'éclat du soleil nous saisirent. Une longue table avait été dressée sous les arbres, et des femmes s'activaient déjà, apportant des plats et des pichets en grès. Puis je m'aperçus qu'il y avait un deuxième feu de bois de ce côté-ci de l'église, modeste celui-là, au-dessus duquel rôtissait un agneau. Deux hommes faisaient tourner la broche, et l'odeur de viande grillée me fit monter l'eau à la bouche.

Baba Yanka insista pour remplir elle-même nos assiettes, puis nous conduisit jusqu'à un plaid installé à l'écart de la foule. Là, nous fîmes la connaissance de sa sœur, qui lui ressemblait comme deux gouttes d'eau (en plus grande et plus mince), et nous attaquâmes ce repas succulent. Même Ranov, qui avait replié ses jambes sur la couverture en laine pour ne pas salir son pantalon, semblait presque content. Quelques villageois s'arrêtèrent pour nous saluer et demander à Baba Yanka et à sa sœur à quel moment elles allaient chanter – une requête qu'elles repoussèrent d'un geste de la main avec la morgue de deux divas harcelées par leurs admirateurs.

Comme nous avions entièrement dévoré l'agneau et que les femmes raclaient les déchets au-dessus d'un seau en bois, je vis que trois hommes avaient apporté des instruments de musique et se préparaient à jouer. L'un d'eux tenait l'instrument le plus bizarre qui m'ait été donné de contempler : une sorte de sac en peau d'animal de couleur blanche d'où sortaient des tuyaux. Ranov nous expliqua qu'il s'agissait d'un instrument très ancien en Bulgarie, la *gaïda*, une variété de cornemuse fabriquée avec une peau de chevreau. Le vieil homme qui la serrait dans ses bras se mit à souffler dedans pour la gonfler comme un gros ballon ; la procédure lui prit dix bonnes minutes et il était écrevisse avant même d'avoir terminé. Il la cala alors sous son bras, emboucha l'un des tuyaux, et tout le monde applaudit en poussant des cris enthousiastes. Le son qui s'en échappait ressemblait lui aussi au cri d'un animal, à mi-chemin entre le bêlement et le beuglement, et Helen se mit à rire en voyant ma tête.

— Tu sais, me dit-elle, il y a une cornemuse dans toutes les cultures pastorales du monde.

Le vieux se mit à jouer, bientôt rejoint par ses amis, l'un avec une longue flûte en bois dont le son virevolta autour de nous comme un long ruban fluide, l'autre avec un tambour tendu de peau très fine. Des femmes se levèrent aussitôt et se mirent en ligne, tandis qu'un homme brandissant un mouchoir blanc, comme chez Stoichev, les entraînait dans une longue farandole à travers la prairie. Ceux qui n'étaient pas assez valides pour les suivre restèrent assis à leur place, frappant en cadence le sol avec leurs mains ou leur canne.

Baba Yanka et sa sœur n'avaient pas bronché, comme si le moment n'était pas encore venu. Elles attendirent jusqu'à ce que le joueur de flûte les appelle de la voix et du geste, et que leur public se joigne à lui avec insistance.

Elles firent mine d'hésiter avant de condescendre à se lever et à s'avancer main dans la main vers les trois musiciens. Le silence se fit, et la *gaïda* joua une petite introduction. Les deux femmes commencèrent alors à chanter une mélodie d'une intensité et d'une beauté saisissantes, paraissant émaner d'une seule et même personne tant leurs deux voix ne faisaient qu'une. Les accents déchirants de la *gaïda* se mêlaient à leur chant dans une longue plainte qui semblait monter de la terre. Les yeux d'Helen se remplirent brusquement de larmes, et cela lui ressemblait si peu que je lui enlaçai la taille, sans me soucier des regards.

Lorsque les deux sœurs eurent chanté cinq ou six chansons, entrecoupées par les applaudissements de la foule, tout le monde se leva – répondant à un signal qui me parut invisible jusqu'à ce que j'aperçoive le pope qui s'approchait de nouveau. Il brandissait à bout de bras l'icône de Sveti Petko, à présent enveloppée de velours rouge, suivi par deux jeunes garçons, vêtus l'un et l'autre d'une robe sombre, et portant chacun une icône complètement recouverte d'une draperie de soie blanche.

Cette procession contourna lentement l'église et s'arrêta entre l'édifice et le grand cercle du feu. Le bois s'était entièrement consumé ; seul subsistait un grand cercle de braises, d'un rouge infernal. Des rubans de fumée s'en échappaient ici et là, comme si quelque chose en dessous était vivant et respirait. Le pope et ses assistants se tenaient à côté du mur de l'église, tenant les précieuses icônes devant eux.

Les musiciens se mirent alors à jouer un air à la fois sombre et entraînant, et tous les villageois qui pouvaient danser, ou du moins marcher, s'avancèrent un par un afin de former une longue farandole qui serpenta lentement autour du feu. Lorsqu'ils firent un grand cercle à l'extérieur des braises, Baba Yanka et une autre femme – pas sa sœur, cette fois, mais une vieille dame encore plus ridée, dont les yeux voilés semblaient presque aveugles – s'approchèrent du pope et s'inclinèrent devant lui. Puis elles se déchaussèrent et embrassèrent respectueusement l'image sévère de Sveti Petko avant de recevoir la bénédiction du pope. Les deux jeunes assistants leur remirent une icône chacune, après avoir ôté les draperies en soie qui les recouvraient. La musique gagna en intensité ; le joueur de *gaïda* transpirait abondamment, le visage écarlate, les joues énormes.

Baba Yanka et la femme aux yeux voilés s'avancèrent en dansant vers le feu, sans jamais se tromper dans leurs pas, puis alors que je retenais mon souffle, incrédule, elles entrèrent à l'intérieur du cercle et dansèrent sur les braises incandescentes.

Helen glissa sa main dans la mienne et la serra à la broyer. Elles tenaient toutes les deux leur icône devant elle, le regard fixe et perdu dans un autre monde. Leurs pieds virevoltaient au milieu des braises, soulevant des étincelles vivantes. À un moment, je vis fumer l'ourlet de la jupe rayée de Baba Yanka. Elles dansaient au rythme mystérieux du tambour et de la cornemuse, chacune progressant dans une direction différente à l'intérieur du cercle de pierre.

Je n'avais pas réussi à voir les icônes au moment où elles étaient entrées dans le brasier, mais je pus constater que celle brandie par la femme aveugle représentait la Vierge Marie, l'Enfant sur les genoux, sa tête inclinée sous une lourde couronne. Il m'était impossible de voir celle que portait Baba Yanka tant qu'elle n'avait pas fait le tour complet du cercle pour revenir dans notre direction. L'expression de son visage était impressionnante, les yeux fixes et énormes, la peau ruisselante sous la chaleur insoutenable. L'icône qu'elle brandissait devait être très ancienne, comme celle de la Vierge, mais à cause de la patine de fumée qui la recouvrait et des colonnes de chaleur qui montaient des braises, je ne parvenais pas à distinguer clairement ce qu'elle représentait : deux silhouettes qui se faisaient face dans une sorte de danse qui leur était propre, deux personnages aussi dramatiques et impressionnants l'un que l'autre. Puis je les reconnus.

Le premier était un chevalier revêtu d'une armure et d'une cape rouge ; le second, un dragon avec une longue queue en anneaux. »

70.

Décembre 1963

Ma petite fille chérie,

Me voici à Naples. Cette année, j'essaie de me montrer plus méthodique dans mes recherches. Naples est une ville chaude en décembre, ce qui est un soulagement parce que j'ai attrapé un mauvais rhume. J'ignorais ce que c'était que d'être vraiment seule avant de partir loin de toi parce qu'on ne m'avait jamais aimée comme ton père m'aimait – et toi aussi, je crois. Maintenant, je suis une femme seule dans une bibliothèque, qui se mouche et prend des notes. Je me demande si quelqu'un a jamais été aussi seul que je le suis ici, ou dans ma chambre d'hôtel, ou partout. En public, je porte toujours mon foulard autour du cou ou un chemisier à col montant. Quand je prends mon déjeuner, seule à une table (pourquoi le préciser, je suis éternellement seule), on me sourit et je souris en retour. Puis je détourne les yeux. Tu n'es pas l'unique personne avec laquelle je n'ai pas le droit de me lier.

Ta maman qui t'aime,

Helen.

Février 1964

Ma petite fille chérie,

Athènes est une ville sale et bruyante, et j'ai toutes les peines du monde à obtenir de consulter les documents dont j'ai besoin à l'Institut de la Grèce médiévale, qui s'avère être aussi moyenâgeux que son contenu. Mais ce matin, assise devant l'Acropole, je peux presque m'imaginer qu'un jour – quand tu seras une jeune femme, qui sait ? – cette affreuse séparation prendra fin et que nous nous assiérons côte à côte sur ces blocs de pierre pour contempler la ville à nos pieds. Laisse-moi deviner : tu seras grande comme ton père et moi, avec des cheveux noirs bouclés (coupés courts ou formant une longue tresse ?) et tu auras des lunettes de soleil, de bonnes chaussures de marche, et peut-être un foulard sur la tête si le vent souffle aussi fort qu'aujourd'hui. Et moi je serai vieille, ridée et incroyablement fière de toi. C'est à toi que les serveurs dans les cafés souriront, pas à moi, et je rirai de bonheur, et ton père les foudroiera des yeux par-dessus son journal.

Ta maman qui t'aime,

Helen.

Mars 1964

Ma fille chérie,

Ma rêverie sur l'Acropole hier était si réelle que j'y suis retournée ce matin, juste pour t'écrire. Mais une fois installée là-haut, le regard baissé vers la ville, ma blessure au cou s'est brusquement réveillée et je me suis crue démasquée. Je n'ai pu que scruter les visages autour de moi, encore et encore, pour tenter de repérer une présence suspecte dans la foule. Je n'arrive pas à comprendre pourquoi ce monstre n'a pas encore traversé les siècles pour finir ce qu'il a commencé. Je suis déjà aux deux tiers sienne, déjà souillée, presque consentante. Pourquoi ne se dévoile-t-il pas pour que je sois enfin libérée de cette attente insupportable ?

Mais à la seconde où cette pensée me traverse l'esprit, je réalise que je dois continuer à lui résister jusqu'au bout, à me protéger de lui par tous les moyens – et découvrir coûte que coûte ses nombreuses tanières dans l'espoir de le débusquer un jour, et de le prendre tellement par surprise que j'entrerai peut-être dans l'histoire en le détruisant une fois pour toute.

Toi, mon ange perdu, tu es le feu qui alimente cette ambition désespérée.

Ta mère qui t'aime,

Helen.

71.

« Lorsque nous vîmes l'icône que portait Baba Yanka, Helen et moi ne pûmes réprimer un cri, aussitôt étouffé : Ranov fumait à dix pas de nous, adossé à un arbre. Mais par chance, il regardait en direction de la vallée, le visage figé dans une expression d'ennui et de dédain, et n'avait apparemment pas remarqué l'icône.

Quelques secondes plus tard, Baba Yanka se détourna de nouveau, puis elle sortit du cercle avec sa partenaire et, toujours en dansant, elles se dirigèrent vers le pope. Elles rendirent les icônes aux deux jeunes garçons, qui les recouvrirent aussitôt. Mais j'avais toujours dans les yeux l'image du chevalier et du dragon. Le Saint et le Monstre face à face…

Le pope bénit les vieilles femmes, et frère Ivan les emmena à l'écart afin de leur faire boire un peu d'eau. Baba Yanka nous lança un regard empreint de fierté tandis qu'elle s'éloignait en souriant, le visage écarlate, et Helen et moi nous inclinâmes dans sa direction pour lui témoigner notre respect et notre admiration. Je regardai attentivement ses pieds quand elle passa devant nous : ils ne portaient pas la moindre trace de brûlure, pas plus que ceux de son amie. Seuls leurs visages reflétaient la chaleur de la fournaise, comme un coup de soleil.

— Le Dragon, souffla Helen comme le pope et ses assistants s'éloignaient avec les icônes.

— Oui. Nous devons absolument découvrir où ils conservent cette icône et à quand elle remonte. Viens. Le pope nous a promis une visite de l'église.

— Mais Ranov ?

Helen évita tout comme moi de regarder autour d'elle, afin de ne pas attirer l'attention de notre guide.

— Espérons qu'il ne nous suivra pas, murmurai-je. Je ne crois pas qu'il ait vu l'icône.

L'assistance commençait à se disperser. Nous entrâmes dans l'église et trouvâmes le pope occupé à replacer l'icône de Sveti Petko sur son présentoir. Il n'y avait aucune trace des deux autres images sacrées. Je le remerciai et lui dis en anglais combien la cérémonie avait été magnifique, agitant les mains et montrant la prairie. Mes compliments parurent lui faire plaisir. Puis je désignai l'intérieur de l'église et haussai les sourcils.

— Pouvons-nous visiter ?

— Visiter ?

Il fronça les sourcils pendant une seconde, puis sourit de nouveau : entendu, mais d'abord, il devait se changer.

Il revint quelques instants plus tard, vêtu de sa tenue noire habituelle, et nous montra consciencieusement chaque niche, indiquant *ikoni* et *Hristos* et d'autres choses encore qui nous échappèrent plus ou moins. Il semblait en savoir long sur le lieu et son histoire... Si seulement nous avions pu comprendre ! Finalement, je lui demandai où se trouvaient les deux autres icônes – celles de la danse sur les braises, mimai-je – et il pointa un doigt sur la bouche d'ombre que j'avais remarquée pendant l'office, dans l'une des chapelles latérales. Apparemment, les icônes avaient déjà été redescendues dans la crypte, où on les conservait. Notre visage dut parler pour nous, car il saisit obligeamment sa lanterne et nous précéda dans le passage obscur.

L'escalier en pierre était très raide, et le souffle glacial qui montait d'en bas fit paraître l'église chaude en comparaison. Je serrai étroitement la main d'Helen dans la mienne tandis que nous descendions prudemment derrière le pope, dont la lanterne illuminait les vieilles pierres autour de nous. La petite pièce en bas des marches n'était pas complètement plongée dans le noir, cependant : deux plateaux de cierges allumés encadraient un autel. Au bout de quelques instants, nous pûmes constater, bien que difficilement, qu'il ne s'agissait pas d'un autel mais d'un reliquaire en cuivre travaillé, en partie recouvert d'un damas rouge richement brodé. Les deux icônes étaient posées dessus, dans des cadres en argent : la *Vierge à l'Enfant* et – je m'avançai d'un pas, fasciné – *Saint Georges et le dragon*.

— Sveti Petko, annonça le pope d'une voix joviale en touchant le cercueil.

Je lui montrai la Vierge et il nous dit quelque chose qui avait un rapport avec le Bachkovski manastir, bien que ce soit à peu près tout ce que nous comprîmes. Puis je montrai l'autre icône, et le visage du religieux s'illumina.

— Sveti Georgi, répondit-il en désignant le chevalier.

Il pointa son doigt sur le dragon.

— *Drakula*.

— Il veut probablement juste dire « dragon », m'avertit Helen d'une voix altérée.

Je hochai la tête.

— Comment lui demander à quand elle remonte ?

— *Star ? Staro ?* essaya Helen.

Le pope secoua la tête en signe d'acquiescement.

— *Mnogo star*, dit-il solennellement.

Nous le regardâmes fixement. Je levai la main et comptai avec mes doigts.

— Combien ? Trois ? Quatre ? Cinq ?

Il sourit. Cinq : environ cinq siècles.

— Il pense qu'elle date du quinzième siècle, murmura Helen. Mon Dieu comment allons-nous réussir à lui demander d'où elle vient ?

Je montrai l'icône, puis la crypte autour de nous, et pointai un doigt vers l'église, au-dessus de nos têtes. Mais quand il comprit où je voulais en venir, il fit le geste qui traduit l'ignorance dans toutes les langues : il leva les épaules et écarta les mains d'un même mouvement. Il ne savait pas. Il semblait essayer de nous dire que l'icône était ici, à Sveti Petko, depuis des siècles – au-delà, il ne savait pas.

Finalement, il se détourna, souriant, et nous nous préparâmes à le suivre dans l'escalier. Et nous aurions quitté ce lieu pour toujours, en proie à un découragement total, si l'un des talons d'Helen ne s'était coincé entre deux dalles. Elle lâcha un petit cri de dépit – je savais qu'elle n'avait pas de chaussures de rechange – et je me baissai rapidement pour dégager son pied. Le pope avait déjà quasiment disparu en haut des marches avec sa lanterne, mais les cierges allumés près du reliquaire diffusaient encore assez de lumière pour me permettre de voir ce qui était gravé sur la paroi verticale de la première marche, à quelques millimètres du pied d'Helen : un petit dragon. Il était grossièrement représenté mais parfaitement identifiable, et ô combien reconnaissable ! – c'était celui de mon livre. Je m'agenouillai aussitôt et touchai ses contours du bout du doigt. Il m'était si familier que j'aurais pu l'avoir gravé moi-même à cet emplacement.

Helen s'accroupit près de moi, sa chaussure oubliée.

— Mon Dieu, souffla-t-elle. Quel est donc cet endroit ?

Je redressai lentement la tête.

— *Sveti Georgi*, articulai-je d'une voix étranglée. Ce doit être Sveti Georgi.

Elle me dévisagea dans la pénombre, ses cheveux lui tombant dans les yeux.

— Mais… l'église date du dix-huitième siècle, objecta-t-elle, et…

Puis son visage s'éclaira.

— Tu crois que… ?

— Bon nombre d'églises sont bâties sur des fondations beaucoup plus anciennes, n'est-ce pas ? Et nous savons que celle-ci a été reconstruite après que les Turcs eurent brûlé l'église d'origine. Ne pourrait-il s'agir de l'église d'un ancien monastère oublié de tous ?

Je chuchotais dans mon excitation.

— Elle aurait pu être reconstruite des décades ou même des siècles plus tard et rebaptisée en honneur du martyr dont ils se souvenaient. Ou croyaient se souvenir…

Helen se retourna lentement et contempla avec horreur le reliquaire en cuivre, derrière nous.

— Tu… tu crois aussi que… ?

— Je ne sais pas, répondis-je dans un souffle. Cela m'étonnerait qu'ils aient confondu une relique avec une autre, mais à ton avis, quand ce coffre a-t-il été ouvert pour la dernière fois ?

— Il ne paraît pas avoir la taille… requise, murmura-t-elle.

Livide, elle semblait incapable d'en dire plus.

— C'est vrai, acquiesçai-je, mais nous devons quand même nous en assurer. Tout au moins, moi. Il est hors de question que tu sois mêlée à ça, Helen.

Elle me lança un regard incrédule, comme si elle n'imaginait même pas que je puisse envisager une seconde de la tenir à l'écart.

— C'est très grave d'entrer par effraction dans une église et de profaner le tombeau d'un saint, murmura-t-elle.

— Je sais. Mais si ce n'est pas le tombeau d'un saint ?

Il y avait deux noms au monde que rien ni personne n'aurait pu nous persuader de prononcer dans cette crypte glaciale, à peine éclairée par la flamme vacillante des cierges, qui sentait la cire fondue et la terre humide. L'un de ces noms était celui de Rossi.

Quand nous émergeâmes de l'église, les ombres des arbres qui l'entouraient s'étaient allongées, et Ranov nous cherchait d'un air impatient. Frère Ivan se tenait près de lui, même si, je l'avais remarqué, ils ne s'adressaient quasiment jamais la parole.

— Vous avez fait une sieste agréable ? lui demanda poliment Helen.

— Il est temps de rentrer à Bachkovo.

La voix de Ranov avait retrouvé ses intonations cassantes. Je me demandai s'il en avait assez de toutes ces bondieuseries ou s'il était déçu que nous n'ayons apparemment rien trouvé ici.

— Nous regagnerons Sofia demain matin. J'ai du travail qui m'attend là-bas. J'espère que vous êtes satisfaits de vos recherches.

— Presque, dis-je. J'aimerais rendre visite à Baba Yanka une dernière fois et la remercier pour son aide.

— Entendu, soupira Ranov.

Il n'avait pas l'air particulièrement ravi, mais nous accompagna néanmoins au village, frère Ivan fermant la marche derrière nous. Le soir tombait. La rue était calme dans la lumière dorée, et partout flottaient des odeurs de cuisine. Un homme puisait de l'eau dans la fontaine communale, et un troupeau de chèvres et de moutons regagnait son étable. Leurs bêlements nous parvenaient tandis qu'un jeune garçon les faisait avancer avec une baguette de bois.

Baba Yanka fut enchantée de nous revoir. Nous la félicitâmes, par l'intermédiaire de Ranov, pour son tour de chant et sa danse sur les braises. Frère Ivan la bénit d'un geste silencieux.

— Comment faites-vous pour ne pas être brûlée ? ne put s'empêcher de lui demander Helen.

— Oh, c'est le pouvoir de Dieu, répondit-elle d'une voix douce. Parfois, mes pieds sont bouillants à la fin, mais je n'ai jamais de brûlures. C'est le plus beau jour de l'année, pour moi, même si je ne garde pour ainsi dire aucun souvenir de ce qui se passe. Après, pendant des mois, je suis aussi paisible qu'un lac.

Elle prit une bouteille sans étiquette dans son placard et remplit des verres d'une liqueur brune. De longues herbes flottaient à l'intérieur de la bouteille – des plantes aromatiques, pour le goût, nous expliqua Ranov. Frère Ivan refusa, mais Ranov accepta un verre. Après quelques gorgées, il commença à questionner frère Ivan sur un ton aussi plaisant qu'un bouquet d'orties. Ils furent bientôt plongés dans une discussion qu'il nous était impossible de suivre, bien que je saisisse à plusieurs reprises le mot *« politicheski »*.

Au bout d'un moment, je me penchai vers Ranov. Pouvait-il demander à Baba Yanka l'autorisation d'utiliser ses toilettes ? Il lâcha un éclat de rire blessant. Il avait retrouvé son humeur d'avant, songeai-je.

— Désolé, ce n'est pas un palace ici, ricana-t-il.

Baba Yanka rit, elle aussi, et pointa du doigt la porte de derrière. Helen déclara qu'elle venait avec moi et attendrait son tour. La cabane abritant les toilettes extérieures, au fond de la cour, était encore plus délabrée que sa maison, mais suffisamment large pour dissimuler notre fuite silencieuse au milieu des arbres, des ruches, de l'autre côté du portillon. Il n'y avait pas le moindre passant, mais nous ralentîmes néanmoins l'allure en atteignant la rue et traversâmes calmement les fourrés avant de gravir la colline. Par chance, il n'y avait personne non plus à proximité de l'église, sur laquelle pesait déjà une ombre épaisse. Le cercle de feu rougeoyait faiblement sous les arbres.

Nous n'essayâmes même pas de passer par la porte de devant : on aurait pu nous voir depuis la rue. Nous nous dirigeâmes directement vers l'arrière. Il y avait une fenêtre basse, occultée de l'intérieur par des rideaux pourpres.

— Elle doit donner sur le sanctuaire, chuchota Helen.

La fenêtre était juste fermée par un loquet, de sorte qu'en forçant un peu nous l'ouvrîmes avec un minimum de casse, et nous nous glissâmes entre les rideaux, refermant tout soigneusement derrière nous. Une fois à l'intérieur, je pus me rendre compte qu'Helen avait vu juste : nous nous trouvions derrière l'iconostase, la cloison couverte d'icônes qui sépare l'espace sacré de la nef.

— Les femmes ne sont pas autorisées à entrer ici, dit-elle à voix basse.

Mais tout en parlant, elle regardait autour d'elle avec la curiosité effrontée d'une libre penseuse. La pièce abritait un autel recouvert de riches tissus et de cierges. Deux énormes livres anciens reposaient un peu plus loin sur un présentoir en bronze, et les somptueux vêtements rouge et or que le pope avait portés un peu plus tôt était accrochés au mur, pendus à des crochets. Tout était terriblement immobile… terriblement silencieux.

Je trouvai la porte sacrée que franchissait le pope pour se présenter devant sa congrégation, et nous nous faufilâmes comme des coupables dans la nef obscure. Les étroites fenêtres laissaient entrer un peu de lumière, mais tous les cierges avaient été éteints, probablement par crainte d'un incendie, et il me fallut un petit moment avant de repérer une boîte d'allumettes sur une étagère.

Je choisis deux grands cierges sur le candélabre, les allumai, et, le cœur étreint d'une sourde angoisse, nous nous engageâmes avec une extrême prudence dans l'escalier conduisant à la crypte.

— Je déteste ce que nous sommes en train de faire.

La voix d'Helen me parvint dans un murmure, juste derrière moi, mais je savais qu'elle ne voulait pas dire par là qu'elle avait l'intention de renoncer, en aucune façon.

— Combien de temps, à ton avis, avant que Ranov se lance à notre recherche ?

La crypte était plongée dans une obscurité totale, et je bénis les deux petites parcelles de lumière que nous transportions. Je me servis de la mienne pour allumer les cierges éteints. Les flammes crépitèrent, captant le scintillement d'un fil d'or sur le tissu qui recouvrait le reliquaire.

Mes mains s'étaient mises à trembler sérieusement, mais je réussis quand même à sortir la petite dague de l'étui que m'avait remis Turgut et que je conservais dans la poche de ma veste depuis que nous avions quitté Sofia. Je la posai sur le sol, à côté du reliquaire, et nous soulevâmes délicatement les deux icônes (je me surpris à éviter de regarder en face celle du Dragon et de saint Georges) pour les appuyer contre un mur. Puis nous retirâmes le lourd tissu et Helen le plia avant de le mettre de côté. Pendant toutes ces opérations, je guettais le moindre bruit suspect de toutes les fibres de mon corps, ici ou en haut, dans l'église, si bien que le silence lui-même commença à vibrer et gémir dans mes oreilles. À un moment, Helen me saisit par le bras, et nous nous figeâmes, l'oreille aux aguets, le cœur battant à se rompre, mais rien ne bougea.

Une fois le reliquaire dénudé, nous le contemplâmes en tremblant. Le couvercle était magnifiquement sculpté d'un bas-relief représentant un saint aux cheveux longs, une main levée dans un geste de bénédiction, probablement un portrait du martyr dont nous allions trouver les ossements à l'intérieur. Je me pris à espérer qu'il y eût effectivement quelques saints éclats d'os là-dedans pour que nous puissions refermer le couvercle et vite partir d'ici. Mais c'était oublier le sentiment de perte irrémédiable qui suivrait inévitablement, la disparition définitive de Rossi, la fin de tout espoir, de toute vengeance.

Le couvercle du cercueil-reliquaire donnait l'impression d'être fermé avec des clous ou verrouillé, et malgré tous mes efforts il me fut impossible de l'ouvrir. Nous tâtonnions pour tenter de trouver un système d'ouverture quand quelque chose remua à l'intérieur, de façon horrible. On aurait dit que ça tapait contre le couvercle... Mes cheveux se dressèrent sur ma tête.

Le reliquaire était trop petit pour abriter autre chose que le corps d'un enfant, ou des membres, mais il était lourd, si lourd... L'espace d'un moment abominable, il me vint à l'esprit que, peut-être, seule la tête de Vlad avait fini ici, après tout, même si cela aurait laissé beaucoup d'interrogations en suspens.

Je me mis à transpirer et à me demander si je ne devrais pas remonter chercher un outils dans l'église, même si je n'avais pas grand espoir de trouver quoi que ce soit.

— Essayons de le poser à terre, dis-je entre mes dents serrées.

Et à nous deux, nous réussîmes je ne sais comment, à faire glisser la boîte en sécurité sur le sol. Maintenant, il me serait plus facile d'examiner les loquets et les charnières fixés au couvercle, pensai-je, voire de trouver le courage de l'ouvrir.

J'allais faire une tentative quand Helen poussa un cri étouffé.

— Paul, regarde !

Je suivis son regard et m'aperçus que le socle en marbre poussiéreux sur lequel le reliquaire avait été posé n'était pas un bloc d'une seule pièce : le haut s'était légèrement décalé pendant que nous bataillions pour soulever le reliquaire. Je ne crois pas que je respirais encore, mais en joignant nos forces, sans prononcer un mot, nous réussîmes à retirer la dalle de marbre. Elle n'était pas épaisse, mais horriblement lourde, et nous étions tous les deux hors d'haleine quand nous l'abandonnâmes contre le mur de l'église.

En dessous, il y avait une longue dalle en pierre, de la même pierre que le sol et les murs, une pierre de la taille d'un homme. Le portrait peint dessus était grossièrement réalisé, à même la surface rugueuse. Ce n'était pas le visage auréolé d'un saint, mais celui d'un homme aux traits durs, aux yeux en amande, avec un long nez, une longue moustache – un visage cruel coiffé d'un chapeau triangulaire, dont même le tracé rudimentaire n'altérait pas l'expression de défi railleur.

Helen recula, les lèvres blanches dans la lumière des cierges, et je résistai à l'envie de l'agripper par le bras et de remonter l'escalier avec elle en courant.

— Helen, murmurai-je.

Mais il n'y avait rien d'autre à dire. Je ramassai la dague et Helen sortit son petit pistolet – d'où, je ne l'ai jamais su – et le posa sur le sol, à portée de main. Puis nous empoignâmes le bord de la pierre tombale et nous la soulevâmes. Elle glissa d'elle-même sur le côté, une merveilleuse construction. Nous tremblions si violemment tous les deux qu'elle faillit nous échapper des mains.

Après l'avoir ôtée, nous osâmes enfin regarder le corps gisant à l'intérieur – les paupières lourdement fermées, la peau couleur de cire, les lèvres anormalement rouges, la respiration presque imperceptible et silencieuse.

C'était le professeur Rossi. »

72.

« J'aimerais pouvoir dire que je fis alors quelque chose de brave, d'utile, ou que je pris Helen dans mes bras pour m'assurer qu'elle n'allait pas s'évanouir, mais non... Je restai là, pétrifié, incapable du moindre mouvement. L'une des pires épreuves qui soient au monde, c'est de voir le visage d'un être cher déformé par la mort, la déchéance ou la maladie. Ces visages bien-aimés deviennent des monstres de l'espèce la plus terrifiante qui soit – c'est une vision atroce, insoutenable.

— Oh, Ross..., balbutiai-je, et les larmes ruisselèrent soudain sur mes joues sans même que je les aie senties couler.

Helen s'approcha d'un pas et se pencha sur la tombe, sur son père.

Je me rendis compte qu'il portait les mêmes vêtements que le soir où je lui avais parlé pour la dernière fois, il y avait de cela presque un mois ; ils étaient sales et déchirés, comme s'il avait été victime d'un grave accident. Sa cravate avait disparu. Un filet de sang sinuait le long de son cou, dessinant un estuaire écarlate sur son col souillé. Ses lèvres entrouvertes et gonflées laissait échapper un souffle imperceptible et, hormis sa poitrine qui se soulevait, il était totalement immobile.

Helen avança la main.

— Ne le touche pas, lâchai-je avec une brusquerie qui ne fit qu'accroître ma propre horreur.

Mais Helen semblait hypnotisée, tout autant que moi, et les lèvres tremblantes, elle lui effleura doucement la joue de ses doigts. Je craignais que ce soit encore pire s'il ouvrait les yeux, et ce fut ce qui se passa.

Ils étaient toujours d'un bleu intense, même dans la lueur incertaine des cierges, mais le blanc était injecté de sang, les paupières gonflées. C'était aussi des yeux horriblement vivants, et stupéfaits, qui bougeaient de gauche à droite comme s'il essayait de distinguer nos visages tandis que son corps conservait l'effrayante immobilité d'un mort. Puis son regard parut se fixer sur Helen, penchée au-dessus de lui, et le bleu de ses yeux s'éclaircit tout à coup, avec une intensité incroyable, comme sous l'effet d'une lumière vive.

— Oh ! mon amour…, dit-il très doucement.

Ses lèvres étaient fendues et épaissies, méconnaissables, mais sa voix était toujours celle que j'aimais tant, cette prononciation si soignée.

— Pas moi… ma mère, articula Helen avec effort.

Elle lui effleura de nouveau la joue.

— Je suis Helen – Elena. Je suis ta fille.

Alors je vis ce cadavre vivant soulever un bras d'un geste vacillant, comme s'il le contrôlait difficilement, et tendre la main – une main couverte de contusions, les ongles jaunis, anormalement longs, qu'il referma sur celle d'Helen.

J'aurais voulu lui dire que nous allions le sortir de là, le ramener à la maison, mais je savais déjà que son état était désespéré. Nous l'avions retrouvé trop tard.

— Ross…, soufflai-je avec un sanglot dans la voix. C'est Paul. Je suis là.

Ses yeux passèrent avec émerveillement d'Helen à moi, et inversement, puis il les referma avec un soupir qui se propagea dans tout son corps enflé.

— Oh ! Paul... Vous êtes venu pour moi. Vous n'auriez jamais dû... commettre cette folie...

Il regarda de nouveau Helen, ses yeux se voilant déjà, et il sembla chercher ses mots.

— Je me souviens de toi, murmura-t-il au bout d'un moment.

Je plongeai la main dans la poche de ma veste pour en sortir la bague que la mère d'Helen m'avait confiée. Je la plaçai au niveau de ses yeux et il lâcha la main d'Helen pour toucher maladroitement les armoiries de la chevalière.

— Pour toi, dit-il à Helen.

Elle la glissa docilement à son doigt.

— Ma mère..., rectifia-t-elle, ses lèvres tremblant sans retenue maintenant. Tu... tu te souviens d'elle ? Vous vous êtes aimés en Roumanie.

Il la contempla avec une douceur qui rappelait soudain celui qu'il avait été autrefois. Son visage grimaça un sourire.

— Oui, chuchota-t-il enfin. Je l'aimais. Où... est-elle ?

— Elle est en sécurité, en Hongrie, répondit Helen.

— Tu es sa fille ?

Il y avait une sorte d'émerveillement dans sa voix, à présent.

— Je suis ta fille.

Sa bouche se crispa. Des larmes remplirent lentement ses yeux, puis coulèrent au coin de ses paupières. Les sillons qu'elles tracèrent scintillèrent dans la lumière des cierges.

— S'il vous plaît... prenez soin d'elle, Paul, dit-il faiblement.

— Nous allons nous marier, répondis-je.

Je posai doucement ma main sur sa poitrine. Quelque chose d'inhumain vivait à l'intérieur de lui, mais je m'obligeai à ne pas rompre le contact.

— C'est… bien, souffla-t-il enfin. Sa mère est… toujours en vie ? Elle va bien ?

— Oui.

Un frémissement parcourut le visage d'Helen.

— Elle est saine et sauve en Hongrie.

— Ah, oui. Tu me l'as déjà dit.

Il ferma de nouveau les yeux.

— Elle n'a jamais cessé de vous aimer, Rossi.

Je lui étreignis l'épaule.

— Elle vous envoie cette bague et… et sa tendresse éternelle.

— J'ai si souvent essayé de me remémorer… où elle était… mais quelque chose… m'en empêchait…

— Elle le sait, Ross. Reposez-vous un moment.

Sa respiration était devenue affreusement rauque.

Ses paupières se soulevèrent brusquement et il essaya de se redresser. Ses efforts étaient d'autant plus horribles qu'ils n'avaient pratiquement aucun effet.

— Les enfants, vous devez… fuir d'ici immédiatement, haleta-t-il. Vous courez un… terrible danger… en restant avec moi. Il va revenir et vous tuer. Pire que vous tuer…

Ses yeux lançaient des regards d'un côté et de l'autre.

— Drakula ? demandai-je doucement.

Une expression hagarde passa sur son visage à ce nom.

— Oui. Il est dans la bibliothèque.

— La bibliothèque ?

Je regardai autour de moi avec stupéfaction, oubliant presque l'espace d'une seconde le visage horrible de Rossi devant moi.

— Quelle bibliothèque ?

— *Sa* bibliothèque. *Là*…

Il essaya vainement de nous montrer un mur.

— Ross, Ross, dites-nous ce qui s'est passé et ce que nous devons faire.

Il parut lutter pour retrouver une vision nette, fixant son regard sur moi, puis cillant rapidement. La rigole de sang séché sur son cou tressaillait à chacun de ses efforts pour respirer.

— Il est venu me prendre, brusquement, dans mon bureau... et il m'a emmené... dans un long, long voyage... Je n'étais pas... conscient la plupart du temps, je ne sais pas... où je suis.

— Tu es à Sveti Georgi, en Bulgarie, répondit Helen en serrant tendrement sa main enflée dans la sienne.

Une lueur d'intérêt s'alluma dans ses yeux, un vestige de son insatiable curiosité d'antan.

— La... Bulgarie ? C'est donc pour cela que...

Il essaya d'humecter ses lèvres.

— Que vous a-t-il fait, Ross ?

— Il m'a amené jusqu'ici... pour que je m'occupe de... sa bibliothèque maudite. Oh ! je lui ai résisté... de toute mon âme. C'était ma faute, Paul... J'avais recommencé mes recherches, pour un article...

Il lutta pour retrouver sa respiration.

— Je voulais... l'inscrire dans une tradition plus large... qui avait commencé avec les Grecs. Je... J'avais appris qu'un étudiant, à l'université, préparait une thèse sur lui...

À ces mots, j'entendis Helen lâcher un gémissement. Les yeux hagards de Rossi se posèrent brièvement sur elle.

— J'ai pensé que je pourrais... finalement publier...

Il suffoquait et ses paupières se fermèrent. Helen s'était mise à trembler contre moi, je lui enserrai la taille de mon bras.

— Ça ne fait rien, Ross, dis-je. Ne parlez plus, maintenant. C'est fini.

— Oh non ! Non, ce n'est pas... fini, souffla-t-il d'une voix torturée, les yeux toujours clos. Il vous a donné le Livre. Je savais alors qu'il allait revenir me chercher... et il l'a fait. Je l'ai combattu, mais il m'a presque rendu... comme lui...

Il tourna sa tête sur le côté, maladroitement, pour nous montrer la blessure qui lui perforait le cou. Elle était encore ouverte et béait chaque fois qu'il bougeait, laissant s'écouler un filet de sang.

Le regard que nous posions dessus parut l'épouvanter, et il tourna vers moi un visage suppliant.

— Paul, est-ce que... la nuit est en train de tomber ?

Un frémissement d'horreur et de désespoir me parcourut de la tête aux pieds.

— Vous pouvez le sentir, Ross ?

— Oui... je sais quand l'obscurité se fait. Je deviens... affamé. Je vous en supplie, fuyez ! Bientôt, il pourra vous entendre.... Dépêchez-vous... partez.

— Pas avant que vous nous ayez dit comment le trouver ! lançai-je âprement. Nous le détruirons !

— Oui, tuez-le, si vous le pouvez sans risquer votre vie, chuchota-t-il. Tuez-le pour moi.

Je me rendis compte alors qu'il était encore capable de ressentir de la colère.

— Paul, écoutez... vite. Il y a un livre... dans la bibliothèque. Une vie de... saint Georges...

Il luttait de nouveau pour respirer.

— Un ouvrage très ancien... avec une reliure byzantine... Un livre comme personne... n'en a jamais vu. Il possède... des pièces exceptionnelles, mais celui-ci...

Il perdit connaissance quelques instants et Helen serra sa main dans les deux siennes, incapable à présent de retenir ses larmes.

Lorsqu'il revint à lui, il chuchota :

— Je l'ai caché... sous la première armoire à gauche... Prenez-le... si vous y arrivez. J'ai écrit... j'ai placé quelque chose... à l'intérieur. Vite, Paul. Vite ! Il se réveille. Et je me réveille avec lui...

— Oh, Seigneur !

Je regardais désespérément autour de moi pour trouver de l'aide – laquelle, je n'en avais aucune idée.

— Ross, non... Je ne peux pas vous abandonner en son pouvoir. Dites-nous où il est, nous le détruirons et vous lui échapperez.

Helen semblait plus calme à présent. Elle ramassa la dague et la lui montra.

Il exhala une longue respiration, où semblait se mêler un sourire. Je m'aperçus alors que ses canines s'étaient allongées, comme celles d'un chien, et que le coin de ses lèvres commençait à se retrousser. Des larmes coulaient sans retenue de ses yeux et glissaient le long de ses joues tuméfiées.

— Paul, mon ami...

— Où est-il ? Où est la bibliothèque ?

Je réitérai ma question en criant presque, mais Rossi ne parvenait plus à parler.

Helen m'adressa un signe et, comprenant, je me baissai pour arracher une pierre du sol. Il me fallut un long moment pour la desceller, et pendant ce temps, j'eus peur d'entendre du bruit dans l'église, au-dessus de nous.

Helen déboutonna la chemise de son père, l'ouvrit avec douceur, puis plaça la pointe de la dague de Turgut sur son cœur.

Mes doigts se refermèrent sur la pierre. Une pierre que les mains anonymes d'un moine ou d'un paysan avaient scellée ici au douzième ou treizième siècle. Une pierre qui avait probablement vu des générations et des générations de moines déposer de saintes reliques dans leur ossuaire. Cette pierre était là quand le cadavre décapité d'un tueur de Turcs étranger avait été conduit ici en secret, puis caché dans une tombe fraîchement creusée dans le sol, tout à côté d'elle ; elle était là quand d'autres moines avaient apporté la tête de l'Étranger et avaient pratiqué une cérémonie hérétique en ce même lieu ; elle était là quand la police ottomane avait fouillé en vain le monastère pour trouver l'Abomination ; là quand des cavaliers ottomans étaient entrés à cheval dans l'église avec leurs torches, là encore quand une nouvelle église s'était finalement élevée au-dessus d'elle, quand les ossements de Sveti Petko avaient été apportés dans leur reliquaire et installés tout près d'elle, ou quand des pèlerins s'étaient agenouillés sur elle pour recevoir la bénédiction du nouveau martyr. Cette pierre était restée là, pendant tous ces siècles, jusqu'à ce que je l'arrache violemment de son emplacement pour…

Les yeux de Rossi restèrent fixés sur nous pendant quelques instants, aussi confiants que ceux d'un enfant, puis il les ferma. À la même seconde, j'abattis de toutes mes forces la pierre sur le manche de la dague. »

73.

Mai 1954

« Je n'ai personne à qui adresser ces lignes, ni même l'espoir qu'on les trouve un jour, mais je considère qu'il est de mon devoir de laisser une trace écrite de l'effroyable expérience qui aura été la mienne pendant que j'en suis encore capable... et Dieu seul sait combien de temps encore ce sera le cas.

J'ai été enlevé dans mon bureau, au sein même de mon université, il y a de cela quelques jours – j'ignore combien exactement, mais je suppose que nous sommes toujours en mai. Ce soir-là, j'ai dit au revoir à mon étudiant favori, qui est aussi un ami très cher, après qu'il m'eut apporté son exemplaire du livre démoniaque que je m'étais efforcé d'oublier pendant des années. Je le regardai s'éloigner, emportant avec lui toute l'aide qu'il m'avait été possible de lui donner. Puis je refermai la porte, et je retournai m'asseoir à mon bureau, accablé par les regrets et par la peur. J'étais coupable et je le savais : j'avais repris en secret mes recherches sur les vampires, bien déterminé à élargir progressivement mes connaissances sur la légende de Drakula et, même, pourquoi pas, à percer enfin le mystère de l'emplacement de sa tombe.

J'avais laissé le temps, le rationalisme et aussi l'orgueil me persuader qu'il n'y aurait aucun risque à reprendre le fil de mon enquête, commencée vingt-cinq ans auparavant. Je me sentis coupable durant ces toutes premières secondes de solitude. Il m'en avait terriblement coûté de remettre à Paul l'intégralité de mes notes, ainsi que les lettres dans lesquelles je racontais ma sinistre expérience. Non que je veuille garder ces informations pour moi – tout désir de reprendre mes recherches m'avait quitté à la seconde où il m'avait montré son exemplaire du livre au dragon. Je regrettais simplement, du fond du cœur, d'avoir dû placer ce savoir terrible entre ses mains, même si, je n'en doutais pas, une parfaite connaissance des faits serait la meilleure arme dont il pourrait disposer pour se protéger.

Le seul espoir qui me restait, c'était que le châtiment, si châtiment il devait y avoir, s'abattrait sur moi et non sur Paul. Pitié, pas lui ! Il était si jeune, si plein d'avenir, si prometteur avec son intelligence brillante qui n'avait pas encore eu l'occasion de s'exprimer réellement. "Paul n'a que vingt-sept ans ; moi, j'ai déjà derrière moi des décennies d'existence comblées d'honneurs largement immérités." Telle fut ma première pensée. Les suivantes furent beaucoup plus pragmatiques. À supposer que je souhaite me protéger, je n'avais aucun moyen de le faire dans l'immédiat, à part me cramponner à ma propre foi dans le rationnel. J'avais conservé mes notes, mais aucun des moyens traditionnellement recommandés pour repousser l'Ennemi – pas de crucifix, de balles en argent, ni de tresses d'ail. Je n'avais jamais eu recours à ces armes de défense, même aux heures les plus sombres de mes recherches, mais je commençais à regretter d'avoir conseillé à Paul de compter surtout sur les ressources de son propre esprit.

Ces réflexions ne m'avaient pris qu'une minute ou deux, or il s'avéra que je n'avais, hélas ! pas plus d'une minute ou deux à ma disposition… Dans un déferlement d'air froid et fétide, une immense présence s'abattit sur moi avec une telle soudaineté que je n'eus pas le temps de voir quoi que ce soit et que je sentis mon corps décoller littéralement de sa chaise de terreur. En l'espace d'un instant, je fus enveloppé, aveuglé et je crus que j'étais en train de mourir – encore que je n'aurais su dire de quoi. Au milieu de cette agonie, une vision très étrange m'apparut. Plus une sensation qu'une vision, en réalité, celle d'un autre moi-même, plus jeune et débordant d'amour pour quelque chose ou… quelqu'un. Peut-être est-ce ainsi que l'on meurt… Si tel est le cas, lorsque mon heure viendra – et elle va venir bientôt, quelle que soit la forme terrible qu'elle prendra – j'espère que cette vision m'accompagnera dans mes derniers instants.

Ensuite, je ne me rappelle plus rien, c'est le néant. Mais un néant transitoire, qui dura pendant un laps de temps qu'il me fut – et qu'il m'est toujours – impossible de quantifier. Quand je revins lentement à moi, je fus d'abord abasourdi de découvrir que j'étais vivant. Pendant plusieurs minutes, je restai dans l'incapacité de voir ou même d'entendre quoi que ce soit. C'était comme si je me réveillais après une grave opération. Puis la conscience me revint peu à peu, et avec elle une impression de grande détresse physique. Mon corps était sans forces et horriblement douloureux, ma tête, mon cou et ma jambe droite en feu. Autour de moi, l'air froid et humide empestait abominablement. J'étais étendu sur une surface dure, glacé jusqu'aux os. Une autre sensation m'atteignit, visuelle cette fois : celle d'une lumière – à peine perceptible, mais suffisante néanmoins pour me prouver que je n'étais pas aveugle et que mes yeux étaient ouverts. Cette lumière et ma souffrance, plus que toute autre chose, me confirmèrent que j'étais encore en vie.

Alors je commençai à me remémorer la scène qui, je le croyais, s'était déroulée la veille : Paul entrant dans mon bureau pour me montrer son “cadeau” maudit. Et je compris avec une soudaine horreur que j’étais tombé dans les griffes de l’Ennemi ; c’était pour cela que mon corps souffrait le martyre et que j’avais l’impression de respirer la puanteur même de l’enfer.

Avec d’infinies précautions, j’essayai de remuer les bras et les jambes et, malgré mon immense faiblesse, je réussis à tourner la tête, puis à la redresser légèrement. Ma vision fut arrêtée par un mur sombre, à dix centimètres de moi, mais la faible lueur que j’avais perçue tout à l’heure passait par-dessus. Je soupirai et m’entendis soupirer : je n’étais donc pas sourd, comme je l’avais cru un moment. C’était l’épaisseur du silence autour de moi qui m’avait donné l’illusion de la surdité. Je consacrai toute ma volonté à écouter mais, malgré mes efforts, je n’entendis absolument rien.

Je tentai alors de me redresser. Ce simple mouvement généra une onde de souffrance qui se propagea dans tous mes membres, et un élancement horriblement douloureux me transperça les tempes. Une fois assis, mes sensations tactiles s’affinèrent un peu : je me rendis compte que j’étais allongé sur une dalle de pierre, et je pris appui de chaque côté sur le muret pour me hisser debout. Un affreux bourdonnement résonnait dans mon crâne, semblant remplir tout l’espace autour de moi, un espace sombre, silencieux, dont l’obscurité avalait les angles. Je tâtonnai autour de moi à l’aveuglette. J’étais assis dans un sarcophage ouvert.

Cette découverte déclencha en moi une horrible nausée, mais au même instant, je m’aperçus que je portais la tenue que j’avais sur moi dans mon bureau, même si une manche de ma chemise et de ma veste étaient déchirées et que ma cravate avait disparu. Ce point d’ancrage dans la réalité me rassura, d’une certaine façon. Cela signifiait que je n’étais ni mort, ni fou. Je palpai mes vêtements et trouvai mon portefeuille dans la poche de mon pantalon. Le contact de cet objet familier avait quelque chose de surréaliste. Ma montre, en revanche, n'était plus à mon poignet, découvris-je avec regret, et mon stylo à plume avait disparu de la poche de ma veste.

Je portai ensuite une main à mon visage. Il semblait inchangé, à l'exception d'une contusion douloureuse sur le front. Mais dans le muscle de mon cou, je découvris une horrible perforation, poisseuse sous mes doigts. Quand je tournais la tête à fond ou que je déglutissais profondément, la plaie produisait un bruit de succion, qui me terrifia au-delà de toute raison. Tout le pourtour de la plaie était enflé sous mes doigts et traversé de lancées douloureuses. Je crus que j'allais m'évanouir d'horreur et de désespoir, puis je me rappelai que j'avais eu la force de me redresser pour m'asseoir. Cela signifiait peut-être que je n'avais pas perdu autant de sang que je le craignais… et que je n'avais été mordu qu'une seule fois.

Je me sentais toujours moi-même, pas un monstre. Je n'avais pas soif de sang et aucune pulsion démoniaque n'habitait mon cœur. Puis un désespoir sans nom me submergea. Quelle importance si je n'étais pas encore assoiffé de sang ? Quel que soit l'endroit où je me trouvais, j'étais à sa merci et ce n'était qu'une question de temps avant qu'il ne fasse de moi un mort-vivant. À moins, bien sûr, que je parvienne à m'échapper avant.

Je regardai autour de moi, essayant de percer les ténèbres et, peu à peu, je réussis à localiser la source de lumière. C'était un halo rougeoyant, loin dans l'obscurité – mais à quelle distance exacte, je n'aurais su le dire – et entre moi et cette lueur se dessinaient des formes sombres et massives. Je fis glisser mes mains le long de la paroi extérieure de mon cercueil de pierre. À quelle hauteur se trouvait le sarcophage ? Je continuai à tâtonner pour m'assurer que je pouvais en descendre dans le noir sans risquer de tomber de trop haut. Il me fallut faire un grand écart jusqu'au sol, et mes jambes tremblaient si fort que je me retrouvai à genoux à l'instant où je posai le pied à terre. J'y voyais un peu mieux, à présent. Je me dirigeai vers la lumière rougeoyante, les mains tendues devant moi, heurtant dans ma progression ce qui m'apparut comme un autre sarcophage, vide, et un meuble en bois. Dans la collision, quelque chose de souple tomba sur le sol sans faire de bruit, mais il me fut impossible de voir ce dont il s'agissait.

Cette progression en aveugle dans l'inconnu était terrifiante, et je m'attendais à chaque instant à être agressé par la Chose qui m'avait amené ici. À nouveau, il me vint à l'esprit que j'étais peut-être mort – que c'était ça, la mort. Mais la douleur qui me transperçait les jambes était terriblement réelle. Personne ne bondit sur moi, et je me rapprochai de plus en plus de la lumière qui dansait et palpitait à une extrémité de la longue salle.

Lorsque je ne fus plus qu'à quelques pas, je vis un feu qui couvait dans un âtre. Il était encadré par une cheminée en pierre, et produisait suffisamment de lumière pour me permettre de distinguer plusieurs pièces de mobilier ancien – un large bureau jonché de papiers, un coffre en bois sculpté, quelques sièges à dossier droit. Et dans l'un d'eux, face au feu, aussi immobile qu'une statue, quelqu'un était assis.

J'aperçus le sommet d'une tête sombre au-dessus du dossier. Je regrettai de ne pas avoir marché à tâtons dans la direction opposée, de ne pas m'être éloigné de cette lumière, vers une issue éventuelle, mais j'étais comme aimanté par cette présence silencieuse trônant sur ce siège et par la lueur du feu. J'étais écartelé : d'un côté, je devais faire appel à toute ma volonté pour continuer à avancer, de l'autre, j'aurais été incapable de faire demi-tour, même si j'avais essayé.

Je m'avançai péniblement dans la faible clarté, chaque pas étant une souffrance, et comme je parvenais à la hauteur du fauteuil, la silhouette assise se leva lentement et pivota vers moi.

Sa façon de se mouvoir était d'une certaine manière différente de celle d'un humain, encore que j'aurais été incapable de dire en quoi, ou même si ses mouvements étaient plus rapides, ou plus décomposés. Il se tenait dos au feu et il faisait très sombre, de sorte qu'il me fut impossible de distinguer son visage, même si – l'espace d'une seconde – il me sembla entrapercevoir une pommette couleur d'os et l'éclat luisant d'un regard. Ses cheveux noirs, bouclés, tombaient jusqu'à ses épaules. Il était à peine plus grand que moi, et cependant toute sa personne dégageait une impression de grandeur, de masse puissante. La lueur rouge du feu, derrière lui, dessinait la largeur de ses épaules.

Il tendit soudain le bras pour saisir quelque chose, qu'il approcha ensuite des braises, et je m'obligeai à ne pas broncher, persuadé qu'il allait me tuer. Quoi qu'il arrive, j'espérais au moins mourir avec dignité. Mais il s'agissait simplement d'une longue bougie, qu'il inclina vers le feu pour l'allumer. Lorsqu'elle prit, il s'en servit pour enflammer d'autres bougies, fichées dans un candélabre près de son siège. Puis il se tourna de nouveau vers moi.

À présent, je le voyais mieux, même si son visage était toujours dans l'ombre. Il portait une toque en velours vert et or, où était piquée une broche ornée d'une pierre précieuse, et une tunique munie de larges épaulettes en velours doré, dont le col montant, du même vert que sa coiffe, était lacé sous son large menton. Le bijou à son front et les fils d'or sur son col scintillaient dans la lumière du feu. Une cape blanche, en fourrure, maintenue sur ses épaules par un fermoir en argent symbolisant un dragon, tombait jusqu'à ses pieds dans un tourbillon neigeux.

Ce costume extraordinaire m'effrayait presque autant que la présence terrifiante du prince des morts-vivants. Ce n'était pas les éléments défraîchis d'une collection de musée, exposés dans une vitrine, mais de vrais habits, réels, actuels, "vivants". Et il les portait avec une prestance et une autorité indicibles. La flamme des bougies révélait une main balafrée, dont les doigts usés serraient la poignée d'une dague puis, plus bas, une jambe puissante dans un haut-de-chausses vert et un pied enfoncé dans une botte.

Il changea imperceptiblement de position, entrant dans le champ de la lumière, mais toujours sans prononcer un mot. Je distinguais mieux ses traits, et leur insoutenable cruauté me fit reculer – les yeux intensément noirs sous les sourcils froncés, le long nez droit, les pommettes saillantes couleur d'os. Sa bouche, je le voyais maintenant, était fermée dans un sourire dur, ses lèvres rouges, incurvées sous la moustache sombre et raide. À l'une des commissures, j'aperçus une tache de sang séché – oh Dieu ! Je reculai d'horreur à cette vue. L'idée qu'il s'agissait probablement du mien, de mon propre sang, m'amena au bord de l'évanouissement.

Il se redressa plus fièrement encore et me fixa droit dans les yeux à travers la pénombre qui nous séparait.

— Je suis Drakula, dit-il.

Ces mots résonnèrent dans le silence, froids et clairs. J'eus le sentiment qu'il s'exprimait dans une langue que je ne connaissais pas, même si je la comprenais parfaitement. J'étais incapable de prononcer le moindre mot et je ne pus que continuer à le regarder, paralysé d'horreur. Son corps n'était qu'à trois mètres de moi, et sa présence d'une réalité brutalement tangible, qu'il soit mort ou vif.

— Venez, reprit-il de ce même ton froid et clair. Vous êtes fatigué et affamé après notre voyage. Je vous ai fait préparer un dîner.

Son geste de la main empreint d'élégance, de courtoisie même, s'accompagna d'un scintillement de bijoux sur ses doigts larges et blancs.

J'aperçus alors une table, près du feu, dressée pour une personne et chargée de plats couverts. Une succulente odeur de nourriture s'en échappait – de la nourriture réelle, humaine – et une grande faiblesse m'envahit tout à coup. Drakula s'empara d'une carafe remplie d'un liquide rouge, que je pris un instant pour du sang, et remplit un verre.

— Venez, répéta-t-il, plus doucement.

Puis il s'éloigna et retourna s'asseoir dans son fauteuil, comme s'il supposait que j'accepterais plus facilement de m'approcher s'il restait à distance. Je m'avançai d'un pas hésitant, mes jambes flageolant tout autant de faiblesse que de peur. Je m'assis sur la chaise (ou plus exactement m'y effondrai) et restai, hébété, à contempler les plats. Comment pouvais-je avoir envie de manger alors que j'allais peut-être perdre ma vie et mon âme d'un instant à l'autre ? Seul mon corps était à même de comprendre ce mystère.

Drakula fixait de nouveau le feu, assis devant l'âtre ; j'apercevais le profil féroce, le long nez et le menton puissant, les épaisses boucles de cheveux noirs sur son épaule. Les plis de sa cape s'étaient écartés, dévoilant des poignets de velours vert et une grosse balafre sur le dos de sa main la plus proche de moi. Son attitude était calme et pensive ; je commençai à penser que j'étais en plein cauchemar plutôt qu'en danger, et me surpris à soulever le couvercle de certains des plats. Je fus saisi tout à coup d'une telle faim que j'eus peine à m'empêcher de plonger mes deux mains dans la nourriture. Je réussis néanmoins à manier la fourchette en fer et le couteau en os sur la table et je découpai d'abord un poulet rôti, puis une pièce de gibier. Des plats en céramique contenaient des pommes de terre et de la bouillie d'avoine, une soupe de légumes. J'engloutis tout ce qui me tomba sous la main, puis m'obligeai à me réfréner de peur d'avoir des crampes d'estomac. Le gobelet en argent ne contenait pas du sang, comme je l'avais craint, mais du vin rouge épicé et je le bus jusqu'à la dernière goutte.

Drakula ne bougea pas pendant toute la durée de mon repas, même si je ne pus m'empêcher de lui jeter des regards toutes les dix secondes. Quand j'eus fini de manger, j'éprouvai une sorte de contentement et, l'espace d'un moment, je me sentis presque prêt à accepter mon destin. Voilà pourquoi on servait un dernier repas à un condamné à mort, songeai-je. C'était ma première analyse rationnelle depuis que j'avais repris connaissance dans le sarcophage. Je replaçai lentement les couvercles sur les plats, essayant de faire le moins de bruit possible, puis je m'adossai à mon siège et j'attendis.

Au bout d'un long moment, mon hôte se retourna dans son fauteuil.

— Vous avez terminé votre repas, déclara-t-il tranquillement. Bien, nous allons donc pouvoir converser un peu, et je vous dirai pourquoi je vous ai amené ici.

Sa voix avait toujours ces intonations claires et froides, mais cette fois, je perçus un léger éraillement dans le grave, comme si le mécanisme qui la produisait était infiniment vieux et usé.

Il me fixait pensivement et je me recroquevillai littéralement sous son regard.

— Avez-vous une petite idée de l'endroit où vous vous trouvez ?

J'avais espéré ne pas être obligé de lui parler, mais je me rendis compte que cela ne servirait à rien de garder le silence – sauf à provoquer sa colère. Il m'apparut aussi tout à coup qu'en lui répondant, en acceptant l'échange d'une certaine manière, je pourrais peut-être reculer l'échéance et gagner suffisamment de temps pour explorer cet endroit et trouver – qui sait ? – un moyen de m'enfuir, voire de le détruire, voire les deux. Il devait faire nuit, sinon, à en croire la légende, il ne serait pas éveillé. Mais le jour finirait bien par se lever et, si j'étais encore en vie à ce moment-là, il devrait dormir tandis que moi, je resterais éveillé.

— Avez-vous une petite idée de l'endroit où vous vous trouvez ? répéta-t-il, presque patiemment.

— Oui, articulai-je.

Je ne pouvais me résoudre à le nommer ni à lui donner un titre, quel qu'il soit.

— Du moins, je crois. Nous sommes dans votre tombe.

— L'une d'elles.

Il sourit.

— Ma préférée, dans tous les cas.

— Sommes-nous en Valachie ? ne pus-je m'empêcher de lui demander.

Il secoua la tête, et le feu alluma des reflets dansants dans ses cheveux noirs et ses yeux brillants. Il y avait quelque chose d'inhumain dans ce geste qui me retourna l'estomac. Il ne se mouvait pas comme un être humain et cependant – une nouvelle fois – je n'aurais su dire exactement où se situait la différence.

— La Valachie était devenue trop dangereuse. J'aurais dû reposer là-bas pour toujours, mais on m'a refusé ce droit. Vous imaginez ? Après m'être battu toute ma vie terrestre pour reconquérir mon trône et notre liberté, ma dépouille n'était pas la bienvenue dans mon propre royaume !

— Où sommes-nous, alors ?

J'essayai, en vain bien sûr, de me persuader qu'il s'agissait d'une conversation ordinaire. Puis je pris conscience que je ne voulais pas seulement relancer la discussion pour essayer de survivre à cette nuit en tenant jusqu'au matin. Je voulais aussi en apprendre le plus possible sur Drakula – quel qu'il soit – une créature qui avait vécu cinq cents ans. Ses réponses mourraient avec moi, mais cette malheureuse évidence n'altérait pas ma curiosité.

— Ah, où nous sommes ? répéta Drakula. Cela n'a pas grande importance, je crois. En tout cas, pas en Valachie, qui est aujourd'hui encore gouvernée par des fous.

Je le regardai fixement.

— Vous... Vous vous tenez au courant de ce qui se passe dans le monde moderne ?

Il m'observa avec une surprise teintée d'un amusement qui retroussa ses lèvres. Pour la première fois, j'entrevis les longues canines, les gencives à nu, qui lui donnaient l'apparence d'un vieux chien quand il souriait. Cette vision disparut aussi vite qu'elle était apparue – non, sa bouche était normale, à part cette petite tache de sang – le mien ? – sous la moustache sombre.

— Oui, acquiesça-t-il (et j'eus peur pendant une seconde d'avoir à subir son rire). Je me tiens au courant de ce qui se passe dans le monde moderne. C'est ma récompense, mon sujet d'étude préféré.

Il me vint à l'esprit qu'une forme d'attaque frontale pourrait servir mon intérêt, si elle faisait office de diversion.

— En ce cas, pourquoi m'avoir choisi, moi ? Je reste en retrait du monde moderne depuis de nombreuses années – contrairement à vous, je vis dans le passé.

— Oh ! le passé !

Il joignit le bout de ses doigts dans la lumière du feu.

— Le passé est très utile, mais seulement pour l'éclairage qu'il projette sur le présent. Le présent, voilà la grande affaire. J'ai néanmoins beaucoup d'affection pour ce qui a été. Venez. Puisque vous vous êtes reposé et restauré, autant commencer la visite sans plus attendre.

Il se leva, toujours avec cette étrange façon de se mouvoir, comme si ses déplacements étaient déterminés par une autre force que les muscles de son corps. Je me dressai à mon tour, craignant qu'il s'agisse d'une ruse et qu'il se jette sur moi, mais il prit une grande bougie sur le candélabre, à côté de son fauteuil, et la tint à bout de bras.

— Prenez une lumière avec vous, dit-il en s'éloignant déjà dans l'obscurité.

Je m'emparai d'une bougie et le suivis, tout en restant volontairement à distance de son étrange costume et de ses mouvements effrayants. J'espérais qu'il n'avait l'intention de me ramener vers mon sarcophage.

À la lueur ténue de nos bougies, un décor sortait peu à peu de l'ombre, un décor extraordinaire : de longues tables en bois massif, d'une robustesse qui défiait l'usure des siècles. Et sur ces tables, des piles et des piles de livres, dont les reliures en cuir s'effritaient, et dont les dorures captaient le scintillement de la flamme de ma bougie. Il y avait également des objets remarquables – jamais je n'avais vu un encrier semblable à celui-ci ni des plumes aussi étranges. Une pyramide de parchemins accrochait la lumière des bougies à côté d'une vieille machine à écrire garnie de papier pelure. Des reliures et des boîtes incrustées de bijoux luisaient dans l'ombre, ainsi que de grand plateaux en cuivre où reposaient des rouleaux de parchemins. Il y avait des grands in-folio et des in-quarto reliés en cuir patiné, ainsi que des rangées entières d'ouvrages plus récents, alignés sur d'immenses étagères. En fait, nous étions entièrement entourés de livres ; ils tapissaient tous les murs de la salle.

Levant ma bougie, je commençai à déchiffrer quelques titres ici et là, tombant parfois sur une langue occidentale que je maîtrisais, parfois sur une mystérieuse inscription enlacée par des volutes en arabe au centre d'une reliure en cuir rouge. La plupart des ouvrages, néanmoins, étaient trop anciens pour posséder un titre. C'était pour un chercheur une prodigieuse mine d'or, et j'étais dévoré malgré moi par l'envie d'ouvrir ces livres, de toucher ces manuscrits sur leurs plateaux en bois.

Drakula se retourna, sa bougie levée à hauteur de sa toque, et la flamme vacillante fit luire le bijou qui y était épinglé – topaze, émeraude et perles. Ses yeux étincelaient plus encore.

— Que pensez-vous de ma bibliothèque ?

— C'est un... une admirable collection, de toute évidence. Une véritable caverne au trésor.

Une expression qui s'apparentait à de la satisfaction apparut sur son terrible visage.

— Exact, dit-il doucement. Cette bibliothèque est la plus remarquable du monde en son genre. Elle est le fruit de plusieurs siècles de choix méticuleux. Mais vous aurez le temps d'explorer les merveilles que j'ai assemblées ici. Tout le temps. Laissez-moi plutôt vous montrer quelque chose qui devrait vous intéresser...

Il se dirigea vers un mur de la salle dont nous ne nous étions pas encore approchés, et je découvris une très ancienne presse à imprimer, telle qu'on en voit parfois sur des illustrations datant de la fin du Moyen Âge : une gigantesque machine en métal noir et en bois sombre, munie d'une énorme vis au sommet. La platine ronde, lustrée par l'encre, avait la couleur de l'obsidienne ; elle reflétait la lueur de nos bougies comme un miroir démoniaque.

Une feuille de papier épais reposait sur l'étagère de la presse. En m'approchant, je vis qu'elle était partiellement imprimée – un essai manqué, probablement – et rédigée en anglais. "Le Fantôme dans l'Amphore" annonçait le titre. Puis le sous-titre : "Le mythe du Vampire de la tragédie grecque à la tragédie moderne". Et la signature : "par Bartholomew Rossi".

Drakula devait guetter ma réaction stupéfaite, et je ne le déçus pas.

— Vous voyez, professeur, je suis au fait des études les plus récentes – à la pointe de l'actualité, dirait-on aujourd'hui. Lorsque je ne peux me procurer un ouvrage édité, ou que je le veux dans l'instant, il m'arrive de l'imprimer moi-même. Mais voici quelque chose qui devrait vous intéresser tout autant, si ce n'est davantage encore.

Il désigna d'un geste une table à côté de la presse, où était alignée une série de gravures sur bois. La plus grande d'entre elles, exposée sur un socle, était celle, en image inversée, naturellement, qui avait servi à imprimer le dragon de mon livre – et de celui de Paul. Je réprimai à grand peine un cri de surprise.

— Vous semblez étonné, constata Drakula en levant sa bougie pour éclairer l'image trop familière du dragon.

Je connaissais son tracé tellement par cœur que j'aurais pu l'avoir sculpté de mes propres mains.

— Vous connaissez très bien cette image, je présume.

— En effet.

Je resserrai les doigts autour de ma bougie.

— Avez-vous imprimé les livres vous-même ? Et combien d'exemplaires en existe-t-il ?

— Mes moines en ont imprimé quelques-uns, et j'ai continué leur travail, répondit-il tranquillement, les yeux fixés sur la gravure sur bois. J'ai presque atteint mon but, qui est d'en imprimer mille quatre cent cinquante-trois, mais lentement, afin d'avoir tout le temps de les distribuer au fur et à mesure des siècles à mes élus. Ce nombre vous évoque-t-il quelque chose ?

— Oui, acquiesçai-je au bout d'un instant. C'est la chute de Constantinople.

— J'étais certain que vous feriez le rapprochement, dit-il avec un sourire amer. Il s'agit de la date la plus noire de toute l'histoire de l'humanité.

— Elles sont un certain nombre à pouvoir briguer cet honneur, soulignai-je.

— Non.

Il leva sa bougie et je vis ses yeux étinceler à la flamme, débordant de haine, une lueur rougeoyant au fond de leur noirceur, comme ceux d'un loup. C'était comme si le regard d'un mort se mettait tout à coup à vivre. Ses yeux m'avaient paru brillants avant cela, mais en cet instant ils étaient hantés par une lumière sauvage, barbare. J'étais incapable de parler, ou même de dévier mon regard.

Au bout de quelques secondes, il se détourna et contempla de nouveau le dragon.

— Il s'est montré un excellent messager, déclara-t-il pensivement.

— Avez-vous… déposé le mien spécialement à mon attention ? C'était mon livre ?

— Disons que je me suis arrangé pour qu'il vous parvienne.

Il étendit sa main balafrée et effleura le bloc de bois sculpté.

— Je suis très méticuleux dans leur distribution. Je les réserve exclusivement aux historiens les plus prometteurs et à ceux que je juge assez entêtés pour tenter de suivre le dragon jusque dans son repaire. À ce propos, vous êtes le premier à avoir réussi. Je vous félicite. Mes autres assistants, je les laisse dans le monde, afin qu'ils effectuent mes recherches.

— Je ne vous ai pas suivi ici, me risquai-je à rectifier. Vous m'y avez amené.

— Croyez-vous ?

À nouveau cette incurvation des lèvres couleur rubis, le frémissement de la longue moustache.

— Vous ne seriez pas ici si vous n'aviez pas voulu venir. Personne, jamais, n'a fait fi à deux reprises de mes mises en garde. Non, professeur Rossi, vous vous êtes conduit ici tout seul.

Je tournai les yeux vers la vieille, très vieille presse et la gravure sur bois du dragon.

— Pourquoi souhaitez-vous ma présence ici ?

Je tremblai d'éveiller sa colère avec mes questions et de précipiter ainsi ma perte avant même d'avoir pu essayer de trouver un moyen de m'échapper quand il ferait jour – mais il fallait que je sache !

— J'ai attendu longtemps quelqu'un qui soit digne de dresser le catalogue de ma bibliothèque, répondit-il simplement. Dès demain, vous pourrez l'explorer en toute liberté. Mais pour ce soir, nous parlerons.

Il traversa de nouveau la salle en sens inverse, de son pas lent et puissant. Ses paroles me donnèrent brusquement de l'espoir : apparemment, il n'avait pas l'intention de me tuer cette nuit. Parallèlement, ma curiosité grandissait de minute en minute. Tout portait à croire que je ne rêvais pas, que j'étais bel et bien en train de converser avec une créature qui avait traversé plus de siècles qu'aucun historien ne pourrait jamais prétendre en étudier, même en y consacrant toute sa vie. Je le suivis, à une distance prudente, et nous prîmes place de nouveau devant le feu. Au moment de m'asseoir, je m'aperçus que la table où j'avais dîné avait disparu, remplacée par une ottomane sur laquelle je pris lentement place. Le contraste avec l'imposant mais austère fauteuil médiéval sur lequel Drakula se tenait et le siège raffiné qu'il m'avait attribué était flagrant, comme s'il avait pensé à offrir à son "invité" un siège au confort décadent, à l'image de son époque.

Nous restâmes assis en silence pendant plusieurs longues minutes, et je commençai à me demander si nous allions demeurer ainsi toute la nuit quand il reprit la parole.

— De mon vivant, j'avais une passion pour les livres.

Il tourna légèrement la tête dans ma direction, de sorte que je pus voir l'éclat de son regard et le lustre de ses cheveux sombres.

— Peu de gens le savent, mais j'étais en quelque sorte un érudit.

Il s'exprimait d'une voix atone, sans passion.

— À mon époque, les sujets abordés dans les livres étaient très… limités. Au cours de ma vie de mortel, j'eus accès essentiellement à des textes autorisés par l'Église – les Évangiles et les commentaires qu'en faisaient les Pères de l'Église, par exemple. Des ouvrages dénués d'intérêt. Lorsque je réussis enfin à monter sur le trône qui me revenait de droit, les extraordinaires bibliothèques de Constantinople avaient été détruites. Ce qu'il en restait était conservé dans les monastères, mais une existence… agitée, avec ma tête mise à prix un peu partout, ne me laissa jamais la possibilité d'y entrer pour les contempler à loisir de mes propres yeux.

Il regardait intensément le feu.

— Cependant, j'avais d'autres ressources. Des marchands me rapportèrent des ouvrages étranges et merveilleux venus de lieux lointains – l'Égypte, la Terre sainte, ainsi que les villes phares de l'Occident. En les lisant, je découvris les anciennes sciences occultes. Sachant que le paradis m'était interdit…

Toujours ce ton dépassionné.

— … je résolus d'assurer moi-même ma propre survie dans les siècles des siècles et de graver à jamais mon histoire dans la mémoire des hommes en me faisant historien.

Il resta silencieux pendant un long moment, et je n'osai pas lui demander de poursuivre. Finalement, il se redressa et posa les mains sur les accoudoirs de son fauteuil.

— Et ce fut le commencement de ma bibliothèque.

Maintenant, j'étais trop dévoré par la curiosité pour rester silencieux, même si je trouvais la question qui me taraudait terriblement difficile à formuler.

— Mais après votre… mort, vous avez continué à rassembler ces ouvrages ?

— Oh ! oui.

Il se tourna pour me regarder, peut-être parce que je l'avais interrogé de mon propre gré, et sourit d'un air sinistre. La noirceur de ses yeux, pareils à deux trous d'ombre au fond desquels miroitait la lueur rouge du feu, était insoutenable.

— Je vous le répète, je suis un historien dans l'âme, tout autant qu'un guerrier, et ces livres m'ont tenu compagnie durant toutes mes années sans fin. Sans compter qu'on y trouve un enseignement pratique des plus précieux. Quelles sont les qualités requises pour devenir un homme d'État, par exemple, ou les stratégies mises au point par les plus grands généraux. Je possède toutes sortes d'ouvrages, très variés, très instructifs... Vous vous en rendrez compte par vous-même dès demain.

— Mais quel rôle voulez-vous me voir tenir dans votre bibliothèque ?

— Vous en dresserez le catalogue. Je n'ai jamais fait l'inventaire de mes possessions, ni consigné par écrit leur lieu d'origine et leur état de conservation. Ce sera là votre première tâche, et je sais que vous l'accomplirez plus rapidement et plus brillamment que quiconque grâce à votre maîtrise des langues et à votre immense érudition. Dans le cadre de votre travail, vous serez amené à manipuler des œuvres comptant parmi les plus belles, les plus brûlantes, jamais publiées. Bon nombre de ces chefs-d'œuvre sont des exemplaires uniques au monde, introuvables ailleurs. Peut-être savez-vous, professeur, qu'à peine un centième de la littérature a survécu à la poussière des siècles ? Je me suis fixé la tâche de redresser ce pourcentage au fil des âges.

Tandis qu'il parlait, je notai de nouveau ce mélange de détachement et de froideur dans sa voix, et ce grincement assourdi, comme le sifflement d'un serpent, ou le chuintement d'un torrent sur des pierres.

— Votre deuxième tâche sera beaucoup plus vaste. En fait, elle durera éternellement. Lorsque vous connaîtrez ma bibliothèque et sa raison d'être aussi intimement que moi, vous vous rendrez dans le monde, sous mon commandement, afin d'y chercher de nouvelles acquisitions

– et des anciennes aussi, car je ne cesserai jamais de collectionner des œuvres du passé. Je mettrai de nombreux archivistes à votre disposition – les plus compétents puisque je les ai personnellement choisis – et vous-même en amènerez de nouveaux en notre pouvoir.

La portée de cette prophétie et son horrible signification me donnèrent des sueurs froides. Je réussis à parler, mais d'une voix étranglée.

— Pourquoi ne continuez-vous pas vous-même à agrandir votre collection ?

Il sourit en regardant le feu, et l'espace d'un éclair je vis réapparaître l'autre visage – le chien, le loup.

— J'ai d'autres projets, désormais. Le monde change et j'ai la ferme intention de changer avec lui. Bientôt, peut-être, je n'aurai plus besoin de cette forme…

Et il montrait d'un geste lent son costume médiéval, son corps de mort-vivant.

— … pour réaliser mes ambitions. Mais j'attache beaucoup de prix à ma bibliothèque et j'aimerais la voir s'enrichir encore. Du reste, cet endroit est de moins en moins sûr. Plusieurs historiens ont été tout proches de le trouver, et vous l'auriez découvert vous-même si je vous en avais laissé le temps. Mais j'avais besoin de vous ici, dès maintenant. Je flaire un danger qui approche, et le catalogue de ma bibliothèque doit être achevé avant que je la transfère ailleurs.

J'avais besoin, ne serait-ce qu'un instant, de me cramponner à l'idée que ce n'était qu'un cauchemar.

— Et où comptez-vous la… transférer ?

Et moi avec, aurais-je pu ajouter.

— Dans un site ancien, plus antique même que celui-ci, auquel sont associés pour moi d'excellents souvenirs. Le lieu est isolé, mais plus proche des grandes métropoles modernes, où je pourrai donc plus aisément aller et venir. Nous installerons ma bibliothèque là-bas, et vous la développerez de façon merveilleuse.

Il me regarda avec une sorte de confiance qui aurait pu passer pour de l'affection sur un visage humain. Puis il se leva, toujours en recourant à ces mouvements impérieux et bizarres.

— Assez discuté pour ce soir – je vois que vous êtes fatigué. Nous allons profiter des heures qui restent pour lire un peu, comme je le fais habituellement, puis je vous laisserai. Quand le jour se lèvera, vous commencerez votre catalogue. Mes ouvrages sont regroupés par thème, plutôt que par siècle ou par auteur. Enfin, vous verrez cela par vous-même. Il y a du papier et des stylos près de la presse, mais aussi une machine à écrire, que je me suis procurée spécialement à votre intention. Peut-être souhaiterez-vous dresser le catalogue en latin, je vous laisse juge. Il va sans dire que vous être libre de lire tout ce qui vous plaira, quand il vous plaira.

Sur ces mots, il choisit un livre sur l'une des tables, puis revint s'asseoir devant le feu. Pour ne pas le contrarier, je pris le premier ouvrage qui me tomba sous la main. L'une des premières éditions italiennes du *Prince* de Machiavel, suivi d'une série de *Discours sur la moralité* dont j'ignorais jusqu'à l'existence. Dans l'état où je me trouvais, j'aurais été bien incapable d'en déchiffrer une seule ligne, et je restai assis sans bouger, regardant fixement les caractères d'imprimerie ou tournant une page au hasard.

Drakula, de son côté, semblait totalement captivé par son livre. Je me demandai, tout en lui lançant un regard furtif, comment il s'était habitué à cette existence nocturne et souterraine – la vie, au fond, d'un rat de bibliothèque – lui qui avait été un chef de guerre et un homme d'action.

Finalement, il reposa paisiblement son livre, se leva, et s'enfonça sans un mot dans l'obscurité de la grande salle où il disparut rapidement de ma vue. Je perçus une sorte de grattement, comme celui d'un animal creusant un sol aride, ou le craquement d'une allumette (bien qu'aucune lumière n'apparut) et, d'un seul coup, je me sentis immensément seul.

Je tendis l'oreille, mais impossible de dire dans quelle direction il était parti. Au moins, il ne se repaîtrait pas de mon sang ce soir... Je m'interrogeai avec effroi sur le sort qu'il me réservait, alors qu'il lui aurait été si facile de faire de moi son esclave maintenant tout en étanchant sa soif dans la foulée. Je restai assis des heures sur ma chaise, en me levant juste de temps à autre pour étirer mes muscles douloureux. Je n'osais pas m'endormir tant qu'il faisait encore nuit, mais je dus quand même somnoler malgré moi juste avant l'aube car je me réveillais brusquement avec la sensation d'une infime modification de l'air – bien qu'aucune lumière ne filtre à l'intérieur de cette salle obscure, et je vis la haute silhouette de Drakula drapée dans sa cape s'approcher de la cheminée.

— Je vous souhaite le bon jour, dit-il tranquillement.

Et il s'éloigna avec lenteur. Je m'étais dressé d'un bond, tétanisé par sa présence. Une fois encore, il s'évanouit dans l'obscurité, et un silence sépulcral m'assourdit.

Au bout d'un long moment, je me servis de ma bougie pour rallumer le candélabre ainsi que plusieurs autres bougies que je trouvais fichées dans des appliques fixées aux murs. Je découvris également des lampes en céramique et des petites lanternes en fer sur certaines des tables, et j'en allumai plusieurs dans la foulée. Ce regain de clarté m'apporta un certain réconfort, mais je demandai si je reverrais un jour la lumière du soleil, ou si j'étais entré vivant dans une éternité d'obscurité et de lueurs vacillantes... Cette sombre perspective m'apparaissait comme l'antichambre de l'enfer.

Je distinguais un peu mieux la salle, à présent. Elle était immense, dans toutes les directions, et il n'y avait pas un seul mur qui ne soit occupé par des armoires et des étagères où s'entassaient des rangées et des rangées de livres, de boîtes, de rouleaux de parchemins, de manuscrits… L'effarante bibliothèque privée du prince des ténèbres. Contre l'un des murs, dans l'ombre, se dessinaient vaguement les contours de trois sarcophages. Je m'approchai, ma bougie à la main. Les deux plus petits étaient vides – l'un d'eux devait être celui dans lequel je m'étais réveillé.

Puis je vis le troisième : un grand sépulcre plus seigneurial que les autres, immense dans la lumière tremblotante, et de nobles proportions. Sur l'un des côtés apparaissait un seul nom, gravé en lettres latines : *DRAKULA*. Je levai ma bougie et regardai à l'intérieur, presque malgré moi.

Il était là, étendu, immobile… Pour la première fois, je pouvais contempler en face son visage cruel, et c'est ce que je fis, en dépit de ma répulsion. Ses sourcils étaient légèrement froncés, comme s'il faisait un rêve désagréable ; ses yeux ouverts étaient fixes, ses longs cils sombres figés, de sorte qu'il paraissait mort et non pas simplement endormi ; sa peau était cireuse, ses traits vigoureux, presque beaux. Ses cheveux noirs formaient une chape qui tombait sur ses épaules, remplissant les côtés du sarcophage.

Le plus horrible, pour moi, c'était peut-être la coloration de ses joues et de ses lèvres, et cette apparence abominablement repue que son visage n'avait pas reflété tout à l'heure, devant la cheminée. Il m'avait épargné ce soir, c'était vrai, mais plus tard, au cours de cette même nuit, quelque part, il avait bu tout son saoul… La petite tache laissée par mon sang sur ses lèvres avait disparu ; à présent, elles avaient l'éclat du rubis sous sa moustache sombre. Il semblait si éclatant de vie et de santé que je fus glacé d'effroi en constatant qu'il ne respirait pas – son torse ne bougeait pas d'un millimètre. Étrange aussi, il s'était changé : il portait une tunique et des bottes rouge sombre, et un manteau et une toque de velours pourpre. Le manteau était un peu élimé aux épaules, la toque ornée d'une plume marron. Son col étincelait de gemmes.

Je continuai à le regarder jusqu'à ce que je sente un malaise m'envahir et je reculai d'un pas pour tenter de rassembler mes idées. Il était encore très tôt – j'avais des heures devant moi avant le coucher du soleil. J'allais d'abord chercher une issue par laquelle je pourrais m'échapper, puis j'essaierais de trouver un moyen de détruire la créature pendant son sommeil. De cette façon, je pourrais m'enfuir avant la nuit, que j'aie réussi ou non à l'anéantir.

J'empoignai le candélabre avec détermination et me mis aussitôt au travail. Inutile de préciser que je fouillai l'immense salle en pierre pendant des heures sans trouver la moindre sortie. Il y avait bien une épaisse porte en bois munie d'une serrure en fer, à l'une des extrémités de la pièce, mais j'eus beau pousser, tirer, essayer par tous les moyens de l'ouvrir – jusqu'à l'épuisement – elle ne bougea pas d'un millimètre ; en fait, elle n'avait probablement pas été ouverte depuis des lustres, voire des siècles. Or il n'y avait aucun autre moyen de sortir – non, pas l'ombre d'une trappe, d'un tunnel, d'une dalle descellée, pas la plus petite ouverture, rien. Et pas la moindre fenêtre, évidemment. Elle donnerait sur quoi ? J'étais quasiment certain que nous nous trouvions quelque part sous terre.

La seule niche dans les murs, de la taille d'une chapelle, était celle où s'alignaient les trois sarcophages, mais aucune pierre ne remua quand j'y passai la main. Ce fut une véritable torture pour moi de tâtonner le long de ce mur devant le visage figé de Drakula avec ses yeux grands ouverts. Même si à aucun moment ils ne pivotèrent vers moi, j'avais le sentiment qu'ils devaient avoir le pouvoir secret d'observer tout ce que je faisais et de faire peser sur moi leur malédiction.

Je retournai m'asseoir devant la cheminée afin de réparer un peu mes forces défaillantes. Étrange… Le feu ne diminuait jamais d'intensité, constatai-je en tendant mes mains glacées vers les flammes, même s'il consumait de vraies bûches et produisait une chaleur bien réelle. Et il ne dégageait pas non plus de fumée ; avait-il brûlé ainsi toute la nuit ? Brûlerait-il ainsi dans les ténèbres jusqu'à ce que mon âme elle-même soit consumée ? Je passai une main hagarde sur mon visage, tout en me mettant en garde contre la folie qui me guettait. J'allais avoir besoin de chaque once de ma raison. En fait – et je pris ma résolution en cet instant – je devais me fixer pour but de conserver mon âme et ma force morale intactes jusqu'à mon dernier souffle. Cette mission serait mon soutien, le seul qui me restait.

Je repris mon exploration, de manière méthodique, cherchant à présent un moyen, n'importe lequel, de détruire mon hôte monstrueux. Bien sûr, le succès de mon entreprise reviendrait à me condamner à mourir ici, seul, sans aucune possibilité de m'échapper. Mais au moins, j'aurais la satisfaction de penser que ce démon ne quitterait plus jamais cette salle maudite pour chasser de nouvelles proies.

Je songeai aussi (ce n'était pas la première fois depuis que je m'étais réveillé captif) à la délivrance que m'apporterait le suicide – mais je ne pouvais prendre un tel risque. J'avais déjà été mordu une fois au moins et la légende affirmait que toute personne contaminée recourant au suicide pouvait se transformer instantanément en mort-vivant, sans même passer par les étapes intermédiaires... Funeste légende dont la cruauté me paralysait. Cette issue m'était donc interdite.

J'inspectai de nouveau la salle dans ses moindres recoins, ouvrant les tiroirs et les boîtes, fouillant les étagères, mon candélabre brandi au-dessus de ma tête. Il me paraissait improbable qu'un prince aussi intelligent, un chef de guerre aussi retors, ait pu laisser traîner une arme dont je pourrais me servir contre lui, mais je me devais de chercher quand même. Je ne trouvai rien, pas même un bout de bois dont j'aurais pu, je ne sais comment, essayer de tailler l'une des extrémités en pointe pour le transformer en pieu. J'essayai même de prélever une bûche dans la cheminée, mais les flammes s'attisèrent aussitôt, me brûlant la main. Je fis plusieurs tentatives, toujours avec le même résultat démoniaque.

Finalement, je retournai vers le grand sarcophage central, terrifié par l'ultime solution qui s'offrait à moi : m'emparer de la propre dague de Drakula, qu'il portait à sa ceinture. Sa main balafrée reposait sur la poignée. Qui sait ? la lame était peut-être en argent, auquel cas, je la lui planterais en plein cœur – si toutefois je parvenais à trouver la force de la lui prendre. Je m'assis quelques instants sur le sol afin de rassembler tout mon courage et de surmonter ma répulsion. Puis je me levai et avançai lentement une main en direction de la dague, mon autre main brandissant le candélabre. Le visage rigide n'eut aucune réaction à mon approche, même si la cruauté de l'expression et le froncement de sourcils parurent s'amplifier. Je découvris alors, avec épouvante, pourquoi sa main tenait la poignée de la dague : si je voulais atteindre l'arme, il me fallait détacher un à un les doigts qui l'enserraient... Je posai alors ma main sur celle de Drakula – ce contact fut tellement horrible que je ne souhaite pas l'évoquer ici, même si je suis le seul à qui s'adressent ces lignes. Sa main était fermée comme une pierre sur la poignée, comme scellée à son arme. Impossible de l'en détacher et encore moins de l'écarter ; autant essayer d'arracher une dague en marbre de la main d'une statue. Ses yeux fixes semblaient brûler de haine. Se remémorerait-il cette scène à son réveil ? Je retombai en arrière, épuisé, secoué de nausées, et je restai prostré sur le sol, le temps de reprendre mes esprits.

Finalement, comprenant que j'avais aucune possibilité de mettre mon projet à exécution, je résolus de dormir un peu, pendant qu'il faisait encore jour, de façon à me réveiller avant Drakula. C'est ce que je fis, pendant peut-être une heure ou deux (je dois absolument trouver un moyen de mesurer le temps dans ce tombeau), couché en chien de fusil sur le sol devant la cheminée, ma veste roulée sous ma tête. Rien n'aurait pu me persuader de remonter dans mon sarcophage, mais mon corps douloureux puisa un peu de réconfort dans la chaleur des dalles chauffées par le feu.

À mon réveil, je guettai anxieusement le moindre bruit, mais un silence de mort régnait dans la salle. Un savoureux repas m'attendait sur la table, près de ma chaise, même si Drakula gisait toujours dans le même état de catalepsie au fond de sa tombe. Je partis à la recherche de la machine à écrire que j'avais aperçue un plus tôt. C'est avec elle que j'écris depuis lors, aussi vite que je le peux, afin de consigner tout ce que j'ai vu et entendu. C'est aussi pour moi une façon de retrouver la notion de temps, puisque je connais ma vitesse de frappe et le nombre de pages que je peux remplir en l'espace d'une heure.

Je tape ces dernières lignes maintenant à la lumière d'une seule bougie ; j'ai éteint les autres afin de les économiser. Je suis affamé et transi de froid. Je vais cacher ces pages quelque part et attaquer le travail que Drakula m'a confié, afin qu'il me trouve à l'œuvre en se réveillant. J'essaierai d'écrire de nouveau demain… si je suis encore vivant, et toujours suffisamment moi-même pour le faire. »

Deuxième jour

« Après avoir terminé le compte rendu de ma première journée de captivité, je pliai soigneusement les feuillets et les cachai derrière une armoire, à un endroit où je pourrais les récupérer facilement. J'allumai ensuite une bougie neuve et m'avançai lentement entre les tables. La salle abritait des dizaines de milliers d'ouvrages, estimai-je

– peut-être même des centaines de milliers en comptant les rouleaux de parchemins et autres manuscrits. Il y en avait absolument partout : sur les tables, dans les vieux meubles de rangement, et tout le long des murs, sur des étagères rudimentaires. Des manuscrits médiévaux côtoyaient de ravissants in-folio Renaissance et des livres de facture moderne. Je découvris avec stupeur, à côté d'un ouvrage inédit de Thomas d'Aquin, un in-quarto d'œuvres inconnues de Shakespeare (des pièces historiques datant de sa jeunesse). D'énormes traités d'alchimie du seizième siècle voisinaient avec une armoire entière de rouleaux de parchemins arabes enluminés – probablement ottomans, supposai-je. Des sermons de puritains s'attaquant à la sorcellerie étaient rangés pêle-mêle à côté de petits recueils de poésie du dix-neuvième siècle et de longs traités de philosophie et de criminologie de notre époque. Non, il n'y avait aucune logique temporelle dans ce classement. En revanche, je ne tardai pas à voir émerger une cohérence entre tous ces ouvrages si divers.

Il aurait fallu des semaines, voire des mois, pour inventorier tous ces ouvrages tels qu'ils auraient été répertoriés dans le département histoire d'une bibliothèque traditionnelle. Mais puisque Drakula considérait qu'ils étaient déjà classés, en fonction de ses propres centres d'intérêt, je les laisserais tels quels, en essayant simplement de les regrouper par thèmes. Je jugeai que la première collection débutait tout à côté de la fameuse porte en bois inamovible, et qu'elle englobait les ouvrages figurant dans trois armoires et sur deux grandes tables. On pouvait lui donner pour titre générique : "Art de gouverner et stratégie militaire".

Ici, je trouvai d'autres œuvres de Machiavel, dans d'exquis in-folio originaires de Padoue et de Florence, une biographie d'Hannibal écrite au dix-huitième siècle par un Anglais et un manuscrit grec provenant peut-être de la grande bibliothèque d'Alexandrie : Hérodote retraçant les guerres Médiques. Je passais d'un manuscrit fabuleux à un livre plus prodigieux encore. Ici, c'était le texte original de *Mein Kampf* annoté de la main même de l'auteur ; là, une sorte de carnet de bord écrit à la main, en français, et maculé de terre çà et là, qui, d'après les dates et les événements mentionnés, semblait être une chronique de la Terreur tenue au jour le jour par un proche de Robespierre. Il me faudrait l'examiner de plus près – apparemment, l'auteur ne livrait son nom à aucun moment. Je trouvai un gros volume consacré à la stratégie des premières campagnes de Napoléon, imprimé pendant son exil sur l'île d'Elbe, calculai-je. À l'intérieur d'une boîte posée sur l'une des tables, je découvris un manuscrit jaunissant tapé à la machine, en cyrillique ; je ne possède que de vagues notions de russe, mais d'après l'en-tête, il ne faisait aucun doute qu'il s'agissait d'un mémo interne de Staline adressé à un haut gradé de l'Armée Rouge. Difficile de savoir de quoi il retournait, mais il contenait une longue liste de noms russes et polonais.

Pour ces textes qu'il me fut possible d'identifier, combien d'autres à côté m'étaient parfaitement inconnus ! Des centaines de livres et de manuscrits dont les auteurs ou même les thèmes ne m'évoquaient rien... Il m'apparut tout à coup que parmi ces myriades d'ouvrages, pas un seul ne se rapportait à l'art de la guerre ou à l'art de gouverner des Ottomans – des sujets qui avaient pourtant concerné de très près Drakula de son vivant.

Je venais juste de commencer une liste de tout ce que je pouvais d'ores et déjà identifier, en la divisant sommairement par siècles, quand le froid autour de moi parut s'intensifier, comme sous l'effet d'un courant d'air invisible. Je levai les yeux et le vis à trois mètres de moi, de l'autre côté de l'une des tables.

Il portait le même costume rouge et violet que dans son sarcophage, et me parut encore plus grand et massif que la nuit précédente. Je me figeais, muet, en me demandant s'il allait se jeter sur moi – se souvenait-il de ma tentative pour lui arracher sa dague ? Mais il inclina simplement la tête, comme pour me saluer.

— Je vois que vous vous êtes sagement mis au travail. Vous aurez, sans nul doute, des questions à me poser. Mais d'abord, prenons notre petit déjeuner. Et ensuite, nous discuterons de mes livres.

Je vis une lueur étinceler dans l'ombre – peut-être un éclat de son regard. Il me précéda de sa démarche inhumaine mais impérieuse jusqu'à la cheminée, et je découvris de la nourriture et des boissons chaudes sur la table, y compris du thé brûlant qui procura un certain réconfort à mes membres glacés.

Drakula contemplait le feu qui ne produisait pas de fumée, la tête bien droite au-dessus des épaules. Je ne pus m'empêcher de penser à sa décapitation – sur ce point, tous les récits concordaient. Comment sa tête avait-elle pu être raccordée à son corps ? À moins qu'il ne s'agisse que d'une illusion ? Le col montant de sa tunique se fermait sous son menton, et ses cheveux noirs qui cascadaient jusqu'à ses épaules dissimulaient en partie son cou.

— Et maintenant, dit-il, allons visiter un peu ma bibliothèque.

Il alluma de nouveau toutes les bougies, et je le suivis de table en table tandis qu'il éclairait les lanternes posées çà et là.

— Nous en aurons besoin pour examiner de près certaines de mes acquisitions.

Je n'aimais pas la façon dont la lumière jouait sur son visage chaque fois qu'il se penchait pour allumer une nouvelle bougie, et j'essayai de me concentrer sur les titres des livres. Il s'approcha de moi tandis que j'examinais les rouleaux de parchemins et les livres en arabe que j'avais déjà remarqués plus tôt. À mon grand soulagement, il s'immobilisa à deux pas de moi, mais une odeur âcre montait de son corps et je luttai pour surmonter un malaise. Je devais absolument me dominer, songeai-je ; je n'avais aucune idée de ce qui m'attendait cette nuit.

— Je vois que vous avez trouvé certaines de mes plus belles pièces, disait-il.

Une note de sa satisfaction passa dans sa voix froide.

— Ce sont là mes trésors, arrachés de haute lutte aux Ottomans. Certains de ces textes sont très anciens, ils remontent aux premiers jours de leur maudit empire. Et cette étagère-ci abrite des volumes de leurs derniers temps.

Il sourit dans la lumière frémissante.

— Leurs derniers temps... Vous ne pouvez pas imaginer quelle jouissance ce fut pour moi d'assister à l'agonie de leur civilisation. Leur foi n'est pas morte, bien sûr, mais leurs sultans ont disparu à jamais, tandis que moi, je leur ai survécu.

Je crus pendant un moment qu'il allait se mettre à rire, mais ses paroles suivantes résonnèrent avec une gravité lourde d'une haine inextinguible.

— Voici des ouvrages magnifiques conçus pour feu "le Majestueux et Glorieux Refuge du monde", qui décrivent les terres qui composent son immense empire. Et là...

Il toucha l'extrémité d'un rouleau de parchemin.

— Là, c'est encore l'histoire de Mehmed II qu'on appelait le Conquérant – puisse-t-il rôtir en enfer ! – par un historien chrétien devenu un vil flagorneur. Puisse-t-il rôtir en enfer lui aussi ! J'ai essayé de le retrouver, mais il a eu la mauvaise idée de mourir avant que j'aie eu le temps de m'occuper de lui. Ici, ce sont les récits des campagnes de Mehmed, par ses flatteurs attitrés, et de la chute funeste de la grande cité. Vous ne parlez pas l'arabe ?

— Très peu, confessai-je.

— Ah.

Il parut amusé.

— J'ai eu tout le temps d'apprendre leur langue et leur écriture pendant qu'ils me tenaient prisonnier. Vous devez savoir que j'ai été leur otage ?

J'acquiesçai, tout en essayant de ne pas le regarder.

— Mon propre père me livra au père de Mehmed – en gage de paix avec l'empire, je suppose ! Vous imaginez ? Le prince Drakula tel un pion dans les mains des Infidèles ! Mais je n'ai pas perdu mon temps là-bas. J'ai appris tout ce qu'il y avait à savoir sur eux, de façon à pouvoir les surpasser tous. C'est alors que je me suis promis à moi-même de faire l'histoire, et non de la subir.

Sa voix avait de tels accents de férocité que je tournai malgré moi les yeux vers lui et vis le rayonnement haineux sur son visage, la ligne acérée de sa lèvre supérieure sous sa longue moustache. Puis il éclata de rire, un son au moins aussi terrifiant.

— J'ai triomphé, je triomphe encore, et eux ne sont plus que poussière.

Il posa la main sur une reliure en cuir magnifiquement ouvragée.

— Le sultan avait tellement peur de moi qu'il créa une garde spéciale pour m'éliminer. Il en subsiste encore quelques membres aujourd'hui à Tsarigrad – une vraie plaie. Mais ils sont de moins en moins nombreux alors que mes serviteurs, eux, ne cessent de croître et de se multiplier sur la surface du globe.

Il redressa sa silhouette puissante.

— Venez. Je vais vous montrer mes autres trésors, et vous me direz comment vous comptez les répertorier.

Il m'emmena d'une section à une autre, me signalant du doigt des ouvrages particulièrement rares, et je constatai que je ne m'étais pas trompé sur la cohérence interne qui unissait tous les ouvrages de cette bibliothèque. Ici, une gigantesque armoire était pleine à craquer de manuels pratiques de torture, certains d'entre eux remontant à l'Antiquité. Ils décrivaient par le menu aussi bien les prisons anglaises au Moyen Âge et les supplices des prisonniers que les salles de torture sous l'Inquisition et les techniques des tourmenteurs, ainsi que les "expériences" du Troisième Reich. Certains ouvrages de la Renaissance étaient illustrés par des gravures sur bois montrant des instruments de torture ou des schémas du corps humain, ancêtres des écorchés des salles de sciences.

Une autre partie de la salle dressait un panorama des pires hérésies de l'Église, pour lesquelles nombre de ces manuels de torture avaient été utilisés. Une autre section était consacré à l'alchimie, une autre à la sorcellerie, une autre encore à la philosophie sous sa forme la plus monstrueusement pervertie.

Drakula s'arrêta devant un immense rayonnage et y posa la main d'un geste affectueux.

— J'ai une tendresse particulière pour ces œuvres, et il en ira de même pour vous, je pense. Ce sont des biographies qui me sont consacrées.

De fait, les livres regroupés ici se rapportaient d'une façon ou d'une autre à sa vie. Je découvris des textes écrits par des historiens byzantins et ottomans (pour certains, des originaux extrêmement rares), ainsi que leurs nombreuses rééditions à travers les âges. Il y avait aussi bien des pamphlets d'Allemagne médiévale, de Russie, de Hongrie, de Constantinople, tous s'attachant minutieusement à dresser la liste de ses crimes. Je n'avais jamais vu un si grand nombre de ces ouvrages, ni même entendu parler d'eux au cours de mes recherches, et je ressentis un bref frémissement de curiosité avant de me rappeler brutalement que je n'avais plus aucune raison, désormais, d'achever ma recherche... Je remarquai également de nombreux ouvrages appartenant au folklore, du dix-septième siècle à nos jours, qui faisaient une large part à la légende du vampire. Je trouvais tout à la fois étrange et terrible que Drakula assimile aussi franchement ces textes à des biographies. Il posa sa grande main sur l'édition originale du roman de Bram Stoker qui portait son nom, sourit, mais ne fit aucun commentaire. Puis il se dirigea tranquillement vers une autre section.

— Ceci devrait également vous intéresser au plus haut point, dit-il. Ce sont des livres d'histoire traitant de votre siècle, le vingtième. Un siècle exceptionnel – j'attends avec impatience de voir ce que nous réservent les cinquante ans à venir. Quand je pense qu'à mon époque, un prince ne pouvait guère éliminer qu'un seul gêneur à la fois. Tandis que vous, vous le faites à grande échelle et à une vitesse infiniment supérieure. Songez, par exemple, aux progrès accomplis entre ces maudits canons qui mirent à bas les murs de Constantinople et le feu de l'apocalypse que votre pays d'adoption a déversé sur ces deux villes japonaises, il n'y a pas dix ans...

Il esquissa un petit signe de la tête, courtois et admiratif.

— Vous avez sans doute déjà lu bon nombre de ces ouvrages, professeur, mais peut-être les parcourrez-vous aujourd'hui avec un regard différent.

Finalement, il m'invita à retourner m'installer près du feu, où du thé chaud, surgi de nulle part, m'attendait de nouveau. Lorsque nous fûmes assis tous les deux, il se tourna vers moi.

— Je vais bientôt devoir prendre ma propre collation, déclara-t-il tranquillement. Mais tout d'abord, je dois vous poser une question.

Mes mains se mirent à trembler malgré moi. J'avais essayé jusqu'ici de lui parler le moins possible, de ne pas éveiller sa colère.

— Vous avez pu apprécier mon hospitalité, telle que je puis l'offrir en ce lieu, et ma confiance sans limite en vos compétences. Vous jouirez de la vie éternelle, un privilège réservé à quelques très rares élus. Vous avez libre accès à ce qui est sans nul doute la bibliothèque la plus exceptionnelle du monde en son genre. Vous avez à portée de main des livres uniques, qu'on ne trouve nulle part ailleurs. Tout cela est à vous.

Il changea de position, comme s'il était difficile pour lui de maintenir son grand corps de mort-vivant totalement immobile pendant longtemps.

— Vous êtes de surcroît un homme d'une intelligence brillante, supérieure, d'une exactitude admirable et d'une grande finesse de jugement. J'ai moi-même beaucoup à apprendre de vos méthodes de recherche, de votre imagination, de votre façon de faire la synthèse de vos sources. C'est pour toutes ces qualités, et pour la grande érudition qu'elles alimentent que je vous ai conduit ici, dans ma salle au trésor.

À nouveau, il marqua une pause. Moi, j'observais son visage, incapable de détourner mon regard. Il fixait le feu.

— Votre honnêteté sans faille vous permet de percevoir la grande leçon de l'histoire, reprit-il. Elle nous enseigne que la nature de l'homme est mauvaise. Sublimement mauvaise. Le bien n'est pas perfectible, le mal, si. Pourquoi ne pas mettre votre magnifique intelligence au service de ce qui est perfectible ? Je vous demande, mon ami, de vous joindre à moi, de votre propre volonté, dans ma recherche. En acceptant, vous vous épargnerez, à vous, beaucoup de souffrances, et à moi, d'inutiles désagréments. Ensemble, nous ferons progresser la recherche historique au-delà que tout ce qu'on a jamais vu depuis que le monde est monde. Je vous offre le rêve de tout historien digne de ce nom : vivre l'histoire, la vivre réellement, éternellement. Vous ferez corps avec elle, vous jouirez de ses convulsions –, et nous laverons notre esprit dans l'écume sanglante des siècles !

À ces mots, il braqua le feu de son regard sur moi, sa science du passé étincelant dans ses yeux, ses lèvres rouges entrouvertes. Ce visage aurait pu être l'incarnation même de l'intelligence, songeai-je tout à coup, s'il n'avait été pétri par une telle haine.

Je luttai de toutes mes forces pour ne pas fléchir, pour ne pas aller à lui dans l'instant, me jeter à ses genoux, et faire acte de soumission. Drakula était un chef sanguinaire, un tyran qui ne tolérait aucune transgression. J'appelai à mon aide tout l'amour que j'avais reçu et donné dans ma vie, puis j'articulai avec toute la fermeté dont j'étais capable les deux petites syllabes qui me condamnaient :

— Jamais.

Son visage blêmit de rage, ses narines et ses lèvres se contractèrent convulsivement.

— Ce lieu sera votre tombeau, professeur Rossi, dit-il, comme s'il essayait de contrôler sa voix. Vous n'en sortirez jamais vivant, même s'il est vrai que vous en sortirez après, dans votre nouvelle forme de vie... Alors pourquoi ne pas consentir librement à votre destin ?

— Non, merci, murmurai-je aussi doucement que je le pouvais.

Il se dressa de façon menaçante, puis sourit.

— En ce cas, vous travaillerez pour moi contre votre gré.

Un voile noir se mit à flotter devant mes yeux, et je m'agrippai mentalement de toutes mes forces à ce qui me restait de... de quoi ? Ma peau fut parcourue de frissons et des étoiles fourmillèrent devant moi, oscillant contre les murs sombres de la salle.

Quand Drakula s'avança vers moi, je vis son visage sans masque, une vision si terrible que je suis incapable de m'en souvenir maintenant – j'ai pourtant essayé. Puis je n'eus plus conscience de rien pendant un long moment.

Je me réveillai dans mon sarcophage, dans le noir. Je crus un instant que tout recommençait, que c'était de nouveau le premier jour, celui où je m'étais réveillé ici, jusqu'à ce que je réalise que je savais où je me trouvais. J'étais très faible, beaucoup plus que la première fois, et la blessure à mon cou coulait et m'élançait douloureusement. J'avais perdu beaucoup du sang, mais pas assez pour annihiler en moi toute résistance. Au bout d'un moment, et au prix d'un effort terrible, je réussis à me redresser, à descendre en tremblant de mon cercueil de pierre.

Je me remémorai le moment où j'avais perdu connaissance. À la lueur des bougies restées allumées, je vis que mon bourreau dormait encore, allongé dans son grand tombeau. Ses yeux étaient ouverts, vitreux, ses lèvres rouges, sa main fermée sur la poignée de sa dague – je me détournai, mon corps et mon esprit saisis par une horreur sans nom, et j'allai me recroqueviller près du feu. Quand les forces me revinrent un peu, je tentai d'avaler le repas préparé pour moi.

Apparemment, il a l'intention de me détruire progressivement, peut-être pour me laisser jusqu'à la dernière minute la possibilité d'accepter la proposition qu'il m'a faite la nuit dernière, pour que je remette entre ses mains tout le pouvoir d'un esprit consentant…

Dieu, je n'ai plus qu'un seul but, à présent – non, deux : mourir en ayant gardé intact le plus possible celui que j'étais, dans l'espoir, peut-être, de limiter les atrocités que je serai amené à commettre lorsque je serai devenu un mort-vivant… – et aussi rester assez longtemps en vie pour livrer le plus d'informations possibles dans ce journal, même si tout porte à croire qu'il tombera en poussière sans avoir jamais été lu. Ces ambitions sont mon unique soutien, désormais. Et ma destinée… un sort sanglant qu'aucun torrent de larmes ne pourra jamais laver. »

« Je crois que je perds la notion du temps. J'ai le sentiment qu'il pourrait s'être écoulé plusieurs jours, ou que j'ai rêvé pendant plusieurs semaines, ou que j'ai été enlevé il y a un mois. Quoi qu'il en soit, c'est mon troisième récit. J'ai passé la nuit à travailler dans la bibliothèque, non pour obéir à Drakula en dressant son catalogue, mais pour essayer de chercher des informations susceptibles de servir un jour à quelqu'un – mais là encore, c'est sans espoir.

Je noterai juste ici que j'ai découvert aujourd'hui que deux généraux de Napoléon Ier furent assassinés au cours de l'année qui suivit son couronnement, deux décès mystérieux dont je n'avais jamais entendu parler ni trouvé mention nulle part… J'ai également pu examiner un opuscule écrit par l'historienne de Byzance Anna Comnena et intitulé (si mon grec ne me trahit pas) : "Le recours à la torture prôné par l'Empereur pour le Bien du Peuple". J'ai aussi trouvé, dans la section alchimie, un livre sur la Kabbale magnifiquement illustré, peut-être originaire de Perse. Ainsi qu'un volume anglais de 1521 (il est daté) appelé "Philosophie de l'Espouvante", un ouvrage sur les Carpates dont je connaissais l'existence mais que je croyais disparu depuis des lustres. Enfin, sur les rayonnages de la collection consacrée aux hérésies, je suis tombé sur un étrange Évangile byzantin : un saint Jean dont le début du texte diffère de toutes les autres versions connues – il y est question d'obscurité et non de lumière… Il faudrait que je me penche là-dessus…

Je suis trop épuisé et trop mal en point pour étudier ces textes comme je le voudrais – comme je le devrais –, mais chaque fois que je rencontre quelque chose de bizarre ou d'inédit, je ne peux m'empêcher de le noter avec un empressement totalement hors de propos, compte tenu de ma situation désespérée. À présent, je vais essayer de sommeiller un tout petit peu, pendant que Drakula dort encore, afin d'affronter mon prochain calvaire un peu reposé, quoi qu'il arrive. »

Quatrième jour ?

« Ma raison elle-même commence à s'effriter, je le sais. J'ai beau tout essayer, je ne parviens plus à comptabiliser le temps qui passe ni même mes efforts pour explorer la bibliothèque infernale de Drakula. Je ne suis plus seulement faible, mais malade et, aujourd'hui, il s'est produit quelque chose qui a secoué de désespoir ce qui me reste de cœur…

Je consultais un ouvrage, un élégant in-quarto rédigé en français, dans l'immense section entièrement consacrée à la torture quand mes yeux tombèrent sur le projet d'une nouvelle machine conçue pour trancher instantanément les têtes. Une gravure faisait office d'illustration : elle montrait les différentes parties de la machine et un homme vêtu avec élégance dont la tête venait d'être séparée de son corps. Tout en contemplant ce projet, je ressentis du dégoût pour sa finalité, de l'émerveillement pour l'état de conservation remarquable de cet ouvrage, mais pas seulement. J'éprouvai également le brusque désir d'assister à la scène, d'entendre les cris de la foule, de voir le sang jaillir sur ce jabot en dentelle blanche, éclabousser cette veste en velours et… Je me sentis blêmir. Drakula avait raison : tout historien aspire à voir de ses yeux la réalité du passé, mais là, c'était quelque chose que je n'avais encore jamais ressenti, une… une faim d'un genre très différent.

Je refermai le livre avec horreur, appuyai mon front sur mes bras repliés et, pour la première fois depuis le début de mon emprisonnement, j'éclatai en sanglots. Je n'avais pas pleuré depuis des années ; pas depuis l'enterrement de ma mère, en fait. Le sel de mes propres larmes me réconforta un peu – c'était si simplement normal. »

Jour

« Le monstre dort. Il ne m'a pas parlé de toute la journée d'hier, sauf pour me demander si le catalogue avançait, et pour examiner mon travail durant quelques minutes. Je suis trop fatigué pour continuer ma tâche pour le moment, ou même pour taper à la machine. Je vais m'asseoir devant la cheminée et essayer d'y rassembler un peu les lambeaux de mon ancien moi. »

Jour

« La nuit dernière, il m'a fait asseoir de nouveau devant le feu, comme si nous entretenions encore des relations civilisées, et m'a annoncé qu'il allait déménager très bientôt la bibliothèque, plus tôt qu'il n'en avait d'abord eu l'intention, parce qu'une menace, la menace qu'il voyait poindre depuis un moment, se rapprochait.

— Ce sera votre dernière nuit, ensuite je vous laisserai ici quelque temps, m'a-t-il révélé. Mais vous viendrez à moi quand je vous appellerai. Et vous pourrez alors poursuivre votre tâche dans un lieu plus sûr. Plus tard, nous verrons à vous envoyer œuvrer de par le monde. Réfléchissez d'ores et déjà à tous ceux qui seraient susceptibles de nous aider dans notre tâche… et que vous m'amènerez. En attendant, je vais vous cacher dans un endroit où personne ne pourra vous trouver.

Il sourit, ce qui brouilla ma vision, et j'essayai de me concentrer sur le feu.

— Vous aurez été prodigieusement obstiné, professeur. Peut-être vais-je vous déguiser en sainte relique…

Je n'eus aucune envie de lui demander ce qu'il voulait dire par là.

Ce n'est donc plus qu'une question d'heures avant qu'il mette un terme à ma vie de mortel. À présent, toute mon énergie se mobilise pour me rendre plus fort pour les derniers moments. Je fais très attention à ne pas penser aux personnes que j'ai aimées, dans l'espoir que je serai moins enclin à penser à elles dans ma nouvelle et maudite existence.

Je dissimulerai ce journal dans le plus beau des livres qu'il m'a été donné de trouver ici (l'un des rares ouvrages de cette bibliothèque, désormais, qui ne me procure pas une jouissance horrible), puis je le cacherai quelque part afin de le soustraire à cette collection. Si seulement je pouvais me condamner à devenir poussière avec lui !

Je sens approcher le crépuscule, quelque part dans le monde où le jour et la nuit, le soleil et les étoiles existent encore, et je puiserai dans mes ultimes forces pour rester moi-même jusqu'à la dernière seconde de ma misérable vie. Si le bien existe ici-bas, dans l'histoire, dans mon propre passé, je l'invoque maintenant. Je l'invoque avec toute la passion avec laquelle j'ai vécu. »

Bartholomew Rossi

74.

« Helen posa deux doigts sur le front de son père, comme pour lui donner une bénédiction. Elle contenait difficilement ses sanglots, maintenant.

— Comment allons-nous l'emmener d'ici ? Je veux qu'il ait une sépulture.

— Nous n'avons pas le temps, dis-je avec amertume. Il préférerait que nous sortions d'ici vivants, j'en suis sûr.

J'ôtai ma veste et la posai délicatement sur lui, de façon à couvrir son visage. Le couvercle en pierre était trop lourd pour que nous perdions quelques précieuses secondes à le remettre en place. Helen récupéra son petit pistolet et vérifia son fonctionnement avec des mains que l'émotion faisait trembler.

— La bibliothèque, chuchota-t-elle. Nous devons la trouver sans perdre une seconde. Tu n'as pas entendu un bruit, tout à l'heure ?

Je hochai la tête.

— Si, mais je serais bien incapable de dire d'où il venait.

Nous retînmes notre respiration, l'ouïe aux aguets. Mais tout n'était que silence au-dessus de nous. Helen commença à sonder les murs, palpant leur surface d'une main, son pistolet dans l'autre. Le manque d'éclairage était frustrant. Nous fîmes tout le tour de la crypte, progressant lentement le long des murs, tapant, testant chaque aspérité, chaque pierre, sans résultat. Il n'y avait pas la moindre niche, pas de roche en saillie, pas de mécanisme secret, rien de suspect.

— Il doit faire presque nuit, dehors, murmura Helen d'une voix rauque.

— Je sais. Nous devons avoir encore une dizaine de minutes devant nous, et ensuite… Ensuite, nous aurons intérêt à ne plus être là.

Nous reprîmes notre exploration, centimètre par centimètre. L'air était glacial, surtout maintenant que je n'avais plus ma veste, et cependant je sentais un filet de sueur me couler dans le dos.

— La bibliothèque se trouve peut-être dans une autre partie de l'église, ou dans les fondations.

— Oui, elle doit être complètement cachée aux regards, probablement sous terre, chuchota Helen. Sinon, elle aurait été découverte depuis bien longtemps. Et si mon père est dans ce caveau…

Elle ne termina pas sa phrase, mais c'était la question qui n'avait cessé de m'angoisser, même au pire moment, quand j'avais découvert Rossi dans cette tombe : où était Drakula ?

— Est-ce que tu vois quelque chose ?

Helen regardait le plafond bas et voûté, essayant de l'atteindre avec ses doigts.

— Non.

Une idée me traversa l'esprit. Empoignant un cierge sur le présentoir, je m'accroupis au pied de l'escalier. Helen m'imita aussitôt.

— Oui, souffla-t-elle en m'observant.

Je fis courir mes doigts sur le petit dragon sculpté à la verticale de la première marche. Je l'avais juste effleuré lors notre première descente dans la crypte ; cette fois, j'appuyai dessus de toutes mes forces, mais il ne bougea pas d'un millimètre. Les fines mains d'Helen tâtaient déjà les pierres tout autour, testant leur résistance, et soudain, l'une d'elles sortit de son logement. Elle tomba littéralement au creux de sa paume, comme une dent déchaussée, faisant apparaître un espace vide juste à côté du dragon sculpté. Je glissai la main dans l'orifice et tâtonnai vers le fond, sans rien rencontrer d'autre que du vide. Helen en fit autant mais chercha plutôt sur le côté, derrière l'image du dragon.

— Paul ! s'exclama-t-elle tout bas.

J'approchai ma main de la sienne et... Oui, il y avait un levier derrière la marche ! Un levier en métal froid, et quand je l'abaissai, un mécanisme secret fit basculer en avant la pierre au dragon, sans déranger aucune des pierres voisines, ni même la marche supérieure. C'était un ouvrage admirable, nous nous en rendions compte maintenant. Une poignée en fer en forme de corne d'animal rivée à l'intérieur permettait probablement de remettre le bloc en place derrière soi une fois qu'on s'était glissé dans l'escalier étroit qui s'ouvrait de l'autre côté de l'ouverture.

Helen prit un deuxième cierge et j'attrapai les allumettes. Nous nous faufilâmes dans l'orifice en rampant (je me remémorai soudain le visage et les mains tuméfiés et râpés de Rossi, ses vêtements déchirés et je me demandai combien de fois il avait été traîné par cette ouverture), mais une fois de l'autre côté, il nous fut possible de nous redresser et de nous tenir debout dans l'escalier.

L'air qui montait vers nous était glacé, saturé d'humidité, et je luttai pour dominer mon tremblement et soutenir Helen (elle aussi tremblait de tous ses membres) tandis que nous descendions lentement l'escalier abrupt.

Au pied de la quinzième marche s'ouvrait un passage effroyablement sombre, bien que la flamme de nos cierges laissât deviner des appliques en fer fixées très haut sur les parois en pierre, signe qu'il avait été parfois éclairé jadis. Au bout du passage (quinze pas plus loin, je comptais), se dressait une porte en bois, très lourde et manifestement très vieille, munie elle aussi de cette étrange poignée en forme de corne. Je sentis plus que je ne vis Helen lever son revolver.

La porte était solidement fermée, mais en l'examinant de plus près, je constatai que les verrous se trouvaient de ce côté-ci. Je pesai de toutes mes forces sur le loquet pour le faire bouger, puis je tirai la poignée à moi et ouvris lentement la porte, littéralement liquéfié par la peur.

Dans l'éclairage vacillant de nos bougies apparut une salle immense où s'alignaient de longues tables massives, d'une robustesse ancienne, ainsi qu'une multitude de rayonnages vides. L'atmosphère y était étonnamment sèche après l'air glacé du corridor, comme si la pièce disposait d'un système de ventilation secret. Helen et moi nous serrâmes l'un contre l'autre, à l'affût du moindre bruit, mais il n'y en avait pas. J'aurais donné n'importe quoi pour voir ce qui se cachait derrière toutes ces ombres.

La flamme de nos bougies éclaira alors un candélabre à plusieurs branches où étaient enfoncées des bougies à moitié consumées, et je les allumai toutes. De hauts placards sortirent peu à peu de l'ombre. Je regardai prudemment à l'intérieur de l'un d'eux. Il était vide.

— C'est ça la bibliothèque ? soufflai-je. Mais il n'y a rien ici.

Nous nous immobilisâmes de nouveau, l'oreille tendue, et le pistolet d'Helen jeta une lueur métallique dans la lumière accrue. Je songeai que normalement, cela aurait dû être à moi de brandir une arme, de m'en servir au besoin, mais je n'avais jamais manipulé un revolver de ma vie alors qu'elle était une championne de tir.

— Paul, regarde.

Elle me montra quelque chose avec sa main libre, et je vis ce qui avait attiré son regard : une table, que la lumière effleurait seulement maintenant. Une grande table en pierre. Ce n'était pas une table, rectifiai-je un instant plus tard, mais un autel. Non, pas un autel – un sarcophage. Ou plutôt : deux sarcophages. Cette salle était-elle un prolongement de la crypte du monastère ? une catacombe où les fidèles descendaient les abbés à leur mort, pour qu'ils y reposent en paix, à l'abri des torches byzantines et des catapultes ottomanes ? Puis nous vîmes un troisième sarcophage, plus grand que les deux autres. Sur l'une des parois un seul nom apparaissait, gravé dans la pierre : *DRAKULA*.

Helen leva son revolver et s'avança d'un pas. J'en fis autant, les doigts crispés sur ma dague.

Au même instant, l'écho d'une bousculade, d'une cavalcade nous parvint de loin, masquant quasiment le bruit presque imperceptible qui venait de se produire dans l'ombre derrière la tombe, une sorte de goutte à goutte de terre sèche…

Nous ne fîmes qu'un bond vers le sarcophage et regardâmes à l'intérieur : il était ouvert et… vide, comme les deux autres. Vides tous les trois. Encore ce bruit : quelque part dans l'obscurité, une petite créature se frayait un passage dans la terre, entre les pierres, à travers les racines des arbres…

Helen tira à l'aveuglette, provoquant un petit éboulement de terre et de cailloux. Je m'élançai. Le fond de la bibliothèque formait un cul-de-sac où le plafond voûté laissait percer les racines monstrueuses des arbres centenaires qui ceinturaient l'église. Dans une niche où jadis, peut-être, avait été placée une sainte icône, je vis couler une substance noire et gluante sur les pierres nues – du sang ? Une infiltration de moisissure mélangée à de la terre ?

La porte derrière nous s'ouvrit brusquement et nous nous retournâmes d'un bond. Une grosse lanterne apparut, puis ce fut une cacophonie de lampes torches, de formes humaines. Quelqu'un cria un ordre : Ranov. À ses côtés se dressait une silhouette gigantesque, dont l'ombre sauta vers nous comme pour nous engloutir : Géza Jószef. Sur ses talons s'avançait un frère Ivan terrifié, lui-même suivi par un petit bureaucrate nerveux, en costume et chapeau noirs, portant une grosse moustache sombre.

Il y avait quelqu'un d'autre encore, quelqu'un qui se déplaçait avec effort, et dont les mouvements lents, hésitants, avaient dû constamment freiner les autres dans leur progression : Anton Stoichev. Il portait une meurtrissure à la joue. Son visage exprimait un étrange mélange de peur, de regret et de curiosité. Son regard rencontra le nôtre avec une tristesse infinie, puis il remua silencieusement les lèvres, comme s'il remerciait Dieu de nous trouver en vie.

Géza Jószef et Ranov furent sur nous en une fraction de seconde. Ranov pointa son revolver sur moi, Géza en fit autant avec Helen, pendant que frère Ivan restait pétrifié, bouche bée, et que Stoichev s'immobilisait derrière eux d'un air hésitant. Le cinquième homme, le bureaucrate, était resté en arrière, juste à l'extérieur du cercle de lumière.

— Lâchez votre arme ! cria Ranov à l'adresse d'Helen, qui laissa docilement tomber son pistolet sur le sol.

Je passai un bras protecteur autour de ses épaules, en évitant tout geste brusque. Dans la lumière lugubre des cierges, les visages qui nous entouraient étaient plus sinistres que jamais.

Helen toisait Géza avec mépris.

— Qu'est-ce que tu es venu faire ici ? siffla-t-elle avant que j'aie pu l'en empêcher.

— Qu'est-ce que *toi*, tu fais ici, chérie ? fut sa seule réponse.

Il paraissait plus gigantesque que jamais dans son costume clair. Je ne m'étais pas rendu compte le jour de ma conférence, en Hongrie, combien je détestais son arrogance.

— Où est-il ? gronda Ranov.

Son regard furieux passait d'Helen à moi.

— Il est mort, articulai-je. Vous êtes passé par la crypte, vous avez dû le voir.

Ranov fronça les sourcils.

— De qui parlez-vous ?

Une intuition, une sorte d'instinct que je devais peut-être à Helen, me retint d'en dire davantage.

— Et vous ? rétorqua froidement Helen.

Géza dirigea son revolver un peu plus précisément sur elle.

— Tu sais très bien de qui je veux parler, Elena Rossi. Où est Drakula ?

Cette question-là était plus facile, et je laissai Helen y répondre.

— De toute évidence, il n'est pas ici, riposta-t-elle de sa voix la plus cinglante. Pourquoi ne fouillez-vous pas la tombe ?

À ces mots, le petit bureaucrate fit un pas en avant et parut sur le point de dire quelque chose.

— Surveillez-les, lança Ranov à Géza.

Puis il s'avança lentement au milieu des tables, revolver au poing. À sa façon de jeter des regards nerveux à droite et à gauche, il était clair qu'il n'était jamais venu ici. Le bureaucrate en costume sombre le suivait sans un mot. Parvenu devant le sarcophage, Ranov leva sa lanterne et son arme, et risqua un œil à l'intérieur.

— Vide, annonça-t-il à Géza.

Le front perlé de sueur, il se tourna vers les deux autres sarcophages, plus petits.

— Qu'est-ce que c'est que ça ? Venez m'aider.

Le bureaucrate et le moine s'approchèrent docilement. Stoichev les imita plus lentement et je crus voir son visage s'éclairer brièvement tandis qu'il regardait autour de lui les tables et les meubles vides. J'aurais bien aimé lire dans ses pensées en cet instant.

Ranov s'était déjà penché sur les sarcophages.

— Vides aussi, annonça-t-il rageusement. Il n'est pas là. Fouillez la pièce !

Géza parcourait déjà les lieux, pointant sa torche sur les murs, ouvrant les armoires, les refermant brutalement.

— L'avez-vous vu ou entendu ?

— Non, répondis-je en ne mentant qu'à demi.

Je songeai en moi-même que s'ils ne faisaient pas de mal à Helen, s'ils la laissaient partir, je considérerais cette expédition comme un succès. Je m'estimerais heureux pour le restant de mes jours d'avoir pu arracher Rossi à son sort hideux et sauver son âme à défaut de sa vie.

Géza lâcha un mot hongrois qui devait être un juron parce qu'Helen sourit avec satisfaction, en dépit du revolver toujours pointé sur son cœur.

— Ça ne sert à rien, dit-il au bout d'un moment. La tombe dans la crypte était vide, et celle-ci l'est aussi. Et maintenant que nous avons découvert son repaire, il n'y reviendra jamais.

Il me fallut un moment pour assimiler ce que je venais d'entendre. La tombe dans la crypte était vide ? Mais alors, où était le corps de Rossi ?

Ranov se tourna vers Stoichev.

— Qu'est-ce que vous pouvez nous dire sur cet endroit ?

Ils avaient finalement abaissé leur revolver, et j'en profitai pour attirer Helen plus près de moi, ce qui me valut un regard noir de la part de Géza, même s'il garda le silence.

Stoichev leva sa lanterne comme s'il avait attendu ce moment depuis la première minute. Il s'approcha de la table la plus proche et tapa dessus.

— C'est du chêne massif, déclara-t-il lentement. Et de facture médiévale, si je ne m'abuse.

Nous attendions, muets.

Il se pencha pour examiner le joint d'un pied de table, lissa de la main une étagère, frappa du poing un meuble.

— Mais je n'y connais pas grand-chose en mobilier.

Géza donna un violent coup de pied dans l'une des tables anciennes.

— Qu'est-ce que je vais raconter au ministre de la Culture ? Nous tenions ce démon ! Ce Valaque nous appartenait. Oui, c'est un ancien prisonnier hongrois, du temps où son pays était notre territoire !

— Et si nous attendions de l'avoir trouvé et arrêté avant de nous disputer son trophée ? grogna Ranov.

Je réalisai tout à coup que leur seul langage commun était l'anglais et qu'ils se méprisaient mutuellement. Je sus tout à coup à qui Ranov me faisait penser : avec ses traits épais et sa grosse moustache noire il ressemblait aux photographies que j'avais vues de Staline jeune. Une chance que des hommes comme Ranov et Géza ne possèdent que des pouvoirs limités, sinon ils auraient provoqué des dégâts sans limites.

— Dis à ta tante de se montrer plus prudente à l'avenir avec ses coups de téléphone.

Géza lança à Helen un regard lourd de menaces et je la sentis se raidir contre moi.

— Allons-nous en. Ce maudit moine restera ici pour garder les lieux, ajouta-t-il à l'adresse de Ranov.

Ce dernier lança un ordre qui fit trembler le pauvre frère Ivan. Au même moment, la lanterne de Ranov suivit un nouvel angle. Il l'avait levée ici et là, au fil de sa progression, pendant qu'il examinait les tables et les murs, et le halo lumineux venait de balayer obliquement le visage du petit bureaucrate moustachu, coiffé d'un chapeau sombre, qui était resté à côté du sarcophage vide de Drakula.

Je n'aurais probablement accordé aucune attention à lui si la lumière de la lanterne n'avait mis à nu son expression : celle d'un désespoir silencieux. Je reconnus cette face de rat sous la grosse moustache noire, et la lueur affamée de ses yeux…

— Helen ! m'écriai-je.

Elle suivit la direction de mon regard et se statufia.

— Oh ! mon Dieu !…

Géza pivota instantanément vers elle.

— Quoi ? Qu'est-ce qu'il y a ?

— Cet homme…

Helen était pétrifiée d'horreur.

— Cet homme, là… c'est un… un…

— C'est un vampire, lâchai-je de but en blanc. Il nous a suivis depuis les États-Unis.

Je n'avais pas terminé ma phrase que la créature bondit pour s'enfuir. Il était obligé de passer devant nous pour gagner la sortie, et il fonça tête baissée sur Géza, qui essaya sans succès de l'attraper, puis sur Ranov, qu'il reversa au passage. Le Bulgare fut le premier à se relever. Il agrippa l'ancien bibliothécaire, il y eut une courte lutte, puis Ranov recula d'un bond en poussant un hurlement et l'autre s'enfuit de plus belle.

Ranov leva son revolver et fit feu, mais il aurait aussi bien pu tirer en l'air : le fuyard ne ralentit même pas l'allure. Il disparut si soudainement que je n'aurais su dire s'il avait atteint le passage ou s'il s'était volatilisé sous nos yeux. Ranov se rua de l'autre côté de la porte, mais revint presque aussitôt. Nous l'observâmes tous fixement. Son visage était livide. Il se tenait l'épaule, à la base du cou, là où la manche de sa veste était déchirée, et du sang coulait déjà entre ses doigts crispés.

Il s'écoula une bonne minute avant qu'il réussisse à parler.

— Qu'est-ce que c'était que ça ?

Sa voix était étranglée.

Géza secoua la tête avec horreur.

— Par tous les diables… Il vous a mordu.

Il recula d'un pas pour s'éloigner de Ranov.

— Quand je pense que je suis resté plusieurs fois en tête à tête avec ce… ce vampire. Il affirmait savoir où nous trouverions ces Américains, mais il ne m'a jamais dit qu'il était…

— Évidemment, il ne te l'a pas dit ! rétorqua Helen d'un ton méprisant, malgré mes efforts pour l'inciter à se tenir tranquille. Il voulait retrouver son maître, nous suivre jusqu'à lui, pas te tuer. Tu lui étais plus utile vivant. Est-ce qu'il t'a fait aussi cadeau des notes qu'il nous a volées ?

— La ferme !

Géza semblait tenté de la gifler, mais sa voix trahissait un mélange de peur et d'effroi, et je tirai calmement Helen en arrière pour me mettre entre eux deux.

— Avancez.

Ranov agitait de nouveau son revolver dans notre direction, sa main toujours plaquée sur son cou.

— Vous allez rentrer à Sofia par le premier avion. Vous ne nous aurez servi à rien ! Vous avez de la chance que nous n'ayons pas la permission de vous faire disparaître – ça poserait trop de problèmes.

Je crus un instant qu'il allait nous frapper, mais il se détourna et nous poussa hors de la bibliothèque. Il fit passer Stoichev en premier. Avec un coup au cœur, je devinai le calvaire que le vieil homme avait dû endurer tout au long de cette chasse à l'homme. De toute évidence, Stoichev n'y avait participé que contraint et forcé ; je l'avais compris à l'instant où j'avais croisé son regard rempli de détresse. Était-il déjà rentré à Sofia quand on l'avait forcé à repartir pour nous suivre ? Sa réputation dans les milieux universitaires internationaux le protégerait-elle d'éventuelles représailles, comme cela avait été le cas jusqu'ici ? Je l'espérai de toutes mes forces.

Mais pour ce qui était de Ranov... c'était pire que tout. C'était un homme déjà contaminé par un vampire qui allait reprendre ses fonctions dans la police secrète... Je me demandais si Géza avait perçu toutes les conséquences de cette morsure, mais son visage sombre et menaçant me dissuadait d'en avoir le cœur net.

Avant de quitter à jamais ce lieu, je me retournai une dernière fois pour regarder le sarcophage princier figé dans ces profondeurs depuis près de cinq cents ans. Son occupant pouvait être n'importe où désormais – peut-être même déjà en route pour sa nouvelle demeure, une destination inconnue.

En haut de l'escalier, nous rampâmes l'un après l'autre à travers l'ouverture (je priais pour que l'un des revolvers ne parte pas tout seul) et en débouchant dans la crypte, je découvris un spectacle très étrange. Le reliquaire de Sveti Petko reposait sur son piédestal, ouvert. Nos poursuivants devaient avoir apporté des outils avec eux, car, contrairement à nous, ils avaient réussi à le forcer. La dalle de marbre qui lui servait de socle était à sa place, innocemment recouverte de son tissu en damas brodé. Helen me regarda sans un mot, le visage blême. En passant devant le reliquaire, je ne pus m'empêcher de jeter un coup d'œil à l'intérieur. J'aperçus quelques ossements et un crâne poli – tout ce qu'il restait du martyr local.

À l'extérieur de l'église, dans la nuit noire, nous fûmes accueillis par un fouillis de voitures et de gens – apparemment, Géza était venu avec une escorte, et deux de ses hommes gardaient l'entrée de l'église. Drakula ne s'était sûrement pas échappé par là, songeai-je. Les montagnes se dressaient tout autour de nous, plus noires encore que le ciel d'encre.

Une partie des villageois avaient eu vent de l'arrivée de visiteurs et ils étaient montés jusqu'ici avec des torches enflammées. Ils reculèrent en voyant Ranov, tous les regards fixés sur sa veste déchirée et son col ensanglanté, leur expression tendue dans la lumière vacillante.

Stoichev glissa son bras sous le mien et approcha son visage de mon oreille.

— Nous l'avons fermée, chuchota-t-il.

— Quoi ?

Je me penchai pour l'écouter.

— Le moine et moi… nous sommes descendus les premiers dans la crypte pendant que ces… ces bandits fouillaient l'église et les bois pour vous retrouver. Nous avons vu l'homme couché dans la tombe – pas Drakula – et j'ai compris que vous étiez venus ici avant nous. Alors nous avons remis la dalle en place, le reliquaire par-dessus, et quand ils sont descendus, ils n'ont fracturé que le reliquaire. Ils étaient tellement fous de rage que j'ai cru qu'ils allaient éparpiller les saints ossements du malheureux aux quatre coins de la crypte.

Frère Ivan était assez robuste pour déplacer une dalle de ce poids, songeai-je, mais l'apparente fragilité du professeur Stoichev dissimulait une volonté peu commune.

Le vieil historien me lança un regard incisif.

— Mais alors, qui gisait dans le tombeau du dessous si ce n'était pas… ?

— C'était le professeur Rossi, murmurai-je.

Ranov ouvrait rageusement les portières de sa voiture, nous ordonnant de monter.

Stoichev me serra doucement le bras.

— Je suis désolé.

C'est ainsi que nous laissâmes mon ami le plus cher en Bulgarie. Puisse-t-il reposer là-bas en paix jusqu'à la fin des temps. »

75.

« Après l'horreur que nous avions vécue dans la crypte, le salon des Bora ressemblait à un paradis sur terre. C'était extraordinaire de se retrouver de nouveau ici, une tasse de thé brûlant dans la main – la température avait brusquement fraîchi, bien que nous soyons déjà en juin –, douillettement installés au milieu des coussins du divan, face à un Turgut épanoui. Helen avait ôté ses souliers dans l'entrée de l'appartement et enfilé des pantoufles rouges à pompons que Mme Bora lui avait apportées. Selim Aksoy était là, lui aussi, et Turgut déployait tous ses talents de traducteur afin que ni sa femme ni lui ne perdent un mot de ce qui se disait.

— Vous êtes vraiment *sûrs* que la tombe de Drakula était vide ?

Turgut nous avait déjà posé la question, mais il semblait incapable de s'empêcher de la poser de nouveau.

— Sûrs et certains.

Je lançai un rapide regard à Helen.

— Ce que nous ignorons, c'est si le bruit que nous avons entendu au moment où nous sommes entrés dans la salle était celui de Drakula en train de s'enfuir. Il faisait probablement déjà nuit dehors à ce moment-là, et il était aisé pour lui de se déplacer dans l'obscurité.

— Sans oublier qu'il pouvait avoir changé d'apparence, bien sûr, si la légende dit vrai.

Turgut soupira.

— Maudits soient les pouvoirs de ce démon ! Vous avez été tout proches de l'attraper, mes amis, bien plus proches que la Garde du Glorieux Refuge ne l'a été en cinq siècles… Je suis heureux que vous n'ayez pas été tués, mais tellement déçu que nous n'ayez pas réussi à le détruire une fois pour toutes.

Helen se pencha en avant, ses yeux sombres fixés sur lui avec intensité.

— Où pensez-vous qu'il soit allé ?

Turgut gratta son large menton.

— Hélas, ma chère enfant, je n'en ai pas la moindre idée. Il est capable de voyager loin, très rapidement, mais j'ignore où il a pu se réfugier. Dans un autre site ancien, j'en mettrais ma main au feu, une cache qui n'a pas été visitée depuis des siècles. Cela a dû être un crève-cœur pour lui de devoir renoncer à Sveti Georgi, mais il sait que le lieu fera désormais l'objet d'une étroite surveillance. Ah, je donnerais n'importe quoi pour savoir s'il est toujours en Bulgarie ou s'il a quitté le pays. Les frontières naturelles et humaines ne signifient pas grand-chose pour lui, c'est évident…

Un froncement de sourcils creusait son bon visage.

— Vous ne pensez pas qu'il pourrait nous suivre ? demanda franchement Helen.

Mais à la tension de ses épaules, je mesurai l'effort qu'il lui en avait coûté de poser cette question aussi directement.

Turgut secoua la tête.

— J'espère que non, madame le Professeur, j'espère que non. À mon avis, il doit même avoir un peu peur de vous deux, maintenant, puisque vous avez réussi là où tout le monde avait échoué.

Helen resta silencieuse et le doute angoissé que trahissait son visage me serra le cœur. Selim Aksoy et Mme Bora l'observaient eux aussi avec une affection pleine de compassion ; peut-être se demandaient-ils comment j'avais pu l'entraîner dans une aventure aussi dangereuse, même si finalement nous avions réussi à revenir sains et saufs.

Turgut exhala un long soupir.

— Je suis profondément désolé pour le malheureux professeur Rossi. J'aurais aimé le connaître.

— Et je sais que vous vous seriez apprécié mutuellement, répondis-je avec sincérité, en serrant la main glacée d'Helen dans la mienne.

Ses yeux se remplissaient de larmes chaque fois que le nom de son père était prononcé, et elle détourna le regard, comme pour rester seule avec ses pensées.

— Je regrette également de ne pas avoir rencontré le professeur Stoichev.

Turgut soupira de nouveau et reposa sa tasse sur le plateau en cuivre, devant nous.

— Vous étiez faits pour vous entendre, acquiesçai-je.

Je ne pus m'empêcher de sourire en imaginant les deux érudits comparant leurs notes.

— Vous auriez pu vous expliquer mutuellement l'Empire ottoman et l'histoire agitée des Balkans à l'époque médiévale. Peut-être vous rencontrerez-vous un jour...

Turgut secoua la tête.

— Je ne pense pas. Le fossé qui nous sépare est large et profond – tout comme il l'était du temps des tsars et des pachas. Mais si vous le revoyez, ou lui écrivez, transmettez-lui toute ma considération.

Je lui en fis la promesse.

Selim Aksoy dit quelque chose et Turgut l'écouta avec attention avant de nous traduire sa question.

— Il voudrait savoir, et moi aussi, si malgré le danger et la confusion qui régnaient autour de vous, vous avez vu le livre rare dont le professeur Rossi vous a parlé avant de mourir – une vie de saint Georges, c'est cela ? Les Bulgares l'auront sans doute emporté à l'université de Sofia ?

Le rire d'Helen nous surprit tous. Il pouvait être adorablement espiègle quand elle était sincèrement amusée, comme en cet instant, et je me retins de l'embrasser devant tout le monde. Elle n'avait quasiment pas souri une seule fois depuis que nous avions quitté le tombeau de Rossi.

— Il est dans ma sacoche, révélai-je. Une mesure conservatoire… et provisoire.

Turgut nous dévisagea avec stupéfaction. Il mit plusieurs secondes à se rappeler son rôle d'interprète.

— Peut-on savoir par quel miracle il a atterri là ?

Comme Helen souriait sans répondre, je m'expliquai :

— Eh bien, en fait, je n'y ai plus pensé jusqu'à notre retour à Sofia. Mais une fois à l'hôtel…

Non, décidément, je ne me voyais pas leur raconter les faits tels qu'ils s'étaient réellement déroulés. Je leur livrai donc une version expurgée. Mais la vérité vraie, c'était que lorsque nous nous étions enfin retrouvés seuls un moment dans la chambre d'hôtel d'Helen, je l'avais serrée comme un fou dans mes bras, couvrant son visage et ses cheveux de baisers, nos deux corps ne faisant qu'un à travers nos vêtements sales et froissés – la fameuse moitié d'orange de Platon, avais-je songé. Et alors que je m'enivrais du bonheur d'être ensemble, vivants tous les deux, de sentir son corps adoré contre le mien, le souffle de sa respiration sur ma nuque, voici que mes mains qui s'aventuraient sous son chemisier étaient entrées en contact avec un objet dur et anguleux.

Helen m'avait alors adressé un sourire amer, un doigt posé sur ses lèvres. Il s'agissait seulement d'un rappel : nous savions l'un comme l'autre qu'il y avait probablement des micros dans sa chambre… J'avais défait les boutons sans me poser davantage de questions et là, enveloppé dans un mouchoir, glissé entre son ventre et la ceinture de sa jupe, il y avait un livre, *le* livre.

Aucun rapport avec le volume byzantin « très ancien, comme personne n'en avait jamais vu » que j'avais imaginé quand Rossi nous en avait parlé, non – en fait, il s'agissait d'un ouvrage suffisamment petit pour tenir dans le creux de ma main. La reliure se composait d'un extraordinaire entrelacs en or pur sur un support en bois peint et en cuir. L'or était lui-même serti d'émeraudes, de rubis, de saphirs, de lapis-lazuli et de perles fines – un vrai petit firmament de joyaux destinés à honorer le saint dont le visage apparaissait au centre. Ses traits délicats semblaient avoir été peints il y avait de cela quelques jours seulement, et non des siècles. Ses sourcils dessinaient de fines arches au-dessus de ses yeux tristes, le nez était long et droit, la bouche sévère – mais dans ce regard mélancolique qui semblait suivre le mien, j'avais l'impression de lire de la compassion pour le dragon que son destin l'amenait à affronter. Le portrait avait une plénitude, une profondeur, un réalisme que je n'avais encore jamais rencontrés à ce point dans l'art byzantin, et qui évoquait irrésistiblement une ascendance romaine et patricienne. Si je n'avais pas été amoureux, j'aurais dit qu'il n'y avait rien de plus beau au monde – c'était effectivement un visage d'une beauté céleste comme on n'en avait jamais vu, un visage non seulement humain mais divin, et divin autant qu'humain.

Quelques mots étaient tracés à l'encre d'une écriture très fine sur l'encolure de la tunique du saint-chevalier.

— Du grec, souffla Helen.

Sa voix était à peine audible, et elle me parlait à l'oreille.

— Saint Georges.

À l'intérieur, le livre se composait de petites feuilles de parchemin dans un état de conservation absolument stupéfiant, chacune recouverte d'une fine écriture médiévale, en grec toujours. Ici et là, d'exquises enluminures montraient saint Georges transperçant de sa lance un dragon agonisant devant une assemblée de nobles ; saint Georges recevant une petite couronne dorée des mains du Christ, descendu de son trône céleste pour la lui remettre ; saint Georges sur son lit de mort, veillé par des anges aux ailes rouges. Chaque image était gorgée d'une multitude de détails minuscules et étonnants.

Helen hocha la tête et approcha de nouveau sa bouche de mon oreille, respirant à peine.

— Je ne suis pas une spécialiste, chuchota-t-elle, mais je pense que ce livre a dû être conçu pour l'empereur de Constantinople – encore qu'il reste à déterminer lequel. Il porte le sceau impérial.

Effectivement, sur la page de garde était peint un aigle à deux têtes, l'oiseau-symbole qui regardait derrière lui vers le glorieux passé de Byzance, et devant lui vers son avenir sans limites. Sa vue d'aigle n'avait cependant pas été assez perçante pour discerner le sort de l'Empire, renversé par un conquérant infidèle.

— Cela signifie qu'il date au moins de la première moitié du quinzième siècle, soufflai-je. Avant la chute de Constantinople.

— Oh, je pense qu'il est bien plus ancien que ça, murmura Helen en touchant délicatement le sceau. Mon père… mon père nous a dit qu'il était très ancien. Et tu vois, là : l'insigne renvoie à Constantine Porphyrogenitus. Or il régna pendant…

Elle chercha une fiche à l'intérieur de sa mémoire.

— … pendant la première moitié du dixième siècle. Il était déjà sur le trône avant la fondation du *Bachkoski manastir.* L'aigle bicéphale a dû être ajouté ultérieurement.

Je restai muet plusieurs secondes, sous le choc.

— Tu… tu veux dire qu'il a plus de mille ans ?

Je m'assis au bord du lit, à côté d'Helen, tenant délicatement le livre vénérable dans mes deux mains. Aucun de nous ne prononça un seul mot. Nous communiquions avec nos yeux.

« Il est dans un état de conservation presque parfait. Et tu voudrais sortir en fraude un tel trésor de Bulgarie ? lui criai-je silencieusement. Helen, tu es folle, c'est du vol ! Tu oublies qu'il appartient au peuple bulgare ? »

Elle m'embrassa, me prit doucement le livre des mains et l'ouvrit à la première page.

— C'est un cadeau de mon père, chuchota-t-elle.

La couverture intérieure était pourvue d'un épais rabat en cuir, et Helen glissa délicatement ses doigts à l'intérieur.

— J'ai attendu que nous soyons ensemble pour regarder ceci.

Elle en retira une liasse de papiers fins couverts d'une typographie serrée. Nous lûmes alors, en silence, le journal-testament de Rossi.

Parvenus à la fin, nous ne parlâmes ni l'un ni l'autre, mais nous pleurions tous les deux.

Finalement, Helen enveloppa de nouveau le livre dans son mouchoir et le glissa dans sa cachette, tout contre sa peau.

Turgut sourit tandis que j'achevais de lui donner une version édulcorée de la scène.

— Hélas, ce n'est pas tout. Nous savons maintenant ce qui est arrivé à Rossi…

Je racontai son effroyable emprisonnement à l'intérieur de la bibliothèque. Il m'écouta avec attention, le visage grave et bouleversé ; lorsque je lui appris que Drakula connaissait l'existence d'une Garde formée par le sultan pour l'exterminer, il serra les lèvres.

— Cela ne me dit rien qui vaille…

Il traduisit rapidement pour Selim, qui inclina la tête, et ils échangèrent quelques mots à mi-voix. Turgut acquiesça.

— Selim est du même avis que moi. Cette terrible nouvelle doit nous inciter à redoubler d'ardeur pour nous opposer à l'Empaleur et l'empêcher de répandre son funeste pouvoir sur cette ville. Le Majestueux et Glorieux Refuge du Monde ne nous tiendrait pas un autre langage s'il était encore de ce monde. Mais dites-moi, mes amis, que comptez-vous faire de ce livre une fois chez vous ?

— Je connais quelqu'un qui est en relation avec une grande maison de vente aux enchères dis-je. Nous nous montrerons très prudents, bien sûr, et nous respecterons un délai suffisant avant de tenter quoi que ce soit. Je suppose qu'un musée finira par l'acquérir, tôt ou tard.

— Il a une valeur inestimable.

Turgut secoua la tête.

— Que ferez-vous de tout cet argent ?

— Nous n'y avons pas encore pensé. Il servira à faire le bien, mais nous ignorons encore comment.

Notre avion pour New York décollait à dix-sept heures, et Turgut commença à regarder sa montre à l'instant où nous terminâmes le festin – le dernier – que nous avaient préparé nos hôtes. Lui-même donnait malheureusement un cours à l'université et ne pourrait donc nous accompagner, mais Selim s'en chargerait. Comme nous nous apprêtions à prendre congé, Mme Bora s'éclipsa une seconde pour revenir avec une somptueuse étole en soie grège, entièrement brodée de fils d'argent, qu'elle drapa d'autorité sur les épaules d'Helen, confuse.

Nous retînmes tous notre souffle – tout au moins moi, mais je ne pouvais pas être le seul, c'était impossible, car Helen avait la grâce et l'allure d'une impératrice.

— Pour votre mariage, dit Mme Bora en se hissant sur la pointe des pieds pour l'embrasser.

Turgut porta la main d'Helen à ses lèvres.

— Elle appartenait à ma mère, déclara-t-il simplement – et l'émotion rendit Helen muette.

Je les remerciai donc en notre nom à tous les deux, leur serrant chaleureusement la main. Nous nous écririons, nous penserions souvent à eux. La vie était longue, nous nous reverrions. »

76.

« La dernière partie de mon récit est peut-être la plus difficile à raconter car elle commence, en dépit de tout, par un bonheur intense avant de...

De retour aux États-Unis, Helen et moi reprîmes le chemin de l'université et nos études respectives avec l'impression de nous réveiller d'un mauvais rêve. Un inspecteur m'interrogea bien une fois encore, mais parut se satisfaire de mes explications : mon voyage à l'étranger s'inscrivait dans le cadre de mes recherches et n'avait aucun lien avec la disparition de Rossi. Les journaux s'étaient emparés de « l'Affaire » pendant notre absence et en avaient fait une sorte de mystère local, une publicité dont l'université se serait bien passée et qu'elle ignorait de son mieux. Comme on pouvait s'y attendre, le président de mon département me posa des questions, et comme on pouvait s'y attendre aussi, je ne lui dis rien, si ce n'était que la disparition de Rossi était un coup pour nous tous et qu'il nous manquerait terriblement.

J'épousai Helen cet automne-là, à Boston, dans l'église presbytérienne de mes parents. Pendant la cérémonie, je ne pus m'empêcher de remarquer combien le cadre était dénudé et sobre au point d'en être quelconque, dépourvu de toute fumée d'encens et de l'apparat orthodoxe.

Mes parents furent un peu effarés par la rapidité avec laquelle notre mariage avait été décidé et organisé, bien sûr, mais très vite, ils ne purent s'empêcher d'aimer Helen. Sa rudesse naturelle ne s'exprimait jamais en leur présence, et quand nous leur rendions visite à Boston, il n'était pas rare que je trouve Helen en train de rire à la cuisine avec ma mère tout en lui apprenant à cuisiner des spécialités hongroises, ou discutant d'anthropologie avec mon père, dans son bureau minuscule.

Pour ma part, malgré la douleur de la mort atroce de Rossi et la tristesse dans laquelle elle plongeait Helen, cette première année fut marquée par une joie sans mélange. Je terminai mon mémoire de doctorat sous la tutelle d'un nouveau directeur de thèse (dont le visage resta pour moi une image floue du début à la fin). Ce n'était pas tant que je m'intéressais encore aux marchands hollandais, je voulais en fait en finir avec mes études afin de pouvoir nous installer confortablement quelque part. Helen publia un long article sur les superstitions dans les villages de Valachie qui reçut un excellent accueil, et commença une thèse sur les survivances des coutumes transylvaniennes en Hongrie.

Ensemble, nous écrivîmes autre chose, aussi, et ce dès notre retour aux États-Unis : un petit mot adressé à la mère d'Helen, aux bons soins de Tante Eva. Helen n'osa pas y glisser trop d'informations, mais elle révéla néanmoins en quelques lignes à sa mère que Rossi était mort, que dans ses derniers instants la mémoire lui était revenue, et qu'il s'était éteint en l'aimant. Helen scella la lettre avec une expression proche du désespoir.

— Je lui raconterai tout un jour, dit-elle, quand je serai capable de le lui chuchoter à l'oreille.

Nous ne sûmes jamais si cette lettre parvint à destination car ni la mère d'Helen ni Tante Eva ne nous répondirent et l'année suivante, les chars soviétiques envahissaient la Hongrie…

Sur les conseils d'Helen, j'écrivis également à Hugh James. Elle avait été très émue par le destin tragique de sa jeune fiancée, Elsie, dont la vie, comme celle de sa propre mère, avait été brisée par Drakula. Hugh me répondit très chaleureusement et les années qui suivirent ne feraient que renforcer nos liens d'amitié indéfectibles.

J'étais déterminé à tout faire pour que notre vie soit heureuse et, peu après notre mariage, je dis à Helen que je souhaitais fonder une famille. Elle se troubla et secoua tout d'abord la tête, touchant du bout des doigts la cicatrice sur son cou. Je ne savais que trop bien ce qu'elle voulait dire, hélas. Mais elle n'avait été que très brièvement contaminée, plaidai-je. Le fait est qu'elle était solide, en parfaite santé. Au fil des semaines, elle parut convaincue de sa guérison et je la vis jeter des regards d'envie sur les poussettes des bébés que nous croisions dans la rue.

Helen décrocha son doctorat d'anthropologie avec mention au printemps qui suivit notre mariage. La vitesse à laquelle elle avait rédigé sa thèse me fit honte. Plus d'une fois, cette année-là, je me réveillai en sursaut pour la trouver à son bureau, en train de travailler à cinq heures du matin. Elle était pâle et lasse, et le lendemain de sa soutenance (qui lui valut les félicitations du jury et la note maximale), je me réveillai au milieu de la nuit pour la trouver recroquevillée dans le lit à mes côtés au milieu des draps tachés de sang, le visage crispé par la douleur : elle venait de faire une fausse couche. Je ne savais même pas qu'elle était enceinte : elle avait attendu pour m'annoncer la nouvelle afin de me faire la surprise. Elle fut malade plusieurs semaines après cela, et très silencieuse.

Lorsque j'obtins mon premier poste d'enseignant, à New York City, elle m'encouragea à l'accepter et nous déménageâmes. Nous nous installâmes sur Brooklyn Heights, face à Manhattan, dans un charmant petit immeuble en pierres brunes. Le soir, nous nous promenions le long du front de mer pour regarder les remorqueurs manœuvrer dans le port et les immenses paquebots de grande ligne – les derniers de leur race – appareiller pour l'Europe. Helen enseignait dans une université aussi renommée que la mienne et ses étudiants l'adoraient. Nous vivions en parfaite harmonie et avions la chance de gagner notre vie en faisant ce que nous aimions le plus.

De temps en temps, nous ouvrions de nouveau « notre » *Vie de saint Georges*, et nous tournions respectueusement les pages, puis le jour vint où, fidèles à notre parole, nous l'emportâmes dans une salle des ventes dont l'ancienneté n'avait d'égale que la réputation. L'expert anglais qui l'examina faillit se trouver mal. L'ouvrage vendu anonymement atterrit finalement dans la collection du musée médiéval des Cloîtres de Manhattan, tandis qu'une énorme somme d'argent était transférée sur un compte en banque que nous avions ouvert spécialement à cet effet. Helen détestait tout autant que moi les fastes de la richesse et, hormis ses tentatives pour faire parvenir de petites sommes à sa famille en Hongrie, nous laissâmes l'argent sur le compte sans y toucher.

La deuxième fausse couche d'Helen fut plus dramatique que la première, et plus inquiétante. En rentrant chez nous ce jour-là je trouvai des traces de pas sanglantes sur le parquet de l'entrée. Elle avait réussi à appeler une ambulance et était quasiment hors de danger quand je débarquai affolé à l'hôpital. Mais le souvenir de ces empreintes ensanglantées me réveilla toutes les nuits pendant des semaines.

Je commençais à me dire que nous ne connaîtrions jamais le bonheur d'avoir un enfant, et je me demandais comment Helen supporterait cet échec. Puis elle fut de nouveau enceinte et, cette fois, les mois se succédèrent prudemment, sans accident. Helen se transforma bientôt en une Madone au regard rayonnant, son ventre arrondi sous sa robe en laine bleue, sa démarche un peu incertaine mais fière. Elle ne semblait plus pouvoir s'arrêter de sourire ; ce bébé, me répétait-elle, vivrait et serait le soleil de notre vie.

C'est ainsi que tu vins au monde, ma petite chérie, dans un hôpital donnant sur l'Hudson. Tu avais les cheveux noirs de ta maman, ses sourcils fins et délicats, et tu étais aussi parfaite qu'une pièce de monnaie toute neuve. Les yeux d'Helen brillaient de larmes de bonheur et de souffrance, et je te pris délicatement dans mes bras, tout emmaillotée dans ta couverture, pour te montrer les bateaux qui passaient sous les fenêtres. C'était surtout un prétexte pour cacher mes larmes de joie. Nous te donnâmes le prénom de la mère d'Helen.

Helen était littéralement en adoration devant toi ; plus que tout le reste, je veux que ce soit cela que tu gardes à l'esprit. Elle avait abandonné son poste d'enseignante pendant sa grossesse et semblait heureuse de passer des heures à contempler tes menottes et tes petits pieds qui, affirmait-elle avec un sourire malicieux, étaient cent pour cent transylvaniens, ou à te bercer dans le grand fauteuil que je lui avais acheté. Tu souris très tôt et tes yeux nous suivaient partout. Parfois, je quittais brusquement mon bureau pour m'assurer que mes deux femmes aux cheveux noirs étaient bien en train de faire la sieste ensemble sur le canapé. Et puis un jour…

Un jour, je rentrai à la maison au milieu de l'après-midi, apportant des plats chinois pour le dîner et un bouquet de fleurs. Il n'y avait personne dans la salle de séjour, et je trouvai Helen dans la chambre, penchée sur ton berceau. Ton visage endormi était exquisément paisible, mais celui d'Helen était barbouillé de larmes et pendant une seconde elle ne parut pas avoir conscience de ma présence. Je la pris dans mes bras et sentis qu'elle ne me rendait que distraitement mon étreinte. Je l'interrogeai, mais elle refusa de me dire ce qui n'allait pas et je n'osai pas insister. Ce soir-là, elle me taquina au sujet de ma passion pour les plats chinois à emporter et de mon désir de la couvrir de fleurs, comme s'il ne s'était rien passé, mais la semaine suivante, je la trouvai de nouveau en larmes, de nouveau silencieuse, occupée à feuilleter un ouvrage de Rossi, celui qu'il m'avait dédicacé lorsque nous avions commencé à travailler ensemble. C'était un énorme volume consacré à la civilisation minoenne, et il était posé sur ses genoux, ouvert sur l'une des photographies que Rossi avait réalisées lui-même : un autel sacrificiel en Crète.

— Où est le bébé ? demandai-je.

Elle leva lentement la tête et me regarda fixement, comme si elle avait du mal à remémorer en quelle année nous étions.

— Elle dort.

Bizarrement, je dus m'empêcher de pousser la porte de la chambre pour vérifier que tu allais bien.

— Chérie, qu'est-ce qui se passe ?

Je posai le livre sur le côté et la pris dans mes bras, mais elle secoua la tête sans répondre. Quand finalement j'entrai dans la chambre, tu venais juste de te réveiller dans ton berceau, tu avais roulé à plat ventre, et tu m'adressais ton sourire adorable, en te soulevant sur tes avant-bras pour me regarder.

Peu à peu, Helen se mura dans le silence tous les matins, et se mit à pleurer sans raison apparente tous les soirs. Comme elle s'obstinait à ne rien vouloir me dire, j'insistai pour qu'elle consulte un médecin, puis un psychanalyste. Le médecin ne lui trouva rien d'inquiétant, et m'expliqua que beaucoup de femmes traversaient une période de dépression après l'accouchement, mais que tout rentrerait dans l'ordre d'ici quelque temps. Quant au psychanalyste, je découvris trop tard, quand l'un de nos amis tomba sur Helen dans une des bibliothèques publiques de New York, qu'elle n'était jamais allée à ses rendez-vous. Lorsque je la mis face à ses dissimulations, elle me répondit qu'effectuer des recherches à la bibliothèque était pour elle la meilleure des thérapies, et qu'elle avait préféré utiliser de cette façon les heures de la baby-sitter. Mais sa tristesse était si vive, certains soirs, que je décidai qu'elle avait besoin de changer d'air. Je prélevai un peu d'argent sur notre compte en banque spécial, et j'achetai des billets d'avion pour la France au début du printemps.

Helen n'était jamais allée en France, même si elle avait lu des monceaux d'ouvrages sur le sujet et parlait un français scolaire, mais néanmoins excellent. Notre visite de Montmartre l'enchanta, et elle retrouva un peu de son ancien mordant pour affirmer que le Sacré-Cœur était d'une laideur encore plus monumentale qu'elle ne l'avait imaginé. Elle adorait manœuvrer ta poussette dans les allées des marchés aux fleurs ou le long de la Seine, où nous aimions nous attarder devant les étals des bouquinistes pendant que tu contemplais l'eau, bien au chaud dans ta petite cagoule en laine rouge. Tu étais une formidable voyageuse à neuf mois et Helen t'expliqua que ta vie d'exploratrice ne faisait que commencer.

La concierge de notre *pension* se révéla être une dame plusieurs fois grand-mère et nous te laissâmes dormir sous sa garde pendant que nous allions boire un verre dans un bar à vin ou prendre un café à une terrasse, sans quitter nos gants. Par-dessus tout, Helen adora (et toi aussi : tes yeux brillaient de joie) les voûtes bruissantes d'écho de Notre-Dame, et finalement nous partîmes plus au sud contempler d'autres merveilles médiévales : Chartres et ses vitraux rayonnants ; les Halles de Carcassone ; Albi, berceau de l'hérésie cathare, et sa cathédrale-forteresse gothique…

Helen souhaitait finir en beauté en visitant l'ancien monastère de Saint-Matthieu-des-Pyrénées orientales. Nous décidâmes de nous rendre sur place pendant un jour ou deux avant de remonter sur Paris prendre l'avion pour rentrer aux États-Unis. J'avais l'impression qu'elle s'était détendue pendant notre voyage, et j'aimai la façon dont elle se jeta à plat ventre sur notre lit, dans notre chambre d'hôtel à Perpignan, feuilletant un ouvrage sur l'histoire de l'architecture religieuse française que j'avais acheté à Paris.

— Le monastère a été édifié en l'an mille !, m'annonça-t-elle, bien qu'elle sache que j'avais déjà lu le chapitre qui lui était consacré. Et c'est le plus vieil exemple d'architecture romane encore visible en Europe.

— Oui, il est presque aussi vieux que la *Vie de saint Georges,* calculai-je tout haut.

Qu'avais-je dit ? Son visage se ferma instantanément et elle abandonna son livre pour te regarder jouer sur le lit à côté d'elle.

Helen voulait absolument que nous nous montions à pied jusqu'au monastère, comme des pèlerins. Nous nous mîmes donc en route depuis Les Bains par une fraîche matinée de printemps, nouant nos sweaters autour de notre taille au fur et à mesure que nous nous réchauffions. Helen t'avait installée dans un porte-bébé attaché sur son ventre, et quand elle commença à se sentir fatiguée, je te pris dans mes bras. La route était déserte en cette saison, à l'exception d'un paysan à cheval qui nous dépassa. Je dis en plaisantant à Helen que nous aurions dû lui demander de nous prendre en stop, mais elle ne répondit pas ; sa tristesse était réapparue, et je notai avec anxiété et frustration que de temps à autre, ses yeux se remplissaient de larmes. Je savais par avance que, si je lui demandais ce qui n'allait pas, elle secouerait la tête et m'enverrait promener. Je me contentai donc de te serrer tendrement dans mes bras tandis que nous continuions notre ascension, m'arrêtant pour te montrer le panorama chaque fois que nous passions un nouveau tournant, les champs à perte de vue et les villages à nos pieds.

Au sommet de la montagne, la route formait un vaste estuaire de terre poussiéreuse, où étaient garées deux vieilles voitures. Le cheval que nous avions croisé en cours de route était attaché à un arbre, même si son propriétaire n'était en vue nulle part. Le monastère se dressait au-dessus de cette esplanade, ses épais murs en pierre partant à l'assaut du sommet lui-même, et nous franchîmes l'entrée.

À l'époque, Saint-Matthieu était un monastère beaucoup plus actif qu'il ne l'est aujourd'hui. Il accueillait douze ou treize moines, qui menaient exactement la même existence que leurs prédécesseurs l'avaient fait pendant un millier d'années, à la seule différence qu'ils recevaient occasionnellement des visiteurs et qu'ils possédaient une automobile pour leur usage personnel, garée devant la porte. Deux moines nous firent visiter l'admirable cloître – je me rappelle encore ma surprise quand je me dirigeai vers la partie à ciel ouvert de la cour intérieure et que je découvris l'à-pic vertigineux qui s'ouvrait à mes pieds, les parois presque verticales de la montagne et les plaines lovées au fond de ce gouffre. Les sommets qui se dressaient tout autour du monastère étaient plus hauts encore que le piton sur lequel il était perché, et sur leurs flancs lointains nous pouvions voir flotter ce qui m'apparut tout d'abord comme des voiles blancs et qui – je le compris tout à coup – était en réalité des cascades.

Nous nous assîmes sur un banc face au précipice, toi installée entre nous, contemplant le ciel immense de la mi-journée, écoutant le ruissellement mélodieux de la fontaine du monastère, au centre de la cour, entièrement réalisée en marbre rouge – Dieu seul savait comment ils avaient réussi à la hisser jusqu'ici, des siècles plus tôt. Helen paraissait avoir retrouvé son entrain, et je notai avec plaisir que l'expression de son visage était apaisée. Même s'il lui arrivait encore de se replier par moments sur elle-même, ce voyage lui aurait été bénéfique.

Finalement, elle manifesta le souhait de visiter plus amplement les lieux, et nous t'installâmes de nouveau dans le porte-bébé avant de contourner les cuisines et de longer le réfectoire où les moines étaient en train de déjeuner, puis l'hostellerie où les pèlerins pouvaient dormir sur des lits de camp, et enfin le scriptorium, l'une des parties les plus anciennes du complexe, où tant de manuscrits d'une beauté exceptionnelle avaient été copiés et enluminés. L'un d'eux était exposé dans une vitrine, un Évangile selon Matthieu ouvert à une page bordée d'une frise de petits démons qui se provoquaient les uns les autres de haut en bas. Helen ne put s'empêcher de sourire en les regardant.

La chapelle se trouvait à côté – elle était très petite, comme tout dans ce monastère d'ailleurs, mais ses proportions étaient d'une harmonie telle qu'on aurait dit une mélodie égrenée dans la pierre ; je n'avais jamais vu l'art roman s'exprimer d'une façon aussi subtile et aérienne. Le guide que nous avions acheté affirmait que l'arrondi précédant l'abside était la toute première expression de l'art roman, une soudaine échappée qui amenait la lumière jusque sur l'autel. Certains vitraux dataient du quatorzième siècle, et l'autel était prêt pour la messe, paré de tissu rouge et blanc, décoré de cierges dorés. Nous nous éclipsâmes sans bruit.

Finalement, le jeune moine qui nous faisait visiter nous informa qu'il ne nous restait plus qu'à voir la crypte, et nous descendîmes l'escalier derrière lui. C'était un petit trou humide auquel on accédait par le cloître, et qui présentait un certain intérêt architectural : une voûte du début du roman soutenue par quelques colonnes trapues, et un sarcophage en pierre décoré de façon rudimentaire, datant du premier siècle de l'existence du monastère – le lieu de repos de l'abbé fondateur, nous expliqua notre guide.

Près du sarcophage était assis un vieux moine, perdu dans sa méditation ; il leva les yeux à notre entrée, tournant vers nous un visage à l'expression douce mais un peu confuse, et nous salua de la tête sans quitter sa chaise.

— Depuis des siècles, la tradition veut que l'un de nous reste assis aux côtés du fondateur de notre communauté, nous informa notre guide. Généralement, il s'agit d'un moine âgé, qui a obtenu cet honneur au fil de ses longues années de piété.

— C'est très inhabituel, dis-je.

Mais quelque chose dans ce lieu, le froid peut-être, te fit brusquement pleurer et t'agiter contre Helen. Comme elle paraissait fatiguée, je proposai de te ramener dehors et je quittai ce trou humide avec un certain soulagement, je dois l'avouer.

Je pensais qu'Helen nous rejoindrait aussitôt, mais elle s'attarda sous terre, et quand finalement elle réapparut, son expression avait tellement changé qu'une profonde inquiétude m'envahit. Elle semblait exaltée – oui – plus animée que je ne l'avais vue depuis des mois – mais également pâle, les yeux immenses, comme concentrée sur une vision intérieure qui me restait inconnue.

Je m'avançai vers elle le plus naturellement possible et lui demandai si elle avait vu quelque chose d'intéressant en bas.

— Peut-être, répondit-elle, mais d'un ton absent, comme si elle m'entendait à peine à travers le tumulte de ses pensées.

Puis elle se tourna tout à coup vers toi et t'enleva à mes bras, t'étreignant et déposant une pluie de baisers sur tes cheveux et tes joues.

— Elle va bien ? Elle a eu peur ?

— Elle va très bien, dis-je. Elle doit avoir faim, tout simplement.

Helen s'assit sur un banc, sortit un petit pot pour bébé de son sac et te chanta une de ces chansons que je ne pouvais pas comprendre – en hongrois ou en roumain – tout en te faisant manger.

— Cet endroit est tellement magnifique, soupira-t-elle au bout d'un moment. Restons ici un jour ou deux, tu veux bien ?

— Nous devons être à Paris jeudi soir, objectai-je.

— Que nous passions la nuit ici ou dans notre chambre d'hôtel en ville, il n'y a pas grande différence, dit-elle calmement. Nous repartirons demain si tu y tiens.

Elle était tellement bizarre que j'acceptai, mais j'éprouvai une sorte de réticence alors même que je posais la question au moine qui nous avait servi de guide. Il s'informa auprès de son supérieur, qui nous dit que l'hostellerie était vide et que nous étions les bienvenus. Entre un déjeuner très simple et un dîner plus frugal encore ils nous donnèrent une chambre à côté des cuisines et nous passâmes la journée à nous promener au milieu des roseraies, à explorer le verger à l'extérieur du mur d'enceinte, avant de venir nous asseoir au fond de la chapelle pour écouter les moines célébrer la messe pendant que tu dormais, blottie sur les genoux de ta maman. Un moine prépara nos lits avec des draps en grosse toile. Nous t'installâmes entre nous, après avoir rapproché nos deux lits de camp pour que tu ne risques pas de tomber, et je me couchai avec un livre, en évitant de regarder en direction d'Helen. Elle était assise au bord de son lit, les yeux fixés sur la nuit. Je me sentis soulagé que les rideaux soient fermés, mais elle se leva et les souleva pour regarder dehors.

— Il doit faire nuit noire, dis-je, si loin des lumières de la ville.

Elle hocha la tête.

— C'est vrai, mais cela a toujours dû être le cas ici, tu ne crois pas ?

— Tu ne viens pas te coucher ?

Je tapotai les draps, du côté de son lit.

— Si tu veux, répondit-elle sans élever la moindre objection.

En fait, elle me sourit et se pencha pour m'embrasser avant de se glisser sous les draps. Je la serrai quelques instants dans mes bras, sentant la robustesse de ses épaules, la peau douce de sa nuque. Puis elle se tourna de l'autre côté, rabattit la couverture sur elle et s'endormit bien avant que j'aie terminé mon chapitre et soufflé la lanterne.

Je me réveillai à l'aube, avec la sensation qu'une sorte de brise flottait dans la pièce. Il n'y avait aucun bruit. Tu dormais près de moi sous ta petite couverture en laine, mais Helen n'était plus là.

Je me levai tout doucement, enfilai mes souliers et ma veste. Dehors, le cloître baignait encore dans l'obscurité, la cour était un espace grisâtre où la fontaine formait une ombre massive. Je constatai qu'il faudrait un certain temps avant que les rayons du matin arrivent jusqu'ici, puisqu'il faudrait d'abord que le soleil se hisse au-dessus des énormes sommets qui se dressaient à l'est. Je regardai autour de moi, cherchant silencieusement la silhouette d'Helen car je savais qu'elle aimait se lever tôt et qu'elle était probablement assise sur l'un des bancs, plongée dans ses pensées, attendant le lever du jour.

Il n'y avait aucun signe d'elle nulle part, cependant, et comme le ciel s'éclairait un peu, je parcourus rapidement les lieux, en commençant par le banc où nous nous étions assis la veille et en continuant vers la chapelle, où flottait l'odeur entêtante des cierges. Finalement, je l'appelai, doucement tout d'abord, puis de plus en plus fort, le cœur étreint par une angoisse croissante.

Au bout de quelques minutes, un moine sortit du réfectoire où ils devaient prendre leur premier repas silencieux de la journée, et me demanda s'il pouvait m'aider, si j'avais besoin de quelque chose. Je lui expliquai que ma femme avait disparu, et il se mit à la chercher avec moi.

— Peut-être Madame est-elle partie se promener ?

Mais Helen ne se trouvait ni dans le verger, ni sur le parking, ni dans la crypte sombre où je redescendis avec une appréhension décuplée. Nous regardâmes partout tandis que le soleil apparaissait peu à peu au-dessus des sommets, puis le moine retourna dans le réfectoire demander de l'aide et l'un des frères s'offrit de descendre jusqu'à Les Bains avec le car pour demander si quelqu'un avait vu Helen. Je lui demandai, sur une impulsion, de prévenir la police. Puis je t'entendis pleurer dans ta chambre et je me précipitai, craignant que tu ne sois tombée du lit, mais tu te réveillais, tout simplement. Je te donnai rapidement à manger et je te gardai dans mes bras pendant que nous fouillions de nouveau les mêmes endroits sans plus de succès.

Finalement, je demandai à voir tous les moines afin de les interroger. L'abbé donna aussitôt son consentement et la communauté entière se rassembla dans le cloître. Non, personne n'avait revu Helen après que nous eûmes regagné notre chambre la nuit dernière. Mais ils étaient tous très inquiets – "La malheureuse" crut même bon de soupirer l'un des moines les plus âgés, ce qui me mit dans un état de panique indescriptible. Je leur demandai si l'un d'eux lui avait parlé hier, ou remarqué quoi que ce soit d'étrange.

— Vous savez, nous avons pour règle de ne pas parler avec les femmes, me rappela gentiment l'abbé.

Mais l'un des moines s'avança et je reconnus le vieil homme qui était assis dans la crypte quand nous l'avions visitée. Son visage était aussi paisible que la veille, dans la lumière de la lanterne, et il avait encore cet air un peu égaré que j'avais remarqué alors.

— Madame est restée quelques instants auprès de moi pour me parler, dit-il. Je n'aime pas enfreindre la règle, mais c'était une dame si polie et douce que j'ai répondu à ses questions.

Jusqu'ici, mon cœur battait déjà comme un fou, mais à cette minute il se mit à cogner douloureusement dans ma poitrine.

— Que vous a-t-elle demandé ?

— Qui était enterré ici, alors je lui ai expliqué que c'était le tout premier abbé de ce monastère, et que nous vénérions sa mémoire. Mais ça, elle le savait déjà et voulait en apprendre plus sur lui. Elle m'a demandé par quelles actions il s'était illustré et je lui ai expliqué que nous avions une légende…

Le vieux moine lança un regard à l'abbé qui hésita, puis l'autorisa à poursuivre d'un hochement de tête.

— … une légende selon laquelle il mena une sainte et pieuse existence, mais fut frappé d'une terrible malédiction après sa mort, si bien qu'il sortait de son cercueil la nuit pour agresser les moines de la communauté, et que son corps dut être purifié. Lorsque son cadavre fut purifié, une rose blanche fleurit dans son cœur, symbolisant le pardon de la Sainte Vierge.

— C'est pour cette raison que quelqu'un monte constamment la garde près de son sarcophage ? m'écriai-je avec épouvante.

L'abbé haussa les épaules et répondit :

— Il ne s'agit que d'une tradition, destinée à honorer sa mémoire.

Je pivotai vers le moine, résistant à grand-peine à l'envie de l'empoigner par le cou et de le secouer.

— Vous avez raconté ça à ma femme ?

— Elle s'intéressait à l'histoire de notre monastère, *monsieur*. Je ne vois pas au nom de quoi j'aurais refusé de lui répondre.

À présent, j'étais blanc comme un linge.

— Et quelle a été sa réaction ?

Il sourit.

— Elle m'a remercié d'une voix très douce et elle m'a demandé mon nom. Je le lui ai dit : frère Cyrille.

Et il croisa les bras sur sa poitrine.

Il me fallut plusieurs secondes pour comprendre le sens de ces deux syllabes, prononcées à la française. Cyrille, en bulgare c'était... Je te serrai alors très fort dans mes bras pour ne pas risquer de te lâcher.

— Vous... vous vous appelez Cyrille... comme l'inventeur de l'alphabet cyrillique ? Saint Kiril ? C'est bien ce que vous venez de dire ?

Visiblement ébahi, il fit signe que oui.

— D'où vient ce nom ? demandai-je. C'est le vôtre ?

Je ne parvenais pas à empêcher ma voix de trembler.

— *Qui êtes-vous ?*

L'abbé s'avança, peut-être parce que le vieux moine était trop stupéfait pour répondre.

— Non, ce n'est pas son nom de baptême, si c'est ce que vous voulez savoir, m'expliqua-t-il tranquillement. Nous prenons tous le nom d'un saint quand nous prononçons nos vœux. Il y a toujours eu un frère Cyrille ici, tout comme il y a un frère Michel, ou un frère...

— Vous voulez dire qu'il y avait déjà un frère Kiril avant lui et un autre encore avant ?

Je te tenais de plus en plus serrée contre moi.

— Eh bien, oui, acquiesça l'abbé, manifestement intrigué par mes questions et mon expression hagarde. Il en a toujours été ainsi, depuis le premier jour de l'histoire de ce monastère. Nous sommes fiers de nos traditions ici – et nous faisons en sorte de les respecter.

— Mais à *quand* remonte cette tradition ?

Je criais presque, maintenant.

— Ça, nous l'ignorons, monsieur, répondit patiemment l'abbé. Nous avons toujours agi de cette façon.

Je m'avançai vers lui, si près que nos deux têtes se touchèrent presque, et je le regardai droit dans les yeux.

— Je veux que vous ouvriez le sarcophage qui est dans la crypte.

Il recula, effaré.

— Que… Comment ? Nous ne pouvons pas faire ça…

— Suivez-moi, vous comprendrez.

Je regardai autour de moi et te confiai au jeune moine qui nous avait servi de guide la veille.

— Gardez ma fille un instant. Je compte sur vous.

Il hocha la tête et te prit dans ses bras, moins maladroitement qu'on aurait pu le supposer. Tu te mis à pousser des hurlements mais je serrai les dents.

— Suivez-moi, répétai-je à l'abbé.

Je l'entraînai d'autorité vers l'entrée de la crypte et il fit signe à ses moines de ne pas bouger. Nous descendîmes rapidement les marches. Une fois en bas, dans cet antre humide où frère Kiril avait laissé deux bougies allumées, je me tournai vers l'abbé.

— Vous n'êtes pas obligé d'en parler à qui que ce soit, mais je dois voir ce qu'il y a à l'intérieur de ce sarcophage.

Je marquai un temps pour lui faire comprendre que je ne plaisantais pas.

— Si vous ne m'aidez pas, j'intenterai un procès retentissant à votre monastère pour enlèvement et séquestration, entre autres.

Il me lança un regard – peur ? ressentiment ? pitié ? – et se dirigea sans un mot vers l'une des extrémités du sarcophage. Ensemble, nous fîmes glisser sur le côté le lourd couvercle, juste assez pour regarder à l'intérieur. Je levai l'un des cierges. Le sarcophage était vide.

Les yeux de l'abbé étaient insondables dans la lumière vacillante. Sans un mot, il remit la dalle en place d'une puissante poussée. Nous restâmes face à face. Son visage fin et racé reflétait une intelligence vive que, dans d'autres circonstances, j'aurais sans nul doute appréciée.

— S'il vous plaît, surtout ne dites rien de cela aux frères, dit-il d'une voix basse, et il se détourna pour quitter la crypte.

Je le suivis, essayant de réfléchir à ce que j'allais faire, maintenant. Regagner immédiatement Les Bains avec toi, résolus-je, et m'assurer que la police avait bien été alertée. Peut-être Helen avait-elle décidé pour une raison majeure de rentrer à Paris ou même aux États-Unis avant nous – une raison majeure qui m'échappait. J'avais les oreilles bourdonnantes, le cœur au milieu de la gorge, un goût de sang dans la bouche.

Mais lorsque j'émergeai de nouveau dans le cloître, où le soleil inondait maintenant les dalles et la fontaine, et où les oiseaux chantaient, *je sus* ce qui était arrivé. Je m'étais interdit d'y penser jusqu'ici, mais à présent, je n'avais même pas besoin d'entendre la nouvelle, de voir deux des moines courir vers l'abbé en criant. Je me rappelai qu'ils avaient été désignés pour explorer les alentours du monastère – le verger, les buissons, les affleurements rocheux. Ils revenaient juste de la falaise – et l'un d'eux pointait du doigt l'extrémité du cloître où Helen et moi nous nous étions assis avec toi sur un banc la veille, contemplant ce gouffre à nos pieds.

— Mon Père ! Mon Père ! criait l'un d'eux à l'abbé, comme s'il était au-dessus de ses forces de s'adresser directement à moi. Mon Père, regardez ! Il y a du sang sur les rochers, là !

Il n'y a pas de mots dans des moments comme celui-là. Je me précipitai vers la lisière du cloître, te tenant serrée contre moi, sentant ta joue douce comme un pétale de rose contre mon cou. Les premières larmes coulaient sur mes joues, brûlantes et amères au-delà de tout ce que j'avais connu. Je me penchai par-dessus le muret. Cinq mètres plus bas, sur un affleurement rocheux, il y avait une éclaboussure sanglante – pas très grande, mais parfaitement visible dans la lumière du matin. Juste en dessous, le gouffre béait, les brouillards rampaient, les aigles chassaient, les montagnes dégringolaient jusqu'à leurs racines mêmes.

Je courus comme un fou jusqu'à l'entrée principale, longeai les murs extérieurs en trébuchant. Mais la falaise était si abrupte à cet endroit que même si je ne t'avais pas tenue dans mes bras, je n'aurais jamais pu descendre jusqu'à ce premier affleurement rocheux sans me rompre le cou.

Je restai là, le regard fixe, tandis qu'un sentiment de perte irrémédiable tombait du ciel comme une houle immense et déferlait vers moi à travers cette splendide matinée pour m'engloutir tout entier. Alors le désespoir me consuma avec la violence d'un cataclysme. »

77.

« Je restai trois semaines sur place, fouillant les précipices et les forêts avec la police locale et une équipe venue en renfort de Paris. Mes parents avaient pris l'avion pour la France, et ils passaient leurs journées à jouer avec toi, à te faire manger, à te promener en poussette dans la ville – du moins, je le suppose – pendant que je remplissais des documents sans fin dans des bureaux tournant au ralenti. Je donnais des coups de téléphone inutiles, cherchant les mots français susceptibles de traduire l'urgence de la situation. Jour après jour, je ratissais les bois au pied de l'à-pic, parfois en compagnie d'un inspecteur de police au visage froid et de son équipe, le plus souvent seul avec mes larmes.

Les premiers temps, je voulais uniquement voir Helen vivante, s'avançant vers moi avec son sourire ironique... Puis, peu à peu, j'en fus réduit à souhaiter la retrouver même morte, à découvrir son corps brisé au milieu des rochers ou des buissons. Si je parvenais à la ramener à la maison ou en Hongrie (encore que je ne voyais pas comment je pourrais pénétrer avec un convoi funèbre dans une Hongrie sous contrôle soviétique), j'aurais au moins une tombe à lui donner et à honorer, une sépulture où venir me recueillir – un moyen de mettre un terme à cette incertitude effroyable et de rester seul avec mon désespoir.

En mon for intérieur, j'étais incapable d'admettre que je voulais absolument retrouver son corps pour une autre raison aussi, une raison inavouable : m'assurer qu'Helen était vraiment morte de mort naturelle et qu'elle n'avait pas besoin que je lui apporte la même délivrance qu'à Rossi… Mais pourquoi son corps demeurait-il introuvable ?

Parfois, en me réveillant le matin, j'avais la conviction qu'elle était tombée accidentellement, qu'elle ne nous aurait jamais abandonnés, toi et moi, par un acte délibéré. Je réussissais à me convaincre qu'elle reposait quelque part dans les bois, paisible, et qu'elle y dormait pour l'éternité, même si je ne parvenais jamais à la trouver. Mais dans l'après-midi, je me rappelais sa tristesse, ses larmes, son comportement bizarre, et mon angoisse renaissait. Dieu ! morte ou vive, je devais la retrouver !

Le médecin du coin me donna un sédatif que je pris afin de recouvrer des forces la nuit et fouiller de nouveau les bois le lendemain. Quand la police abandonna finalement ses recherches pour s'occuper d'une autre affaire, je continuai seul. De temps à autre, je découvrais des petits vestiges du passé enfouis dans le sous-bois : des pierres, des morceaux de cheminée, une fois même une gargouille brisée – avait-elle suivi la même trajectoire qu'Helen avant de venir mourir ici ? Il n'y avait plus guère de gargouilles sur les murs du monastère, maintenant.

Finalement, mes parents me convainquirent que je ne pouvais pas continuer comme ça : je devais rentrer à New York avec toi, quitte à revenir plus tard pour reprendre mes recherches. Les services de police avaient été alertés dans toute l'Europe, grâce à Interpol ; si Helen était encore en vie – ils murmurèrent ces mots d'une voix apaisante – on finirait tôt ou tard par la retrouver. Je cédai – non à cause de ces paroles lénifiantes, mais de la forêt elle-même : la raideur des parois abruptes, l'épaisseur du sous-bois qui déchirait mes vêtements quand j'essayais de m'y frayer un passage, les dimensions effrayantes des arbres, le silence opaque qui se refermait sur moi chaque fois que je m'arrêtais pour écouter.

Avant de partir, je priai l'abbé de prononcer une courte bénédiction pour Helen au bout du cloître, à l'endroit où elle avait basculé dans le vide. Il fit mieux : il célébra une véritable messe, rassemblant les moines autour de lui, levant vers l'infini un objet du culte après l'autre – peu m'importait ce dont il s'agissait – chantant face à une immensité qui avalait instantanément sa voix.

Mes parents se tenaient à mes côtés, ma mère s'essuyant rapidement les joues tandis que tu gigotais dans mes bras. Tu étais tout ce qui me restait d'Helen. Je te tenais serrée contre moi ; j'avais presque oublié, au cours de ces semaines, combien tes cheveux noirs étaient doux, combien tes petites jambes impatientes étaient vigoureuses. Par-dessus tout, tu étais vivante ; tu respirais contre mon menton, ton bras menu me tenant affectueusement par le cou. Quand un sanglot me secoua, tu m'agrippas les cheveux et me tiras l'oreille. Tout en te serrant très fort, je fis le vœu d'essayer pour toi de reconstruire une vie, une forme de vie. »

78.

Barley et moi échangeâmes un long regard par-dessus le paquet de cartes postales de ma mère. Tout comme les lettres de mon père, elles s'interrompaient brusquement sans m'apporter de réel éclairage sur le présent. Mais le point important, le *détail* gravé au fer rouge dans mon esprit, c'était leurs dates : elle les avait toutes écrites après sa disparition. Quant à Papa…

— Il est allé au monastère, devinai-je.

— C'est sûr, acquiesça Barley.

Je rassemblai pieusement les cartes postales et les posai sur le dessus en marbre de la table de chevet.

— En route !

Je fouillai mon sac à main, en retirai le stylet en argent et le glissai dans ma poche.

Barley se pencha et m'embrassa sur la joue avec une spontanéité qui me surprit.

— En route, répéta-t-il.

Il n'y avait pas de taxis aux Bains (du moins nous n'en avions pas vu), de sorte que nous partîmes à pied, longeant d'un pas vif les champs ondulés jusqu'à la lisière de la forêt. À partir de là, la route pour Saint-Matthieu montait sans interruption jusqu'au sommet. Elle était plus longue que dans mon souvenir, caillouteuse et chaude, même en cette fin de journée. Pénétrer dans ces bois, où les oliviers se mêlaient aux pins et aux chênes immenses, c'était comme entrer à l'intérieur d'une cathédrale ; il y faisait sombre et froid et nous baissâmes instinctivement la voix, même si nous n'avions guère le cœur à parler. Malgré mon angoisse, je sentais le tiraillement de la faim. Nous n'avions même pas pris le temps d'attendre le café promis par le maître d'hôtel.

Barley s'arrêta pour ôter sa casquette en tissu et s'essuyer le front. Je m'arrêtai aussi et levai les yeux vers le monastère en nid d'aigle.

— Personne n'aurait pu survivre à une chute pareille, articulai-je malgré le nœud qui enserrait ma gorge.

— Non.

— Mon père n'a jamais envisagé – tout au moins dans ses lettres – qu'elle ait pu être poussée dans le vide par quelqu'un.

— Non, c'est vrai, acquiesça Barley en remettant sa casquette.

Je gardai le silence pendant un moment. Nous avions repris notre ascension et l'écho de nos pas sur la chaussée caillouteuse (la route n'était pas encore goudronnée à cet endroit) était le seul bruit alentour. Je ne voulais pas prononcer ces mots, mais ils glissèrent tout seuls de mes lèvres :

— Dans son journal, le professeur Rossi écrit que… que si une personne se suicide alors qu'elle a été contaminée, elle risque de devenir instantanément un… un…

— Je me souviens, répondit calmement Barley.

J'aurais préféré n'avoir rien dit. La route formait des lacets de plus en plus abrupts.

— On va peut-être rencontrer une voiture, reprit Barley.

Mais aucun automobiliste n'apparut et nous pressâmes l'allure, de sorte qu'il nous fut bientôt impossible de parler tant nous avions le souffle court. Les murs du monastère surgirent tout à coup devant nous à la sortie du bois, avec une soudaineté qui me fit sursauter. Je ne me rappelais pas ce dernier tournant, ni ce gigantesque panorama au sommet de la montagne, cet immense ciel crépusculaire tout autour de nous. Je me souvenais tout juste de l'esplanade poussiéreuse devant la porte d'accès, aujourd'hui déserte. Où étaient les touristes ? me demandai-je. Quelques mètres plus loin, un panneau m'apporta la réponse à ma question muette : « Travaux. Fermé au public tout le mois. »

— Entrons, dit Barley.

Et il me prit la main. J'en éprouvai un vif soulagement, car la mienne s'était mise à trembler.

Les murs de part et d'autre de l'entrée étaient couverts d'échafaudages. Une bétonnière portable – du béton, ici ? – se dressait sur notre chemin. Sous le portail, les lourdes portes en bois étaient closes, mais pas verrouillées, nous le découvrîmes en tournant d'un geste hésitant le gros anneau en fer. Je n'aimais pas l'idée de m'introduire dans ce lieu comme une voleuse ; et j'aimais encore moins le fait qu'il n'y ait aucune trace de mon père. Peut-être n'était-il pas monté jusqu'ici… Se pouvait-il qu'il soit de nouveau en train de fouiller le précipice et les bois comme dix-sept ans plus tôt, des dizaines et des dizaines de mètres plus bas ?

Je commençais à regretter l'impulsion qui nous avait poussés à monter directement au monastère. En plus de ça, même si son coucher n'aurait officiellement lieu que dans une heure, le soleil disparaissait déjà derrière les montagnes. Une pénombre épaisse envahissait peu à peu les bois que nous venions de quitter, et bientôt les dernières lueurs du jour abandonneraient les murs du monastère.

Nous nous faufilâmes prudemment de l'autre côté des portes et, de là, dans la cour et le cloître. La fontaine en marbre rouge bruissait dans le silence. Plus loin se dressaient les colonnes délicatement torsadées dont je me souvenais, le long cloître, avec la roseraie au fond. La lumière dorée s'était éteinte, remplacée par des teintes sang et ocre. Il n'y avait toujours pas âme qui vive.

— On... on devrait peut-être retourner à Les Bains, chuchotai-je à Barley.

Il allait répondre quand un cantique monta de l'église, de l'autre côté du cloître. Les portes étaient fermées, mais nous entendions à présent la messe qui se déroulait en ce moment même à l'intérieur, avec des intervalles de silence.

— Voilà l'explication : ils sont tous rassemblés pour les vêpres, murmura Barley. Votre père est peut-être avec eux.

Non, j'en doutais.

— S'il est ici, il est très probablement descendu dans...

Je m'interrompis et regardai la cour intérieure. Il s'était écoulé presque deux ans depuis ma première visite ici (la deuxième, en fait, je le savais maintenant) et pendant un moment, il me fut impossible de me rappeler où se trouvait l'accès à la crypte. Puis, soudain, je vis l'entrée, comme si elle venait de s'ouvrir dans le mur du cloître sans que je m'en aperçoive. Je me remémorais maintenant l'étrange bestiaire sculpté tout autour dans la pierre : des griffons et des lions, des dragons et des oiseaux, des animaux bizarres que j'étais incapable d'identifier, des monstres hybrides mi-anges, mi-démons.

Barley et moi lançâmes un coup d'œil en direction de l'église, mais les portes restaient hermétiquement closes et nous nous faufilâmes jusqu'à l'entrée de la crypte. Je m'immobilisai quelques instants sous le regard de ces créatures figées dans la pierre, mes yeux fixés sur les ténèbres dans lesquelles nous allions devoir descendre, et mon courage m'abandonna. Puis je me rappelai que mon père était peut-être en bas – et qu'il était peut-être même en grand danger. Barley serrait toujours ma main dans la sienne, avec une expression de défi. Je m'attendais presque qu'il fasse un commentaire sur le don qu'avait ma famille de se mettre dans des situations impossibles, mais il était concentré et silencieux à mes côtés, prêt à tout – comme moi.

— On n'a pas de lampe électrique, chuchota-t-il.

— Je nous vois mal entrer dans l'église pour prendre un cierge, commentai-je inutilement.

— J'ai mon briquet.

Barley le sortit de sa poche. Je ne savais même pas qu'il fumait. Il l'alluma brièvement, le temps de reconnaître les marches, puis nous descendîmes lentement sous terre.

Tout d'abord, nous progressâmes dans un noir total et dûmes avancer à tâtons dans l'escalier abrupt, puis j'aperçus une lueur dans les profondeurs du caveau – pas celle du briquet de Barley, qu'il rallumait toutes les dix secondes – et une véritable terreur me noua le ventre. Cette lumière floue et vacillante était d'une certaine façon pire que l'obscurité. La main de Barley broya la mienne jusqu'à ce que je ne sente plus le sang y circuler.

L'escalier tournait dans sa dernière partie et, comme nous négociions le dernier virage, je me remémorai ce que mon père m'avait expliqué lors de notre visite : qu'il s'agissait de la nef de l'église originelle, la partie la plus ancienne du monastère. Le grand sarcophage en pierre abritant la dépouille de l'abbé fondateur était là, ainsi que la croix fantomatique taillée dans l'ancien mur de l'abside, et la voussure au-dessus de nous, l'une des toutes premières expressions de l'art roman en Europe.

Je notai tout cela d'un regard presque machinal car au même instant, de l'autre côté du sarcophage, une ombre se détacha de l'ombre plus noire encore, et se redressa. Il s'agissait d'un homme, tenant une lanterne dans une main. Et c'était mon père.

Son visage avait une expression dévastée dans la lumière vacillante. Il nous vit à la seconde même où je le vis, je crois, et jura.

— Par le sang du Christ !

Nous nous regardâmes fixement.

— Qu'est-ce que tu fais ici ? gonda-t-il.

Il leva sa lanterne tandis que son regard fiévreux passait de Barley à moi. Le ton de sa voix était féroce – plein de colère, de peur, d'amour aussi.

Je lâchai la main de Barley et m'élançai vers lui, contournant le sarcophage, et il m'attrapa dans ses bras.

— Oh ! Seigneur ! souffla-t-il en me caressant fébrilement les cheveux. C'est le dernier endroit où tu devrais te trouver.

— On a lu le chapitre de ce livre sur les vampires, dans Radcliffe Camera, à Oxford, chuchotai-je. J'avais tellement peur que tu sois…

Il me fut impossible de terminer ma phrase. Maintenant que nous l'avions retrouvé, sain et sauf et visiblement lui-même, je tremblais comme une feuille.

— Je veux que tu sortes d'ici immédiatement ! dit-il.

Puis il m'attira plus étroitement contre lui.

— Non. Il est trop tard. Pas question de te laisser seule dehors à la nuit tombée. Il nous reste encore quelques minutes avant que le soleil ne se couche. Prends ça...

Il me tendit la lanterne.

— Et tiens-la levée pour m'éclairer. Quant à vous...

Il se tourna vers Barley.

— Vite, aidez-moi à déplacer la dalle.

Barley s'avança sans hésiter, même s'il me sembla que ses genoux n'étaient pas très stables non plus, et il aida mon père à faire glisser lentement le couvercle du gros sarcophage sur le côté. Je vis alors le long pieu que mon père avait posé contre le mur, tout à côté. Il devait s'être préparé à affronter la vision d'horreur qui l'attendait à l'intérieur de ce cercueil de pierre, mais pas à ce que ses yeux lui montrèrent.

Je levai la lanterne, voulant et ne voulant pas regarder, et nous contemplâmes tous les trois fixement l'espace vide et poussiéreux.

— Oh ! Dieu...

Sa voix avait une intonation que je ne lui avais jamais entendue, l'expression d'un désespoir absolu, et je me rappelai qu'il avait contemplé ce vide une fois déjà dans le passé. Il s'avança en trébuchant et j'entendis le pieu dégringoler bruyamment sur les dalles. Je crus un instant qu'il allait éclater en sanglots, ou s'arracher les cheveux, penché sur cette tombe vide, mais il était comme pétrifié de douleur.

— Dieu, répéta-t-il presque dans un chuchotement. Je pensais que j'avais fini par trouver le lieu, la date… J'étais sûr que…

Il ne termina pas sa phrase car, au même instant, quelque chose sortit de l'ombre de l'ancienne abside, sans qu'aucune lumière soit apparue – une silhouette qui ne ressemblait à rien de ce que nous avions vu dans notre vie. C'était une présence si étrange que je n'aurais pas pu crier, même si ma gorge ne s'était pas immédiatement bloquée. Ma lanterne éclairait ses pieds, ses jambes, un bras et une épaule, mais pas le visage noyé dans l'ombre, et j'étais trop terrifiée pour lever la lumière plus haut.

Je me rapprochai de mon père et Barley en fit autant, de sorte que nous nous retrouvâmes tous les trois regroupés derrière la barrière du sarcophage vide.

La silhouette se rapprocha encore puis s'arrêta, son visage toujours dissimulé dans l'ombre. Je me rendais compte maintenant qu'elle avait l'apparence d'un homme, mais qu'il ne bougeait pas comme un être humain. Ses pieds étaient enfoncés dans d'étroites bottes noires comme je n'en avais jamais vu, et elles produisaient un bruit de pas paisible sur les dalles chaque fois qu'il se déplaçait. Autour d'elles tombaient les longs plis d'une cape noire – à moins qu'il s'agisse seulement d'une ombre plus ample – et ses jambes puissantes étaient gainées de velours sombre. Il était moins grand que mon père, mais ses épaules étaient larges sous sa lourde cape et les contours imprécis de sa silhouette lui conféraient une stature encore plus imposante. La cape devait être munie d'une capuche car son visage n'était qu'un trou noir.

Après quelques secondes de panique, je distinguai ses mains, couleur d'os contre son vêtement sombre. Une pierre précieuse brillait à l'un de ses doigts. Il était si réel, si proche de nous, que j'en eus le souffle coupé ; en fait, j'avais l'impression que si je trouvais la force de me rapprocher de lui, je serais de nouveau capable de respirer, et j'éprouvais le désir grandissant d'aller vers lui. Je sentais la présence du stylet en argent dans ma poche, mais rien n'aurait pu me persuader de m'en emparer.

Quelque chose étincela à l'emplacement où aurait dû se trouver son visage – la lueur rougeoyante d'un regard ? l'éclat luisant d'un sourire ? – puis, dans un déferlement de langage, il parla. Je dis un déferlement parce que je n'avais jamais rien entendu de semblable, un flot guttural de mots qui pouvaient être un assemblage de plusieurs langues, ou une seule, bizarre, qui ne ressemblait à rien de connu. Au bout d'un moment, ce langage forma des mots que je comprenais et j'eus le sentiment que je les reconnaissais non pas avec mes oreilles et mon cerveau, mais avec mon sang.

Bonsoir. Je vous félicite.

Mon père parut reprendre tout à coup ses esprits. J'ignore comment il trouva la force de parler.

— Où est-elle ? cria-t-il.

Sa voix tremblait de peur et de fureur.

Vous êtes un remarquable historien.

Je ne saurais l'expliquer, mais à cet instant, mon corps commença à s'avancer vers Lui de sa propre volonté.

Mon père posa presque à la même seconde la main sur mon bras et l'agrippa si fort que la lanterne vacilla et que de grandes flaques de lumière et d'ombre dansèrent tout autour de nous. Durant cette brève illumination, j'entrevis un morceau du visage de Drakula, le contour d'une moustache noire tombante, une pommette qui aurait pu être de l'os nu.

Vous avez été le plus déterminé de tous. Venez avec moi, et je vous donnerai la Connaissance pour les dix mille ans à venir.

Je ne savais toujours pas comment je parvenais à le comprendre, mais j'avais conscience qu'il voulait attirer mon père à lui.

— Non ! hurlai-je.

Je fus tellement terrifiée d'avoir réellement parlé à cette silhouette que pendant quelques instants je sentis ma raison vaciller. J'eus le sentiment que la Présence devant nous souriait, même si son visage était de nouveau englouti dans l'ombre.

Venez avec moi… ou laissez votre fille venir à moi.

— Quoi ? me demanda mon père, d'une voix presque inaudible.

Je pris tout à coup conscience qu'il ne comprenait pas ce que disait Drakula, peut-être même ne l'entendait-il seulement pas. Mon père répondait simplement à mon cri.

Drakula parut réfléchir quelques instants en silence. Il déplaça ses étranges bottes sur le sol en pierre. Il y avait quelque chose d'horrible dans cette silhouette vêtue d'un costume médiéval, mais pas seulement. Elle dégageait une forme d'élégance, une certaine allure, reflet d'une vieille habitude du pouvoir.

J'ai attendu longtemps un historien de votre valeur.

La voix était douce, maintenant, doucereuse même, et infiniment dangereuse. Nous étions enveloppés par des ténèbres qui semblaient émaner de cette ombre vivante pour nous engloutir.

Venez à moi de votre propre volonté.

Mon père parut s'incliner légèrement vers lui, sa main agrippant toujours fermement mon bras. Ce qu'il ne pouvait comprendre, apparemment il pouvait le ressentir.

L'épaule de Drakula remua ; il fit passer le poids de son corps de mort-vivant d'une jambe sur l'autre. Sa présence physique était comme la présence concrète de la mort, et cependant il était vivant et bougeait.

Ne me faites pas attendre. Si vous ne venez pas à moi, c'est moi qui viendrai vous chercher.

Mon père parut rassembler toute sa volonté.

— Où est-elle ? cria-t-il. Où est Helen ?

La silhouette se redressa de toute sa taille et je vis l'éclat furieux des dents, de l'os, des yeux, puis l'ombre de la capuche masqua de nouveau ce visage abominable, et sa main inhumaine crispée de rage à la lisière de la lumière. Avant même qu'il ne bouge, j'eus la sensation terrifiante d'un animal qui se ramasse avant de sauter sur sa proie – nous – d'un bond implacable.

Au même instant, un bruit pas résonna dans l'escalier noyé d'ombre, derrière lui, suivi d'un mouvement rapide que nous perçûmes uniquement au déplacement d'air, car nous ne voyions rien. Je levai la lanterne en poussant un cri qui me parut être celui d'une étrangère. Je vis alors le visage de Drakula – une vision que je n'oublierai jamais – et, à ma stupeur totale, une silhouette juste derrière lui – celle d'un homme, partiellement masqué par l'ombre, comme lui, mais plus massif et bien vivant. Il se déplaçait très rapidement et quelque chose scintillait dans sa main levée. Mais Drakula avait déjà senti sa présence, et il pivota, le bras dressé, balayant l'ennemi d'un simple revers. La force de Drakula devait avoir été prodigieuse, car la silhouette massive de l'homme alla se fracasser contre le mur de la crypte. Nous entendîmes un choc sourd, suivi d'un râle. Drakula se tourna vers nous, puis de nouveau vers le blessé, avec une sorte d'indifférence horrible.

Soudain, un autre bruit de pas dans l'escalier – léger, cette fois, accompagné par la lumière d'une torche puissante. Drakula avait été pris par surprise : il se retourna – dans un vague tourbillon de noirceur – mais trop tard. La torche fouilla rapidement la scène, s'immobilisa, et un coup de feu claqua.

Drakula ne bondit pas comme je m'y étais préparée, volant par-dessus le sarcophage pour se jeter sur nous. Pas du tout. Il tomba comme une masse. D'abord en arrière, de sorte que son visage pâle et buriné flotta un moment à la surface de la lumière, puis en avant, encore et encore, jusqu'à ce qu'il y ait un choc sonore contre la pierre, une sorte d'horrible craquement, comme des os qu'on écrase. Il fut agité de convulsions pendant une seconde, et finalement il ne bougea plus. Alors son corps parut se réduire en poussière, se dissoudre, même son costume médiéval se racornit sur le sol, flétri dans la lumière trouble.

Mon père lâcha mon bras et s'élança vers la lumière de la torche, contournant l'endroit où Drakula était tombé.

— Helen !

Il me sembla qu'il avait crié son nom, mais peut-être le chuchota-t-il, ou le murmura-t-il dans un sanglot.

Barley s'était élancé, lui aussi, s'emparant de la lanterne de mon père, pour se précipiter vers l'homme qui gisait sur le sol de la crypte, une dague à côté de lui.

— Oh, Elsie, articula le mourant d'une voix brisée où perçait un accent britannique très pur.

Une petite flaque de sang s'élargissait sous sa tête, et alors même que nous regardions, paralysés d'horreur, son regard vitreux devint fixe.

Barley se jeta à genoux près du corps disloqué, visiblement suffoqué de stupeur et de chagrin.

— *Master James ?*

79.

L'hôtel possédait un très joli salon avec un haut plafond et une cheminée. Le maître d'hôtel avait allumé un feu à notre intention, et fermé d'autorité la porte afin d'en interdire l'accès à ses autres clients.

— La route est longue depuis là-haut, vous devez être fatigués, avait-il décrété tout en posant devant nous une bouteille de cognac et des verres.

Cinq verres, au lieu de quatre, remarquai-je, comme si le pauvre *master* James allait venir se joindre à nous… Je m'efforçai de ne pas penser à son corps disloqué recouvert d'un drap.

Le maître d'hôtel n'avait pas fait d'autre commentaire, mais au regard que mon père échangea avec lui, il était évident qu'il en savait plus long qu'il ne le disait. Il avait passé toute la soirée au téléphone, et avait réussi, je ne sais comment, à arranger les choses avec la police, qui était venue jusqu'à l'hôtel nous poser des questions puis s'en était repartie sous son regard bienveillant, sans nous harceler outre mesure. J'étais presque sûre qu'il s'était aussi chargé de contacter une morgue ou une entreprise de pompes funèbres, enfin ce qu'on pouvait trouver dans un aussi petit village.

Une fois tous les étrangers partis, j'avais pris place sur le confortable canapé en damas aux côtés de ma mère, qui me caressait les cheveux toutes les deux minutes, comme si elle ne pouvait pas s'en empêcher. Assis de l'autre côté de la cheminée, mon père semblait incapable de détacher ses yeux d'Helen et du spectacle que nous formions.

Personne ne parlait. Barley avait étendu ses longues jambes devant lui, le visage blême, et il essayait, je crois, de ne pas regarder trop fixement la bouteille de cognac, quand mon père se ressaisit tout à coup et nous servit un verre à chacun. Les yeux de mon pauvre Barley étaient rougis, mais il semblait vouloir qu'on le laisse seul avec sa peine. Chaque fois que je le regardais, mes propres yeux se remplissaient de larmes sans que je parvienne à m'en empêcher.

Mon père se tourna vers Barley et je crus pendant un instant qu'il allait se mettre à pleurer, lui aussi.

— C'était un homme de bien et d'une grande bravoure, murmura-t-il d'une voix douce. Sans son sacrifice, jamais Helen n'aurait pu tirer avec une telle précision. S'il n'avait pas détourné l'attention du monstre, elle n'aurait pas réussi à lui loger une balle en argent en plein cœur. Je suis sûr qu'à l'instant de sa mort, Hugh James a su ce que nous lui devions. Il a vengé la malheureuse Elsie, la femme qu'il n'a jamais cessé d'aimer – et tant d'autres victimes encore…

Barley hocha la tête, trop bouleversé pour parler, et un nouveau silence tomba entre nous.

— J'avais promis de tout vous raconter dès que nous serions entre nous, déclara finalement Helen en reposant son verre.

— Il vaut mieux que je vous laisse en famille, je crois, murmura Barley avec réticence.

Helen rit, et je fus surprise par le timbre mélodieux de son rire, si différent de celui de sa voix lorsqu'elle parlait. Malgré la tension et la souffrance qui planaient dans la pièce, son rire ne semblait pas déplacé, tout au contraire.

— Non, non, mon garçon, dit-elle à Barley. D'ailleurs, votre présence m'est indispensable.

J'aimais son accent, cet anglais un peu rocailleux et à la fois très doux que j'avais l'impression d'avoir entendu dans un temps lointain et oublié. C'était une femme grande et mince, d'allure austère, vêtue d'une robe noire – démodée –, dont les cheveux tirés en chignon, déjà un peu grisonnants, dégageaient un visage saisissant : las et ridé, mais où les yeux rayonnaient de jeunesse. Sa vue me causait un choc chaque fois que je tournais la tête – pas seulement parce qu'elle était là, bien réelle, mais parce que je me l'étais toujours représentée sous les traits d'une toute jeune femme. Je n'avais pas pris en compte dans mon portrait imaginaire ces longues années passées loin de nous.

— Il me faudrait beaucoup, beaucoup de temps pour tout raconter, reprit-elle doucement. Mais je peux vous dévoiler au moins une partie de mon histoire. Tout d'abord, Paul, je tiens à ce que tu saches combien je suis désolée de t'avoir laissé croire... Je t'ai fait terriblement souffrir, j'en ai bien conscience.

Elle regarda mon père avec émotion, leurs yeux rivés l'un à l'autre. Barley esquissa un mouvement pour se lever, embarrassé, mais elle l'arrêta d'un geste.

— Je me suis infligée à moi-même une souffrance plus horrible encore, crois-le bien. Ensuite, je voudrais que tu saches, que *vous* sachiez, non seulement toi, mais aussi notre fille...

Son sourire fut très doux et des larmes scintillèrent dans ses yeux.

— … et son jeune ami ici présent, que je suis vivante, pas une Morte-vivante. Il n'a jamais pu me mordre une troisième fois et achever son œuvre.

Papa pleurait doucement, je l'entendais. J'aurais voulu le regarder, mais je ne pouvais m'y résoudre. Ce moment lui appartenait.

Elle s'interrompit, et sembla prendre une respiration.

— Paul, ce fameux jour où nous avons visité Saint-Matthieu et où j'ai découvert cette étrange tradition qu'ils y perpétuaient depuis des siècles – ce frère Cyrille, Kiril, qui montait la garde aux côtés de cet abbé qui s'était relevé d'entre les morts… – j'ai été submergée par le désespoir, mais aussi par une curiosité dévorante. J'avais le sentiment que ce n'était pas une coïncidence si j'avais tellement voulu découvrir cet endroit, si j'avais éprouvé un tel désir de venir ici. Avant notre départ pour la France, j'avais effectué des recherches à New York… sans t'en parler, Paul – ne m'en veux pas – dans l'espoir de localiser l'autre repaire de Drakula et de venger la mort de mon père. Il n'y avait aucune référence au monastère de Saint-Matthieu dans ces livres. Cette volonté de me rendre sur place me vint au moment où je lus ce qu'on en disait dans ton guide. C'était juste une impulsion, qui ne reposait sur rien de raisonné.

Elle nous regarda tous les trois, nous offrant tour à tour son beau profil un peu fané.

— J'avais repris mes recherches à New York parce que je me sentais coupable de la mort de mon père. Oui, en voulant à toutes forces le surpasser (pour dévoiler au grand jour la façon dont il avait trahi ma mère), je l'avais poussé à sa perte en l'amenant à reprendre ses recherches

– et cette idée m'était insupportable. Et puis, j'ai commencé à me dire que c'était le sang qui coulait dans mes veines, mon sang corrompu – le sang de Drakula –, qui m'avait dicté mes actes, et je pensai que j'avais transmis cet héritage maudit à mon bébé, même si je semblais avoir finalement échappé à la malédiction du Vampire.

Elle s'interrompit, me caressa tendrement la joue et prit ma main dans la sienne. Je frissonnai un peu au contact de cette femme à la fois inconnue et familière, assise tout contre moi.

— Je me sentais de plus en plus impure et indigne en écoutant frère Kiril me révéler la légende attachée au monastère de Saint-Matthieu. Je compris que je ne trouverais pas le repos tant que je ne me débarrasserais pas de cette flétrissure. Je me disais que si je réussissais à débusquer Drakula et à l'exterminer, je redeviendrais quelqu'un de bien, je retrouverais la vie normale d'une maman et d'une épouse qui ne risque pas d'attirer le malheur sur ceux qu'elle aime !

« Dès que tu t'es endormi cette nuit-là, Paul, je me suis levée et je suis allée dans le cloître. J'avais bien envisagé de redescendre dans la crypte avec mon revolver et d'essayer d'ouvrir moi-même le sarcophage, mais j'étais à peu près sûre que je n'y arriverais pas toute seule. Pendant que je m'efforçais de décider si, oui ou non, j'allais te réveiller et te supplier de m'aider, je m'assis sur le banc du cloître, face au précipice. Je savais que je n'aurais jamais dû venir ici, toute seule, au milieu de la nuit, mais j'étais irrésistiblement attirée par cet endroit. Il y avait un clair de lune magnifique, et des lambeaux de brouillard grimpaient aux parois des montagnes.

Les yeux d'Helen étaient devenus étrangement grands.

— J'étais assise là, quand je sentis tout à coup ma nuque se couvrir de chair de poule, comme s'il y avait quelque chose – ou quelqu'un – derrière moi. Je me retournai d'un mouvement vif, et là, de l'autre côté du cloître, à un endroit où la clarté de la lune ne pouvait pas accéder, je discernai une silhouette sombre. Son visage était plongé dans l'ombre, mais à défaut de les voir, je sentais deux yeux incandescents rivés sur moi. Et je compris que ce n'était qu'une question de secondes avant qu'il déploie ses ailes et fonde sur moi.

« Il me sembla tout à coup entendre des voix, des voix agonisantes à l'intérieur de ma propre tête qui me disaient que je ne pourrais pas vaincre Drakula, que j'avais quitté mon monde pour entrer dans le sien, le royaume de la nuit, le royaume des morts-vivants, dont on ne revient jamais… Les voix me disaient de me jeter dans le vide pendant que j'étais encore moi-même. Comme dans un rêve, je me levai et, perdue pour perdue, je sautai.

Elle s'était redressée et se tenait très droite, le regard fixé sur le feu, et mon père passa une main tremblante sur son visage.

— Je voulais tomber fière et libre, comme Lucifer, l'Ange déchu, seulement je n'avais pas vu cet affleurement rocheux, quelques mètres plus bas. Je le percutai de plein fouet, me tailladant la tête et les bras, mais il y avait aussi une bonne épaisseur d'herbe, et je survécus miraculeusement à ma chute, je n'eus même pas de fracture. Lorsque je repris connaissance, plusieurs minutes ou plusieurs heures plus tard, je ne sais pas, il faisait toujours nuit noire et mon visage était en sang. À la lumière de la lune, je vis le gouffre béant juste au-dessous de moi. Mon Dieu, si j'avais roulé sur les rochers au lieu de m'évanouir…

Elle s'interrompit.

— Je savais que je n'aurais jamais le courage de t'expliquer ce que j'avais tenté de faire, Paul… détruire Drakula toute seule, à ton insu… et pour finir me tuer plutôt que de tomber en son pouvoir et devenir le plus effroyable des dangers pour toi et notre petite fille adorée. À cette idée, une peur panique déferla sur moi comme un vent de folie. Je sentis que je devais fuir loin de vous, vous sauver de moi ! Dès que j'en fus capable, je me redressai et je découvris que je n'avais pas perdu autant de sang que je le pensais. Et même si j'étais couverte de contusions, je n'avais rien de cassé et, surtout, je me rendais compte qu'il ne m'avait pas attaquée – il avait dû me considérer comme perdue pour lui quand j'avais sauté. J'étais terriblement faible et marcher était une torture, mais je réussis néanmoins à longer les murs du monastère et à regagner la route, dans le noir.

À ce moment du récit, je crus que mon père allait laisser de nouveau couler ses larmes, mais il réussit à se dominer, ses yeux ne quittant pas une seconde ceux d'Helen.

— Je fis alors en sorte de disparaître dans le vaste monde. Ce n'était pas si difficile. J'avais emporté mon sac à main au monastère parce que mon revolver et les balles en argent se trouvaient à l'intérieur. Je me rappelle mon rire nerveux quand j'avais découvert le sac toujours accroché à mon bras, dans la flaque de sang où je gisais. J'avais de l'argent dedans, beaucoup d'argent glissé dans la doublure en soie, et je fis en sorte d'en dépenser le moins possible. Ma mère aussi transportait toujours tout son argent avec elle. Une habitude qu'on a dans les campagnes, je suppose. Beaucoup plus tard, quand j'eus de nouveau besoin d'argent, je retirai une petite partie de notre compte spécial à New York et je transférai la somme dans une banque en Suisse. Je quittai la Suisse aussitôt après, pour le cas où tu essaierais de retrouver ma trace. Ah, Paul, s'écria-t-elle en serrant ma main à la broyer, puisses-tu jamais me pardonner pour le mal que je t'ai fait !

Mon père hocha la tête avec une expression bouleversée.

— Ce mouvement sur notre compte commun me donna de l'espoir pendant quelques mois, murmura-t-il. Ou tout du moins, il me plaça face à une interrogation. Mais ma banque ne réussit pas à retrouver trace de cet argent. Je remplaçai la somme qui avait disparu...

Mais pas toi, aurait-il pu ajouter, même s'il ne le fit pas. Son visage rayonnait, las et heureux.

Helen baissa les yeux.

— Après ma mort supposée, je trouvai un endroit où me réfugier, loin de Les Bains, le temps que mes blessures guérissent. Je m'y terrai jusqu'à ce que je puisse de nouveau affronter le monde.

Ses doigts errèrent machinalement vers sa gorge et je vis la petite cicatrice blanche que j'avais déjà remarquée à plusieurs reprises.

— Je sentais au plus profond de moi-même que Drakula ne m'avait pas oubliée, et qu'il pourrait essayer de me retrouver. Je ne me séparais plus de mon revolver, de ma dague en argent et de mon crucifix. Partout où j'allais, j'entrais dans les églises des villages et je demandais aux prêtres de me bénir, même si parfois le seul fait d'entrer en un lieu sacré suffisait à réveiller ma blessure. Je faisais toujours très attention à garder un foulard noué autour de mon cou. Finalement, je me coupai les cheveux, je changeai leur couleur, et je mis des lunettes noires. Pendant longtemps, je restai à l'écart des villes, puis je commençai peu à peu à me rendre dans des Archives où j'avais toujours voulu effectuer mes recherches.

« Il était partout – à Florence sous les Médicis, à Rome dans les années 1620, à Madrid, à Paris pendant la Révolution. Parfois, c'était un compte rendu relatant une étrange épidémie qui me mettait sur sa piste, parfois une éruption de vampirisme dans un célèbre cimetière – celui du Père-Lachaise, par exemple. Il semblait avoir toujours eu une prédilection pour les scribes, les archivistes, les bibliothécaires, les historiens – tous ceux qui pétrissaient la matière vive du passé et le transmettaient à travers les livres. J'essayai d'analyser ses déplacements afin d'en dégager des informations qui me conduiraient jusqu'à son nouveau repaire, celui où il s'était réfugié quand nous avions découvert sa tombe à Sveti Georgi. Je me disais qu'après l'avoir trouvé, et détruit, je reviendrais auprès de toi, Paul, et je t'annoncerais que le monde était redevenu un lieu sûr. Que je pouvais de nouveau vivre avec toi, avec vous deux, si vous vouliez bien de moi. Mais en attendant ce jour béni, je vivais dans la terreur qu'il me trouve le premier. Et partout où j'allais, partout où j'errais, vous me manquiez horriblement – oh j'étais si seule !

Elle saisit de nouveau ma main dans la sienne et la caressa comme une diseuse de bonne aventure. Je sentis une bouffée de colère m'envahir malgré moi à la pensée de toutes ces années de bonheur qu'*Il* nous avait volées.

— Finalement, je me dis que même si j'étais souillée, j'avais le droit de te regarder. De vous regarder, tous les deux. J'avais lu des articles dans la presse, qui parlaient de ta Fondation, Paul, et je savais que tu habitais à Amsterdam. Cela n'a pas été bien difficile de te retrouver, de m'asseoir dans un café près de ton bureau, ou de te suivre à distance dans quelques-uns de tes déplacements à l'étranger – oh, prudemment. Très, très prudemment. Je ne me suis jamais risquée à vous observer l'un ou l'autre de près, de peur que vous ne me remarquiez. J'allais et je venais. Si mes recherches progressaient de façon satisfaisante, je m'autorisais une visite à Amsterdam, et je te suivais à partir de là. Puis un jour – en Italie, à Monteperduto – je l'ai vu sur une place... Il te suivait, lui aussi, il t'observait, te guettait. C'est alors que j'ai compris que son pouvoir avait grandi au point qu'il sortait de temps à autre en plein jour. Je savais que tu étais en danger, mais je savais aussi que si j'allais vers toi pour te prévenir, je ne ferais qu'empirer les choses. Après tout, c'était peut-être à moi qu'il en voulait, pas à toi. À moins qu'il ne se serve de moi pour remonter jusqu'à toi ? C'était horrible. Je me doutais que tu avais dû reprendre tes recherches – que tu t'intéressais de nouveau à *lui*, Paul – pour attirer ainsi son attention. J'étais incapable de décider ce que je devais faire.

— C'était à cause de moi – ma faute, murmurai-je en étreignant sa main. J'avais trouvé le livre...

Elle me regarda quelques instants, la tête inclinée sur le côté.

— Tu es une historienne, lâcha-t-elle finalement d'une voix douce – et ce n'était pas une question.

Puis elle soupira.

— Pendant des années, je t'ai écrit des cartes postales que je ne postais pas. Jusqu'au jour où j'ai pensé que je pourrais communiquer à distance avec vous deux, vous laisser savoir que j'étais vivante, mais sans que personne d'autre puisse me voir. Je les ai envoyées chez vous, à Amsterdam, dans un paquet adressé à Paul.

Cette fois, je me tournai vers mon père avec stupéfaction et colère.

— Je sais ce que tu penses, me dit-il avec amertume. Mais j'avais le sentiment que je n'avais pas le droit de te les montrer et te bouleverser alors que j'étais incapable de te ramener ta mère. Je te laisse imaginer ce que j'ai enduré.

Je m'en doutais, oui. Je me remémorai soudain sa terrible fatigue à Athènes, le soir où je l'avais vu assis à son bureau, comme mort. Puis il nous sourit, et je pris brusquement conscience qu'il pourrait sourire tous les jours, désormais.

— Mon pauvre amour.

Helen sourit aussi. Elle avait deux petits sillons de chaque côté de la bouche, et un fin réseau de rides au coin des yeux.

Le visage de mon père se teinta de gravité.

— Et j'ai commencé à te chercher. Et à le chercher lui aussi.

Elle le regardait fixement.

— Et moi, Paul, j'ai décidé de le suivre, lui, pendant qu'il te suivait. Je me suis rendu compte que tu reprenais tes recherches. Je te voyais entrer dans des bibliothèques, ou en sortir, et j'aurais tout donné pour pouvoir te révéler ce que j'avais découvert de mon côté. Puis tu es parti pour Oxford. Je n'étais jamais allée à Oxford dans le cadre de mon enquête, même si j'avais lu qu'ils avaient connu une épidémie de vampirisme à la fin du Moyen Age. Et à Oxford, tu as laissé un livre ouvert…

— Il l'a refermé à toute vitesse quand il m'a vue, intervins-je.

— Quand il *nous* a vus, rectifia Barley avec un pâle sourire.

C'était la première fois qu'il se mêlait à la conversation, et je fus soulagée de voir que son visage figé avait retrouvé des couleurs.

Helen nous adressa un petit clin d'œil.

— Eh bien, la première fois qu'il l'a consulté, il a oublié de le fermer.

Helen se tourna vers mon père avec son sourire adorable.

— Tu sais que je n'avais jamais vu ce livre auparavant ! *Vampires du Moyen Age* ?

— Un classique, répondit nonchalamment mon père. Mais très rare.

— Je crois que *master* James a dû le voir, lui aussi, déclara lentement Barley. Vous savez, je l'ai aperçu sur les lieux juste après que nous vous eûmes surpris dans vos recherches, monsieur.

Mon père lui lança un regard perplexe.

— Comment cela ?

— Eh bien, je me suis rendu compte que j'avais oublié mon imper là-bas, et je suis retourné le chercher. C'est alors que j'ai vu *master* James qui sortait de la petite pièce, au premier étage. Lui ne m'a pas remarqué, mais il avait l'air soucieux, absent et presque en colère. Ça me trottait dans la tête quand j'ai décidé de lui téléphoner de Paris.

— Parce que vous avez appelé *master* James ?

J'étais stupéfaite, mais pas aussi indignée que j'aurais été en droit de l'être de ce coup en douce.

— Quand ? Et pourquoi, s'il vous plaît ?

— Je l'ai appelé à cause d'un petit détail qui m'est revenu dans le train, répondit tranquillement Barley en croisant ses longues jambes devant lui.

J'aurais voulu me blottir contre lui et nouer mes bras autour de son cou, mais devant mes parents, ce n'était pas très possible. Il tourna son regard vers moi.

— Je vous ai dit que cette histoire de livre me faisait penser à *master* James, vous vous souvenez ? Mais je n'arrivais pas à mettre le doigt dessus. Eh bien, ça m'est revenu à notre arrivée à Paris. J'avais vu une lettre sur son bureau un jour où il rangeait des papiers. Il s'agissait d'une enveloppe, en fait, avec un timbre splendide – tellement que je n'ai pu m'empêcher de le regarder de plus près. Il venait de Turquie, et la date figurant sur le cachet de la poste remontait aux calendes : une vingtaine d'années – c'est d'ailleurs ce qui avait attiré mon attention au départ. Je m'étais fait la réflexion que j'aimerais bien avoir un grand bureau comme celui-là un jour, et recevoir des lettres du monde entier. Le nom de l'expéditeur, un certain Turgut Bora, m'avait frappé. Il avait pour moi la saveur épicée de l'Orient des Mille et une Nuits. Je n'ai pas ouvert ni lu la lettre, bien sûr, précisa hâtivement Barley. Je ne me le serais jamais permis !

— Cela va sans dire, ironisa doucement mon père.

Mais une lueur affectueuse brillait dans ses yeux.

— Bref, au moment où nous sommes descendus du train, à Paris, j'ai vu un vieil homme sur le quai, un musulman, je suppose, vêtu d'une longue robe, comme un pacha ottoman, et je me suis brusquement rappelé la lettre de Turquie et ce nom sur l'enveloppe. Ça a été le déclic. C'était le même que celui de ce professeur à Istanbul dont parlait ton père dans son récit.

Il serra les lèvres avec amertume.

— J'ai donc aussitôt téléphoné à *master* James. Je comprenais confusément qu'il participait lui aussi à la traque de Drakula, d'une certaine façon, encore que j'ignore pourquoi.

— Et j'étais où, moi, pendant ce temps ? demandai-je d'un ton vexé.

— Aux toilettes, je suppose. Les jolies filles passent leur vie à se repoudrer le nez, répondit-il avec un regard taquin.

Il aurait aussi bien pu m'envoyer un baiser devant tout le monde, mais la présence de mes parents rendait la chose délicate.

— *Master* James était fou de rage après moi au téléphone, mais quand je lui ai expliqué ce qui se passait, il m'a remercié de l'avoir prévenu et m'a dit que… qu'il m'en serait éternellement reconnaissant.

Les lèvres de Barley s'étaient mises à trembler.

— Je n'ai pas osé lui demander ce qu'il comptait faire, mais maintenant nous le savons.

— Oui, nous savons, soupira tristement mon père. Il a dû effectuer le calcul lui aussi, à l'aide du livre, et conclure qu'à une semaine près, il s'était écoulé seize ans depuis la dernière visite de Drakula à Saint-Matthieu.

La voix de ma mère s'éleva pour réciter de mémoire :

— « On dit que Drakula rendrait visite au monastère tous les seize ans afin d'honorer ses origines et de régénérer les pouvoirs qui lui ont permis de vivre dans la mort. »

— Et Hugh James aura compris que j'avais l'intention de me rendre là-bas moi aussi, enchaîna mon père. En fait, je suis presque sûr qu'il m'espionnait quand il est monté dans le petit réduit consacré aux vampires : il m'avait posé beaucoup de questions à mon arrivée à Oxford. Il essayait de savoir ce qui n'allait pas, il disait s'inquiéter de ma santé et de mon humeur. J'avais envie de me confier à lui, mais j'étais trop conscient des risques pour vouloir l'entraîner dans cette équipée.

Helen hocha la tête.

— Je pense que j'ai dû entrer dans la pièce juste avant lui. J'ai trouvé le livre ouvert, effectué le calcul moi-même, puis j'ai entendu quelqu'un monter l'escalier et je me suis faufilée dehors. Tout comme Hugh James, j'ai compris que tu allais partir pour Saint-Matthieu dans l'espoir à la fois de m'y retrouver et de détruire le monstre, et je me suis précipitée sur tes traces. Mais j'ignorais quel train tu prendrais… et j'ignorais que notre fille déciderait elle aussi de te suivre !

— Je t'ai vue, murmurai-je avec stupeur. C'était sur un quai de gare, je ne sais plus lequel…

Elle me lança un regard interrogateur, mais nous laissâmes le sujet en suspens – momentanément. Nous aurions toute la vie devant nous pour parler. Pour l'instant, nous étions tous à bout de forces, trop épuisés même pour savourer notre triomphe. Le monde était-il plus sûr parce que nous étions de nouveau réunis, ou parce qu'*il* n'en faisait enfin plus partie ? Je voyais se dessiner un futur dont même les contours n'existaient pas hier encore. Maman vivrait à la maison, avec nous, et m'apprendrait à cuisiner des spécialités hongroises. Elle assisterait à la remise de mes diplômes de fin d'études secondaires, à mon premier jour à l'université, elle m'aiderait à choisir la robe de mon premier bal, et à m'habiller le jour de mon mariage, si je me mariais un jour… Elle nous lirait des textes à voix haute après le dîner, et elle retrouverait une vie normale et elle recommencerait à enseigner, et à écrire, et elle m'emmènerait m'acheter des chaussures et des pulls, et nous marcherions bras dessus bras dessous dans la rue…

Je ne pouvais pas savoir alors que maman aurait de longs moments d'absence, tout en étant présente, qu'elle resterait parfois des heures sans parler, touchant du bout des doigts la petite cicatrice invisible sur son cou, ou qu'une longue maladie finirait par nous l'enlever, pour toujours cette fois, neuf ans plus tard – bien avant que papa et moi ayons pu nous rassasier du bonheur de son retour parmi nous.

Je ne pouvais pas imaginer que notre ultime réconfort serait de savoir qu'elle reposait en paix, alors qu'il aurait pu en être tout autrement, et que cette certitude nous serait d'un grand secours au milieu de notre détresse. Si j'avais été capable de voir tout cela, j'aurais su que mon père disparaîtrait pendant une journée entière juste après l'enterrement de maman, que le petit stylet en argent dans la vitrine du salon disparaîtrait avec lui et que jamais, au grand jamais, je ne le questionnerais sur ce sujet.

Mais là, devant le feu de cheminée de ce salon d'hôtel, le bonheur paraissait éternel. Les années que nous partagerions avec Helen s'étiraient devant nous comme une bénédiction sans fin. Elles commencèrent quelques minutes plus tard, quand mon père se leva de son fauteuil, serra avec chaleur la main de Barley, m'embrassa à m'étouffer, puis arracha Helen au canapé.

— Viens, mon amour, dit-il.

Et elle enfouit contre son épaule son visage las mais heureux.

Il lui enlaça la taille de son bras.

— Viens.

Épilogue

Il y a deux ans, une étrange opportunité s'est offerte à moi alors que je me trouvais à Philadelphie pour donner une conférence à l'occasion d'un congrès international de médiévistes. Je n'étais encore jamais allée à Philadelphie, et j'étais saisie par le contraste entre nos réunions qui fouillaient un passé féodal et monastique et cette métropole grouillant de vie tout autour de nous. La vue depuis ma chambre d'hôtel, au quatorzième étage, montrait elle aussi un curieux mélange de gratte-ciel modernes et de vénérables maisons des dix-septième et dix-huitième siècles qui ressemblaient par contraste à des maquettes miniatures.

Pendant nos temps libres, je fuyais d'interminables débats sur les subtilités de l'art byzantin pour aller me ressourcer dans le magnifique musée d'Art. Ce fut là que je tombai sur le dépliant d'un petit musée littéraire abritant une bibliothèque dont mon père m'avait parlé, il y avait de cela des années. Ses collections avaient toutes les raisons de m'intéresser : c'était l'un des hauts lieux de référence pour tous les spécialistes de l'histoire de Drakula (dont le nombre, bien sûr, s'est considérablement élargi depuis les premières investigations de mon grand-père), au moins aussi important que nombre d'archives en Europe. C'était là, je m'en souvenais, qu'étaient gardées les notes que Bram Stoker avait prises pour son *Dracula* à partir de sources puisées à la British Library ; là aussi qu'était conservé un important pamphlet médiéval. L'opportunité était irrésistible.

Mon père avait toujours souhaité visiter cette collection ; j'y passerais une heure, en mémoire de lui. Il avait sauté sur une mine à Sarajevo, il y avait maintenant plus de dix ans, alors qu'il œuvrait comme médiateur dans l'un des pires conflits que l'Europe ait connu depuis des décennies. Il s'était écoulé presque une semaine avant que j'en sois informée ; la nouvelle, quand elle m'était parvenue, m'avait laissée anéantie, murée dans le silence pendant un an. Malgré le temps écoulé, Papa me manquait encore tous les jours, parfois même à chaque heure.

C'est ainsi que je me retrouvai dans une petite salle climatisée d'un bâtiment en grès brun du dix-neuvième siècle, à manipuler des documents qui avaient non seulement le parfum du lointain passé, mais aussi celui de l'époque où mon père effectuait des recherches dans la plus extrême urgence.

Les fenêtres donnaient sur deux arbres au feuillage duveteux et sur d'autres bâtisses brunes, aux élégantes façades vierges de tout apport moderne. Il n'y avait qu'une seule lectrice à part moi dans la petite bibliothèque, ce matin-là : une Italienne qui parla quelques minutes en chuchotant dans son téléphone portable avant de se plonger dans l'étude d'un épais document rédigé à la main qui semblait être un journal de bord (je résistai à l'envie de tendre le cou pour voir ce dont il s'agissait). Quand je fus installée moi-même à une table, un bloc-notes devant moi et un pull léger sur les épaules pour me protéger de la climatisation, la bibliothécaire m'apporta d'abord les « documents Stoker », puis une petite boîte en carton fermée par un ruban.

Les papiers de Stoker étaient une diversion agréable, un fatras de notes jetées pêle-mêle sur le papier. Certaines étaient rédigées d'une écriture en pattes de mouches, d'autres tapées à la machine sur du vieux papier pelure. S'y mêlaient des articles de presse relatant des événements mystérieux, ainsi que des pages de son propre agenda. Je songeai au plaisir que mon père aurait pris à parcourir ces documents, à la façon dont il aurait souri de l'innocent intérêt du romancier pour l'occulte. Au bout d'une demi-heure, néanmoins, je les remisai soigneusement de côté pour me pencher sur le contenu de la boîte. Elle renfermait un seul volume, assez mince, dont la reliure en parfait état datait probablement du dix-neuvième siècle.

Quarante pages imprimées sur un parchemin du quinzième siècle quasiment sans défaut... un trésor médiéval... un miracle de typographie réalisé à l'aide de caractères mobiles. Quant au frontispice – une gravure sur bois –, il représentait un visage que je connaissais par cœur à force de l'avoir côtoyé tout au long de ces années terribles, un visage que j'avais vu face à face l'espace d'une seconde d'horreur – les yeux immenses, larges et néanmoins rusés qui fixaient sur moi leur regard perçant, le long nez fin et pourtant menaçant, les lèvres sensuelles, tout juste visibles sous la lourde moustache tombant sur une mâchoire carrée.

J'avais en main le fameux pamphlet de Nuremberg, imprimé en 1491, qui dénonçait les crimes de Dracole

Waida, sa cruauté, ses débordements sanguinaires. Ils m'étaient si familiers que je n'eus aucune peine à traduire les premières lignes écrites en allemand médiéval : "Au cours de l'Annus Domini 1456, Drakula commit de nombreuses et terribles abominations..." La bibliothèque fournissait une traduction du texte, en fait, et je relus avec un frisson certains des crimes que Drakula commit contre l'humanité. Il avait brûlé et écorché vifs des malheureux par centaines, il en avait fusillé d'autres après qu'on les eut enterrés jusqu'à la taille, il avait empalé des enfants sur le sein de leur mère...

Mon père avait examiné des pamphlets comparables, bien sûr, mais il aurait sans nul doute attaché beaucoup de prix à celui-ci en raison de son état de conservation quasi parfait, absolument sidérant. À entendre craquer ses feuilles de parchemin, on aurait dit qu'il venait d'être imprimé... Sa pureté même m'énervait, et au bout de quelques instants, je fus soulagée de le remettre dans sa boîte. Je nouai de nouveau le ruban en me demandant vaguement pourquoi j'avais éprouvé le besoin de venir le consulter. Ce regard arrogant m'avait fixée jusqu'à ce que je referme le livre dessus.

Je rassemblai mes affaires avec le sentiment du pèlerinage accompli, et remerciai l'aimable bibliothécaire. Elle semblait ravie de ma visite ; ce pamphlet était l'une des pièces de leur collection qu'elle préférait ; elle avait elle-même écrit un article à son sujet. Nous nous séparâmes sur quelques mots et une poignée de main empreints de cordialité, et je redescendis au rez-de-chaussée jusqu'à la boutique-cadeaux, puis dans la rue où se mêlaient la chaleur, l'odeur des plats cuisinés à emporter et celle des gaz d'échappement. Le contraste entre l'air purifié du musée et l'activité grouillante de la ville était si violent qu'il me sembla que la porte en chêne, derrière moi, était scellée à jamais, de sorte que je fus d'autant plus stupéfaite de voir la bibliothécaire en jaillir.

— J'avais peur de vous avoir manquée, dit-elle. Vous avez oublié ceci.

Elle m'adressa le sourire timide de quelqu'un qui vous restitue un objet que vous auriez été tellement désolé de perdre – votre portefeuille, vos clés, un joli bracelet.

Je la remerciai et pris machinalement le livre et le bloc-notes qu'elle me tendait, hochant la tête en signe d'acquiescement, et elle disparut à l'intérieur du vieil édifice aussi rapidement qu'elle était apparue devant moi. Le bloc-notes était le mien, aucun doute là-dessus, bien que j'aurais pu jurer l'avoir rangé soigneusement dans ma mallette avant de partir. Quant au livre, il s'agissait de… je suis incapable de dire ce que je crus en ce premier instant, si ce n'est que la reliure était faite d'un très, très vieux velours et que son contact m'était tout à la fois étranger et familier. Le parchemin à l'intérieur n'avait pas l'aspect neuf du pamphlet que j'avais examiné dans la bibliothèque – bien qu'elles soient entièrement blanches, les pages exhalaient l'odeur de poussière de plusieurs siècles de manipulation. Il s'ouvrit presque de lui-même dans ma main sur la féroce image centrale, et je le referma aussitôt pour m'empêcher de la fixer trop longtemps.

Je restai totalement immobile, submergée par un sentiment d'irréalité ; les voitures qui passaient devant moi étaient toujours aussi solidement concrètes ; un klaxon résonnait au loin ; un homme promenant son chien essayait de passer entre le ginkgo et moi. Je levai rapidement les yeux vers les fenêtres du musée, songeant à la bibliothécaire, mais elles reflétaient seulement les fenêtres de l'immeuble opposé. Là non plus, rien à signaler : pas de rideau de dentelle qu'on rabat vivement, pas de porte qui se referme précipitamment au moment où je regardais autour de moi. Absolument rien d'anormal dans cette rue.

Une fois dans ma chambre d'hôtel, je posai mon livre sur le plateau en verre de la table basse, et je passai dans la salle de bains me laver le visage et les mains. Puis je sortis sur le balcon – pourquoi, me demandai-je tout à coup, était-on généralement convaincu qu'il n'y avait aucun risque pour les clients de l'hôtel d'avoir un balcon, à cette altitude ? – et je restai là à contempler la ville. Au bout du pâté de maisons je pouvais voir la laideur académique de l'hôtel de ville, avec sa statue en équilibre sur le toit de William Penn, le père-fondateur de « la Cité de l'amour fraternel ». Vus d'ici, les parcs se réduisaient aux carrés verts du faîte des arbres. La lumière ricochait sur les bâtiments de la Bourse de Philadelphie. Sur ma gauche, très loin, je pouvais voir le bâtiment fédéral soufflé par une bombe un mois plus tôt, les grues rouges et jaunes déblayant les gravats, et le grondement des travaux parvenait jusqu'à moi.

Mais ce n'était pas cette vision qui imprégnait mon regard. Je pensais, malgré moi, à une tout autre scène, si précise qu'il me semblait l'avoir déjà vue. Je m'accoudai à la rambarde du balcon, savourant la chaleur du soleil estival, éprouvant un étrange sentiment de sécurité en dépit du vide sous mes pieds, comme si le danger pour moi venait forcément *d'ailleurs*...

J'imaginais un clair matin d'automne de l'an 1476. Un matin juste assez froid pour que se forme une chape de brume au-dessus de la surface du lac. Une embarcation heurte doucement la rive de l'île-monastère, au pied des murs et des dômes avec leurs croix en fer. On entend le frottement assourdi de la proue en bois contre les rochers, et deux moines jaillissent aussitôt du couvert des arbres pour tirer la barque sur la rive.

L'homme qui en descend est seul. Il est plus petit que les deux jeunes moines et, pourtant, il les domine de toute sa prestance. Ses pieds sont chaussés d'élégantes bottes en cuir rouge, munies d'éperons acérés. Il est vêtu d'un costume en damas rouge et pourpre sous une longue cape de velours noir, fermée sur son large torse par une broche ouvragée. Il est coiffé d'un chapeau conique à pointe, noir avec des plumes rouges fixées sur le devant. Sa main, barrée par une profonde balafre, caresse la poignée de la dague qu'il porte à sa ceinture. Il a des yeux verts, extraordinairement grands et écartés, une bouche et un nez cruels, une longue moustache et des cheveux noirs où apparaissent des mèches blanches.

L'abbé a déjà été informé de son arrivée et se porte en toute hâte à sa rencontre.

— Nous sommes très honorés, noble Seigneur, dit-il en tendant la main.

Drakula embrasse son anneau et l'abbé fait un signe de croix au-dessus de sa tête.

— Soyez béni, mon fils, ajoute-t-il, comme dans une action de grâce spontanée.

Il sait que la visite du prince constitue une sorte de prodige ; Drakula a certainement dû traverser les lignes turques pour parvenir jusqu'ici. Ce n'est pas la première fois que le protecteur du monastère apparaît comme par enchantement. L'abbé a entendu dire que le métropolite de Curtea de Argeş réinvestira bientôt Drakula dans son titre de souverain de Valachie, et alors, sans nul doute, le

Dragon libérera définitivement son pays de l'oppresseur turc.

Les doigts de l'abbé touchent le large front du prince dans une nouvelle bénédiction.

— Dieu soit loué ! Nous avons imaginé le pire quand vous n'êtes pas venu au printemps...

Drakula sourit, mais ne dit rien, et lui lance un long regard. Ils ont déjà abordé la question de la mort par le passé, l'abbé s'en souvient. Drakula lui a demandé à plusieurs reprises en confession s'il croyait que tout pécheur était admis au Paradis pour peu qu'il se repente sincèrement. L'abbé souhaite vivement que le bienfaiteur du monastère reçoive les derniers sacrements, quand le moment viendra, même s'il n'ose pas le lui dire.

Devant la douce mais ferme insistance de l'abbé, néanmoins, Drakula a accepté d'être rebaptisé dans la vraie foi orthodoxe, afin de montrer son repentir de s'être temporairement converti à l'Église schismatique de Rome. L'abbé lui a tout pardonné, dans le secret de son cœur – tout. Drakula n'a-t-il pas voué sa vie à repousser les Infidèles et à combattre ce sultan du diable qui est en train de renverser tous les remparts de la Chrétienté ? Mais dans le secret de son cœur aussi, il se demande quel châtiment le Tout-Puissant infligera à cet homme étrange. Il espère que Drakula n'abordera pas le sujet, et il est soulagé quand le prince demande à voir où en sont les travaux. Ils traversent côte à côte la cour du monastère, les poules s'éparpillant devant eux. Drakula examine les bâtiments qui viennent d'être achevés et le potager florissant d'un air satisfait, et l'abbé se hâte de lui montrer les allées du cloître qu'ils ont construites depuis sa dernière visite.

Dans le bureau de l'abbé, ils boivent du thé, puis Drakula jette un sac en velours devant l'abbé.

— Ouvrez-le, dit-il en lissant sa moustache.

Il se tient très droit sur sa chaise, ses jambes musclées légèrement écartées ; la dague qui ne le quitte jamais pend à sa ceinture. L'abbé regrette que Drakula ne lui offre pas ses présents avec plus d'humilité, mais il ouvre calmement la bourse.

— Trésor turc, dit Drakula avec un sourire qui s'élargit.

Il lui manque une dent du bas, mais les autres sont saines et blanches. À l'intérieur du sac, l'abbé découvre des bijoux d'une infinie beauté, des parures d'émeraudes et de rubis, de lourdes bagues en or, des broches de fabrication ottomane et bien d'autres ornements, y compris une fine croix en or sertie de saphirs d'un bleu nuit, presque noir. L'abbé ne veut même pas savoir d'où viennent ces joyaux.

— Nous aménagerons la sacristie et nous y installerons de nouveaux fonts baptismaux, déclare Drakula. Je veux que vous fassiez venir les meilleurs artisans, peu importe ce que cela coûtera. Vous avez amplement de quoi payer ici, et il restera encore de quoi pourvoir à ma tombe.

— Votre tombe, Seigneur ?

L'abbé garde les yeux respectueusement baissés vers le sol.

— Oui, Eupraxius.

Sa main se ferme de nouveau sur la garde de sa dague.

— J'y ai longuement réfléchi et j'ai décidé d'être enterré ici même, devant l'autel, sous une dalle de marbre à mon effigie. Naturellement, la messe funèbre, célébrée par vos soins, sera grandiose. Vous ferez venir un deuxième chœur à cet effet.

L'abbé s'incline, mais le visage orgueilleux de l'homme l'irrite. Cette lueur calculatrice au fond des yeux verts…

— Eupraxius, j'ai deux exigences dont il faudra vous souvenir. Primo : mon portrait sera peint sur ma pierre tombale, je l'ai dit ; secundo : je ne veux pas de croix.

L'abbé lève les yeux, stupéfait.

— Pas de croix, Seigneur ?

— Pas de croix, répète fermement le prince.

Son regard implacable transperce l'abbé qui n'ose répliquer. Mais il est le conseiller spirituel de cet homme, son confesseur, et au bout d'un moment, il reprend la parole.

— Toute tombe porte le symbole de la Passion de Notre Seigneur. La vôtre se doit d'avoir le même honneur.

Le visage de Drakula s'assombrit.

— Je n'ai pas l'intention de me soumettre longtemps à la mort, profère-t-il d'une voix sourde.

L'abbé se raidit.

— Il n'y a qu'une seule Voie pour échapper à la mort, rétorque-t-il courageusement. Celle de la Rédemption, s'Il nous accorde Sa grâce.

Drakula le fixe du regard pendant une longue minute, et l'abbé s'oblige à ne pas baisser les yeux.

— Peut-être, déclare finalement le prince. Mais j'ai rencontré quelqu'un récemment, un marchand qui revenait d'un voyage en Occident. Il dit qu'il existe dans le sud de la France un monastère bénédictin qui abrite la plus ancienne église de cette partie du monde, et que les moines de cette communauté auraient réussi à déjouer la mort par quelque magie. Il m'a offert de me vendre leur secret, qu'il a consigné dans un livre.

L'abbé ne peut réprimer un frisson.

— Dieu nous protège de telles hérésies ! dit-il hâtivement. Je suis certain, mon fils, que vous n'avez pas succombé à cette tentation…

Drakula sourit.

— Vous savez combien je suis féru de livres.

— Il n'y a qu'un seul vrai Livre, et c'est celui que nous devons aimer avec tout notre cœur et toute notre âme, dit l'abbé.

Mais tout en parlant, il ne peut détacher les yeux de la main balafrée du prince qui caresse la poignée ouvragée de sa dague. Drakula porte une bague au petit doigt ; l'abbé connaît bien, sans avoir besoin de regarder de plus près, le symbole hideux qui orne ce sceau.

— Venez.

Au grand soulagement de l'abbé, Drakula est apparemment las de cette discussion et il se lève d'un mouvement brusque et vigoureux.

— Je veux voir vos scribes. J'aurai bientôt un travail particulier à leur confier.

Ils se rendent ensemble dans le petit scriptorium où trois moines travaillent à leur pupitre, copiant des manuscrits selon la méthode traditionnelle, tandis qu'un quatrième cisèle des lettres en vue d'imprimer une page de la Vie de saint Antoine de saint Athanase d'Alexandrie. La presse elle-même se dresse dans un coin de la pièce. C'est la toute première presse à imprimer de Valachie, et Drakula pose sur elle d'un geste fier sa main pesante et carrée. Installé à une table, à côté de la presse, le plus âgé des moines du scriptorium sculpte un bloc de bois.

Drakula se penche sur son épaule pour examiner son travail.

— Et cela représentera quoi, une fois fini, vieillard ?

— Saint Mikhail terrassant le dragon, noble Seigneur, murmure le moine en tremblant.

Les yeux qu'il lève vers le prince sont troubles, à moitié cachés par des sourcils blancs tombants.

— Ha ! Il aurait mieux valu que ce soit le Dragon qui terrasse l'Infidèle, dit Drakula en s'esclaffant.

Le moine acquiesce d'un signe de la tête, mais l'abbé ne peut de nouveau réprimer un frisson.

— J'ai une commande spéciale pour vous, reprend Drakula. Je laisserai un croquis explicatif à votre abbé.

De retour dans la cour ensoleillée, il marque un arrêt.

— J'assisterai à la messe du soir et je communierai avec vous.

Il adresse un sourire à l'abbé.

— Avez-vous un lit pour moi dans l'une de vos cellules, pour la nuit ?

— Comme toujours, noble Seigneur. Vous savez bien que cette maison de Dieu est la vôtre.

— Bien. Et maintenant, montons dans ma tour.

C'est presque un rituel, l'abbé le sait : chaque fois qu'il vient, Drakula aime surveiller le lac et les rives avoisinantes depuis le plus haut point de l'église, comme pour détecter la présence d'ennemis éventuels. Il a toutes les raisons d'être vigilant, songe l'abbé. Les Ottomans veulent sa tête depuis des années, le roi de Hongrie ne le porte pas non plus dans son cœur, et beaucoup de ses propres *boyari* le haïssent autant qu'ils le craignent. Y a-t-il encore quelqu'un qui ne soit pas son ennemi, en dehors des moines qui vivent sur cette île ? L'abbé suit lentement son bienfaiteur dans l'escalier en colimaçon, se préparant au bruit assourdissant des cloches qui vont sonner d'un moment à l'autre.

Le dôme de la tour possède de longues ouvertures de tous les côtés. Quand l'abbé parvient au sommet, Drakula est déjà installé à son poste de vigie favori, le regard fixé sur la rive opposée du lac, les mains croisées dans son dos dans l'attitude caractéristique d'un homme qui réfléchit, soupèse ses options. L'abbé l'a déjà vu ainsi devant ses lieutenants, exposant sa stratégie pour l'assaut du lendemain.

À le voir ainsi toujours tourné vers l'avenir, on ne pourrait jamais imaginer qu'il s'agit d'un condamné en sursis, menacé de toutes parts – un chef de guerre que la mort peut faucher à tout instant et qui devrait consacrer toutes ses pensées au salut de son âme. Au lieu de cela, on dirait un homme qui voit le monde s'ouvrir devant lui.